VARIA AESTHETICA

ensaios sobre arte e sociedade

VARIA AESTHETICA
ensaios sobre arte e sociedade

Rodrigo Duarte

Relicário

CIP –Brasil Catalogação-na-Fonte | Sindicato Nacional dos Editores de Livro, RJ

D812v

Duarte, Rodrigo
Varia aesthetica: ensaios sobre arte e sociedade / Rodrigo Duarte. – Belo Horizonte: Relicário, 2014.

360 p.
Inclui Bibliografia.
ISBN 978-85-66786-05-7
1. Arte e sociedade. 2. Estética. 3. Literatura - Filosofia. I. Título.

CDD-306.47

COORDENAÇÃO EDITORIAL Maíra Nassif Passos
PROJETO GRÁFICO & DIAGRAMAÇÃO Ana C. Bahia
REVISÃO Sílvia P. Barbosa

RELICÁRIO EDIÇÕES
www.relicarioedicoes.com
contato@relicarioedicoes.com

PREFÁCIO

Sempre que se organiza uma coletânea como esta, com textos próprios já publicados em periódicos ou em obras coletivas, fazem-se necessários alguns esclarecimentos sobre os motivos que levaram o seu autor a re-publicar o material que a integra, assim como as razões que levaram o autor a incluir certos textos, deixando outros tantos de fora. Sendo esta a terceira coletânea por mim publicada, é também de interesse esclarecer as motivações específicas que me levaram a – mais uma vez – coligir textos anteriormente publicados, diferenciando-as, se for o caso, daquelas que já haviam me levado a fazer o mesmo muitos anos atrás. Para realizar essa diferenciação, cumpre recordar que *Adornos. Nove ensaios sobre o filósofo frankfurtiano* (Editora UFMG, 1997) tinha como objetivo reunir textos de minha autoria que desde o final da década de 1980 abordavam o pensamento de Theodor W. Adorno sob diversos pontos de vista, levando em conta que os veículos acadêmicos em que os mesmos tinham sido publicados antes não possuíam uma circulação suficiente para atingir um público mais amplo. Se se considera ainda a segunda coletânea por mim publicada, *Dizer o que não se deixa dizer. Para uma filosofia da expressão* (Editora Argos, 2008), percebe-se que o motivo principal de sua realização foi a necessidade de aglomerar textos de minha autoria que, ao longo de muitos anos de investigação sobre esse tema, abordavam-no especialmente sob a perspectiva de –mais uma vez – Theodor Adorno.

Quanto a esta coletânea, não se pode dizer que sua motivação tenha sido a percepção de que os veículos em que os textos foram originariamente publicados poderiam não ter uma circulação suficientemente ampla, pois a enorme expansão dos meios eletrônicos de difusão de informações ocorrida na última década mudou radicalmente o quadro da divulgação de trabalhos acadêmicos, tal como ele existia ainda no final da década de 1990 – época da publicação de *Adornos*. Tampouco a unidade temática, como no caso de *Dizer o que não se deixa dizer*, poderia ser a justificativa para a publicação deste *Varia aesthetica*, já que uma breve inspeção do seu sumário revela (como o título já sugere) uma considerável diversidade de temas dos textos nele incluídos. Sendo assim, qual seria, então, a motivação específica para a publicação deste livro e por que o conjunto de textos nele incluídos é este, tendo deixado de fora outros tantos não incluídos na coletânea?

Como já se assinalou, a pura e simples preocupação com os limites do alcance das publicações não procede mais em tempos de difusão eletrônica de textos. Alguns deles aqui incluídos, que se encontram disponíveis em forma virtual, registram milhares de acessos, não apenas no Brasil, mas em outros países de língua portuguesa. Outros nunca fizeram uma carreira tão vitoriosa, mas a razão de sua inclusão reside, em minha avaliação pessoal, no fato de que eles são representativos na minha trajetória de pesquisa dos últimos dez ou doze anos. Essa representatividade, no âmbito de minha produção (de acordo com uma avaliação bem pessoal minha, é claro), poderia ser nomeada como minha principal motivação para publicar esta coletânea, e, nesse sentido, os textos já bem conhecidos pelo público especializado estão em pé de igualdade com aqueles menos conhecidos.

Desse modo, eu poderia dizer que, ao lado de minhas discussões a partir de Theodor Adorno (enriquecidas com diálogos com Arthur Danto e Vilém Flusser, dentre outros), temas como o papel que certo entendimento do esquematismo kantiano desempenha na crítica à indústria cultural, as relações entre som e imagem e entre imagem e escrita, os diversos pontos de vista sobre o fim da arte na filosofia contemporânea, a desartificação da arte, os novos fenômenos associados à indústria cultural pós-globalização etc., foram os que caracterizaram minhas preocupações teóricas no domínio da estética a partir do início da década de 2000, e eles se encontram aqui representados enquanto tentativas de compreender fenômenos muito complexos, assim como tendencialmente preponderantes, nas manifestações culturais hodiernas. Se os textos aqui coligidos puderem ser uma contribuição à compreensão crítica desses fenômenos, penso que os objetivos almejados com esta publicação terão sido plenamente atingidos.

Finalmente, eu gostaria de agradecer muito todas as pessoas e instituições que contribuíram para que este livro se tornasse realidade. Seria exaustivo mencionar todos os nomes, arriscando-me a não ser totalmente justo, na medida em que houvesse omissões numa lista tentativa. Mas para ficar no totalmente óbvio, agradeço muito à CAPES e à FAPEMIG, que, através do seu programa conjunto PACSS, custeou a edição do livro. Agradeço igualmente o empenho da colega e amiga Telma Birchal, que, na qualidade de coordenadora do PPG-Filosofia da UFMG, muito ajudou a viabilizar o projeto desta edição.Cabe também um agradecimento especial à Relicário Edições pela acolhida ao projeto desta publicação.

Rodrigo Duarte
Belo Horizonte, março de 2014.

1

DIONÍSIO ALEGÓRICO: NIETZSCHE E O BARROCO

Música e "estilo barroco"

No que concerne à relação entre Nietzsche e o barroco, observa-se, de modo preliminar, que o filósofo empregou o termo literalmente apenas algumas vezes no âmbito de sua imensa obra, sendo que, em duas delas, em *Para além do bem e do mal*, com o significado pejorativo, usual no século XIX, de algo excessivamente rebuscado e perversamente irracional[1]. Entretanto, em outra passagem – agora de *Humano, demasiado humano* –, Nietzsche refere-se ao barroco como estilo artístico propriamente dito, chamando a atenção para sua pertença ao espírito da contra-reforma:

> A música foi a *anti-renascença* no âmbito da arte; dela faz parte a pintura tardia de Murillo, dela faz parte talvez também o estilo barroco: de qualquer modo, mais do que a arquitetura da Renascença ou da Antiguidade. E ainda agora poder-se-ia perguntar: se nossa nova música pudesse movimentar as pedras, ela as ajuntaria numa arquitetura antiga? Duvido muito. Pois

1. Seguem-se dois trechos do autor: "Receitas contra suas paixões, suas boas e más pendências, tanto quanto eles [os indivíduos/rd] têm a vontade de potência e gostariam de bancar o senhor. Pequenas e grandes espertezas e artifícios, impregnadas com mau cheiro de velhos remédios caseiros e sabedoria matronal; tudo isso de forma *barroca* e irracional" [grifos do autor] (Nietzsche, 1979a, p. 654). "Isso [despertar nos outros uma boa opinião que alguém não tem sobre si mesmo] parece a ele [ao homem nobre] em parte tão insosso e vulgar diante de si; por outra parte, tão barroco-irracional, que ele gostaria prazeirosamente de conceber a vaidade como uma exceção" (Nietzsche, 1979a, p. 733).

> aquilo que predomina na música, o afeto, o prazer na atmosfera elevada e tensionada, o querer-se-tornar-vivo a qualquer preço, a mudança rápida na sensação, o forte efeito de relevo em luz e sombra, a proximidade do êxtase com o ingênuo – tudo isso já predominou um dia nas artes visuais e criou novas leis de estilo: mas não foi nem na Antiguidade, nem na época da Renascença. (Nietzsche, 1980b, p. 577)

O trecho acima dá o *tom* das reflexões que se seguem, não apenas no que concerne à menção explícita ao estilo barroco, mas também – e principalmente – no tocante a uma imbricação entre aspectos sonoros e visuais, os quais remetem, provavelmente, àquela sinestesia que é tão característica da arte barroca. Observa-se também, na aproximação da música – enquanto "anti-renascença" – com o estilo barroco, uma antecipação daquele ponto de vista que se tornaria quase universalmente aceito apenas algumas décadas depois, com a publicação das obras de Wölfflin e de Riegl, segundo o qual o barroco é diametralmente oposto ao Renascimento[2].

Mas, se se pretende investigar que elementos na própria obra de Nietzsche indicam a possibilidade de uma reflexão filosófica frutífera sobre o barroco, deve-se lembrar que o espírito do trecho de *Humano, demasiadamente humano* citado acima, principalmente sua menção à música, remete à distinção entre o apolíneo e o dionisíaco em *O nascimento da tragédia*– obra que o próprio Nietzsche renegou posteriormente

2. Um possível elo factual de ligação entre o *insight* nietzscheano e a pesquisa histórica de um dos autores citados – Heinrich Wölfflin – é o historiador da cultura Jacob Burckhardt, com quem Nietzsche teve relações de amizade no seu período de Basiléia e que foi, por outro lado, mentor intelectual de Wölfflin. A posição favorável de Nietzsche a Burckhardt transparece no seguinte trecho do *Crepúsculo dos ídolos*: "faltam *educadores*, mesmo considerando as exceções das exceções. A *primeira* pré-condição da educação: *daí* a decadência da cultura alemã. – Uma daquelas mais raras exceções é meu venerável amigo Jacob Burckhardt, em Basiléia: a ele a Basiléia deve seu primado de humanidade" (Nietzsche, 1979b, p. 432). Sobre a relação Burckhardt-Wölfflin, ver Jacob Burckhardt e Heinrich Wölfflin, *Briefwechsel und andere Dokumente ihrer Begegnung 1882-1897*. Nessa documentação consta uma anotação de Wölfflin, datada de 3 de março de 1892, em que ele menciona, a respeito de uma visita a Burckhardt, certa máxima de Nietzsche ("Ausspruch Nietzsches"), sem, entretanto, precisar qual seria ela (Burckhardt & Wölfflin, 1989, p. 89).

por seu caráter schopenhaueriano, por um lado, e wagneriano, por outro, mas que seguiu influenciando sua obra posterior, por exemplo, no tocante ao papel da sonoridade musical.

Recordemos alguns tópicos fundamentais de *O nascimento da tragédia*. Nessa obra, Nietzsche contrapõe os impulsos "naturais" apolíneo e dionisíaco, sendo que o primeiro tem como modelo na experiência humana o sonho, no qual ressaltam imagens com contorno bem definido, mas, por assim dizer, sem qualquer "profundidade". O impulso dionisíaco, por sua parte, tem como correlato humano a embriaguez, na qual faltam totalmente as imagens, mas não uma sonoridade originária, que remete à energia primeva da natureza indomada. Tais características inerentes a ambos os impulsos possuem significados diferentes para a experiência humana, de modo que o apolíneo é uma expressão imagética do *principium individuationis*, do esforço humano para fazer ressaltar do indistinto caos originário da natureza formas definidas que o orientam na sua constante luta com o meio-ambiente. O princípio dionisíaco, por sua vez, expressa uma tendência imanente a retornar ao estado natural de indistinção, no qual as pessoas entre si – e com a natureza – se encontram reconciliadas:

> Se nos voltamos para esse horror o encantador espasmo, que advém da ruptura mesma do *principii individuationis* a partir do fundamento mais interno do homem e mesmo da natureza, então realizamos um olhar na essência do *dionisíaco*, que nos foi trazido mais proximamente através da analogia com a *embriaguez*. Ou através da influência da bebida narcótica de que falam todos homens e povos originários nos hinos, ou na poderosa proximidade da primavera, prazeirosamente penetrante em toda a natureza despertam aqueles estímulos dionisíacos, em cujo crescimento o elemento subjetivo desaparece num completo esquecimento de si. (Nietzsche, 1980a, p. 24)

Esse trecho, como em muitos outros, ressalta já uma certa ambiguidade inerente ao impulso dionisíaco: por um lado, ele se encontra ligado à celebração e a sentimentos de profundo prazer e alegria, por outro lado, ele significa uma dissolução da unidade do sujeito que se dá, ao retornar ao estado de indistinção natural. Sua manifestação enquanto sonoridade originária apenas reforça essa característica, pois o som remete à cega vibração mecânica que o origina, e seu dado sensível não delimita, em si, quaisquer contornos, engendrando, no limite, uma trepidação que carrega consigo seres inanimados e vivos. Essa vinculação imagética de Apolo e sonora de Dionísio são explicitamente enunciadas por Nietzsche:

> O artista plástico, e também o épico com ele aparentado, se encontra mergulhado na pura contemplação das imagens. O músico dionisíaco é sem qualquer imagem, apenas a própria dor e ressonância originárias da mesma. (Nietzsche, 1980a, p. 38)

Além disso, o próprio Nietzsche indica, como se vê pela menção à "dor originária", a relação do fenômeno dionisíaco com ritos sacrificiais. Na prática, isso significa que a música "primitiva", baseada especialmente numa sonoridade que beira aquilo que o Ocidente chama de "ruído", possui uma estreita relação com o sacrifício num sentido mais literal. José Miguel Wisnik, ainda que num contexto não necessariamente nietzscheano, resume bem essa relação:

> Os mitos que falam da música estão centrados no símbolo sacrificial, assim como os instrumentos mais primitivos trazem a sua marca visível: as flautas são feitas de ossos, as cordas de intestinos, tambores são feitos de pele, as trompas e as cornetas de chifres. Todos os instrumentos são, na sua origem, testemunhos sangrentos da vida e da morte. (Wisnik, 1999, p. 35)

Um aspecto de importância na estética oriunda de *O nascimento da tragédia* é exatamente o fato de que ambos os impulsos naturais, o apolíneo e o dionisíaco, que existiam separada e conflitantemente enquanto dimensões naturais e até mesmo "metafísicas" da existência humana, atingem o seu "júbilo artístico" na cultura ática, mais especificamente na tragédia grega, que celebra a ruptura do *principium individuationis* como um fenômeno estético (Nietzsche, 1980a). Antes dela, os impulsos só se defrontavam enquanto inimigos mortais um do outro, mas o drama vivido pelo herói trágico, com as características peculiares que são inerentes ao mito, faz com que a idealização visual apolínea, com toda "ingenuidade" que Nietzsche lhe atribui, conflua pacífica e frutíferamente com o fundamento sonoro dionisíaco, que aponta para a terrível, porém atraente, ameaça de retorno ao indistinto caos originário da natureza:

> E aqui se oferece a nosso olhar a sublime e admirada obra de arte da *tragédia ática* e do ditirambo dramático, como alvo comum de ambos os impulsos, cujo misterioso matrimônio, depois de uma longa luta passada, se glorificou numa tal criança, que é ao mesmo tempo Antígona e Cassandra. (Nietzsche, 1980a, p. 27)

Desse modo, segundo Nietzsche, toda a grandeza da cultura helênica, com reflexos até mesmo na sua forma de organização política, pode ser sintetizada pelo feito de que os impulsos antagônicos puderam nela ser conciliados e – o que é ainda mais importante – de um modo estético, no qual, nesse convívio, Apolo não perdeu sua bela visualidade e Dionísio preservou sua profundeza sonora. Essa ideia da confluência perfeita dos dois impulsos na tragédia grega não significa, entretanto, que haja uma simetria perfeita entre ambos. Para Nietzsche, ocorre a precedência do fenômeno sonoro diante do imagético e do conceitual, exemplificada pelo trabalho de Arquíloco, cuja poesia foi bem sucedida em tomar a canção popular como algo originário, a partir do qual o texto procurava se acomodar. Tal fato estabeleceu um modelo tido por Nietzsche como essencial para entender as relações entre som, imagem e palavra nas manifestações artísticas:

> Na poesia da canção popular vemos, portanto, a linguagem tensionada ao máximo no sentido *de imitar a música*: por isso inicia-se com Arquíloco um novo mundo da poesia que contradiz o homérico no que ele tem de mais profundo. Com isso designamos a única relação possível entre poesia e música, palavra e som: a palavra, a imagem, o conceito buscam uma expressão análoga à da música e sofrem agora o poder da música em si. (Nietzsche, 1980a, p. 42)

Dentro desse quadro, é, aliás, bem conhecida a versão nietzscheana para a decadência da cultura e da civilização gregas: a preponderância da posição – depois revelada falsa, segundo Nietzsche – de que se poderia extirpar o momento dionisíaco, enquanto resquício bárbaro, de uma sociedade progressivamente mais civilizada e "racional". Como se sabe, a figura de Sócrates é central para Nietzsche nesse processo em que o diálogo exaustivo, logicamente impecável, deveria tomar o lugar que anteriormente ocupara o vislumbre estético da verdade na tragédia; e Eurípedes é aquele responsável pelo tiro de misericórida nessa forma dramática, já que privilegiou nas suas peças o discurso e a argumentação em detrimento das imagens eloquentes e dos sons arrebatadores, presentes nas tragédias do período anterior. Nietzsche observa que a tragédia grega comete, com Euripídes, uma espécie de suicídio na medida em que dissolve progressivamente as fronteiras entre o que acontece no palco e fora dele, abrindo caminho para a substituição do poema trágico pela comédia, tudo isso simbolizando um adiantado processo de degeneração da cultura ática:

> No essencial, o espectador via e ouvia seu duplo no palco euripidiano e se alegrava pelo fato de que ele sabia falar tão bem. Mas não se permanecia nessa alegria: as próprias pessoas aprenderam a falar com Eurípides e disso ele se gabava até mesmo comparando-se com Ésquilo: como através dele agora o povo aprendera artisticamente a considerar, a agir e a tirar consequências com as mais argutas sofisticações. Através dessa remodelação da linguagem pública ele tornou primeiramente possível a mais nova comédia. Pois de agora em diante não seria mais segredo como e com quais sentenças o cotidiano poderia se fazer representar no palco. (Nietzsche, 1980a, p. 65-66)

Tão importante quanto entender como se deu, segundo Nietzsche, esse processo de esvaziamento da tragédia, com a introdução de um principial desequilíbrio entre os momentos dionisíaco e apolíneo, com uma pretendida sobrecarga desse último, é levar em consideração que o filósofo objetivava compreender criticamente a situação da cultura europeia contemporânea a partir de esquema semelhante ao empregado na abordagem da cultura grega clássica: "Todo nosso mundo moderno se encontra aprisionado na rede da cultura alexandrina e conhece como ideal o *homem teórico* equipado com as maiores forças cognitivas, cuja imagem originária e pai-fundador é Sócrates" (Nietzsche, 1980a, p. 99). Sobre a base dessa comparação, Nietzsche se propõe a criticar implacavelmente a cultura europeia moderna enquanto "cultura da ópera", isto é, uma cultura que, em vez de incorporar criativamente o elemento dionisíaco e seu representante literário, o mito, prossegue imperturbável com sua ingenuidade pseudo-apolínea, apoiada num otimismo crasso, que, por sua vez, se arrima na crença ilimitada no poder do pensamento discursivo.

E, embora Nietzsche não mencione nesse contexto nenhuma vez o termo "barroco", esse fenômeno artístico adquire uma importância – positiva e negativamente – vital para a avaliação das chances que a cultura europeia moderna tem de superar seus próprios impasses e se constituir numa expressão estética adequada de sua humanidade. Negativamente, pois o fenômeno moderno originário disso que Nietzsche percebe como sendo um aprofundamento da alienação iniciada com o "socratismo estético" é o *stilo rappresentativo*, presente na primeira fase da música barroca, no qual a palavra adquiria primazia sobre o som musical:

> Não se pode designar acuradamente o conteúdo mais interno dessa cultura socrática, a não ser que se a denomine *a cultura da ópera*: pois nesse âmbito se expressou a cultura com ingenuidade própria sobre seu querer e conhecer, para nossa surpresa, se comparamos a gênese da ópera e o desenvolvimento factual com as verdades eternas do apolíneo e do dionisíaco. Lembro-me inicialmente do surgimento do *stilo rappresentativo* e do recitativo. É crível que essa música de ópera, totalmente exterior e incapaz de reflexão tenha sido recebida e saudada durante certo tempo com entusiástico fervor como o ressurgimento de toda verdadeira música, a qual surgiu então da indizivelmente sublime e abençoada música de Palestrina? (...) Ao ouvinte, que deseja perceber claramente a palavra sob o canto, adequa-se o cantor, na medida em que ele mais fala do que canta e que ele acentua a expressão patética da palavra nesse meio-canto: através dessa acentuação do *pathos* ele facilita a compreensão da palavra e ultrapassa aquela metade restante da música. (Nietzsche, 1980, p. 3)

Nietzsche assinala, a seguir, que tal concepção da música transgride, por definição, tanto o princípio dionisíaco quanto o apolíneo, devendo residir seu princípio num ponto inteiramente exterior a qualquer modo de instinto artístico. E, embora o novo estilo tenha se apresentado como um redescobrimento do espírito musical grego, para Nietzsche, ele não passa da mais pura expressão do esvaziamento cultural da modernidade europeia a partir do Renascimento, com o surgimento "do homem teórico, do leigo crítico, não do artista" (Nietzsche, 1980, p. 105).

Se a decadência cultural na Idade Moderna, de modo semelhante ao declínio da cultura ática, tem sua origem na despotencialização do momento dionisíaco, cujo resultado é uma falsificação do apolíneo, pois, segundo Nietzsche, o verdadeiro Apolo só vive de fato ao lado de Dionísio, pode-se deduzir que o ressurgimento de uma profundidade efetivamente musical seria o elemento redentor para toda a cultura europeia moderna e o filósofo vê, de fato, a possibilidade dessa redenção a partir do aparecimento da chamada "música absoluta" no Ocidente, especialmente em sua vertente germânica, não ainda "contaminada" pelo que Nietzsche considera frivolidade na primeira música barroca italiana:

> Avultou-se uma força da profundeza dionisíaca do espírito alemão, a qual não tem nada a ver com as condições originárias da cultura socrática e que não seria por elas nem de se desculpar, nem de se explicar, muito mais sentida por essa cultura como algo horrivelmente inexplicável, exageradamente hostil: *a música alemã*, tal como a devemos entender em sua trajetória solar de Bach a Beethoven, de Beethoven a Wagner. (Nietzsche, 1980, p. 109)

A menção a Bach – compositor barroco por excelência, embora pertencendo ao período posterior àquele criticado por Nietzsche – leva em consideração de que a crítica radical ao *stilo rappresentativo* não pode ser tomada como uma pura e simples rejeição do barroco *tout court* pelo filósofo, sob a alegação de que o fenômeno artístico tido por ele como o mais básico para se determinar a profundidade de uma cultura – a música – seria totalmente desprovido do elemento dionisíaco: na verdade, a música dos primórdios da Idade Moderna, que hoje chamamos "barroca", seria, ela própria, sujeita à clivagem entre o que Nietzsche considera como sendo manifestações esvaziadas – como o *stilo rappresentativo* – e as, ainda segundo ele, manifestações plenas de sentido, como a música alemã desde meados do século XVII. Observa-se, entretanto, que o filosófo, ao contrário das teorias habituais sobre o barroco (levando-se em conta que ele não pretende, nem de longe, fazer teoria do barroco), as quais vinculam seu surgimento à contra-reforma católica após o Concílio de Trento, faz remontar o espírito dionisíaco da música alemã à própria reforma protestante, mais especificamente ao coral luterano (Nietzsche, 1980a, p. 126).

Entretanto, num texto de data posterior, pertencente a *Humano, demasiadamente humano*, Nietzsche não desliga totalmente a música barroca, nem mesmo a de Bach, do espírito da contra-reforma, esclarecendo que a música de origem religiosa soube conservar, pelo menos em parte, algo do espírito dionisíaco, enquanto a leiga se perdeu numa ludicidade superficial:

> A música espiritual surge no catolicismo recuperado depois do concílio tridentino, através de Palestrina, que ajudou a fazer soar o espírito novamente desperto e profundamente comovido; mais tarde, com Bach, também no protestantismo, na medida em que esse tinha se aprofundado através dos pietistas e se livrado de seu caráter fundamental dogmático. Pressuposto e estágio prévio necessário para ambos os surgimentos é o trato com a música, tal como ela era própria na época da Renascença e da Pré-Renascença, a saber aquela lida erudita com a música, aquele prazer cientifíco nos truques da harmonia e da afinação. Por outro lado, também a ópera deve ter precedido, na qual o leigo deu a conhecer seu protesto contra uma música fria, tornada excessivamente erudita e gostaria de dotar novamente a *Polyhymnia* de uma alma. – Sem aquele diapasão profundamente religioso, sem o soar explícito do ânimo interiormente excitado, a música teria permanecido erudita ou operística; o espírito da contra-reforma é o espírito da música moderna (pois aquele pietismo na música de Bach é também um tipo de contra-reforma). (Nietzsche, 1980b, p. 566-567)

Esse trecho, imediatamente anterior àquele com que iniciei minha exposição, vincula a profundidade musical, que em *O nascimento da tragédia* é chamada "dionisíaca", ao espírito religioso interiormente inflamado – naturalmente avesso à "sociabilidade vã, egoísta e sobretudo pobre e desprovida de originalidade" (Nietzsche, 1980a, p. 124) de que fala Nietzsche no seu libelo acusatório contra a "cultura alexandrina".

Após essa passagem, ainda que rápida, pela argumentação nietzscheana relativa ao apolíneo e ao dionisíaco, pode-se compreender melhor o trecho citado no início deste trabalho: para Nietzsche, a música seria o fenômeno básico de fecundação do estilo barroco, ainda que esse, como se sabe, seja marcado pela sinestesia da imagem, do som e da palavra, de um modo semelhante ao que – como se viu – segundo o filósofo, ocorrera na tragédia grega.

Uma vez que tal ponto de vista contrasta com o que é afirmado pelos historiadores da arte e da cultura que iniciaram a pesquisa sobre o barroco – Wölfflin e Riegl –, segundo os quais as artes plásticas teriam sido o estopim que desencadeou esse estilo, seria interessante cotejar a posição nietzscheana com a dos mencionados pesquisadores, no sentido de aferir seu potencial para uma reflexão filosófica contemporânea sobre o barroco.

Intermezzo: o ponto de vista nietzscheano sobre a tragédia e as teorias não filosóficas do barroco

Não há, dentre as teorias não-filosóficas sobre o barroco, uma que aborde simultaneamente os aspectos imagético e sonoro, como faz Nietzsche em *O nascimento da tragédia*, de modo que nos resta considerar separadamente os pontos de vista voltados para as artes plásticas e para a música. No que tange às artes plásticas, destacam-se as teorias de Alois Riegl e de Heinrich Wöllflin; no tocante à música, levarei em consideração, aqui, a contribuição de Manfred Bukofzer.

A Alois Riegl deve-se uma minuciosa pesquisa de fontes para o conhecimento histórico do período barroco na Itália (especialmente em Roma), bem como um estudo do surgimento dos seus traços estilísticos principais a partir das influências medievais e renscentistas, por um lado, e do novo contexto político-religioso da contra-reforma católica, que concentrou enorme poder nos papas posteriores ao concílio de Trento, por outro. A partir dessa concentração do poder papal, aliada à difusão da influência da Igreja Católica não apenas em toda a Europa, mas também nas colônias dos países ibéricos, Riegl aponta para o que ele chama de "missão mundial" (*Weltmission*) do barroco (Riegl, 1987, p. 5).

Destaque especial é dado por Riegl à figura de Michelangelo, o qual teria sido o principal responsável pelos desenvolvimentos estilísticos - especialmente na arquitetura - que levaram à superação dos cânones renascentistas e anteciparam elementos que se firmaram como tipicamente barrocos. Essa transição teria se dado de modo peculiar no túmulo de Giuliano de Médici, no qual Riegl constata, a partir da leitura dos elementos estilísticos mais marcantes, um conflito entre a vontade (*Wille*) e a sensação (*Empfindung*), os quais têm como correlatos sensoriais, respectivamente, por um lado, algo tátil e auto-limitante e, por outro, um elemento ótico e auto-dissolvente (Riegl, 1987). Os meios para a obtenção desse efeito ligam-se à contraposição entre luz e sombra, que por sua vez dá origem à impressão de profundidade espacial - outro elemento típico das artes visuais do barroco: "o estilo barroco é o primeiro estilo espacial propriamente dito, não a Renascença" (Riegl, 1987, p. 85). Na pintura, Correggio significa, segundo Riegl, a vitória da sensação sobre a vontade, de um modo - diferente, por exemplo, do da pintura nórdica - em que impera a sensação física, com os elementos óticos que lhe correspondem (Riegl, 1987, p. 46-47).

Embora a contribuição de Riegl seja importantíssima, deve-se a Heinrich Wölfflin uma esquematização maior das diferenças estilísticas que separam a Renascença do Barroco, desdobrando as dimensões do tátil e do ótico em cinco pares de categorias, nas quais a passagem de uma a outra em cada par caracteriza um aspecto específico daquele desenvolvimento tal como o entendera Riegl. Desse modo, a passagem do tátil ao ótico desdobra-se, segundo Wölfflin, na do linear ao pictórico, na do plano ao profundo, na da forma fechada para a forma aberta, na do múltiplo para o unitário e na da clareza absoluta para a clareza relativa.

No que concerne ao desenvolvimento do linear ao pictórico (*malerisch*), Wölfflin chama a atenção para os bem definidos contornos das telas renascentistas em contraste com a relativa indefinição das formas, usada como um poderoso elemento expressivo na pintura barroca, asseverando que, antes de uma decadência no apuro formal, a passagem da Renascença ao Barroco denota uma transformação na visão de mundo:

> A grande oposição entre o estilo linear e o pictórico corresponde a um interesse no mundo fundamentalmente diferente. Lá é a figura firme, aqui o fenômeno mutante; lá é a forma permanente, mensurável, limitada, aqui o movimento, a forma em função; lá as coisas por si mesmas, aqui as coisas em relacionamento. E se se pode dizer assim, lá a mão tocou o mundo dos corpos essencialmente segundo o seu conteúdo plástico, assim agora o olho tornou-se sensível à riqueza da mais variegada materialidade. E não é qualquer contradição se aqui também ainda a sensação ótica aparece alimentada pelo sentido tátil, aquele outro tato, que experimenta o tipo de superfície, a pele variada das coisas. (Wölfflin, 1991, p. 43)

Outro aspecto da passagem do tátil ao pictórico é o desenvolvimento de uma representação mais próxima da superfície plana (*flächenhaft*) na pintura renascentista em direção a uma profunda (*tiefenhaft*) no barroco. Em relação a isso, torna-se necessária uma explicação adicional, uma vez que a pintura renascentista é tida, ao longo de toda a história da arte, como a verdadeira iniciadora da profundidade na pintura, já que foi exatamente nesse período que se aprendeu a dominar magistralmente as regras da perspectiva plana. Wölfflin observa que, apesar de a pintura do Renascimento, comparada com a medieval, poder ser considerada de profundidade, é o século XV que é mais afeito até mesmo aos exageros na perspectiva, e que a Renascença do século XVI, que pode ser considerada mais "típica", atém-se a uma representação mais plana – pelo menos suficientemente plana para contrastar enormemente com o barroco, entendido, como se viu com Riegl, como um estilo essencialmente espacial – e as técnicas que levam ao efeito da profundidade são imprescindíveis para essa caracterização.

De modo semelhante, Wölfflin indica o desenvolvimento da forma fechada para a forma aberta como constituinte da passagem da Renascença ao Barroco. A forma fechada é uma consequência direta do estilo linear da pintura renascentista, na qual, como se viu, ocorre uma nítida definição dos contornos "encerrando" o objeto nas linhas que limitam sua representação. Já no barroco, o artista joga com uma certa ambiguidade naquela definição dos contornos, libertando a representação da univocidade, na qual, aliás, se acredita cada vez menos.

Por outro lado, enquanto a pintura renascentista aposta na retratação da multiplicidade, que, segundo a visão de mundo correspondente, é um dado da própria natureza, as composições barrocas esmeram-se na subordinação de todos os elementos do quadro a um princípio ordenador, traduzindo de modo inequívoco o ponto de vista da física matemática, com sua concepção do mundo como mecanismo de relojoeiro, plenamente consolidado no século XVII. Nisso Wölfflin identifica claramente o "desenvolvimento do múltiplo para o unitário" (Wölfflin, 1991, p. 28).

O quinto e último aspecto da passagem do tátil ao ótico é o que Wölfflin chama de desenvolvimento da clareza absoluta para a clareza relativa: aqui traduz-se um aspecto muito evidente da pintura barroca que é a utilização dos contrastes claro-escuro como elemento expressivo, o que se liga tanto à passagem do linear ao pictórico (a representação ganha uma espessura que antes não tinha), quanto à da superfície à profundidade (o escurecimento de certas regiões do quadro ajuda na formação da impressão de profundidade). De modo análogo, o claro-escuro do barroco é um elemento importante na obtenção da abertura da forma (a escureza desfaz a delimitação precisa dos objetos) e na constituição da unidade consolidada na composição. Mais uma vez, Wölfflin observa que o acolhimento dessa técnica não significa a introdução de uma intencional falta de clareza por parte do pintor barroco, mas se liga, antes, a uma necessidade expressiva diferente daquela pela clareza "absoluta", típica do Renascimento:

> Toda época exigiu de sua arte que ela fosse clara e sempre foi uma censura quando se chamou a apresentação de não-clara. Mas a palavra teve no século XVI, porém, um outro sentido do que aquele posterior. Para a arte clássica toda beleza está ligada à revelação completa da forma, no barroco a clareza absoluta se escurece mesmo onde a intenção é a perfeita objetividade. A aparição da imagem não coincide com o máximo em clareza objetual, mas desvia-se dele. (Wölfflin, 1991, p. 229)

Temos já, aqui, alguns elementos para pensar uma possível aproximação entre o ponto de vista nietzscheano e as teorias não filosóficas sobre as artes plásticas no *settecento*: não se poderia dizer que as características apontadas por Wölfflin como tipicamente barrocas – contornos menos definidos e contraste luz-sombra encetando a profundidade espacial e uma rigorosa unidade compositiva – constituem um momento tipicamente dionisíaco nesse estilo? A favor dessa hipótese falam as próprias definições do apolíneo e do dionisíaco, dadas por Nietzsche. No que tange ao primeiro, que poderíamos aproximar da arte renascentista, o filósofo lembra, com relação aos gregos, que

> da inacreditavelmente determinada e segura aptidão plástica dos seus olhos, juntamente com seu prazer colorístico claro e franco, não se pode escapar, para vergonha de todos os pósteros, também para seus sonhos de pressupor uma causalidade lógica das linhas e esboços, cores e grupos e uma consequência presumida das cenas nos seus melhores relevos. (Nietzsche, 1980a, p. 26)

Em relação ao dionisíaco, Nietzsche associa o apelo estético, como vimos, ao "encantador espasmo, que advém da ruptura mesma do *principii individuationis*" (Nietzsche, 1980a, p. 24), o que, em outras palavras, remete à ausência de contornos definidos – próxima da embriaguez – que não está longe da vertigem sugerida por tantas obras arquitetônicas ou pictóricas do barroco.

Mas onde residiria o elemento propriamente musical, sem o qual não existe o dionisíaco? Seria interessante recorrer primeiramente a uma breve caracterização da especificidade do barroco musical com relação ao Renascimento. Nesse sentido, o esquema fornecido por Wölfflin, no qual se torna evidente a passagem do Renascimento ao Barroco, inspira também historiadores da música do *settecento*, como Manfred Bukofzer, embora ele mesmo lembre que, talvez exatamente por sua evidência, tal esquema pode falsificar os desenvolvimentos reais em virtude de um excesso de simplicidade:

> Os termos música "renascentista" e música "barroca" foram tomados emprestados da história das artes plásticas como rótulos convenientes para períodos que se aplicam igualmente bem à história da música e outros

> campos da civilização. A transposição para a história da música de termos desenvolvidos na história das artes plásticas tem os seus perigos, se desenvolvida de modo muito literal. Desde os dias dos *Princípios da história das artes*, de Wölfflin, foram feitas tentativas de aplicar sua terminologia à música num modo "por atacado". Os conceitos de Wölfflin, o linear, a forma fechada, etc. são abstrações destiladas a partir do desenvolvimento vivo das artes plásticas, mas tão gerais na sua natureza que podem ser aplicadas a todos os períodos indiscriminadamente, apesar de terem sido descobertos originariamente na comparação entre a Renascença e o Barroco. (Bukofzer, 1947, p. 2)

Além do mencionado excesso de generalidade das categorias wölfflinianas quando extrapoladas com relação ao período da história da arte em função do qual foram propostas, outra importante consequência pode ser tirada da advertência do grande historiador da música barroca: a compreensão do seu contraste para com a música renascentista deve se dar em função de parâmetros especificamente musicais, acompanhando os desenvolvimentos factuais ocorridos na virada do século XVI para o XVII. Aliás, a excelente descrição desses acontecimentos feita por Bukofzer confirma, por um lado, o que Nietzche declara sobre o recitativo e o *stile rappresentativo*, ajudando a esclarecer, por outro, em que medida o filósofo pôde, simultaneamente, reconhecer Bach como um dos maiores compositores de todos os tempos.

O fenômeno básico da auto-compreensão dos compositores da primeira fase do barroco musical na Itália é sua clara distinção para com a criação do período imediatamente anterior, isto é, da Renascença. Bukofzer assinala que ideólogos da música do *settecento*, como Berardi (autor de *Miscelanea musicale*, de 1689), Bardi e Corsi (inspiradores da *camerata* florentina), distinguem, de fato, a música renascentista da barroca, pelo fato de que, naquela, as palavras estão a serviço da música, nessa, ao contrário, a música se encontra a serviço das palavras. Os teóricos da *camerata* criticavam duramente a música renascentista pelo fato de a multiplicidade de vozes na polifonia impedir a compreensão do texto, considerado por eles como o elemento principal na inteligibilidade da forma dramática cuja história se encontra iniciando no momento: a opera (Bukofzer, 1947).

O próprio Bukofzer, no entanto, chama a atenção – confirmando, diríamos, a intuição crítica de Nietzsche – para o fato de que, na *camerata*, elementos extra-musicais como o texto e a interpretação afetada e caricatural, quase falada, do canto, assumem uma importância inaudita e os adversários dessa forma incipiente de música barroca, ainda aferrados aos parâmetros da música renascentista, a menosprezam e acusam seus adeptos de diletantismo e de ignorância da verdadeira técnica musical. A vinculação do recitativo e da nascente ópera – ambos incentivados pela *camerata* – com a tragédia grega, era, no entanto, mais apenas ideológica, mais como uma inspiração do que tecnicamente fundada:

> A invenção do recitativo estava intimamente conectada com o nascimento da ópera, na qual a *camerata* tentou ressuscitar a tragédia grega antiga. Uma vez que a ópera era estimulada por um entusiasmo pela música antiga e desde que a revivência do classicismo passa por uma característica "tipicamente renascentista", historiadores de gerações passadas consideravam a ópera como o último florescimento da música renascentista (...). Sabemos de apresentações de tragédias gregas traduzidas durante a Renascença, nas quais a música era caracteristicamente restrita aos côros polifônicos. Nenhuma dessas revivências teve em vista a ideia, inconcebível para a época, de pôr a tragédia inteira na música, ou, num modo de dizer, sob a música. (...) Na invenção do recitativo, a quimera da música antiga servia apenas a uma função cataclítica; o impulso primário veio do desejo barroco de representar as afecções de violência. (Bukofzer, 1947, p. 6-7)

Por um lado, a perda de autonomia da música com relação ao texto, nessa primeira fase do barroco, cai no sorvedouro de uma concepção sinestésica, em que, de modo semelhante, nas artes plásticas, arquitetura e pintura se completam e se limitam mutuamente (Bukofzer, 1947, p. 7). Por outro lado, no que concerne ao ponto de vista amplamente aceito, segundo o qual o barroco musical é um estilo essencialmente homofônico, enquanto a Renascença é polifônica, Bukofzer lembra que o conflito entre o harmônico e o contrapontístico ocorre, a seu modo, em ambos os períodos, observando ainda que em Bach – segundo ele, o corolário do barroco musical – chega-se a uma "fusão da harmonia funcional com o contraponto linear" (Bukofzer, 1947, p. 8-9).

É em virtude dessa reintegração de um momento que conferia relevo especificamente musical – o contraponto –, no âmbito da linguagem homofônica, inequivocamente mais "moderna" do que a polifonia renascentista, que Nietzsche, mesmo desqualificando inteiramente a primeira fase da música barroca, inclui Bach – pertencente a um período posterior – entre aqueles compositores responsáveis pelo ressurgimento do elemento dionisíaco na música ocidental moderna.

Como se viu, as remissões à história das artes confirmam parcialmente o ponto de vista nietzscheano e sugerem aproximações como as do dionisíaco e das categorias visuais de Wölfflin sobre o barroco, nas quais o momento musical e as características pictóricas poderiam ser referidas à concepção nietzscheana segundo a qual, a música nos obriga "a ver mais e mais internamente do que o habitual" (Nietzsche, 1980a, p. 118). Mas, mesmo assim, ainda não dispomos de um ponto de vista filosófico contemporâneo que reintegre as reflexões sobre o visual-apolíneo e o sonoro-dionisíaco. Como possibilidade de remediar essa falta – mesmo não sanando-a totalmente –, proponho um cotejo da teoria nietzscheana, enriquecida com as reflexões advindas da história da arte, com a *Origem do drama barroco* de Walter Benjamin.

O ponto de vista nietzscheano sobre a tragédia e a teoria sobre o drama barroco alemão de Benjamin

Tal aproximação não parece muito fácil, pois, à primeira vista, as diferenças entre Nietzsche e Benjamin parecem muito maiores do que as possíveis semelhanças. Enquanto o primeiro baliza a qualidade artística dos fenômenos posteriores a partir das conquistas da tragédia grega, esse último procura, antes de mais nada, desvincular totalmente seu objeto – o drama barroco alemão – do modelo ático. Enquanto Nietzsche faz a apologia do mito como elemento mediador entre a explosão dionisíaca e a sobriedade apolínea, Benjamin insiste em sua ideia de que o conteúdo do *Trauerspiel* é a história, entendida exatamente como aquilo que é oposto ao mito (Benjamin, 1991).

Além disso, o drama barroco alemão é "moralmente (...) mais responsável que o espanhol" (Benjamin, 1991, p. 263), representado principalmente por Calderón de la Barca, embora Benjamin reconheça sua inferioridade sob o ponto de vista estético, ao passo que Nietzsche se mostra irritado com o fato de que as apropriações filosóficas de seu objeto preferencial – a tragédia grega – ao longo de toda a história enfatizem principalmente sua dimensão ética negligenciando os aspectos propriamente estéticos (Nietzsche, 1980a). Essa postura de Nietzsche, aliás, desagrada visivelmente a Benjamin, que, talvez de modo exagerado, a rotula de "esteticista" e a rejeita em nome de uma investigação enraizada na filosofia da história:

> O mito trágico conta (...) para Nietzsche como construto puramente estético e o confronto das forças apolíneas e dionisíacas permanece de modo análogo, enquanto aparência e dissolução da aparência, aprisionado no âmbito estético. Com a renúncia a um conhecimento histórico-filosófico do mito da tragédia, Nietzsche comprou por um preço demasiadamente alto a emancipação do clichê de uma eticidade que se esmerava em atribuir aos acontecimentos trágicos. (...) O abismo do esteticismo abre-se na medida em que essa intuição genial perdeu todo e qualquer conceito, de modo que deuses e heróis, privação e sofrimento, os vetores da construção trágica se esvaem no nada. (Benjamin, 1991, p. 281)

Se se deixa de lado, porém, essas evidentes diferenças de enfoque entre Nietzsche e Benjamin, percebe-se que as semelhanças entre *O nascimento da tragédia* e *Origem do drama barroco alemão* não se limitam ao fato de ambas serem apropriações filosóficas do processo, por assim dizer, de ascenção e queda de significativas formas dramáticas situadas, respectivamente, na Antiguidade grega clássica e nos primórdios da Idade Moderna. Existe uma discussão estética mais geral que subjaz ambas as obras, a qual diz respeito às relações entre som, imagem e palavra. Em *O nascimento da tragédia*, como vimos, ela diz respeito aos impulsos apolíneo e dionisíaco; na *Origem do drama barroco alemão*, ela aparece principalmente no tratamento específico dado por Benjamin ao fenômeno da alegoria.

Um pressuposto importante da discussão sobre a alegoria encontra-se ainda nos capítulos iniciais, concernentes à relação entre tragédia e drama barroco: trata-se da instituição da cena, nesse último, como fenômeno essencialmente ligado à dimensão do espaço, dando razão a Riegl – citado, aliás, inúmeras vezes por Benjamin – na sua concepção do barroco como estilo eminentemente espacial. Na versão benjaminiana, essa espacialização se liga à secularização da história no drama barroco alemão, que ocorre de um modo semelhante ao do cálculo infinitesimal nas ciências exatas, já que, em ambos, "o processo temporal do movimento é aprisionado e analisado numa imagem espacial" (Benjamin, 1991, p. 271). A esse procedimento, teóricos da época deram o nome técnico de "confusão" (*Verwirrung*), sendo que Benjamin chama a atenção para seus aspectos possivelmente associados à própria dissolução do drama barroco:

> Deve-se entender 'confusão' não apenas no sentido moral, mas também no sentido pragmático. Em oposição a um decurso temporal e descontínuo (*sprunghaft*), tal como a tragédia o concebe, o drama barroco se dá no *continuum* do espaço – de modo coreográfico, poder-se-ia dizer. O promotor de seu enredamento, o precursor do chefe do corpo de baile, é o intrigante. Como terceiro tipo, encontra-se ele ao lado do déspota e do mártir. (Benjamin, 1991, p. 273-274)

A intriga e a coreografia, inclusive no que ambas têm em comum, constituem a chave para o entendimento da concepção benjaminiana de alegoria, embora sua relação mais imediata seja para com a escrita, especialmente a cifrada, hieroglífica, pois ela é essencialmente imagética, constituindo-se mesmo numa "linguagem de imagens" (*Bildersprache*) (Benjamin, 1991, p. 348). Essa linguagem diferencia-se fundamentalmente da escrita alfabética convencional, que não se liberta totalmente de uma atomização profanadora, ligando-se à escrita de complexos sagrados. Para Benjamin, a própria essência do barroco reside na tensão, expressa na e pela própria linguagem, entre o sagrado e o profano:

> Se a escrita quer se assegurar de seu caráter sagrado – sempre o conflito entre validade sagrada e compreensibilidade profana a atingirá –, então ela se compromete com os complexos, com a hieroglífica. Isso ocorre no barroco. Exterior e estilisticamente – no caráter drástico da frase como na metáfora sobrecarregada – o escrito se obriga para com a imagem. (Benjamin, 1991, p. 351)

No entanto, há que se ter em mente que a imagem, cultivada, segundo Benjamin, pela alegoria no drama barroco alemão, está muito longe da concepção nietzscheana da bela visualidade apolínea, ligando-se, antes, ao fragmento e à ruína. Aliás, a própria natureza inspira os poetas do período não sob o aspecto de sua produtividade e florescimento – como ocorre, por exemplo, no romantismo –, mas no de fenecimento e decadência, nos quais a concepção – histórica – da ruína se transfere para a natureza, entendida em sua transitoriedade como história natural (*Naturgeschichte*) (Benjamin, 1991, p. 355).

Tal concepção liga-se ao fato de que o decurso histórico parece não guardar qualquer especificidade com relação aos processos naturais de putrefação da matéria e sua personificação é a figura, já mencionada, do intrigante que acaba por desestabilizar as relações de poder na corte onde se desenrola a ação e tem papel destacado na transformação do tirano em mártir. Segundo Benjamin, o intrigante sobressai como pessoa culta, esclarecida e diabólica (Benjamin, 1991) e somente sua ação – a intriga – "seria capaz de levar a organização da cena para aquela totalidade da alegoria" (Benjamin, 1991, p. 409). Para além da intriga, há outro aspecto importante, de natureza mais formal, para a constituição da alegoria: a já mencionada imbricação entre a escrita e os elementos visuais, tal como ocorre nos monogramas: "O drama barroco procura de fato o enredo com suas peripécias e intrigas. Palpável aqui é de modo claro exatamente como a alegoria o atinge. Numa complicada configuração, o sentido de sua ação se impõe como letras nos monogramas" (Benjamin, 1991, p. 371) .

Essa comparação aos monogramas remete à relação entre a fala e a imagem cênica, sobressaindo-se, aqui, o que Benjamin denomina "sentença", uma espécie de dito emblemático associado ao referido aspecto imagético da linguagem alégorica, a qual o filósofo compara, no âmbito do drama alemão, à função dos efeitos de claro-escuro tão típicos da pintura barroca:

> Não raro a fala nos diálogos é apenas a assinatura, advinda de um passe de mágica nas constelações alegóricas, na qual os personagens se situam entre si. Em suma: a sentença explica a imagem cênica enquanto sua assinatura como alegórica. (...). O que na pintura barroca é o efeito luminoso, no drama é sentença: ela brilha forte no escuro do sorvedouro alegórico. (Benjamin, 1991, p. 372-373)

Em outra comparação da linguagem ornamentada do drama barroco com as artes visuais do período, Benjamin inclui também a arquitetura:

> Se se pode, diante da proporção colossal da arquitetura e da pintura barrocas, destacar em ambas a "propriedade de preenchimento ilusório do espaço", então a linguagem pictoricamente alexandrina carregada tem a mesma tarefa[3]. (Borinski *apud* Benjamin, 1991, p. 380)

Essa ênfase dada à intimidade entre os aspectos espacial e visual, por um lado, e a escrita, corporificada, aliás, na própria concepção de alegoria, por outro, relaciona-se à questão, levantada por Benjamin, da problematicidade em relação ao momento especificamente sonoro no drama barroco alemão:

> Não foi dado ao drama barroco alemão – para falar com Baader – fazer de seus hieróglifos algo sonoro. Pois sua escrita não se faz som. Seu mundo permanece, antes, auto-suficiente, preocupado com o desdobramento do seu ímpeto. Escrita e som se encontram numa polarização altamente tensa entre si. Sua relação fundamenta uma dialética, em cuja luz o gongorismo (*Schwulst*) se justifica enquanto gesto lingüístico construtivo, planejado palmo a palmo. (Benjamin, 1991, p. 376)

O problema refere-se, para ser mais preciso, não à relação entre o som e a imagem, tal como se apresenta em Nietzsche enquanto

---

3. O trecho entre aspas refere-se à citação, por Benjamin, de Borinski, retirada da obra *Die Antike in Poetik und Kunsttheorie* (v. 1, p. 19).

interrelacionamento dos impulsos apolíneo e dionisíaco, mas numa incontornável tensão entre a palavra – potencialmente sonora – e a escrita, embora essa última, como se viu, seja perpassada, no drama barroco por um elemento essencialmente imagético:

> "Barroco da voz" e "barroco da imagem" (...) são polarmente fundidos um no outro. Incomensurável é, no barroco, a tensão entre palavra e escrita. A palavra, pode-se dizer assim, é êxtase da criatura, compromisso, atrevimento, impotência perante Deus; escrita é sua coleção, dignidade, superioridade, onipotência sobre as coisas do mundo (...). A linguagem sonora é, portanto, a região da externação livre e originária da criatura, contra a qual a escrita imagética escraviza as coisas na limitações excêntricas do significado[4]. (Benjamin, 1991, p. 377-378)

Com isso, Benjamin aponta para uma certa "reificação" do fenômeno sonoro no drama barroco alemão, originada pelo fato de que o som das palavras parece nunca se integrar totalmente no âmbito da escrita imagética – exclusiva responsável pelo significado do que é dito:

> O sonoro é e permanece no barroco algo puramente sensível. O significado reside na escrita. E a palavra pronunciável é apenas, como que por uma doença indissociável, procurada por ela. No ressoar, aquela se rompe e um represar do sentimento, que estava pronto para fluir, desperta o luto (...). O transformar-se do puro sonoro da linguagem da criatura na ironia prenhe de significado, que irrompe da boca do intrigante é para a relação dessa sobrecarga na linguagem altamente característico. (Benjamin, 1991, p. 383)

Desse modo, se se recorda que a espacialidade coreográfica da ação do intrigante possui uma relação íntima com a constituição da alegoria, pode-se aproximá-la do ultrapassamento do momento sonoro pela linguagem sobrecarregada, associada à escrita imagética que também

---

4. Para Benjamin, a reconciliação entre som e significado se dá apenas num momento em que o próprio barroco já entrou em declínio: "Só se pode falar talvez de uma verdadeira superação do barroco, de uma reconciliação de som e significado, em Klopstock, graças ao que A.W. Schlegel chamou de tendência "gramatical" de suas odes" (Benjamin, 1991, p. 384).

caracteriza a alegoria. Essa situação problemática da sonoridade no contexto do drama barroco alemão se mostra, aliás, como determinante no processo que resultou em sua dissolução, o que é expresso numa passagem em que Benjamin refere-se explicitamente a *O nascimento da tragédia* de Nietzsche:

> No sentido da ópera dirigiu-se forçosamente a abertura musical que precedia a peça teatral nos jesuítas e protestantes. Também os intermédios coreográficos, como o estilo profundamente coreográfico da intriga não são estranhos a esse desenvolvimento, que no fim do século trouxe a dissolução do drama barroco na ópera. As conexões, às quais essas lembranças levam, foram desenvolvidas por Nietzsche em *O nascimento da tragédia*. Para ele, era oportuno elevar honrosamente o '*Gesamtkunswerk*' trágico wagneriano contra a ópera jocosa, que se preparou no barroco. (Benjamin, 1991, p. 385-386)

Essa relação do drama barroco com a ópera começa, segundo Benjamin, na própria origem comum que ambos os gêneros possuem nas pastorais e nos oratórios, sendo que a mencionada "dissolução do drama barroco na ópera" deve ser entendida não como essa última tendo sucedido aquele, mas tendo sido desaguadouro de seu curso conturbado após um paralelismo temporal que durou praticamente todo o século XVII. Em outras palavras, o que era ponto pacífico na ópera, a relação da escrita com o som musical, era problemático no drama barroco, o que ocasionou sua absorção por aquela. Mas o preço pago – num desenvolvimento que recorda mais uma vez a posição nietzscheana sobre o fim da tragédia grega – foi o sacrifício da alegoria enquanto expressão do luto, com o consequente esvaziamento da profundidade anteriormente atingida pelo drama barroco alemão (Benjamin, 1991). Mas, em que pese o lugar problemático ocupado pela sonoridade musical no gênero estudado por Benjamin, ele assinala que, para além da mencionada reificação do elemento sonoro, a música possui uma estreita relação com a alegoria:

> O prazer voluptuoso no mero som tem sua parte na decadência do drama barroco. Apesar disso, a música – não pelo favor dos autores, mas

> segundo sua própria essência – é internamente aparentada com o drama alegórico. (Benjamin, 1991, p. 387)

A partir dessa proximidade entre a música e a alegoria, Benjamin, reportando-se ao crítico romântico Johann Wilhelm Ritter, propõe a arte sonora como uma espécie de linguagem humana universal, da qual teria surgido a escrita, embora a relação entre ambas deva ser entendida como uma antítese dialética:

> Aproximar linguagem sonora e escrita como sempre uma da outra, portanto, não de outro modo que o dialético, identificar como tese e síntese; assegurar àquele termo médio antitético da música – a última linguagem de todos os homens depois da construção da torre – seu merecido lugar central de antítese e pesquisar como dela, e não como da linguagem imediatamente sonora, a escrita surge[5]. (Benjamin, 1991, p. 388)

Desse modo, a ideia nietzscheana da música como essência do estilo barroco acaba encontrando uma surpreendente confirmação na teoria benjaminiana sobre o drama barroco alemão: embora, como se viu, nele, a expressão estética se ligue, em princípio, mais a uma relação da imagem para com a escrita, o problema da sonoridade irrompe como um gênio dionisíaco perturbando um cenário que, de resto, lhe era propício. Pois o solo fértil para a alegoria nunca é – e nem pode ser – predominantemente apolíneo.

Referências bibliográficas

BENJAMIN, W. "Usrprung des deutschen Trauerspiels". In *Gesammelte Schriften*. v. I-1. Frankfurt am Main: Suhrkamp Verlag, 1991.

BUKOFZER, M. *Music in the baroque era. From Monteverdi to Bach*. Nova Iorque e Londres: W.W. Norton & Company, 1947.

BURCKHARDT, J. & WÖLFFLIN, H. *Briefwechsel und andere Dokumente ihrer Begegnung 1882-1897*. Basel: Schwabe & Co, 1989.

5. Ver, neste livro, o artigo "Figuras de Chladni. Sobre o problema filosófico das relações entre som e imagem" (p. 37).

NIETZSCHE, F. "Jenseits von Gut und Böse". In *Werke III*. Frankfurt am Main/Berlim/Viena: Verlag Ulstein, 1979a.

NIETZSCHE, F. "Götzen-dämmerung". In *Werke III*. Frankfurt am Main/Berlim/Viena: Verlag Ulstein, 1979b.

NIETZSCHE, F. "Die Geburt der Tragödie". In *Werke I*. Frankfurt am Main/Berlim/Viena: Verlag Ulstein, 1980a.

NIETZSCHE, F. "Menschliches, allzumenschliches. Erster Band". In *Werke I*. Frankfurt am Main/Berlim/Viena: Verlag Ulstein, 1980b.

RIEGL, A. *Die Entstehung der barockkunst in Rom*. Munique: Mäander Verlag, 1987.

WISNIK, J. M. *O som e o sentido: uma outra história das músicas*. São Paulo: Companhia das Letras, 1999.

WÖLFFLIN, H. *Kunstgeschichtliche Grundbegriffe: das Problem der Stilentwicklung in der neueren Kunst*. Basiléia: Schwabe & Co, 1991.

2

FIGURAS DE CHLADNI: sobre o problema filosófico das relações entre som e imagem

Desde tempos imemoriais, questionou-se sobre as relações – nem sempre de convergência – entre som e imagem, entre o sentido da audição e o da visão. O paradigma na mitologia grega, por exemplo, é a história de Argos, personagem que tinha o corpo dotado de cem olhos, dos quais, ao dormir, somente metade de cada vez se fechava, o que o tornava um sentinela praticamente invencível. Quando Juno, por ciúmes de Zeus, tomou posse de Io – anteriormente transformada por ele numa novilha de modo a confundir sua esposa – incumbiu Argos de vigiá-la para que seu infiel marido não a resgatasse. Zeus, por sua parte, deu a Hermes a missão de libertá-la. Este, que a princípio não sabia como vencer a inexpugnável vigilância de Argos, conseguiu o seu intento com auxílio de uma flauta de pan. À medida que Hermes tocava o instrumento, ia fazendo cerrar, adormecidos, um a um os cem olhos de Argos até que o degolou e pôde libertar Io (Vollmer, 1874). Indício de que uma interpretação possível desse mito funda-se na percepção da antítese entre som e imagem (a audição, por Argos, da flauta tocada por Hermes fez com que sua visão se extinguisse) é o fato de que, no início da filosofia moderna, Agrippa von Nettesheim reportou-se a essa narrativa com a intenção de apontar para um suposto efeito destruidor da sonoridade musical sobre a visualidade pictórica (Agrippa von Nettesheim 1913). Mas, bem antes do Renascimento, ainda no período da filosofia grega clássica, encontram-se interessantes abordagens, principalmente em Aristóteles, sobre as peculiaridades de som e de imagem, e de suas relações.

Enquanto a Platão, no *Crátilo* (423c-432c), por exemplo, interessa principalmente mostrar em que medida as "imitações" sonoras e imagéticas se contrapõem à enunciação de nomes propriamente ditos, Aristóteles, no capítulo 5 do livro VIII da *Política*, percebe a essencial diferença entre as "imitações" com sons e as com imagens, principalmente no caráter mais "subjetivo" da sonoridade musical quando comparada com a maior "objetividade" da representação pictórica:

> No entanto, os ritmos e melodias contêm representações e imitações da ira e da doçura, da fortaleza e da temperança e de seus opostos e de todas as demais qualidades morais, imitações que com o maior rigor correspondem à verdadeira natureza dessas qualidades – e isso é evidente pelos fatos mesmos: ao ouvir essas imitações, sentimos nossa alma mudar – e o habituar-se a sentir pena e deleite nas imitações da realidade está muito próximo de nossa maneira de sentir a própria realidade. Por exemplo, se um homem se deleita na contemplação da estátua de alguém, não por outra razão a não ser sua própria beleza, a visão real da pessoa cuja estátua contempla deve também necessariamente lhe produzir prazer. Entretanto, de fato os objetos sensíveis distintos dos auditivos não imitam de modo algum sentimentos morais; por exemplo, os objetos do tato e do paladar. Os objetos da visão os imitam, mas debilmente (... além do mais, esses objetos não imitam por si mesmos os sentimento morais, mas as formas e cores que o artista cria são, antes, signos desses estados morais, signos que são a manifestação de tais emoções...). Diferentemente, as melodias contêm em si mesmas imitações de emoções morais. (Aristóteles, 1982, 1340 a-b)

Particularmente a partir do século XVIII, a relação entre som e imagem passa a ser compreendida de modo recorrente por filósofos das mais diversas tendências enquanto uma espécie de oposição. Rousseau pode ser considerado um dos primeiros filósofos modernos a retomar o tema dessa oposição. No *Ensaio sobre a origem das línguas*, ele inicia por estabelecer os dois meios básicos de expressão do pensamento humano: o movimento e a voz, sendo que o primeiro, quando é imediato chama-se tato, quando mediato chama-se gesto (Rousseau, 1978). Especialmente os gestos – produtores de imagens por excelência – associam-se à comunicação humana mais básica, aquela ligada à sobrevivência física imediata. É um modo de expressão mais eficiente para o que é fisicamente essencial, pois "fala-se aos olhos muito melhor do que aos ouvidos" (Rousseau, 1978, p. 161).

Igualmente importante na abordagem de Rousseau, tendo em vista nossos objetivos presentes, é a denúncia do que ele chama de "falsa analogia entre as cores e os sons": no reconhecimento de que som e cor são fenômenos de natureza totalmente diferente, com efeitos diferenciados sobre nosso espírito, ele, de certo modo, retoma a posição de Aristóteles mencionada acima e se aproxima, como veremos adiante, das colocações contemporâneas sobre a oposição entre som e imagem. Como exemplos dessa aproximação, poderíamos destacar, em primeiro lugar, a natureza mais afeita ao espaço dos fenômenos visuais, em contraposição à essência mais propriamente temporal dos acontecimentos sonoros. Segundo Rousseau, "O efeito das cores reside na sua permanência e o dos sons na sua sucessão"; ou, falando de modo ainda mais explícito: "O campo da música é o tempo; o da pintura, o espaço" (Rousseau, 1978, p. 193).

Pode-se destacar também como exemplo do enfoque rousseauniano sobre a oposição som/imagem sua ideia de uma ligação mais visceral da sonoridade aos fenômenos orgânicos, enquanto que a visualidade seria mais relacionada com os acontecimentos mecânicos: "As cores são o adorno dos seres inanimados, toda a matéria é colorida, mas os sons anunciam o movimento, e a voz, um ser sensível. Só os corpos animados cantam" (Rousseau, 1978, p. 193). É interessante observar que esses pontos de vista de Rousseau sobre a natureza diferenciada de som e imagem apontam, no final das contas, para a defesa de uma certa superioridade da música sobre as outras artes, especialmente as visuais, como a pintura, por exemplo:

> A música, porém, age mais intimamente sobre nós, excitando, por intermédio de um sentido, sensações semelhantes àquela que se pode excitar por um outro e, como a relação só pode tornar-se sensível quando há impressão forte, a pintura, destituída dessa força, não pode dar à música as imitações que a música dela extrai. (Rousseau, 1978, p. 194)

Mas não se pode compreender, no entanto, essa posição de Rousseau como tendo estabelecido de uma vez por todas, na Idade Moderna, o caráter problemático das relações entre som e imagem. Pensadores visivelmente influenciados por Rousseau sob outros aspectos, como, por exemplo, Kant, relacionam a música com as artes visuais sem atentar para o problema – já apontado milênios atrás, como se viu pelo mito de Argos – da oposição entre som e imagem. De fato, no § 52 da *Crítica da faculdade do juízo*, intitulado "Da ligação das belas artes em um e mesmo produto", Kant chama a atenção para a possibilidade da confluência de artes imagéticas, sonoras e mais "conceituais" (como a literatura, por exemplo), sem atentar para a relação antitética que possa haver nas matérias primas das quais elas são feitas:

> A eloquência pode ligar-se a uma apresentação pictórica de seus sujeitos também como objetos em um *espetáculo;* a poesia pode ligar-se à música no *canto;* este porém, ao *mesmo* tempo à apresentação pictórica (teatral) em uma ópera; o *jogo* das sensações em uma música pode ligar-se ao jogo das figuras na *dança* etc. Também a apresentação do sublime, na medida em que pertence à arte bela pode unificar-se com a beleza em uma tragédia *rimada,* em um *poema didático*, em um *oratório*; e nessas ligações a arte bela é ainda mais artística. Se, porém, também mais bela (já que se entrecruzam espécies diversas tão variadas de complacência), pode em alguns desses casos ser posto em dúvida. Pois em toda arte bela o essencial consiste na forma, que convém à observação e ao ajuizamento e cujo prazer é ao mesmo tempo cultural e dispõe o espírito para ideias e por conseguinte o torna receptivo a prazeres e entretenimentos diversos; não consiste na matéria da sensação (no atrativo ou na comoção), disposta apenas para o gozo, o qual não deixa nada à ideia, torna o espírito embotado, o objeto pouco a pouco repugnante e o ânimo insatisfeito consigo e instável pela consciência de sua disposição adversa a fins no juízo da razão. (Kant, 1995, B, p. 213-214)

Embora Kant esteja admiravelmente atento ao problema do excesso de material sensível como possível obstáculo à contemplação estética propriamente dita, para ele, entretanto, o problema não se encontra no fato de que as matérias primas de que são feitas as obras de arte – no caso, som e imagem – sejam de natureza muito diferente ou mesmo que elas sejam mutuamente incompatíveis. O verdadeiro problema para ele reside no fato de que o importante numa obra é o seu aspecto formal. Desse modo, o acúmulo de matéria sensível, independente de sua compatilibilidade intrínseca, distrai a atenção do contemplador, dificultando a formulação de um possível juízo estético puro (seja de gosto, isto é, sobre o belo, ou mesmo sobre o sublime, como sugere Kant).

Diferentemente de Kant, que, como se viu, não prestou especial atenção ao problema que nos interessa aqui, Hegel foi um dos filósofos, que, após Rousseau, encarou de frente – e explicitamente – a questão da relação entre o som e a imagem. No entanto, Hegel pensa a oposição principalmente em termos da passagem dialética das artes espaciais, mais afeitas às imagens, às artes temporais, que têm na música um de seus fenômenos artísticos mais desenvolvidos. Essa temporalidade originariamente associada à música ocorre, segundo Hegel, já em virtude de o som ser causado por vibrações mecânicas dependentes de um deslocamento periódico de massas de ar numa frequência capaz de impressionar o ouvido. No que tange à sua caracterização das "artes particulares", na parte relativa às "artes românticas", Hegel compreende a passagem da pintura à música exatamente em termos da transição da espacialidade de uma superfície, sobre a qual se espalham o desenho e as tintas, para o deslocamento periódico de um ponto dessa superfície que já poderia soar, ocasionando, assim, a matéria prima para a música:

> O estabelecimento ideal do sensível pela música deve ser procurado no fato de que ela supera igualmente a indiferente separação do espaço, cuja aparência total a pintura ainda deixa subsistir e intencionalmente simula, e a idealiza na unidade individual [*individuelle Eins*] do ponto. Mas enquanto tal negatividade, o ponto é em si mesmo concreto e superação ativa no seio da materialidade como movimento e vibração do corpo material em si mesmo na sua relação consigo mesmo. Tal idealidade inicial da matéria, que não mais aparece como idealidade espacial, mas como temporal, é o som, o sensível estabelecido negativamente, cuja visibilidade abstrata se transforma em audibilidade, na medida em que o som desprende o ideal como que de seu confinamento na materialidade. – Esta primeira inte-

> riorização e animação da matéria fornece o material para a interioridade e alma propriamente ainda indeterminadas do espírito, e permite que em seus sons, o ânimo soe e ressoe com toda a escala de suas sensações e paixões. (Hegel, 1999, p. 100-101)

O aspecto, enfatizado por Hegel, da interiorização da matéria que o som propicia, com a consequente maior proximidade da arte musical com relação aos próprios movimentos da alma humana adquire grande importância na comparação feita às artes espaciais, em especial à pintura, já que ela é a arte particular que antecede imediatamente a música no esquema dialético proposto pelo filósofo. A grande diferença estaria no fato de as artes plásticas se referirem sempre a objetos já dados na realidade espacial exterior, enquanto o caráter temporal da música, prescindindo dessa referência, a coloca em relação direta com a subjetividade:

> Podemos dizer outro tanto dos efeitos da música. Ela dirige-se à mais profunda interioridade subjetiva; é a arte de que a alma se serve para agir sobre as outras almas. É certo que a pintura pode, também, exprimir nas fisionomias e nas formas das personagens a vida interior, os estados da alma, as paixões do coração, as situações, lutas e destinos da alma, mas o que vemos nos quadros, são manifestações objetivas que o eu que as contempla vê, por assim dizer, do exterior, como totalmente distintas de si. Podemos simpatizar com a situação e o caráter das personagens; extasiarmo-nos ante as belas formas de uma estátua ou de um quadro; admirar a obra de arte, identificando-a com o pensamento do artista; sentimo-nos irresistivelmente atraídos para ela e penetrados destes sentimentos; porém nada disto é suficiente: estas obras de arte são e permanecem objetos que existem por si mesmos e em relação aos quais somos e permanecemos sempre simples espectadores. Mas, na música, tal distinção não existe. O seu conteúdo é o subjetivo em si, e a sua exteriorização, longe de pender para uma objetividade no espaço, paira, por assim dizer, no ar e mostra deste modo que é uma comunicação que, em lugar de ter um apoio sólido, é sustentada apenas pela interioridade subjetiva e não existe senão por e para ela. De tal modo o som é uma manifestação exterior; porém a sua característica é a auto-destruição, a auto-aniquilação. Apenas afetou o

> ouvido, logo se extingue; a impressão que produz, interioriza-se imediatamente; os sons só encontram o seu eco no fundo mais íntimo da alma emudecida e comovida na sua subjetividade ideal. (Hegel, 1989, p. 135-136)

Essa maior interioridade espiritual da música em relação às artes plásticas no tocante à sua recepção, assinalada por Hegel de modo também semelhante ao de Aristóteles na *Política*, culmina com uma comparação entre o modo de criação do artista plástico e o do músico, na qual torna-se ainda evidente que o primeiro depende da relação a um dado existente no exterior, o qual pode ser recriado com maior ou menor sensibilidade, enquanto o último produz a unidade de sua obra a partir de parâmetros mais subjetivos:

> O artista plástico tem apenas que exteriorizar o que se encontra já préformado na sua representação, de modo que cada parte se torna, na sua precisão essencial, uma explicitação mais destacada da totalidade que se apresenta ao espírito através do conteúdo a representar. Numa obra de arte plástica, por exemplo, uma figura supõe, nesta ou naquela situação dada, um corpo, mãos, pés e uma cabeça com tal expressão; supõe igualmente uma tal posição e a proximidade de outras figuras, para com elas formar um conjunto harmonioso e completo. (...). Ora, uma obra musical deve ter, também, uma certa coesão e formar um conjunto em que cada parte tenha necessidade das outras e vice-versa; porém na música a realização efetua-se de uma forma totalmente diferente, e a unidade em questão é muito mais limitada. (...). Todavia é inegável que, mesmo numa obra musical, um tema, à medida que se desenvolve, faz nascer um outro, e assim, ambos se sucedem, se encadeiam, se possuem mutuamente, se transformam, desaparecendo e aparecendo alternativamente vencidos e vitoriosos, e é graças a estas complicações e peripécias que um conteúdo chega a explicitar-se com toda a precisão das suas relações, das suas oposições, conflitos, contrariedades e desenlaces. (...) Sob este aspecto, a música, diferentemente das outras artes, está demasiado próxima da liberdade formal interior, para não ultrapassar mais ou menos o existente, o conteúdo. Recordando o tema adotado, o artista toma consciência de si mesmo e de que pelo fato de ser artista pode agir e comportar; se a seu gosto e orientar-se para o que quiser. (...) Se, portanto, se deve reco-

> mendar ao pintor ou ao escultor que estudem a natureza, não se pode fazer a mesma recomendação ao músico, porque a música não reconhece formas exteriores, sobre as quais se possa apoiar. (Hegel, 1989, p. 141-143)

Se em Hegel a maior interioridade da música é um dado incontornável, apenas relativizado por seu pendor para a poesia enquanto a forma artística mais racional, para Schopenhauer tal interioridade é ainda mais evidente, pois, segundo ele, nenhuma outra arte pode concorrer com a música na tarefa de representar o mundo de um modo "independente do princípio de contradição" (Schopenhauer, 1987, p. 241), isto é, fora das relações espácio-temporais que definem a realidade exterior. Mas, enquanto em Hegel o relacionamento entre as diversas artes – tendo em vista a relação entre suas parcelas material e espiritual – segue uma série de superações dialéticas que culminam com o esgotamento da própria arte e sua superação pela religião revelada, em Schopenhauer a descrição das características "ideais" (num sentido "platônico") dos fenômenos estéticos particulares obedece uma ordenação assistemática, que mistura tipos de arte com formas de representação comuns a várias artes e vai da arquitetura (*Baukunst*) à música, passando pela jardinagem, pintura de paisagens, pintura de animais, escultura, pintura histórica e pela alegoria (nas artes plásticas, na poesia e no auto lutuoso – *Trauerspiel*) (Schopenhauer, 1987). Sobre a peculiaridade da música diante das outras artes, fazendo igualmente eco à posição de Aristóteles na *Política* e – de certo modo – do próprio Hegel, Schopenhauer declara:

> Ela [a música] se encontra totalmente separada de todas as outras [artes]. Reconhecemos nela não a refiguração, a repetição de qualquer outra ideia das coisas no mundo; ainda assim ela é uma arte tão grande e sumamente magnífica, atua tão poderosamente sobre o mais interno do homem, é lá, por ele, tão completa e profundamente compreendida como uma linguagem totalmente universal, cuja nitidez supera até mesmo a do próprio mundo intuível. (Schopenhauer, 1987, p. 368)

Nos termos de Schopenhauer, essa especificidade da música se traduz numa vinculação mais íntima à *vontade*, de modo que a afiguração do que ele chama de "ideias", que em última instância se remete à reprodução da realidade exterior – fundamento das outras artes desde o preceito platônico-aristotélico da "imitação" (*mímesis*) – torna-se nela dispensável. De acordo com Schopenhauer,

> A música é de fato uma objetividade e afiguração tão imediata de toda a vontade quanto o próprio mundo o é, quanto as próprias ideias o são, cuja manifestação multiplicada perfaz o mundo das coisas singulares. A música não é, portanto, como as outras artes, a afiguração das ideias, mas afiguração da própria vontade, cuja objetividade também são as ideias. (Schopenhauer, 1987, p. 371)

Essa propositura da música enquanto expressão estética da essência – e não apenas dos fenômenos – dos acontecimentos humanos influenciou decisivamente Nietzsche nas concepções fundamentais de *O Nascimento da Tragédia*[1], a cuja análise passamos a seguir, tendo em vista o problema da conexão entre som e imagem, do qual nos ocupamos neste trabalho. Uma das maiores contribuições de Nietzsche nessa obra foi a oferta da possibilidade de pensar som e imagem, cada um, segundo seus próprios traços característicos, mas atuando conjuntamente no sentido de dar origem a um fenômeno estético considerado por ele exemplar, a saber, a tragédia grega. Nela, segundo Nietzsche, confluem os dois impulsos mutuamente conflitantes, o *apolíneo* e o *dionisíaco*, sendo que, no que concerne à experiência humana, o primeiro corporifica o sonho e o segundo a embriaguez (Nietzsche, 1980a). O impulso apolíneo se constitui pela vivacidade da coloração e – principalmente – pela nitidez dos contornos, o que o torna uma expressão do *principium individuationis*, isto é, do princípio a partir do qual todas as coisas se formam, rompendo com a indistinção originária com relação à totalidade da natureza e passando a constituir entes discretos. Já o impulso dionisíaco é comparado por Nietzsche à embriaguez e atua como contrapartida do apolíneo/sonho, exercendo sobre os seres que um dia se separaram da mencionada totalidade originária uma força no sentido de reintegrá-los ao seu estado anterior de indistinção com relação ao todo. Dionísio se apresenta, então, como um turbilhão energético, que tem como objetivo

1. Ver, neste livro, os artigos "Dionísio Alegórico" (p. 11) e "A liquidação do trágico como aspecto do fim da arte" (p. 177).

a destruição do *principium individuationis* e, portanto, dos contornos das – anteriormente nítidas – imagens oníricas.

Estabelece-se, então, segundo Nietzsche, uma espécie de oposição entre a imagem (representada por Apolo) e o som (simbolizado por Dionísio), a qual ocupa o lugar daquela outra, mais tradicional, entre imagem e conceito[2]. Esse último, na verdade, viria a se constituir num momento de quase dissolução das potencialidades estéticas oriundas da confluência dos impulsos apolíneo e dionisíaco. Tais potencialidades desenvolveram-se na Grécia Antiga no sentido de conferir à eclosão do dionisíaco – manifestação de pura barbárie em outros povos da antiguidade – um significado estético: "Só com eles [os gregos] a natureza atinge o seu júbilo artístico, só com eles a corrosão do *principii individuationis* torna-se um fenômeno artístico" (Nietzsche, 1980a, p. 27). Desse modo, tem lugar de destaque na argumentação de Nietzsche a ideia de que apenas na tragédia ática se dá uma confluência perfeita dos dois impulsos que, fora dela, são antagônicos:

> E aqui se oferece a nosso olhar a sublime e admirada obra de arte da *tragédia ática* e do ditirambo dramático, como alvo comum de ambos os impulsos, cujo misterioso matrimônio, depois de uma longa luta passada, se glorificou numa tal criança, que é ao mesmo tempo Antígona e Cassandra. (Nietzsche, 1980a, p. 35)

A diferença entre o visual/apolíneo e o sonoro/dionisíaco se expressa, portanto, no fato de aquele propiciar uma espécie de contemplação apaziguadora, enquanto esse último se reporta exatamente ao turbilhão desmesurado que, segundo Nietzsche, constituiria a essência mesma dos acontecimentos:

> O artista plástico e também o épico, a ele aparentado, está submerso na pura contemplação das imagens. O músico dionisíaco é, totalmente

2. A superioridade, para Nietzsche, do som musical com relação tanto à imagem quanto ao conceito fica patente na seguinte declaração: "Toda essa explanação reafirma que a lírica é tão dependente do espírito da música, quanto a própria música, em sua total absolutez, não *precisa* da imagem e do conceito, mas apenas os *tolera* perto de si" (Nietzsche, 1980a, p. 43).

> sem imagem, somente a própria dor e ressonância originárias da mesma. (Nietzsche, 1980a, p. 38)

Consolida-se, assim, um ponto de vista segundo o qual os fenômenos do mundo poderiam ser representados pelas artes visuais ou pela palavra – a elas afeitas –, mas a essência do mesmo, entendida como dor e contradição originárias, só encontraria seu correto modo de expressão no som organizado na forma da música dionisíaca (Nietzsche, 1980a).

É importante observar que a incursão sobre as especificidades de som e imagem, enunciada em O *nascimento da tragédia* enquanto contraposição do apolíneo e do dionisíaco, serve também de balizamento para outros textos posteriores. De especial relevância para nossos objetivos presentes é o opúsculo *Sobre verdade e mentira no sentido extra-moral*, no qual Nietzsche pretende mostrar a origem antropológica das representações que são normalmente reconhecidas como universais, isto é, possuindo significado transcendente com relação à vida sensível-imediata dos seres humanos. Um exemplo disso encontra-se no trecho que aborda o intelecto humano enquanto um instrumento da auto-conservação do indivíduo, na medida em que compensa sua fraqueza física com possibilidades múltiplas da dissimulação e do disfarce. Cumpre lembrar que a função apaziguadora que o impulso apolíneo/visual assumia em *O nascimento da tragédia*, representado pelo sonho, toma aqui a feição de mais um recurso dissimulador da corporeidade, em virtude de sua indiferença para com os ruídos que o organismo humano em funcionamento produz:

> No homem, essa arte do disfarce chega a seu ápice; aqui o engano, o lisonjear, mentir e ludibriar, o falar-por-trás-das costas, o representar, o viver em glória de empréstimo, o mascarar-se, a convenção dissimulante, o jogo teatral diante de outros e diante de si mesmo, em suma, o constante bater de asas em torno dessa *única* chama que é a vaidade, é a tal ponto a regra e a lei que quase nada é mais inconcebível do que como pode aparecer entre os homens um honesto e puro impulso à verdade. Eles estão profundamente imersos em ilusões e imagens de sonho, seu olho apenas resvala às tontas pela superfície das coisas e vê "formas", sua sensação não conduz em parte alguma à verdade, mas contenta-se em

> receber estímulos e como que dedilhar um teclado às costas das coisas. Por isso o homem, à noite, através da vida, deixa que o sonho lhe minta, sem que seu sentimento moral jamais tentasse impedi-lo; no entanto, deve haver homens que pela força de vontade domaram o hábito de roncar. O que sabe propriamente o homem sobre si mesmo! Sim, seria ele sequer capaz de alguma vez perceber-se completamente, como se estivesse em uma vitrina iluminada? Não lhe cala a natureza quase tudo, mesmo sobre seu corpo, para mantê-lo à parte das circunvoluções dos intestinos, do fluxo rápido das correntes sanguíneas, das intrincadas vibrações das fibras, exilado e trancado em uma consciência orgulhosa, charlatã! Ela atirou fora a chave: e ai da fatal curiosidade que através de uma fresta foi capaz de sair uma vez do cubículo da consciência e para baixo, e agora pressentiu que sobre o implacável, o ávido, o insaciável, o assassino, repousa o homem, na indiferença de seu não-saber, e como que pendente em sonhos sobre o dorso de um tigre. De onde neste mundo viria, nessa constelacão, o impulso à verdade! (Nietzsche, 1980b, p. 310)

Na sua desconstrução da busca da verdade pelos homens enquanto uma sofisticada rede de auto-engano, Nietzsche prossegue chamando a atenção para o caráter arbitrário e empiricamente subjetivo das conceituações que presidem a formação dos vocábulos, denunciando toda a linguagem como construto *ad hominem*, sem qualquer possibilidade de atingimento da realidade em si mesma:

> Somente por esquecimento pode o homem alguma vez chegar a supor que possui uma "verdade" no grau acima designado. Se ele não quiser contentar-se com a verdade na forma da tautologia, isto é, com os estojos vazios, comprará eternamente ilusões por verdades. O que é uma palavra? A figuração de um estímulo nervoso em sons. Mas concluir do estímulo nervoso uma causa fora de nós já é resultado de uma aplicação falsa e ilegítima do princípio da razão. Como poderíamos nós, se somente a verdade fosse decisiva na gênese da linguagem, se somente o ponto de vista da certeza fosse decisivo nas designações, como poderíamos no entanto dizer: a pedra é dura: como se para nós esse "dura" fosse conhecido ainda de outro modo, e não somente como uma estimulação inteiramente subjetiva! Dividimos as coisas por gêneros, designamos a

> árvore como feminina, o vegetal como masculino: que transposições arbitrárias! A que distância voamos além do cânone da certeza! (...). Que delimitações arbitrárias, que preferências unilaterais, ora por esta, ora por aquela propriedade de uma coisa! As diferentes línguas, colocadas lado a lado, mostram que nas palavras nunca importa a verdade, nunca uma expressão adequada: pois senão não haveria tantas línguas. A "coisa em si" (tal seria justamente a verdade pura sem consequências) é, também para o formador da linguagem, inteiramente incaptável e nem sequer algo que vale a pena. (Nietzsche, 1980b, p. 311-312)

E é logo a seguir, nesse texto, que Nietzsche menciona as "figuras de Chladni"[3] – figuras geométricas, produzidas pela vibração sonora numa placa rígida recoberta de areia fina –, após chamar a atenção para o caráter de metáfora não consciente que as palavras possuem. A referência às "figuras de Chladni" ocorre a Nietzsche como um possível meio de convencer um surdo sobre a "realidade" do som, com a qual ele passa a ter uma relação tão "dogmática" quanto a que tem uma pessoa que escuta normalmente:

> Ele [o formador de linguagem/rd] designa apenas as relações das coisas aos homens e toma em auxílio para exprimi-las as mais audaciosas metáforas. Um estímulo nervoso, primeiramente transposto em uma imagem! Primeira metáfora. A imagem, por sua vez, modelada em um som! Segunda metáfora. E a cada vez completa mudança de esfera, passagem para uma esfera inteiramente outra e nova. Pode-se pensar em um homem, que seja totalmente surdo e nunca tenha tido uma sensação do som e da música: do mesmo modo que este, porventura, vê com espanto as figuras sonoras

3. Ernst Friedrich Chladni (1756-1827), fisico alemão que se tornou conhecido por seus desenvolvimentos teóricos e por suas experiências sobre a física do som. Ver, por exemplo, sua obra *Entdeckungen über die Theorie des Klanges*. Schopenhauer também menciona Chladni, embora seja a respeito de propriedades acústicas do som musical, não exatamente suas famosas "figuras": "Por isto, uma música perfeitamente correta não pode sequer ser pensada, quanto mais executada; e por isto toda música possível só desvia da pureza perfeita: ela consegue apenas ocultar as dissonâncias que lhe são essenciais, mediante a distribuição das mesmas a todos os tons, isto é, por meio do temperamento. Veja-se a este respeito a *Acústica* de Chladni (p. 38)" (Schopenhauer, 1987, p. 381-382).

de Chladni desenhadas na areia, encontra suas causas na vibração das cordas e jurará agora que há de saber o que os homens denominam o "som", assim também acontece a todos nós com a linguagem. Acreditamos saber algo das coisas mesmas. Se falamos de árvores, cores, neve e fibras, e no entanto não possuímos nada mais do que metáforas das coisas, que de nenhum modo correspondem às entidades de origem. Assim como o som convertido em figura na areia, assim se comporta o enigmático X da coisa em si, uma vez como estímulo nervoso, em seguida como imagem, enfim como som. Em todo caso, portanto, não é logicamente que ocorre a gênese da linguagem, e o material inteiro, no qual e com o qual mais tarde o homem da verdade, o pesquisador, o filósofo, trabalha e constrói, provém, se não de Cucolândia das Nuvens, em todo caso não da essência das coisas. (Nietzsche, 1980b, p. 312)

É interessante observar que a menção às mesmas figuras de Chladni aparece em *Origem do drama barroco alemão*, de Walter Benjamin, num momento crucial da obra, apenas num contexto diferente daquele em que Nietzsche se refere a elas: em Benjamin não se trata de mostrar a descontinuidade entre os aspectos visual e sonoro na formação da linguagem em geral, mas o que está em discussão é o problema das relações entre a linguagem visual alegórica e a sonoridade da palavra falada, a qual remete ao som em geral e, em particular, ao da linguagem musical, de acordo com a concepção de Johann Wilhelm Ritter. Segundo Benjamin:

Desse modo, pode-se exigir da seguinte explanação do genial Johann Wilhelm Ritter a abertura de uma perspectiva, na qual a insistência enquanto uma improvisação irresponsável pode fazer fracassar essa apresentação. Apenas a uma discussão filosófico-histórica fundamental sobre linguagem, música e escrita seria realizável. Seguem-se trechos de um longo, se se pode dizer, monológico, tratado, no qual se desdobram ao pesquisador, de uma carta sobre as figuras sonoras de Chladni, ao escrever, talvez quase involuntariamente, os pensamentos, assaz fortes ou, de modo tateante, abrangentes: "seria bom", comenta ele sobre aquelas linhas que se desenham diferentemente sobre uma placa de vidro coberta com areia pelo ataque de sons diferentes, "como – o que aqui se tornou

> externamente claro – seria exatamente aquilo que nos faz penetrar nas figuras sonoras: figura de luz, escrita ígnea... todo som tem portanto sua letra imediatamente perto de si... A ligação tão interna entre palavra e escrita, – que escrevemos, quando falamos... me ocupou longamente. (...) Que um dia, sob uma natureza humana mais forte, realmente pensou-se mais sobre isso, pode ser comprovado pela existência da palavra e do escrito. Sua primeira e mesmo absoluta simultaneidade residia no fato de que o próprio órgão da linguagem escreve para falar. Somente a letra fala, ou melhor: palavra e escrita são uma mesma coisa na sua origem e nenhuma delas é possível sem a outra... Cada figura sonora é elétrica e cada elétrica é uma figura sonora. Eu gostaria... portanto, de reencontrar ou ao menos procurar a escrita natural ou originária por meios elétricos. (Benjamin, 1991b, p. 387-388)

Curiosamente, a intenção de Benjamin nesse complexo trecho da *Origem do drama barroco alemão*, isto é, apontar para uma possível vinculação entre a escrita/imagem alegórica do barroco e a sonoridade (potencialmente musical) da palavra falada, afasta-se um pouco do escopo do citado Johann Ritter, que parece ser a co-pertença originária da palavra falada e da escrita. No entanto, quando Ritter declara que "gostaria (...) de reencontrar ou ao menos procurar a escrita natural ou originária por meios elétricos", ele involuntariamente faz referência a uma problemática que ocuparia Benjamin em toda década seguinte: os meios técnicos de reprodução dos objetos estéticos. Tal preocupação de Benjamin manifestou-se explicitamente naquela que talvez seja sua obra mais conhecida: *A obra de arte na era de sua reprodutibilidade técnica*. Entretanto, infelizmente, Benjamin não menciona nesse ensaio sobre a reprodutibilidade técnica (ou mesmo, explicitamente, em outras obras) o problema da relação som-imagem. Mas, possivelmente por influência indireta de Benjamin, Theodor Adorno e o compositor Hans Eisler, no livro escrito a quatro mãos intitulado *Composição para o filme*, retomam de modo muito sugestivo esse tema das complexas relações entre o som e a imagem. Aqui, por razões compreensíveis, dispensa-se totalmente a menção às figuras de Chladni, já que elas deixam de ter uma importância exemplar como tiveram para Nietzsche e para Benjamin em função do fato de que, com o advento da eletrônica, tornou-se muito mais imediata e facilmente intuível a potencial "visualidade" dos fenômenos acústicos, transformados em impulsos elétricos. O meio elétrico faz o papel de "campo de mediação" entre os fenômenos físicos de natureza essencialmente diferente que são a imagem (propagada pela luz, fenômeno eletromagnético) e o som (vibração mecânica propagada pelo ar).

A ideia principal dessa obra, a qual, aliás, aparece, ligeiramente modificada, também em outros escritos de Adorno[4], é que a tensão entre som e imagem no filme possibilita ao espectador um acesso crítico, o que seria um modo de evitar a leviandade da esmagadora maioria dos filmes, o que não ocorre habitualmente porque a indústria cinematográfica não se preocupa com a expressão correta, mas apenas com a possibilidade de lucro imediato (embora também mediato, o que se manifesta pelo forte apelo ideológico no sentido de manutenção da ordem vigente).

Como pano de fundo para a mencionada tensão som/imagem, os autores lançam mão de um depoimento de Goethe, segundo o qual, quando ele e sua irmã eram crianças, seu pai recomendou à menina que estudasse música e ao menino que aprendesse desenho, sendo que, para eles, isso simboliza a contraposição entre o caráter racional, civilizatório, da imagem, associado também ao papel masculino, e o elemento irracional, reativo com relação ao progresso, do som, tradicionalmente associado ao papel feminino. Segundo eles,

> A adaptação à ordem racional burguesa e, finalmente, hiper-industrializada, tal como ela é desempenhada pelo olho, na medida em que ele se acostu-

---

4. Na *Filosofia da nova música*, por exemplo, num posicionamento também influenciado pela ideia de Hegel (antecipada, como vimos, por Rousseau) de que a imagem está para o espaço, assim como o som está para o tempo, Adorno fala de uma "pseudomorfose" da música com relação à pintura. Tal posição tem como fundamento a mencionada oposição entre som e imagem, o fato de essas dimensões não se misturarem. Quando essa mistura ocorre, como no caso – apontado por Adorno – da produção musical de Stravinsky, isso é um indício do declínio da música enquanto forma de arte "autônoma" e um sintoma de reificação no âmbito da cultura como um todo. Ver, neste livro, o artigo "Sobre o conceito de 'pseudomorfose' em Theodor Adorno" (p. 237).

> mou a conceber a priori a realidade como composta de coisas – no fundo, de mercadorias –, não foi realizada pelo ouvido. Ouvir, comparado com o ver, é 'arcaico', não acompanha a técnica. (Eisler & Adorno, 1976, p. 29)

É interessante observar que Adorno, em textos da década de 1950 e 1960 sobre a relação entre pintura e música, reafirma esse ponto de vista, referindo-se também à investigação nietzscheana a respeito do dionisíaco e do apolíneo, aqui mencionada, e enquadrando-a – como já ocorrera na *Filosofia da nova música*[5] – numa consideração de ordem geográfico-cultural:

> A determinação grosseiramente acertada de que a França seja a terra da grande pintura e a Alemanha a da grande música, se reporta ao fato de que a própria pintura, primeiramente organização do mundo externo espacial, do que foi dominado pelo homem, deixa-se apanhar pela continuidade dos elementos racionais, civilizatório-romanos do Ocidente, mais do que a música, a qual, para o bem ou para o mal, contém em si algo intocado, caótico, mítico. Essa oposição esteve sob a vista principalmente de Nietzsche. (...) Se se observa, entretanto, o desenvolvimento total sob o capitalismo tardio como esclarecimento e racionalização progressivas, então isso designa em larga medida a vitória do espírito da pintura sobre o da música. (Adorno, 1984, p. 143)

Em *Composição para o filme*, Hans Eisler e Adorno problematizam filosoficamente a sincronização entre o som e a imagem no meio tecnológico, especialmente no fotoquímico, como o cinema, ainda que suas colocações relacionem-se igualmente – talvez até melhor – com os meios eletrônicos de reprodução/geração de imagens, como a televisão, depois explicitamente tematizada por Adorno. No que tange à sincronização entre som e imagem no cinema, os autores chamam a atenção para o fato de que, nesse *medium*, enquanto a ilusão da imagem em movimento é produzida pela sequência de quadros sucessivos, o som é, desde os primórdios, registrado por meios mais realistas, resultando no que eles chamam de uma "disparidade técnica" (*technische Disparatheit*) entre os fenômenos visuais e os acústicos. O resultado disso, é que o

5. Ver nota nº 30 da referida obra de Adorno.

cinema adquiriu um caráter essencialmente "fantasmagórico", desde que se tornou sonoro, sendo que "toda fala, no filme, tem algo de inautêntico" (Eisler & Adorno, 1976, p. 76). A defesa que Adorno e Eisler fazem da necessidade de uma trilha sonora competente para os filmes baseia-se exatamente na mencionada "disparidade técnica", sendo que a música atua também como um elemento de mediação entre a imagem em movimento e a palavra falada:

> Falta à imagem corporal enquanto fenômeno em si motivações do movimento; somente de modo derivado e mediatizado pode-se compreender que as imagens se movimentem, que a impressão coisal da realidade pareça mesmo conservar aquela espontaneidade, que lhe foi retirada através de sua fixação: que o que é conhecido, enquanto petrificado, anuncia também a partir de si mesmo uma forma de vida. Aqui se apresenta a música, que, de certa forma, substitui a força da gravidade, a energia muscular e o sentimento do corpo. Ela é, portanto, no efeito estético, um estimulante do movimento – não sua duplicação –, tão pouco quanto boa música para ballet, como a de Stravinsky, expressa sentimentos do dançarino ou se encontra em identidade com os atuantes, mas os leva ao processo do movimento. Dessa forma, a relação da música para com a imagem, no mais profundo momento da unidade, é antitética. (Eisler & Adorno, 1976, p. 77)

Mas isso não pode significar que a música simplesmente aplaine as diferenças entre a imagem e o som, mas, pelo contrário, sendo fruto de um tratamento apropriado, não apenas mimetize a ação, mas trabalhando criticamente o hiato existente entre os meios visual e acústico, venha a superar sua divergência:

> O planejamento autêntico relaciona-se, em princípio, a duas coisas: à relação entre filme e música e à forma da música propriamente dita. Hoje a música imita a ação na tela, a imagem, enquanto, por outro lado, ambos os meios, quanto mais cegamente se cuida de assemelhá-los um ao outro, mais desesperadamente se divergem. Seria o caso de estabelecer entre ambos uma tensão frutífera. (Eisler & Adorno, 1976, p. 133)

Assumindo essa posição, Adorno, por um lado, se põe em conexão com o ponto de vista que, como vimos, tem sua simbolização mítica na história de Hermes e Argos, sendo retomada na filosofia da Idade Moderna – objetivos e pressupostos diferentes – por Rousseau, Hegel, Schopenhauer e Nietzsche. A essa tradição, entretanto, Adorno acrescenta um elemento que, por razões de ordem histórica, falta a seus representantes (excetuando-se, talvez, Nietzsche): a intenção de criticar, de um ponto de vista filosófico, com acuidade, valendo-se da oposição som/imgem, esses fenômenos que, na contemporaneidade, amesquinham a existência espiritual humana: as mercadorias culturais.

Referências bibliográficas

ADORNO, T. W. & EISLER, H. "Komposition für den Film". In *Gesammelte Schriften 15*. Frankfurt am Main: Suhrkamp Verlag, 1976.

ADORNO, T. W. "Zum Verhältnis von Malerei und Musik heute". In *Gesammelte Schriften 18. Musikalische Schriften IV*. Frankfurt am Main: Suhrkamp Verlag, 1984.

ADORNO, T. W. "Philosophie der neuen Musik". In *Gesammelte Schriften 12*. Frankfurt am Main: Suhrkamp Verlag, 1996.

ARISTÓTELES. "La Política". In: *Obras*. Madrid: Aguilar, 1982. Traduzido por Francisco de P. Samaranch.

BENJAMIN, W. "Das Kunstwerk im Zeitalter seiner technischen Reproduzierbarkeit". In *Gesammelte Schriften*. Frankfurt am Main: Suhrkamp Verlag, 1991a.

BENJAMIN, W. "Ursprung des deutschen Trauerspiels". In *Gesammelte Schriften*. Frankfurt am Main: Suhrkamp Verlag, 1991b.

CHLADNI, F. *Entdeckungen über die Theorie des Klanges*. Leipzig: Weidmanns Erben und Reich, 1787.

HEGEL, G.W. F. *Vorlesungen über die Ästhetik*. Frankfurt am Main: Suhrkamp Verlag, 1989.

HEGEL, G.W. F. *Cursos de estética*. São Paulo: Edusp, 1999. Traduzido por Marco Aurélio Werle.

KANT, I. *Crítica da faculdade do juízo*. Rio de Janeiro: Forense Universitária, 1995.

NIETZSCHE, F. "Die Geburt der Tragödie". In *Werke I*, Frankfurt am Main/Berlim/Viena: Ulstein, 1980a.

NIETZSCHE, F. "Über Wahrheit und Lüge im aussermoralischen Sinn". In *Werke III*. Frankfurt am Main/Berlim/Viena: Ulstein, 1980b.

PLATÃO. "Cratilo". In *Obras Completas*. Madrid: Aguilar, 1974.

ROUSSEAU, J. J. "Ensaio sobre a origem das línguas. No qual se fala da melodia e da imitação musical". In *Os Pensadores*. São Paulo: Abril Cultural, 1978.

SCHOPENHAUER, A. "Die Vorstellung, unabhängig vom Satz des Grundes". In *Die Welt als Wille und Vorstellung*. Frankfurt: Insel Verlag, 1987.

VOLLMER, W. *Wörterbuch der Mythologie aller Völker*. Stuttgart: Hoffmann'sche Verlagsbuchhandlung, 1874.

3

IMAGEM E ESCRITA NO CONFRONTO ENTRE IDEOLOGIA E EMANCIPAÇÃO

Na vida espiritual da humanidade destacam-se duas dimensões primordiais, a saber, os registros imagéticos e os escritos. Ambos têm em comum o fato de serem produções humanas muito importantes e surgidas há muito tempo; porém o momento histórico de sua aparição, seus traços mais fundamentais e até mesmo seu significado no que tange ao tipo de socialização com eles relacionados são essencialmente diferentes. Nesse artigo, pretende-se mostrar em que medida imagens e escritas são expressões do exercício de poder – frequentemente opressivo – de minorias conhecedoras de seus segredos sobre as maiorias que delas sempre se serviram (e ainda se servem) para se orientar no mundo. Uma ênfase especial é dada ao fato de que o relacionamento entre as imagens e as escritas funciona não raro como um elemento potencializador da dominação histórica exercida sobre a maioria da população desde tempos imemoriais.

O percurso adotado para essa investigação se inicia com um item intitulado *Sobre a Antiguidade relativa das imagens*, no qual se estabelece que, apesar de o cultivo das imagens pelos homens ser historicamente posterior àquele dos sons (já que nosso ouvido é mais "arcaico" que nossa visão), ele é certamente mais antigo do que a escrita e que essa sucessão é significativa para a compreensão de certos aspectos da cultura humana em geral. Uma vez que algumas investigações sobre a relação entre imagem e escrita – bastante aceitas atualmente – apontam para as reflexões comuns de Horkheimer e Adorno sobre o tema, o segundo item deste texto, denominado *Imagem e escrita na Dialética do esclarecimento* procura traduzi-las nos termos da Teoria Crítica da

Sociedade. A partir dessas colocações, investiga-se, num terceiro e último item intitulado *A escrita "no fundo das imagens" e suas implicações*, em que medida o entrecruzamento das informações imagéticas e sonoras, desde a cultura barroca até os modernos meios de comunicação, desemboca na contemporaneidade em um novo e complexo patamar de manipulação ideológica.

Sobre a antiguidade relativa das imagens

Tanto investigações científicas quanto especulações filosóficas apontam para uma anterioridade cronológica, nos mamíferos em geral – e no ser humano em particular – do desenvolvimento do sentido da audição em relação ao da visão. Do ponto de vista da biologia evolutiva, pesquisas inferem que a formação do aparelho auditivo nessa classe de animais ocorreu no período imediatamente anterior ao surgimento dos mamíferos mais complexos, como consequência da necessidade de esses animais – via de regra menores do que os grandes répteis – se protegerem de seus predadores, saindo à noite em busca de alimento, pois durante o dia o risco de ser tornar presa daqueles era muito maior. Dessa forma, antes que o sentido da visão se desenvolvesse decisivamente, de modo que, em algumas espécies até mesmo a capacidade de enxergar no escuro tenha se consolidado como uma segurança a mais, foi o aguçamento da audição que garantiu na penumbra ou na escuridão a desenvoltura dos mamíferos – essa classe animal destinada a ser a mais complexa e desenvolvida do ponto de vista da evolução. Géza Szamosi sintetizou exemplarmente essa evolução no trecho que se segue:

> Os mamíferos mais antigos eram pequenos animais que evoluíram como um ramo resultante da adaptação dos répteis à vida terrestre e que não eram, no princípio, muito diferentes de seus predecessores reptilianos. Essas novas criaturas foram forçadas a se tornar ativas durante a noite a fim de se esconderem de seus perigosos primos, os grandes répteis que mandavam na terra firme durante o dia. Os répteis de "sangue frio" só podiam ser ativos quando o sol aquecia seus corpos. Em contraste, os antigos mamíferos já possuíam um mecanismo de controle do calor que

lhes permitia serem ativos à noite. Mas quando esses mamíferos começaram a evoluir para criaturas noturnas, sua visão ainda era da variedade reptiliana, adaptada à luz do dia, e naturalmente não lhes era de grande ajuda na escuridão da noite. Como resultado, só poderiam sobreviver se substituíssem a visão pela audição e/ou o olfato como sentido de longo alcance. (Szamosi, 1994, p. 37)

A relativa incapacidade da audição para prover informações relativas ao espaço na ronda noturna (por exemplo, a distância da presa ou de um possível predador) levou ao aperfeiçoamento da visão, para o qual, dentre outras coisas, foi necessário um aumento no tamanho do cérebro e uma complexificação nas conexões neurais, num processo que levava ao surgimento do mamífero mais sofisticado de todos: o *homo sapiens*. Desse modo, talvez não seja errado dizer que a espécie humana herdou dos seus ancestrais biológicos essa anterioridade da audição com relação à capacidade de enxergar e identificar objetos através da visão. Isso significa que, quando os pressupostos subjetivos – no sentido biológico-evolutivo – para a visão se encontravam satisfatoriamente realizados, já existia na espécie humana um lastro de experiências acústicas que comporiam uma espécie de pré-história dos sentidos de longa distância da mesma.

Talvez tenha sido pela intuição desse fato que Nietzsche teria proposto, agora do ponto de vista filosófico e não mais levando necessariamente em consideração resultados da teoria evolucionista, sua iluminadora contraposição entre os elementos dionisíaco e apolíneo, em *O nascimento da tragédia*[1]. Segundo esse conhecido filosofema, tais elementos representam forças cósmicas em oposição, de modo que o momento dionisíaco simboliza a tendência ao caos originário e o apolíneo leva ao *principium individuationis*, à força construtiva através da qual surgem – ressaltam-se – as coisas individuais sobre o pano de fundo da indistinção primitiva. A partir daí, Nietzsche propõe que o referido caos originário, simbolizado por Dionísio e indicando as profundezas abissais, possui características sonoras, enquanto a energia

1. Para um desenvolvimento mais extenso desse ponto, ver o artigo, neste livro, "Dionísio alegórico: Nietzsche e o barroco" (p. 11).

conformadora, representada por Apolo e significando a superfície sobre a qual se delineiam os contornos, tem traços do que é imagético. Para ele, essas realidades cósmicas possuem sua contraparte na existência humana, respectivamente, na embriaguez (associada a um tipo de sonoridade dionisíaca) e no sonho (em que se forma a imagem apolínea). No universo estético, como se sabe, a confluência perfeita entre os dois momentos realiza-se para Nietzsche apenas na tragédia grega e a decadência cultural que, segundo ele, se seguiu após o seu período áureo seria uma consequência da dissociação de ambos os princípios.

É importante observar que, embora Nietzsche se concentre principalmente nos *produtos* dos impulsos dionisíaco-sonoro e apolíneo-imagético, sua proposição estende-se facilmente aos sentidos a eles correspondentes da audição e da visão. Isso leva a uma interessante constatação: o que Nietzsche propôs em termos especulativos, coaduna-se perfeitamente com o que foi estabelecido cientificamente a partir da teoria da evolução, tal como foi sintetizado por Szamosi no trecho citado acima. Em outras palavras, a maior originariedade do impulso dionisíaco, que poderia também ser traduzido na capacidade auditiva do ser humano, corresponde a uma anterioridade evolutiva da audição sobre a visão nos mamíferos superdesenvolvidos – inclusive no homem.

Mas a tarefa aqui é estabelecer o que chamei de "antiguidade relativa" das imagens. O significado da anterioridade da dimensão sonora se tornará claro apenas mais adiante. Se se abandona o âmbito da história natural e se adentra na ambientação já propriamente humana, se bem que ainda não histórica no sentido estrito, a enorme antiguidade das imagens dá-se a conhecer especialmente na pré-história, época em que a reprodução imagética dos objetos do mundo exterior aos seres humanos constitui-se na sua principal atividade simbólica, com forte significado religioso. Para melhor compreender tal característica das imagens, assim como sua relação com a escrita, lanço mão do modelo proposto por Vilém Flusser, segundo o qual cada tipo de cultura possui um *código fundante*, o qual pré-forma e preside toda sua atividade material e espiritual. De acordo com ele, não existem muitas variedades desses códigos, sendo que, na verdade, apenas dois tipos já assumiram até hoje a função de código fundante: o bi-dimensional (ou plano) e o unidimensional (ou linear). O primeiro é o mais antigo e se caracteriza por as informações estarem nele dispostas sobre uma superfície, enquanto no código unidimensional a disposição das informações, assim como sua decodificação, se dá linearmente e a partir de uma direção determinada. Mesmo levando-se em conta que a decodificação do código bidimensional demanda certo tempo, no unidimensional o tempo enquanto sucessão propriamente dita faz parte, por assim dizer, da essência do código. Não é preciso muita ginástica intelectual para perceber que o código bi-dimensional tem nas imagens, surgidas no período paleolítico da pré-história, o seu paradigma, assim como o unidimensional tem na escrita – primeiramente aparecida no Oriente Médio no terceiro milênio a.C. – uma de suas concretizações mais antigas e mais fundamentais. Enquanto os códigos bidimensionais (imagens) apresentam "cenas" imediatamente perceptíveis, embora nelas o olhar possa levar um tempo "passeando" pela superfície, os unidimensionais (escritas) ligam-se a processos essencialmente temporais, nos quais o "passeio" da vista é obrigatoriamente substituído por uma seriação previamente determinada. Para Flusser, tais códigos fundamentais são verdadeiros "programas", a partir dos quais as culturas humanas se organizam e se mantém vivas; e a precedência histórica do código plano por excelência – da imagem – está, para ele, perfeitamente adequada tanto à concepção circular do tempo que caracteriza as sociedades pré-históricas, quanto ao predomínio da magia nas relações entre os seres humanos, entre si e com a natureza:

> Para as pessoas que são programadas através de imagens, o tempo flui no mundo tal como os olhos passeiam nas imagens: ele diacroniza, ele ordena as coisas ao modo de situações. Esse é o tempo do retorno do dia e da noite, de semeadura, de colheita e de semeadura, de nascimento e morte e renascimento e a magia é aquela técnica adequada a uma experiência do tempo semelhante a essa. (Flusser, 1997b, p. 24)

O surgimento de um novo tipo de código fundante é, segundo Flusser, algo extraordinariamente raro e digno de nota, o que pode ser atestado pelo fato de que apenas centenas de milhares de anos após a "invenção" das imagens pelos seres humanos, surgiu – a partir delas próprias – um novo tipo de código que foi a escrita linear pictográfica, no norte da Mesopotâmia, da qual se originaram, ao longo da história, hieróglifos, alfabetos, códigos numéricos, lógicos, científicos (Flusser, 1998). A partir desse mais do que provável surgimento da escrita nas grandes civilizações orientais a partir das imagens – surgidas na pré-história –, no qual os elementos pictóricos num dado momento abandonaram sua seriação aleatória numa "cena" e impuseram ao observador *apenas uma* direção na decodificação de seu sentido, dando origem à história propriamente dita, fica estabelecido, pelo menos com relação à escrita, o que chamamos aqui "antiguidade relativa" das imagens. Alguns aspectos da escrita (por exemplo, consciência temporal propriamente dita) e de sua combinação com as imagens, naquilo que Flusser chamou de "tecnoimagens" ou imagens técnicas, serão retomados adiante.

Uma característica interessante na trajetória das imagens ao longo da história humana é que o surgimento da escrita, mesmo com a enorme potencialidade de intervenção no meio-ambiente nela pré-figurada, não significou o fim do poder das imagens, com sua temporalidade circular e suas evocações mágicas. Pelo contrário: tais características se transferiram para uma consciência religiosa mais complexa, como a das grandes religiões mundiais, por exemplo, dando origem, nas discussões teológicas, à recorrente contraposição entre o ímpeto destruidor das imagens (iconoclastia) e a tendência à continuidade do seu culto (iconofilia), mesmo que agora mediado pela interpretação de um texto – de uma escritura sagrada, por exemplo. Mario Perniola encontrou a expressão exata para essa situação quando declarou que:

> A batalha em torno às imagens, o *Bilderstreit* entre iconófilos e iconoclastas, constitui um tema recorrente em nosso passado. Em Bizâncio, defensores e destruidores das imagens enfrentaram-se de forma cruel durante mais de um século. Posteriormente, o iconoclasmo encontrou partidários em várias seitas heréticas, como os bogomilos e os cátaros. No início da Idade Moderna, no século XVI, a questão das imagens tornou-se motivo de profunda divisão entre católicos e reformados. (Perniola, 2000, p. 127)

Mas não apenas na religião pode-se observar tal fato: na filosofia, por exemplo, Platão surge como um dos primeiros e mais tenazes iconoclastas de que se tem notícia a partir do estabelecimento de sua teoria negativa sobre a mímesis, na *República* e em outros diálogos. No *Sofista*, por exemplo, o juízo sobre o pintor é de alguém que, "por uma única arte" julga-se "capaz (...) de tudo produzir" e dá "a ilusão de que poderá igualmente criar a verdadeira realidade" (Platão, 1977, 234b). Já no *Crátilo*, Platão distingue rigidamente os nomes das imagens, argumentando que, mesmo que aqueles tenham certa característica de "imitação" da realidade, eles ainda mostram a "natureza própria de cada ser" (Platão, 1977, 423a), enquanto as imagens "estão longe de encerrar o mesmo conteúdo que os objetos dos quais elas são imagens" (Platão, 1977, 432c). Embora a proibição às imagens já esteja presente no decálogo de Moisés, na exigência de que não se faça "imagem de escultura, nem figura alguma do que há em cima no céu, e do que há embaixo na terra, nem do que há nas águas debaixo da terra"[2] (*Bíblia Sagrada*, 1977), pode-se dizer que a abrangência do interdito platônico é ainda maior, pois o preceito bíblico condena apenas a antecipação pictórica do supra-sensível, enquanto em Platão toda e qualquer reprodução da realidade sensível e no limite, essa como um todo, são dignas de censura.

É interessante observar que o confronto entre iconófilos e iconoclastas, do qual a polêmica platônica é um exemplo clássico, tem características de uma luta pelo poder, na qual os defensores do que Flusser chamou de "códigos lineares" – especialmente da escrita – combatem, em nome de um patamar superior de racionalidade, o predomínio dos feiticeiros manipuladores de imagens, embora, como o próprio Flusser indicou, o estabelecimento da escrita tenha significado, a princípio, a

2. É interessante observar que Géza Szamozi, de um modo surpreendentemente próximo ao ponto de partida de minha reflexão, associa a iconoclastia do judaísmo a certo descaso pelas relações espaciais em detrimento das temporais, o que se reflete no banimento das imagens e na aceitação do fenômeno sonoro, com destaque para a palavra divina falada aos homens: "Em sua evolução posterior, a antiga cosmologia judaica mostrou uma intensa hostilidade para com qualquer representação espacial simbólica de Deus. A confecção de ídolos era estritamente proibida. Os únicos símbolos permitidos para representar Deus eram palavras: Seu nome era sagrado. Suas palavras eram sagradas. Não tinha forma espacial e, portanto, não podia ser visto ou tocado. Mas podia ser ouvido. Seguidamente falava aos Seus servos, mas quase sempre de nenhum lugar em particular" (Szamosi, 1994, p. 73).

consolidação de uma casta de sacerdotes que exerciam o seu poder através da capacidade de escrever e ler textos escritos:

> No início da história e no decorrer de sua maior parte, o alfabeto permaneceu reservado a uma elite. Ele constituía um código secreto e somente os nele iniciados dispunham de uma consciência histórica. A maior parte da sociedade ainda se orientava no mundo mediante objetos rígidos, principalmente mediante imagens e graças à língua falada. Isso significa que a maior parte da sociedade vivia numa consciência mágica e mítica. (Flusser, 1997, p. 45)

A relação entre o predomínio das imagens e o pensamento mágico, o advento da escrita como um progresso na racionalização que pôs em cheque aquele predomínio, a magia como técnica rudimentar e a permanência de uma consciência mágico-imagética mesmo após a consolidação da escrita como código fundante, são tópicos que apontam diretamente para a temática da *Dialética do esclarecimento*, de Horkheimer e Adorno, da qual procuro, a seguir, extrair alguns elementos para a continuidade da discussão, aqui realizada, sobre o relacionamento entre imagens e escrita tendo em vista as relações de poder.

Imagem e escrita na *Dialética do esclarecimento*

Os tópicos supramencionados relacionam-se na *Dialética do esclarecimento* do seguinte modo: a humanidade desenvolve meios para fazer frente à hostilidade da natureza selvagem e, no período em que ela ainda não dispõe de recursos científicos e tecnológicos, todo conhecimento do mundo se dá por uma aproximação imagética, da qual a magia é o melhor exemplo. Verlaine Freitas, referindo-se à obra de Horkheimer e Adorno, apontou corretamente para a dimensão "técnica" da magia, bem como para sua relação com o âmbito das imagens e da mímesis:

> A magia já pode ser considerada uma forma de *técnica* para estabelecer uma relação favorável com os deuses, mas com a importante diferença de que isso é feito através de imagens, símbolos, gestos, cantos, que mostram que a relação entre os homens e os deuses não é mediada pela abstração

conceitual, mas pela proximidade imagética, simbólica; o que configura aquilo que podemos denominar de mímesis. (Freitas, 2003, p. 12)

Desse modo, pode-se dizer que a magia funciona como sucedâneo de um conhecimento técnico ainda inexistente, que, no entanto, tende a ir sendo substituído, sempre que possível, por abstrações gnosiológicas que eliminam paulatinamente o caráter "ilusório" da feitiçaria. Quanto mais essas abstrações se desenvolvem, maior é a capacidade humana de intervenção nos processos naturais e menor é a dependência factual da magia para a resolução dos problemas do cotidiano. Esse processo de "esclarecimento" adquire na sociedade europeia moderna sua autoconsciência no sentido de propagar que toda a superstição e todos os resquícios da mentalidade mítica devem ser eliminados em prol da racionalidade – encarada como potencial redentora da humanidade diante de tudo que a aprisiona. Mas, uma vez que tal racionalidade tem em vista apenas os meios para a sobrevivência da espécie num quadro de perpetuação da dominação do homem pelo homem, sem que ela própria possa se estabelecer como um fim em si mesmo, tem lugar, segundo Horkheimer e Adorno, uma situação em que o domínio crescente da natureza pelo ser humano transforma-o num escravo de sua própria natureza interna e o almejado predomínio da racionalidade – uma vez que essa é unilateralmente compreendida – engendra uma irracionalidade tanto mais perigosa quanto mais tecnologicamente mediatizada. Um resultado visível desse processo é a coexistência de poderosos meios técnicos de intervenção nos processos naturais com uma situação de minoridade da imensa maioria das populações, muito semelhante àquela em que o Xamã exercia o seu domínio sobre a tribo a partir de um suposto poder mágico. Para Horkheimer e Adorno, tanto o advento de regimes totalitários com o apoio das massas, como no Fascismo italiano e no Nazismo alemão, quanto o sucesso da manipulação das pessoas em regimes supostamente democráticos, mediante os meios de comunicação tecnológicos – a chamada indústria cultural –, são exemplos eloquentes daquela estranha coexistência.

Para além da coincidência do pensamento mágico com uma situação de predomínio das imagens – como já se viu, posteriormente elaborada por Flusser e outros autores –, o tema da permanência dessas, mesmo numa situação que anuncia o predomínio dos códigos lineares, transparece na *Dialética do esclarecimento* em termos de uma grande preocupação com as relações entre imagem e escrita, as quais são abordadas tanto na sua dimensão estética quanto no âmbito da filosofia da história. Algumas vezes ambas as preocupações surgem imbricadas, como, por exemplo, na passagem em que os autores falam da fragmentação daquilo que eles chamam de "palavra originária", na qual imagem e escrita são aspectos de um todo indiviso, nas diversas artes e na ciência:

> Com a nítida separação entre ciência e poesia, a divisão do trabalho efetuada com ajuda daquela expande-se para a linguagem. Como signo, a palavra advém à ciência; como som, como imagem, como palavra propriamente dita, ela é distribuída entre as diversas artes, sem que se deixasse reconstituir por sua adição, pela sinestesia ou obra de arte total. (Adorno & Horkheimer, 1981, p. 34)

Dessa forma, as artes vão se diferenciar de acordo com a natureza da mensagem, de modo que a sonoridade da palavra originária gera a música, sua imagem as artes plásticas e as palavras ainda não totalmente esvaziadas, a literatura. A depuração extrema das palavras produzirá o signo – tão desprovido de ambiguidade quanto possível – das linguagens científicas. Uma vez que essa cisão da palavra originária ocorreu em tempos imemoriais – Walter Benjamin sugere que teria coincidido com a "queda" após o pecado original (Benjamin, 1991a) – e, como insistem Horkheimer e Adorno, não há retorno possível ao estado anterior, cabe à filosofia compreender o relacionamento entre imagem e escrita e o seu significado para as relações de poder no cenário contemporâneo. Essas apontam para uma dominação exercida por uma pequena minoria sobre a maioria esmagadora das pessoas, de um modo que seria impossível sem o recurso ao enorme poder das imagens.

Diante desse poder, a dialética é para Horkheimer e Adorno o método filosófico correto, na medida em que "revela, antes, toda imagem como escrita. Ela ensina a ler dos traços da primeira a confissão de sua falsidade, a qual tira dela o seu poder e o transfere à verdade"

(Benjamin, 1991a, p. 46-47). Em que pese o laconismo dessa expressão, torna-se claro que a ideologia contemporânea encontra-se exatamente numa espécie de encruzilhada entre a imagem e a escrita, na qual aquela usurpa a mensagem específica do texto, chegando mesmo a substituí-lo.

Como já se disse, os exemplos "clássicos" de dominação estudados por Horkheimer e Adorno são o totalitarismo e a indústria cultural. O primeiro é abordado principalmente no capítulo da *Dialética do esclarecimento* referente ao anti-semitismo, no qual os autores chamam a atenção para o poder das imagens na consolidação – com certo apoio popular – da tirania nazista. Elas, as imagens, funcionavam como símbolos que mobilizavam camadas psíquicas da população associadas a conteúdos arcaicos e acabavam por impor um certo padrão de comportamento, através do processo denominado "mímesis da mímesis" (Adorno & Horkheimer, 1981, p. 209).

Mas os mecanismos de absorção da escrita pela imagem utilizados na indústria cultural são bem mais sofisticados e atingem em cheio até as sociedades com grande tradição de estado democrático de direito. Sua sofisticação reside no fato de que, embora haja um enorme potencial de manipulação de mensagens audiovisuais nas tecnologias empregadas nos meios de comunicação de massa, mesmo quando elas não são utilizadas e as imagens exibidas preservam sua autenticidade, ainda assim a indústria cultural exerce sua função de dominação e de manutenção do *status quo*. Mario Perniola, que vê na situação atual um desdobramento da polêmica entre iconófilos e iconoclastas, reconhece naqueles que cobram das imagens midiáticas uma fidelidade canina à "realidade" os sucessores dos iconófilos e nos que denunciam a "espetacularização" da realidade pelos *media* os herdeiros dos iconoclastas. Aos iconófilos contemporâneos, Perniola dá o nome de "hiperrealistas"; aos seus pares iconoclastas, ele denomina "hiperfuturistas". Para ele, especialmente hoje, o aparato da cultura de massa pode muito bem fazer frente às reivindicações de ambos os grupos sem que sua essência manipulatória seja atingida de qualquer modo:

> No passado, iconofilia e iconoclastia eram posturas opostas; entre os defensores dos ícones e os defensores das visões não havia compromisso

possível. Ainda em 1968, os apologistas dos meios de comunicação de massa e os iconoclastas revolucionários pareciam inimigos irreconciliáveis. Hoje, porém, entre o hiper-realismo, que oferece realidades visionárias, e o hiperfuturismo, que proporciona experiências já realizadas, existe apenas uma diferença de tom: a hiper-realidade é uma imagem demasiado alucinada para ser de fato real, e a hipervisão é uma realidade visual demasiado cotidiana para ser de fato profética. Hiper-realidade e hipervisão assemelham-se porque têm a pretensão de ser algo mais do que imagens, de representar uma substância presente ou futura, um original. (Perniola, 2000, p. 133)

O objetivo de Perniola é mostrar que, enquanto houver expectativas de que as imagens sejam mais do que *simulacros*, isto é, que elas se relacionem a objetos reais existentes no mundo, incorrer-se-á em grave erro. No que tange à convergência de iconofilia e iconoclastia na contemporaneidade, ele tem razão se se leva em conta que o aparato de hoje – especialmente aquele posterior ao que se chama comumente de "revolução digital" – desenvolveu ao extremo a possibilidade de retratar fielmente a "realidade". No entanto, me parece correto afirmar, com Horkheimer e Adorno, que, mesmo nas primeiras décadas de funcionamento da indústria cultural já se configurara claramente a tendência à fusão entre "hiper-realidade" (versão contemporânea da iconofilia) e "hiper-visão" (versão atual da iconoclastia): mais exatamente, numa espécie de absorção da escrita pela imagem. Num ensaio dos anos 1940, intitulado "O esquema da cultura de massa", Adorno afirma que as imagens postas em movimento exigem que sejam "lidas" como uma escrita, na qual, porém, há a sugestão de modelos de comportamento. Esse ensaio exemplifica o processo de "leitura" das imagens a partir de um certo modelo feminino imposto pela indústria cinematográfica:

Se um filme apresenta uma garota reluzente, ele pode oficialmente estar contra ela ou a seu favor; ela pode ser entronizada como heroína de sucesso ou punida como "vamp". Enquanto signo escrito (*Schriftzeichen*), porém, a garota reluzente anuncia algo totalmente diferente dos dísticos psicológicos que saem de sua boca sorridente. A saber, a instrução de que se deve ser parecida com ela. O novo contexto, no qual as ima-

> gens dirigidas se encontram é, antes de tudo, o do comando. (Adorno & Horkheimer, 1981, p. 333)

É interessante observar que essa absorção da escrita pelas imagens, apontada por Adorno, proveniente da colocação dessas em movimento, resultando nessa forma de "script" que orienta os comportamentos, já tendia a ocorrer até mesmo antes do aparecimento dos meios tecnológicos de difusão de imagens mais "realistas". Já se mencionou acima a concepção, introduzida por Vilém Flusser, de "imagem técnica", que significa exatamente aquele tipo de imagem produzida por um aparelho, para cuja produção foi obrigatoriamente necessária a aplicação de sofisticados códigos alfanuméricos: portanto, de complexos procedimentos lineares muito mais aparentados com a escrita do que com as imagens. Nesse sentido, a imagem técnica é, para Flusser, uma espécie de síntese entre imagem e escrita; mas ele indica corretamente, que, já na imagem técnica mais rudimentar, como a fotografia, por exemplo, há a tendência para a absorção da escrita pela imagem, numa espécie de "remagicização" daquela, a qual está em acordo com o exercício de poder de uma parcela da sociedade sobre a esmagadora maioria. Um dos exemplos dados por ele refere-se à noticia de uma guerra num *medium* perfeitamente assimilado já há muito tempo – o jornal:

> A fotografia da guerra do Líbano em jornal mostra uma cena. Exige que nosso olhar a escrutine pelo método já discutido anteriormente. O olhar vai estabelecendo relações específicas entre os elementos da fotografia. Não serão relações *históricas* de causa e efeito, mas relações *mágicas* do eterno retorno. Por certo, o artigo que a fotografia ilustra no jornal consiste em conceitos que significam as causas e os efeitos de tal guerra. Porém, o artigo é lido em função da fotografia, como que através dela. Não é o artigo que "explica" a fotografia, mas é a fotografia que "ilustra" o artigo. Este só é texto no curioso sentido de ser pré-texto da fotografia. (Flusser, 2002, p. 55-56)

Mas, na verdade, esse exemplo deve ser entendido como um modo rudimentar de absorção da escrita pela imagem e, embora já tenha implicações importantes no plano das relações de poder, está bastante aquém do poder manipulatório das imagens naquele sentido indicado por Adorno, de uma "escrita" imperativa, que pretende dirigir o comportamento das pessoas e, com isso, garantir a manutenção do estado de coisas vigente. No caso da televisão, há o agravante que esse predomínio da imagem não se dá a partir da mera justaposição a textos, mas mediante a "escrita" *sui generis* advinda do próprio movimento das imagens.

A escrita no "fundo das imagens" e suas implicações

Modos de relacionar imagem e escrita semelhantes ao do mencionado no ensaio "O esquema da cultura de massas" apareceram em momentos posteriores da carreira filosófica de Adorno, seja nos escritos estéticos, seja naqueles mais direcionados à crítica da cultura. No que concerne a esses últimos, os textos da década de 1960 sobre televisão e cultura de massa retomam quase literalmente os termos do referido ensaio dos anos 1940, adaptando-o à nova realidade dos *mass media*, já então quase completamente dominados pela televisão. Aqui, o sentido da visão, que Adorno associa em outros textos à atitude humana voltada para o progresso, para o esclarecimento[3], regride sob os auspícios da cultura massificada: a linguagem visual, aparentemente desprovida de conceitos, torna-se mais primitiva do que a das palavras, sendo que essas, através da transmissão televisiva, são cada vez menos importantes (Adorno, 1996b). Como sugeriu Vilém Flusser, as palavras se tornam cada vez mais meros comentários às imagens, que sub-repticiamente assumem o papel principal.

Segundo Adorno, essa preponderância do elemento imagético se traduz, na televisão, no trabalho com uma linguagem visual, em que os conteúdos são "pré-conceitualmente" introduzidos, já que as palavras, assim como os conceitos a elas correspondentes, são antecedidas por imagens que atuam em camadas inconscientes da psique dos consumidores e condicionam comportamentos, confirmatórios do *status quo*.

3. Cf. *Zum Verhältnis von Malerei und Musik heute*, cuja tradução para o português é *Sobre a relação de pintura e música hoje*, e *Komposition für den Film*, redigido em parceria com Eisler, texto já mencionado anteriormente.

Desse modo, assim como já se sugeriu em relação ao cinema, também na televisão, o próprio processo físico-físiológico que causa a ilusão de uma imagem estar em movimento é pelo menos parcialmente responsável pela potencialidade manipulatória desse *medium*:

> Enquanto as imagens querem despertar aquilo que se encontra soterrado no espectador e o que lhe é semelhante, as imagens intermitentes e fugidias do filme e da televisão se aproximam da escrita. Elas são concebidas, não consideradas. O olho é arrastado pelas tiras como pelas linhas e no suave solavanco da mudança de cena, a página se passa a si mesma. Enquanto imagem, a escrita imagética (*Bilderschrift*) é meio de uma regressão, na qual produtores e consumidores se encontram reunidos; enquanto escrita, ela põe à disposição as imagens arcaicas da modernidade. Magia desencantada, elas não revelam qualquer segredo, mas são modelo de um comportamento que corresponde à gravitação de todo o sistema, assim como à vontade dos controladores. (Adorno, 1996b, p. 514)

De modo semelhante ao que se sugerira em relação ao cinema, a escrita imagética da televisão se traduz em estereótipos que reclamam por uma imitação submissa, com o que a continuidade do *status quo* deveria estar garantida. O próprio Adorno se adianta, nesse texto, a objeções que apontem para o fato de que também a arte opera com certos estereótipos, asseverando que, nos construtos estéticos mais autênticos, aqueles adquirem traços alegóricos inteiramente ausentes da experiência cotidiana, dando como exemplo os tipos característicos da *Commedia dell'arte*, que ninguém tomaria por modelos a serem imitados (Adorno 1996). Embora o exemplo se refira a um fenômeno cultural típico do Renascimento, diante do uso do termo "alegoria" por Adorno, é difícil não se recordar da concepção que Walter Benjamin aplicou à arte barroca em seu livro *A origem do drama barroco alemão*[4] (Benjamin, 1991b). Especialmente se se leva em consideração que Benjamin considerou a alegoria enquanto uma forma de escrita imagética associada, por um lado, aos hieróglifos e às escrituras sagradas em geral; por outro, associada, de um modo ou de outro, a alguns dos

4. Sobre o tratamento da "alegoria", ver o artigo, neste livro, "Dionísio alegórico: Nietzsche e o barroco" (p. 11).

fenômenos mais típicos do barroco, tais como os dísticos e os textos eivados de elementos visuais, tanto no sentido literal quanto no figurado. Mario Perniola, referindo-se exatamente à concepção benjaminiana da cultura barroca, chama corretamente a atenção para a importância que os emblemas adquiriram nela, ressalvando, no entanto, se tratar o elemento visual, aqui, antes como simulacro, do que como imagem no sentido tradicional do termo:

> O emblema é a produção figurativa barroca que mais ostenta as características do simulacro. De fato, o emblema, que foi amplamente utilizado no decorrer do século XVII pelos jesuítas para ilustrar os seus livros, é uma imagem acompanhada de um mote ou de uma sentença, sem nenhuma preocupação realista ou visionária. Trata-se, ao contrário, de uma construção artificiosa que deixa à mostra o seu caráter conceituoso, arguto, engenhoso. Além disso, a sua própria realização técnica por meio da impressão gráfica não permite o desenvolvimento de um interesse fetichista em relação a ele, similar àquele do qual são objeto as obras únicas, os quadros. (Perniola, 2000, p. 138-139)

Pode-se argumentar, diante das características desses objetos estéticos, que o exemplo dado por Perniola apresenta dois problemas congênitos: o primeiro diz respeito ao fato de eles não serem construtos singulares, portanto comparáveis, *mutatis mutandis*, às mercadorias culturais contemporâneas. O segundo problema, relacionado ao primeiro, é o caráter ideológico – até mesmo propagandístico – que se pode atribuir a todas as manifestações da cultura barroca, uma vez que esse estilo tem sua origem na contra-reforma católica, que pretendia reconquistar pelo menos parte dos fiéis perdidos para o protestantismo através de uma arte repleta de estímulos sensoriais[5]. Mesmo se se insiste que, de acordo com Adorno, uma obra de arte sempre possui uma ambiguidade para com os poderes constituídos, a qual inexiste nas mercadorias culturais e que há incontáveis obras de arte autênticas

---

5. Quanto a esse segundo ponto, é importante ressaltar que a obra a que Mario Perniola se refere, *Imago primi saeculi societatis Iesu* (1640), enquanto publicação comemorativa do primeiro centenário da Companhia de Jesus, tem um caráter explicitamente "publicitário" no tocante aos feitos dessa ordem religiosa.

no barroco, seria interessante localizar exemplos de escrita imagética que fossem tão isentos dos problemas apontados quanto possível. Um dos mais interessantes refere-se às obras de Paul Klee que adicionam aos elementos tipicamente visuais outros que sugerem uma escrita, que, entretanto, permanece – ao contrário daquelas que exortam o observador a proceder dessa ou daquela forma – enigmática, motivando uma reflexão que, no limite é propriamente anti-ideológica:

> Mediante a organização, as obras tornam-se mais do que são. Em debates recentes especialmente sobre as artes plásticas, o conceito de *écriture* tornou-se relevante, debates suscitados por páginas de Klee que se aproximavam de uma escrita gatafunhada. Esta categoria de modernidade arroja como projetor luz sobre o passado; todas as obras são uma escrita, e não apenas as que aparecem como tais, e certamente hieroglíficas, para as quais se perdeu o código e para cujo conteúdo contribui acima de tudo a ausência de tal código. As obras de arte são linguagem só enquanto escrita[6].

Essa passagem, para além da mencionada conexão com a arte barroca através da referência aos hieróglifos, aponta para um aspecto normalmente negligenciado do teor de verdade que as obras de arte podem possuir e que certamente contribui para o seu caráter emancipatório: o elemento escrita, que nos construtos ideológicos, como se viu, encontra-se "no fundo das imagens"[7], atuando sub-repticiamente no sentido de obter conformidade ao *status quo*, nas obras de arte autênticas passa para o primeiro plano e faz com que essas atinjam no

---

6. Devo a Álvaro Valls a lembrança desse trecho da *Teoria estética* de Adorno, a partir da tematização desse tópico feita no seu interessante texto "A presença/ausência dos artistas plásticos na 'teoria estética' de Adorno".

7. Essa expressão foi tomada de empréstimo a Jean-Luc Nancy (2003, p. 11), embora seu conceito de imagem seja, por um lado, muito mais amplo, por outro, mais "metafísico" do que o aqui empregado. Para Nancy, o fato de as imagens se destacarem de um "fundo" relaciona-se ao seu caráter de "distinção", que, por sua vez, é uma função de seu caráter "sagrado". O sentido que adoto aqui do "fundo" das imagens é que, embora Flusser se refira a elas como o que é antes de tudo "superficial" (portanto, sem "fundo"), especialmente no caso dos meios tecnológicos em que elas são postas em movimento, cria-se uma segunda camada de sentido, a qual não é habitualmente percebida e que, talvez por isso mesmo, serve de veículo à ideologia.

âmbito imagético o mesmo efeito desmistificador que o pensamento dialético realiza no plano discursivo. Esse efeito, porém, tem seu fundamento no traço de temporalidade que, como se viu, é inerente à escrita (enquanto código "linear", para usar a expressão de Flusser), a qual, por sua vez, explorada em suas potencialidades estéticas mais essenciais, relaciona-se com um tipo de linguagem artística que até aqui não foi tratada enquanto tal: a música. Embora não haja espaço para o desenvolvimento satisfatório desse tópico[8], podemos dizer, com Adorno, em conexão com o estabelecimento da anterioridade "antropológica" do som com relação à imagem, que, na arte sonora desenvolvida às últimas consequências no Ocidente, ocorre uma enorme disparidade entre o arcaísmo do sentido da audição (apontado no início deste texto) e o altíssimo grau de racionalidade atingido pela linguagem musical. Para Adorno, isso explica em parte a dificuldade que a maioria das pessoas tem para compreender os fenômenos musicais mais complexos: "O ouvido prende-se à essência arcaica da música, enquanto ela própria se encontra inserida no processo de racionalização" (Eisler & Adorno, 1976, p. 30). O correlato dessa dificuldade, isto é, a tendência das massas a se contentarem com a audição de banalidades musicais, foi tratado na *Filosofia da nova música* e em outros textos em relação com o que Adorno chama "pseudomorfose da música com relação à pintura"[9] (Adorno, 1996a, p. 174). No entanto, pensando no poder desmistificador que a linguagem musical mais avançada pode ter diante das manifestações ideológicas, Adorno aponta para o fato concreto de um pintor – Oskar Kokoschka – que, como o supramencionado Paul Klee da écriture, se deixou imbuir pelo espírito da música em seu trabalho pictórico:

> Provavelmente a pintura de Kokoschka, na Áustria, realiza uma pseudomorfose com relação à música semelhante àquela que, no Ocidente, a

8. O leitor pode encontrar nos meus artigos "Dionísio alegórico: Nietzsche e o barroco" (p. 11) e "Figuras de Chladni: sobre o problema filosófico das relações entre som e imagem" (p. 37) algumas indicações sobre as características da linguagem musical em conexão com a ancestralidade do sentido da audição.
9. Dentre os inúmeros textos em que Adorno trata desse tema, encontra-se o aqui citado "O esquema da cultura de massa" (*Gesammelte Schriften 3*).

música faz com relação à pintura. A dinamização do fenômeno visível, principalmente a tentativa de captar o fluxo inconsciente, temporal, das vivências, num retrato, pertence genuinamente antes à música do que à pintura e não à toa os poemas de Kokoschka atraíram tão fortemente a vanguarda musical. Se se compara, entretanto, esses quadros de Kokoschka com a – imediatamente aparentada – música de Schönberg ou de Webern da fase expressionista, então dificilmente se escapará à impressão de que, no registro protocolar de algo puramente interior, o músico é superior na força de objetivação na mesma medida em que ele se mostra "mais moderno"; assim como, ao contrário, ocorre no Ocidente com a pintura de Picasso relativamente à música de Stravinsky, que lhe é obediente e, simultaneamente, pervertedora. (Adorno, 1984, p. 146)

O fato de que, apesar do seu potencial desmistificador com relação ao poder "secreto" das imagens, ainda pode restar mesmo na música radical mais desenvolvida traços ideológicos, remete à necessidade, já anunciada aqui, de o exercício da dialética interceder no sentido de finalizar um trabalho que pode ficar inconcluso sem a intervenção do pensamento discursivo. Esse ponto de vista foi exemplarmente sintetizado por Horkheimer e Adorno, no trecho da *Dialética do esclarecimento* já citado anteriormente: "a dialética revela, antes, toda imagem como escrita. Ela ensina a ler dos traços da primeira a confissão de sua falsidade, a qual tira dela o seu poder e o transfere à verdade" (Adorno & Horkheimer, 1981, p. 41).

Referências bibliográficas

ADORNO, T. W. "Zum Verhältnis von Malerei und Musik heute". In *Gesammelte Schriften 18. Musikalische Schriften IV*. Frankfurt am Main: Suhrkamp Verlag, 1984.

ADORNO, T. W. "Philosophie der neuen Musik". In *Gesammelte Schriften*. Frankfurt am Main: Suhrkamp Verlag, 1996a.

ADORNO, T. W. "Prolog zum Fernsehen". In *Gesammelte Schriften*. Frankfurt am Main: Suhrkamp Verlag, 1996b.

ADORNO, T. W. & EISLER, H. "Komposition für den Film". In *Gesammelte Schriften 15*. Frankfurt am Main: Suhrkamp Verlag, 1976.

ADORNO, T. W. & HORKHEIMER, M. *Dialektik der Aufklärung*. Frankfurt am Main: Suhrkamp Verlag, 1981.

BENJAMIN, W. "Zum Verhältnis von Malerei und Musik heute". In *Gesammelte Schriften 18. Musikalische Schriften IV*. Frankfurt am Main: Suhrkamp Verlag, 1984.

BENJAMIN, W. "Über Sprache überhaupt und die Sprache des Menschen". In *Gesammelte Schriften II-1*. Frankfurt am Main: Suhrkamp Verlag, 1991a.

BENJAMIN, W. "Ursprung des deutschen Trauerspiels". In *Gesammelte Schriften*. Frankfurt am Main: Suhrkamp Verlag, 1991b.

BÍBLIA SAGRADA. Êxodo. São Paulo: Edições Paulinas, 1977. Traduzido por Pe. Matos Soares.

DUARTE, R. "Dionísio alegórico: Nietzsche e o barroco". In *Filosofia Unisinos*. n. 2, janeiro/junho, 2001.

DUARTE, R. "Figuras de Chladni: sobre o problema filosófico das relações entre som e imagem". In *O que nos faz pensar*. n. 18, setembro, 2004.

FLUSSER, V. "Alphanumerische Gesellschaft". In *Medienkultur*. Frankfurt am Main: Fischer Verlag, 1997a.

FLUSSER, V. "Die kodifizierte Welt". In *Medienkultur*. Frankfurt am Main: Fischer Verlag, 1997b.

FLUSSER, V. "A perda da fé". In *Ficções filosóficas*. São Paulo: Edusp, 1998.

FLUSSER, V. "Filosofia da caixa preta". In *Ensaios para uma futura filosofia da fotografia*. Rio de Janeiro: Relume-Dumará, 2002.

FREITAS, V. *Adorno & a arte contemporânea*. Rio de Janeiro: Jorge Zahar Editor, 2003.

NANCY, J. L. *Au fond dês images*. Paris: Editions Galilée, 2003.

NIETZSCHE, F. "Die Geburt der Tragödie". In *Werke I*, Frankfurt am Main/Berlim/Viena: Ulstein, 1980.

PERNIOLA, M. *Pensando o ritual: sexualidade, morte, mundo*. São Paulo: Studio Nobel, 2000.

PLATÃO. *Obras Completas*. Madrid: Aguilar, 1977.

ZSAMOSI, G. *Tempo & espaço: as dimensões gêmeas*. Rio de Janeiro: Jorge Zahar Editor, 1994.

VALLS, A. "A presença/ausência dos artistas plásticos na 'teoria estética' de Adorno". In *Estudos de estética e filosofia da arte numa perspectiva adorniana*. Porto Alegre: Editora da Universidade, 2002.

4

ESQUEMA E FORMA: percepção e experiência na Teoria estética de Theodor Adorno

O esquematismo como conceito estético na *Dialética do esclarecimento*

De modo geral, quando se lê a *Dialética do esclarecimento*, não se tem a dimensão exata da importância que a doutrina kantiana do esquematismo tem para a estrutura dessa obra como um todo. De fato, se se considera o texto inicial, de fundamentação dessa obra, intitulado "Conceito de esclarecimento", embora haja menções genéricas à epistemologia kantiana, nenhuma referência explícita é feita ao esquematismo. Mas essa impressão inicial é dissipada tão logo se constate que, tanto no excurso II, "Juliette ou esclarecimento e moral", quanto nos dois outros textos principais, "Indústria cultural: Esclarecimento como mistificação das massas" e "Elementos do anti-semitismo", a referência ao esquematismo adquire um papel estruturante, no qual, diga-se de passagem, sua conexão à discussão estética – num sentido particular – é mais do que evidente.

No que tange ao excurso II, "Juliette ou esclarecimento e moral", o ponto de partida refere-se exatamente à abordagem mais genérica do "Conceito de esclarecimento", no sentido de considerar Kant como uma espécie de ícone desse movimento intelectual. Essa relação especifica-se melhor, na medida em que se faz referência ao opúsculo de Kant, *O que é esclarecimento*, no qual aparece a conhecida exortação do filósofo ao *sapere aude*, e ao Iluminismo como a ousadia de se pensar por si mesmo e – correlativamente – de se conhecer o mundo baseando-se fundamentalmente nas próprias faculdades cognitivas. É exatamente nesse ponto que surge, na *Dialética do esclarecimento*[1], a primeira referência ao esquematismo, que mesmo sendo bastante genérica, associa a autonomia do sujeito à capacidade de "esquematizar", isto é, estabelecer o relacionamento entre as percepções sensíveis e os conceitos a elas correspondentes enquanto oriundo de um desempenho subjetivo, impossível de ser substituído por um processo mecânico[2]. Segundo os autores,

> A homogeneidade do universal e do particular é garantida, segundo Kant, pelo "esquematismo do entendimento puro". Assim se chama o funcionamento inconsciente do mecanismo intelectual que já estrutura a percepção em correspondência com o entendimento. O entendimento imprime na coisa como qualidade objetiva a inteligibilidade que o juízo subjetivo nela encontra, antes mesmo que ela penetre no ego. Sem esse esquematismo, sem a intelectualidade da percepção, nenhuma impressão se ajustaria ao conceito, nenhuma categoria ao exemplar, e muito menos o pensamento teria qualquer unidade, para não falar da unidade do sistema, para a qual, porém, tudo está dirigido. (Adorno & Horkheimer, 1985, p. 82)

Essa referência genérica ao "esquematismo", a qual busca interpretar seu significado no próprio contexto do pensamento kantiano, ganha, logo a seguir, a marca reflexiva da Teoria Crítica da Sociedade, na medida em que, primeiramente, Horkheimer e Adorno estabelecem uma conexão entre o sujeito transcendental kantiano e o processo produtivo do capitalismo tardio e, em segundo lugar, realizam uma inflexão "estética" – no sentido amplo –, concernente ao direcionamento da percepção por instâncias, às quais interessa a manutenção da ordem vigente. Para os autores da *Dialética do esclarecimento*, o procedimento das equipes

---

1. Para as citações dessa obra, uso a tradução brasileira de Guido Almeida.
2. É interessante observar que na parte da *Dialética do esclarecimento* referente ao "Conceito de esclarecimento", Adorno e Horkheimer apontam para a tendência de uma substituição total do pensamento humano por procedimentos automatizados, maquinais (Cf. página 37 da tradução em português utilizada).

de produção de Hollywood teria uma relação de continuidade com o programa "esclarecido" de Kant, na medida em que o modo de funcionamento que ele descobriu no intelecto humano, no que tange às relações entre as percepções e o pensamento, é apropriado no sentido de direcionar aquela e, com isso, exercer um controle social tão efetivo quanto dissimulado sobre as pessoas:

> A verdadeira natureza do esquematismo, que consiste em harmonizar exteriormente o universal e o particular, o conceito e a instância singular, acaba por se revelar na ciência atual como o interesse da sociedade industrial. O ser é intuído sob o aspecto da manipulação e da administração. Tudo, inclusive o indivíduo humano, para não falar do animal, converte-se num processo reiterável e substituível, mero exemplo para os modelos conceituais do sistema. (...) Kant antecipou de modo intuitivo o que somente Hollywood realizou conscientemente: as imagens são pré-censuradas, já em sua própria produção segundo os padrões do entendimento em cuja medida elas devem ser vistas posteriormente. A percepção, através da qual o juízo público se encontra confirmado, já era direcionada por aquele antes que ela aparecesse. (Adorno & Horkheimer, 1985, p. 83)

No capítulo sobre a Indústria Cultural, essa posição, assumida *en passant* no excurso II, é mais explicitada, tanto no que concerne aos seus objetivos, quanto no que tange ao seu procedimento específico. Em primeiro lugar, levando-se em conta que um dos objetivos precípuos da indústria cultural é fazer com que a economia capitalista tardia – constantemente ameaçada de estagnação – esteja sempre a girar, uma das tarefas mais "necessárias" é fazer com que o potencial consumidor tenha sua capacidade de reconhecimento das características "estéticas" das mercadorias[3] controlada no sentido de perceber diferenças onde elas praticamente não existem; ou, eventualmente, perceber apenas o mesmo onde há diferenças – ou a possibilidade delas –, dependendo da função, ora mais "econômica", ora mais "ideológica" desempenhada pela indústria cultural e levando em consideração a classificação dos produtos segundo a faixa de público a que se destinam:

---

3. Uso o adjetivo "estéticas", aqui, num sentido próximo ao de Wolfgang Fritz Haug em sua *Kritik der Warenästhetik*.

> O esquematismo do procedimento mostra-se no fato de que os produtos mecanicamente diferenciados acabam por se revelar sempre como a mesma coisa. A diferença entre a série Chrysler e a série General Motors é no fundo uma distinção ilusória, como já sabe toda criança que se entusiasma pela diferença. As vantagens e desvantagens que os conhecedores discutem servem apenas para perpetuar a ilusão da concorrência e da possibilidade de escolha. O mesmo se passa com as produções da Warner Brothers e da Metro Goldwyn Mayer. (Adorno & Horkheimer, 1985, p. 116)

A partir desse re-direcionamento da percepção de seus consumidores em função de objetivos específicos do sistema econômico (e/ou político), Horkheimer e Adorno falam mesmo de uma espécie de usurpação da capacidade de esquematismo das pessoas por parte da indústria cultural e a ideia, avançada já no excurso II da *Dialética do esclarecimento*, de que Hollywood realiza planejadamente o que Kant teria apenas intuído, reaparece aqui com clareza ainda maior:

> A função que o esquematismo kantiano ainda atribuía ao sujeito, a saber, referir de antemão a multiplicidade sensível aos conceitos fundamentais, é tomada ao sujeito pela indústria. Ela executa o esquematismo como primeiro serviço a seus clientes. Na alma deveria funcionar um mecanismo secreto, o qual já prepara os dados imediatos de modo que eles se adaptem ao sistema da razão pura. O segredo foi hoje decifrado. Se também o planejamento do mecanismo por parte daqueles que agrupam os dados é a indústria cultural e ela própria é coagida pela força gravitacional da sociedade irracional – apesar de toda racionalização –, então a maléfica tendência é transformada por sua disseminação pelas agências do negócio em sua própria intencionalidade tênue. Para os consumidores nada há mais para classificar, que não tenha sido antecipado no esquematismo da produção. (Adorno & Horkheimer, 1985, p. 117)

O trecho acima, além de reiterar a já mencionada conexão da expropriação do esquematismo com a classificação dos produtos (inclusive os da própria indústria cultural), introduz algo especialmente interessante sobre a dimensão propriamente "estética" dessa expropriação, a saber, sua relação com o "estilo" nas mercadorias culturais. Sob o ponto de vista da produção, é exatamente a padronização que dará suporte à sua decodificação – tanto quanto possível – programada, e os autores insistem no fato de que o planejamento completo que envolve o lançamento de um produto da indústria cultural entra no lugar – com um grau de realização na verdade superior – do que era o estilo para a arte, no sentido tradicional: "A tradução estereotipada de tudo, até mesmo do que ainda não foi pensado, no esquema da reprodutibilidade mecânica supera em rigor e valor todo verdadeiro estilo" (Adorno & Horkheimer, 1985, p. 120). A relação entre a expropriação do esquematismo e o estilo será retomada adiante.

Por outro lado, quando se mencionou acima que, além do significado econômico que a indústria cultural possui enquanto estimulante ao consumo numa fase do capitalismo constantemente ameaçada pela estagnação, sua dimensão ideológica é extremamente importante, tinha-se em vista algo bastante concreto. A manipulação dos indivíduos levada a cabo pela indústria visa a produzir conformidade às condições de vida mais absurdas e extremas e, no limite, induzir populações inteiras a apoiar projetos políticos autoritários ou mesmo totalitários, como se assistiu inúmeras vezes ao longo do século XX e ainda se assiste agora.

Aliás, é frequente entre os adeptos da Teoria Crítica da Sociedade a opinião de que a indústria cultural está para as democracias formais, assim como o aparato repressivo e de difusão ideológica explícita está para os estados autoritários. O que não se observa normalmente é que a doutrina da expropriação do esquematismo – juntamente com a teoria da semiformação a ela conexa (Duarte, 2003) – liga conceitualmente uma coisa à outra. Isso é compreensível, na medida em que a presença do esquematismo no texto da *Dialética do esclarecimento* que trata também do totalitarismo político, "Elementos do anti-semitismo", é muito pouco explicitada pelos seus autores. Nem sequer o termo "esquematismo" aparece claramente nesse capítulo, mas apenas os seus correlatos "esquema" (ou "esquemas") e flexões do verbo "esquematizar".

De um modo geral, a tônica da argumentação de Horkheimer e Adorno, no sentido de explicar como foi possível o nazismo na Alemanha, passa pela descrição de uma situação aguda de perda da capacidade, por parte dos indivíduos, de avaliar qualquer coisa por si próprios, pois esse tipo de avaliação depende da existência de um sujeito no sentido forte do termo, que, em vez de apenas assumir o juízo pronto de outrem, percebe com os seus próprios olhos, realizando ele mesmo o que Kant chamava de "síntese da capacidade da imaginação", para, imediatamente, aplicar um conceito (para Kant: categoria) a esse material sensível, através exatamente do procedimento esquemático. Mas, como se viu no tocante à indústria cultural, à padronização dos objetos corresponde também um decréscimo no potencial do intelecto das pessoas para perceber com os próprios olhos e reconhecer o percepto através de um procedimento subjetivo que pressuponha a capacidade de esquematismo; desse modo, o sujeito percipiente desaparece:

> No mundo da produção em série, a estereotipia – que é seu esquema – substitui o trabalho categorial. O juízo não se apóia mais numa síntese efetivamente realizada, mas numa cega subsunção (...). O percebedor não se encontra mais presente no processo de percepção. (Adorno & Horkheimer, 1985, p. 188)

Na seção VI do texto sobre o anti-semitismo, dedicada ao que os autores chamam de "falsa projeção", eles estabelecem inicialmente a relação entre a percepção e o ato de "projetar", que tem aqui uma ressonância claramente psicanalítica. Para eles, as impressões dos sentidos só adquirem significado propriamente dito mediante um ancestral mecanismo de projeção, formado no homem "para fins de proteção e obtenção de comida", de modo que a projeção se automatizou nos seres humanos, fazendo da percepção um ato reflexo, com aparência de imediatidade, embora seja totalmente mediatizado. É interessante observar que, ao estabelecer essa relação entre percepção e projeção, Horkheimer e Adorno, mesmo sem mencionar o termo "esquematismo", se referem a uma conhecida passagem da *Crítica da razão pura*, cujo conteúdo se insinua também no trecho sobre a indústria cultural citado acima, em que Kant trata desse procedimento. Para que não haja dúvidas quanto a essa conexão com a doutrina do esquematismo, os autores mencionam, a seguir, a "crítica kantiana do conhecimento":

> É assim que se constitui seu mundo objetivo, como um produto daquela "arte escondida nas profundezas da alma humana cujos procedimentos dificilmente haveremos de arrancar à natureza e expor aos olhos de todos".

> O sistema das coisas, a ordem fixa do universo, do qual a ciência constitui tão-somente a expressão abstrata, é, se dermos uma interpretação antropológica da crítica kantiana do conhecimento, o produto inconsciente do instrumento que o animal usa na luta pela vida, isto é, daquela projeção espontânea. (Adorno & Horkheimer, 1985, p. 175)

Se, como já se mencionou, não há na parte da *Dialética do esclarecimento* sobre o anti-semitismo o uso explícito do termo "esquematismo", isso não significa que o conceito esteja ausente. E para não ficarem dúvidas a esse respeito, pode-se lançar mão de um aforismo de *Minima moralia*, "As pessoas estão te olhando", no qual Adorno se refere explicitamente ao modo como a crueldade dos perseguidores nazistas e a indiferença da população em geral para com a sorte das suas vítimas – especialmente os judeus – estiveram baseadas numa percepção falsa, socialmente condicionada e dirigida por um esquematismo usurpado a seus supostos sujeitos, de que se tratavam "apenas de animais":

> A indignação com as crueldades cometidas torna-se tão menor quanto menos semelhantes aos leitores normais são as vítimas, quanto mais morenas, "mais sujas", mais próximas do dago elas são. Isso depõe tanto da atrocidade, quanto do espectador. Talvez o esquematismo social da percepção no caso dos anti-semitas seja de tal feitio que eles não vejam de todo os judeus como humanos. A asserção tão frequente de que selvagens, negros, japoneses parecem animais, por exemplo macacos, já contém a chave para o *pogrom*. A possibilidade deste último é decidida no instante em que o olhar de um animal mortalmente ferido encontra o homem. A obstinação com que desvia de si tal olhar – "é apenas um animal" – repete-se sem cessar nas crueldades cometidas contra seres humanos, nas quais os autores precisam confirmar sempre de novo para si mesmos aquele "apenas um animal", porque mesmo diante de um animal nunca puderam acreditar nisso por completo. Na sociedade repressiva, o próprio conceito de homem é uma paródia da imagem e semelhança. Faz parte do mecanismo de "projeção pática", que os detentores do poder só percebam como humano o que é sua própria imagem refletida, ao invés de refletirem o humano como o que é diferente. O assassinato é, assim, a tentativa sempre repetida de, através de uma loucura maior, distorcer

> a loucura dessa percepção falsa, transformando-a em razão: o que não foi visto como ser humano, e, no entanto, é um ser humano, torna-se uma coisa, para que não possa mais refutar por nenhum impulso o olhar maníaco. (Adorno, 1992, p. 91)

É importante observar que "projeção pática" nesse trecho corresponde exatamente à "falsa projeção" dos "Elementos do anti-semitismo", de acordo com as características supramencionadas e, embora em casos como o do nazi-fascismo haja de fato uma paranóia coletiva, Horkheimer e Adorno chamam a atenção para o caráter aberrante dessa "falsa projeção" referindo-se a ela como uma esquematização idiossincrática, "um esquema privado, que não é compartilhado por ninguém" (Adorno & Horkheimer, 1985, p. 183). Para que não fiquem dúvidas sobre a relação entre esse tipo de "expropriação do esquematismo" e aquele realizado pela indústria cultural, os autores estabelecem primeiramente a conexão da "falsa projeção" com o conceito de semiformação[4]:

> A tendência à falsa projeção é tão fatalmente inerente ao espírito, que ela, esquema isolado da autoconservação, ameaça dominar tudo o que vai além dela: a cultura. A falsa projeção é o usurpador do reino da liberdade e da cultura; a paranóia é o sintoma do indivíduo semicultivado[5]. (Adorno & Horkheimer, 1985, p. 183)

Em seguida, relaciona-se explicitamente a noção de semicultura (ou semi-formação) à indústria cultural:

---

4. Na tradução da *Dialética do esclarecimento* feita por Guido de Almeida, o conceito de "semiformação" está traduzido por "semicultura".
5. Há uma passagem de um texto de Adorno da década de 1960, "Teoria da semiformação", que mostra como a semiformação bloqueia a percepção, interpondo entre sujeito e objeto esquemas estereotipados: "A evidente afinidade de um estado de consciência como a semiformação com processos inconscientes, psicóticos seria porém enigmática, harmonia preestabelecida, se os sistemas paranóicos não tivessem, para além do seu valor posicional na economia psicológica do indivíduo, também sua função social objetiva. Eles substituem aquela percepção essencial que é bloqueada pela semiformação. Aquele, a quem escapa a continuidade entre juízo e experiência, é dotado por esses sistemas de esquemas para a apreensão da realidade, os quais, na verdade, não atingem essa última, mas compensam o medo em relação ao que não é conceituado" (Adorno, 1996a, p. 116-117).

> Finalmente, sob as condições do capitalismo tardio, a semiformação converteu-se no espírito objetivo. Na fase totalitária da dominação, a semiformação chama de volta os charlatães provincianos da política e, com eles, como uma *ultima ratio*, o sistema delirante da política, e o impõe à maioria dos administrados já amolecidos, de qualquer maneira, pela grande indústria e pela indústria cultural. (Adorno & Horkheimer, 1985, p. 184)

Já deve ter se tornado claro que tratamos até agora de questões ligadas à apropriação do esquematismo pelo capitalismo tardio que podem ser chamadas de "estéticas" apenas num sentido amplo: primeiramente, a "pedagogia" dos sentidos, realizada pela indústria cultural no sentido de garantir a rentabilidade do capital e a manutenção da ordem vigente. Em segundo lugar, constatou-se que a percepção distorcida que o anti-semita (também no sentido genérico) tem de suas vítimas é fruto de uma esquematização distorcida, igualmente mediatizada por um sistema de dominação. A questão que se coloca, então, é a aplicabilidade das reflexões sobre a doutrina do esquematismo à estética também no sentido estrito, sem abrir mão do ponto de vista crítico já estabelecido. Isso aponta para uma investigação sobre a presença do esquematismo na *Teoria estética* de Theodor Adorno. Mas, antes de se proceder a essa investigação, torna-se necessário recordar alguns tópicos da própria posição kantiana sobre o assunto.

O esquematismo kantiano no sentido originário, "gnosiológico", e o que poderia significar sua reorientação estética na *Crítica da faculdade do juízo*

Em Kant, a supramencionada exigência iluminista[6] do "ousar pensar por si próprio" encontra sua contrapartida gnosiológica – como já se

6. É interessante observar que, se por um lado, como já disse, Kant corporifica totalmente o esclarecimento que Horkheimer e Adorno denunciam como nocivo aos interesses humanos, por outro, sua defesa da autonomia do sujeito corresponde – pelo menos parcialmente – à exigência de emancipação do gênero humano defendida pela Teoria Crítica da Sociedade.

sugeriu – no processo descrito na *Crítica da razão pura*[7], no qual o sujeito do conhecimento é responsável pela unificação do múltiplo dado na intuição, uma vez que sua "ligação" jamais poderia estar nas próprias coisas ou mesmo advir dos sentidos. Essa "ligação", para Kant, encontra o seu fundamento na autoconsciência do sujeito, mais precisamente no que aquele chama de "unidade sintética originária da apercepção". O coração dessa última é um ato reflexivo através do qual o "eu penso" – uma espécie de *cogito* em versão kantiana – funciona como centro nucleador a partir do qual as sensações de um indivíduo são primeiramente representadas como referentes a ele e a mais ninguém. Segundo Kant,

> (...) todo o múltiplo da intuição possui uma referência necessária ao *eu penso* no mesmo sujeito em que este múltiplo é encontrado. Esta representação, porém, é um ato de *espontaneidade,* isto é, não pode ser considerada pertencente à sensibilidade. Chamo-a *apercepção pura* para distingui-la da empírica, ou ainda *apercepção originária* por ser aquela autoconsciência que ao produzir a representação *eu penso* que tem que *poder acompanhar* todas as demais e é una e idêntica em toda consciência, não pode jamais ser acompanhada por nenhuma outra. (Kant, 1978, B 132)

Isso significa não apenas que, do ponto de vista empírico, há a necessidade de um "suporte material" para as representações de um intelecto que, na prática, pode ser A, B, C ou D, mas está-se estabelecendo uma condição transcendental sem a qual nenhum conhecimento poder-se-ia realizar:

> A unidade sintética da consciência é, portanto, uma condição objetiva de todo o conhecimento, de que preciso não apenas para mim a fim de conhecer um objeto, mas sob o qual toda intuição tem que estar *a fim de tornar-se objeto para mim*, pois de outra maneira e sem essa síntese o múltiplo não se reuniria numa consciência. (Kant, 1978, B 138)

Por outro lado, se a unidade sintética da apercepção é uma condição necessária para o conhecimento, ela ainda não é suficiente, na

7. Para fins de citação, uso aqui a tradução brasileira de Valério Rohden e Udo Moosburger.

medida em que, para o ponto de vista transcendental defendido por Kant, a capacidade de reflexão do sujeito por si só não "engendra" o objeto, para cuja constituição é necessária, como já se assinalou, uma intuição empírica, cujo múltiplo tem que estar de acordo com as formas da sensibilidade, espaço e tempo, de modo a se submeter a uma síntese prévia, denominada "síntese figurada" ou *synthesis speciosa*, a qual adquire uma enorme importância não apenas na "Dedução transcendental dos conceitos puros do entendimento", mas em toda a *Crítica da razão pura*. Kant define esse tipo de síntese como a determinação do sentido interno (cuja forma é o tempo) pelo entendimento e a diferencia da "síntese intelectual" – ato discursivo de subsunção de casos a regras – por seu papel conformador do material sensível ao qual vão se aplicar as categorias:

> Esta síntese do múltiplo da intuição sensível, a priori possível e necessária, pode denominar-se *figurada* (*synthesis speciosa*) para distinguí-la daquela que seria pensada na mera categoria com respeito ao múltiplo de uma intuição em geral, e que se chama ligação do entendimento (*synthesis intelectualis*). (Kant, 1978, B 151)

Quando associada à unidade originária da apercepção, a síntese figurada adquire o nome de "síntese transcendental da capacidade de imaginação", pois a formação da imagem perceptiva, mediante o trabalho da imaginação produtiva, refere-se não apenas à sensibilidade, mas também àquele centro unificador que Kant acreditava ser a auto-reflexão do sujeito. A imaginação tem, aqui, um papel-chave, já que, apesar de se encontrar próxima da sensibilidade, adquire as características de determinação de objetos próprias do entendimento:

> (...) na medida em que a sua síntese é um exercício de espontaneidade que é determinante e não, como o sentido, meramente determinável, que por conseguinte pode determinar a priori o sentido segundo a sua forma e de acordo com a unidade da apercepção, em tal caso a capacidade da imaginação é nesta medida uma faculdade de determinar a priori a sensibilidade, e a sua síntese das intuições, *conforme às categorias*, tem que ser a síntese transcendental da *capacidade da imaginação* (...). (Kant, 1978, B 152)

A conformidade às categorias, mencionada nesse trecho, assume aqui uma grande importância, pois, com isso, Kant quer dizer que, em qualquer percepção que possamos ter ou na conexão de várias delas numa experiência, as categorias atuam como condições de possibilidade (Kant, 1978), mesmo que não tenha havido ainda uma "aplicação" explícita de qualquer delas. Essa aplicação significaria a atribuição à natureza de uma legalidade totalmente *a priori* (*natura formaliter spectata*), mas – de um modo que diz respeito diretamente a nossa concepção atual de "estética" – Kant afirma que, mesmo nossa percepção mais básica do mundo exterior (portanto anterior à "aplicação") tem que ser conforme às categorias:

> (...) já que toda percepção possível depende da síntese da apreensão e que esta mesma síntese empírica depende da transcendental, por conseguinte das categorias, então todas as percepções possíveis, portanto também tudo o que possa sempre alcançar a consciência empírica, isto é, todos os fenômenos da natureza, segundo a sua ligação estão sob as categorias, das quais depende a natureza (considerada apenas como natureza em geral) como fundamento originário da conformidade da natureza a leis (como *natura formaliter spectata*). (Kant, 1978, B 164-5)

Essa concordância mesmo das mais rudimentares percepções às categorias adquire um significado mais concreto a partir da *Analítica dos princípios*, especialmente no capítulo sobre o "Esquematismo dos conceitos puros do entendimento" (e, consequentemente, no "Sistema dos princípios"). Nesse capítulo, Kant vê, de acordo com o trecho tantas vezes citado por Horkheimer e Adorno, o esquematismo como um procedimento do nosso entendimento sobre o qual paira certo mistério e cujo objetivo é exatamente neutralizar, para fins de conhecimento, a intransponível heterogeneidade que existe entre uma categoria (um conceito *puro* do entendimento) e um objeto empírico, de modo que a "síntese figurada" possa cumprir o seu duplo papel de conformar a intuição empírica (através da determinação do sentido interno pelo entendimento) e referi-la à unidade sintética originária da apercepção. Pressupondo a efetividade do conhecimento, Kant assevera que,

> (...) é claro que precisa haver um terceiro elemento que seja homogêneo, de um lado, com a categoria e, de outro, com o fenômeno, tornando possível a aplicação da primeira ao último. Esta representação mediadora deve ser pura (sem nada de empírico) e não obstante de um lado *intelectual*, e de outro sensível. Tal representação é o *esquema transcendental*. (Kant, 1978, B 177)

É muito importante para a constituição do esquema sua referência ao tempo, que, enquanto forma do sentido interno, contém o que Kant chama de "um múltiplo a priori", considerando também a homogeneidade do tempo ao fenômeno, na medida que ele está contido em toda representação empírica do múltiplo. Por outro lado, a determinação transcendental do tempo é homogênea à categoria, já que é universal, repousando também numa regra *a priori*. Tendo isso em vista, Kant declara como possível a aplicação de uma categoria a um fenômeno, embora paire sobre esse processo, como já se assinalou, um certo mistério:

> No tocante aos fenômenos e à sua mera forma, este esquematismo de nosso entendimento é uma arte oculta nas profundezas da alma humana cujo verdadeiro manejo dificilmente arrebataremos algum dia à natureza, de modo a poder apresentá-la sem véu. Ao contrário, o esquema de um conceito puro do entendimento é algo que não pode ser levado a nenhuma imagem, mas é somente a síntese pura conforme uma regra da unidade, segundo conceitos em geral que expressa a categoria e é um produto transcendental da capacidade de imaginação que concerne à determinação do sentido interno em geral, segundo condições de sua forma (o tempo), com vistas a todas as representações na medida em que estas deveriam interconectar-se a priori num conceito conforme à unidade da apercepção. (Kant, 1978, B 180-181)

Tendo apontado para o que pode ser considerado o coração da doutrina kantiana da faculdade de juízo – o esquematismo transcendental –, podemos agora orientar nossa investigação para a concepção kantiana de um tipo peculiar de juízo, o juízo de gosto. Para tanto, antes de tudo, é necessário relembrar as diferenças entre o juízo lógico em geral – tema preferencial da *Crítica da razão pura* – e o juízo estético, posto em foco na *Crítica da faculdade do juízo*. Enquanto aquele atribui um predicado a um sujeito lógico, esse último diz respeito apenas ao sentimento de prazer desinteressado, desprovido de conceito, universal e necessário num sujeito (agora "concreto"), de acordo com os quatro "momentos" do juízo de gosto, que mantém, segundo Kant, certo paralelismo com a tábua dos juízos, a qual, na *Crítica da razão pura*, inspira o estabelecimento das categorias.

Cada um desses "momentos" tem como objetivo fundamentar as características paradoxais do juízo sobre o belo: o primeiro chama a atenção para o "desinteresse" que acompanha o prazer sentido pelo sujeito na "simples apreensão" do objeto; o segundo procura justificar o fato de que a universalidade desse juízo – ao contrário do lógico – não está fundamentada em conceitos; o terceiro momento mostra que o objeto a ser ajuizado como belo possui apenas a forma da finalidade, não explicitando qualquer fim a ela associado (o que reforça, em termos objetivos, a tese do "prazer desinteressado" em sua contemplação); finalmente, o quarto momento aponta para a "necessidade" do juízo de gosto, que, não sendo também de tipo lógico, deve estar baseada no que Kant chama de "*sensus comunis aestheticus*", isto é, uma disposição subjetiva das pessoas de se porem de acordo quanto à beleza do objeto cuja percepção supre as condições mencionadas acima.

Sem podermos nos alongar sobre essas características do juízo sobre o belo, que, segundo Kant, devem se aplicar também ao sentimento do sublime (Kant 1995), é importante para o propósito dessa exposição, aludir a uma desconcertante passagem da terceira *Crítica*, segundo a qual, no juízo de gosto ocorre uma "esquematização sem conceito", a qual vai de encontro à concepção da *Crítica da razão pura*, em que o esquematismo, por definição, é exatamente o procedimento de associar intuições empíricas a conceitos (especialmente as categorias). Nessa passagem, Kant declara:

> Ora, visto que em um juízo os conceitos formam o seu conteúdo (o pertencente ao conhecimento do objeto), porém o juízo de gosto não é determinável por conceitos, assim ele se funda somente sobre a condição formal subjetiva de um juízo em geral. (...) Isto é, visto que a liberdade da faculdade da imaginação consiste no fato de que esta esquematiza

> sem conceitos, assim o juízo de gosto tem de assentar sobre uma simples sensação das faculdades reciprocamente vivificantes da imaginação em sua *liberdade* e do entendimento com sua *conformidade a leis*, portanto sobre um sentimento que permite ajuizar o objeto segundo a conformidade final da representação (pela qual um objeto é dado) à promoção da faculdade de conhecimento em seu livre jogo; e o gosto enquanto faculdade de juízo subjetiva contém um princípio da subsunção, mas não das intuições sob *conceitos* e sim da *faculdade* das intuições ou apresentações (isto é, da faculdade da imaginação) sob a *faculdade* dos conceitos (isto é, o entendimento), na medida em que a primeira em *sua liberdade* concorda com a segunda *em sua conformidade a leis*. (Kant, 1995, p. 133)

Uma interpretação precisa desse complicado trecho fugiria aos meus objetivos presentes; mas, dentro de minha intenção de aproximar a parte do juízo de conhecimento concernente à sensibilidade (tratada por Kant na *Crítica da razão pura*) do juízo estético no sentido estrito – especialmente do juízo de gosto –, seria o caso de se perguntar se o que Kant quer dizer com "o juízo de gosto (...) se funda somente sobre a condição formal subjetiva de um juízo em geral" não pode ser considerado um caso particular da situação muitas vezes aludida na primeira *Crítica*, na qual a percepção se encontra como que dirigida pela faculdade de esquematismo antes mesmo que qualquer conceito seja "aplicado" ao fenômeno. A diferença fundamental entre um e outro caso é que, no que se chamou de *syntehsis speciosa*, o percepto se torna um "fenômeno", o qual está destinado a ser subsumido a pelo menos uma das *categorias*, enquanto no juízo de gosto essa subsunção nunca ocorre, sob pena de o juízo em questão se descaracterizar enquanto juízo de gosto. Em outras palavras, não me parece errado associar a "esquematização sem conceitos" admitida por Kant no caso do juízo de gosto ao fato de que a "mera consideração" (*blosse Betrachtung*) da forma de um objeto que – conforme o caso – pode levar ao juízo de gosto coincide com a percepção de objetos exteriores num sentido mais geral.

Antes de investigar a presença do "esquematismo" na *Teoria estética* de Adorno, cabe ainda uma observação sobre a maior aplicabilidade, segundo Kant, do juízo de gosto ao belo natural, pois apenas nele suas exigências de prazer desinteressado, de ausência de conceito, de universalidade, de necessidade e de "finalidade sem fim" se realizariam plenamente. Desse modo, pode-se dizer, por extensão, que também a "esquematização sem conceito" tenderia a se efetivar mais completamente na contemplação da beleza natural. Esse filosofema kantiano terá importância para o estabelecimento da conexão entre o elemento estético, no sentido estrito do termo, e a doutrina do esquematismo. É o que se verá agora na análise da estética adorniana.

Sobre a presença do esquematismo na *Teoria estética* de Adorno

Assim como se verificou quanto aos outros textos de Adorno supramencionados, ocorrem, também na *Teoria estética*, várias referências textuais ao esquematismo ou a expressões dele derivadas, tais como "esquema", "esquematização" etc. Nessas referências constata-se dois grupos principais: o primeiro nada acrescenta ao que se constatou na *Dialética do esclarecimento*, isto é, o esquematismo é visto como um direcionamento da percepção que a sociedade impõe ao indivíduo, o qual se manifesta no seu modo de perceber as coisas em geral, adquirindo essa influência um caráter claramente ideológico, senão abertamente opressivo. No segundo grupo há uma novidade em relação a todos os outros textos aqui referidos, na medida em que Adorno se refere às obras de arte como possibilidade de emancipação da percepção para com os "esquemas de identificação imposta" (Adorno, 1988, p. 101).

No que tange ao primeiro grupo, Adorno aponta para um fato evidente na história das artes, o qual relaciona-se com uma importante questão estética: assim como se observou no tocante aos produtos da indústria cultural, também na arte séria tradicional a existência de esquemas de elaboração é um fator importante num tipo de recepção – também esquemática – da obra acabada, o que, aliás, aponta para a noção de "estilo" considerada acima também no que concerne à própria cultura de massas. Entretanto, ao contrário da mercadoria cultural, na obra de arte propriamente dita o enraizamento ideológico ocorre de modo ambíguo no que tange ao caráter de dominação. Isso se liga a uma das posições mais típicas da *Teoria estética* no que concerne às relações entre a arte e a sociedade, a saber, de que a autonomia da arte só pode ser entendida como contraponto de sua heteronomia, isto é, o caráter social da arte só se realiza na medida em que ela deliberadamente, pela instauração de sua forma, cria um âmbito específico e se afasta de tudo que aponta imediatamente para a vida social. Embora esse posicionamento apareça dezenas de vezes ao longo de toda a obra, há um trecho que vale a pena citar, pois alude a arte – dentro desse quadro proposto – como "esquema de uma práxis social":

> A arte e a sociedade convergem no substancial, não em algo de exterior à obra de arte. Isto também se relaciona com a história da arte. A coletivização do indivíduo faz-se à custa da força produtiva social. Na história da arte, a história real reaparece em virtude da vida específica das forças produtivas dela derivadas e, em seguida, por ela isoladas. Aí se funda a lembrança do efêmero pela arte. Esta o conserva e o torna presente ao modificá-lo: é a explicação social do seu cerne temporal. Ao abster-se da práxis, a arte torna-se esquema de uma práxis social: toda a obra de arte autêntica opera uma revolução em si. Porém, enquanto que a sociedade, em virtude da identidade das forças e também das relações, penetra na arte para aí desaparecer, a arte – mesmo a mais avançada – possui em si, inversamente, a tendência para a sua socialização e a sua integração social. (Adorno, 1988, p. 256)

É importante observar que a mencionada ambiguidade da arte com relação à emancipação e à opressão possui graus diferenciados, dependendo do maior ou menor estabelecimento e/ou da coerção do idioma associado às diferentes artes e, dentro delas, aos diversos gêneros. Adorno aponta para a possibilidade de obras "nominalistas", que escapariam ao esquematismo – da elaboração e da percepção – pelo estabelecimento de uma legalidade própria, individual:

> Enquanto que nas obras clássicas, segundo a expressão corrente, a logicidade reina imperturbavelmente, elas toleram sempre algumas e, por vezes, numerosas possibilidades: assim, por exemplo, no seio de uma típica dada, como a da música com baixo contínuo ou da *commedia*

dell'arte, improvisa-se com mais segurança do que, ulteriormente, em obras individualmente de todo organizadas. Estas são superficialmente mais alógicas, menos transparentes a esquemas e fórmulas geralmente pré-estabelecidos e com afinidade conceptual; contudo, na profundidade, são mais lógicas, subordinam-se mais rigorosamente à consistência lógica. (Adorno, 1988, p. 158)

Mas isso não significa que apenas as obras nominalistas sejam capazes de romper com o esquematismo. Há gêneros – provavelmente os racionalmente mais elaborados – em que essa ruptura parece fazer parte da própria essência, como no exemplo musical, dado por Adorno, da fuga:

> Todas as características da forma da fuga deveriam derivar dessa necessidade de nenhum modo consciente para os compositores. A fuga é a forma de organização da polifonia tornada tonal e plenamente racionalizada; nesta medida vai mais longe do que as suas realizações particulares e, no entanto, não existe sem elas. Eis também porque a emancipação do esquema está neste universalmente pré-figurada. (Adorno, 1988, p. 226)

Mas, como já se disse, a mencionada possibilidade de "emancipação do esquema" não se restringe apenas à forma da fuga, mas parece ser, para Adorno, a marca de toda obra de arte cujo grau superlativo de elaboração formal rompe com tudo que é idiomaticamente estabelecido. No trecho citado a seguir, Adorno chama atenção para essa possibilidade, apontando exatamente para a problematização que a vanguarda artística introduz no esquematismo da elaboração e, por conseguinte, no da percepção da obra:

> A diferenciação dos pesos foi um dos meios mais eficazes de articulação: por exemplo, a distinção entre o episódio tético principal e as transições e, sobretudo, entre o essencial e os acidentes, por mais necessários que sejam. Tais diferenciações foram, na arte tradicional, em grande parte dirigidas por esquemas; com a crítica que lhes foi feita, tornaram-se problemáticas: a arte tende para tipos de procedimento, nos quais tudo o que acontece, se aproxima muito do ponto central onde todo elemento acidental suscita

> a suspeita de um ornamento supérfluo. Eis uma das mais consideráveis dificuldades da articulação na arte nova. (Adorno, 1988, p. 174)

Isso aponta para o segundo grupo de referências ao esquematismo na *Teoria estética*, isto é, aquelas que indicam a arte como possibilidade de ruptura com os esquemas socialmente impostos, lançando as bases espirituais para um ponto de vista subversivo com relação à ordem vigente. Um elo importante nesse processo diz respeito à questão das relações da sociedade com a natureza, que se traduz, em termos estéticos, na investigação sobre o belo natural. Exatamente no que tange a esse tópico, Adorno deixa-se inspirar pela estética kantiana, mas de um modo em que – ao contrário do que ocorre na *Crítica da faculdade do juízo* – a mediação social é absoluta e explicitamente determinante. A referência, aqui, à percepção da beleza natural como dirigida por esquemas, relembra a ideia supramencionada de o processo produtivo desempenhar em termo coletivos uma função semelhante à que Kant atribuía ao sujeito transcendental:

> O conceito fixo de belo natural põe-se assim em movimento. Amplia-se através do que já não é natureza. De outro modo, esta degrada-se em fantasma enganador. A relação da natureza fenomenal com a coisa morta é acessível à sua experiência estética. Pois, em qualquer experiência da natureza está envolvida toda a sociedade. Não só ela desenvolve os esquemas da percepção, mas estabelece de antemão, por contraste e semelhança, o que se chamará respectivamente a natureza. (Adorno, 1988, p. 84)

Além de a percepção – inclusive a estética – da natureza ser socialmente mediatizada, é também de importância para Adorno a possibilidade de que o mundo venha a se humanizar a ponto de haver uma harmonia perfeita entre a sociedade e a natureza, naquilo que ele denomina "paisagem cultural". Também no que tange à percepção dessa última, destaca-se a existência de "esquemas" correspondentes:

> O desencadeamento das forças produtivas poderia, após a supressão da penúria, estender-se por outra dimensão do que a do simples aumento quantitativo da produção. Indícios disso surgem onde edifícios funcionais se harmonizam com formas e linhas de paisagem; onde os materiais, a

partir dos quais se fizeram artefatos, provém do seu meio e nele se integram, como muitas cidadelas e castelos. O que se chama paisagem cultural é belo como esquema dessa possibilidade. A racionalidade que apelasse para tais motivos, poderia ajudar a fechar as feridas da racionalidade. (Adorno, 1988, p. 61)

Adorno permanece nessa mesma linha de raciocínio quando chama a atenção para a diferença entre o tipo de percepção identificadora, que na epistemologia kantiana corresponde à *síntese figurada*, e que, na apropriação neo-marxista de Horkheimer e Adorno, se liga ao caráter de mercadoria que tendencialmente todas as coisas assumem, e a percepção de uma obra de arte, na qual se esboça a possibilidade de emancipação para com o que Adorno chama de "esquemas de identificação imposta":

> O que aparece não é passível de troca, porque não é nem o elemento inerte que pode ser substituído por outro, nem uma generalidade vazia que, enquanto unidade distintiva, nivelaria a especificidade aí contida. Se tudo, na realidade, se tornou fungível, a arte apresenta ao todo para outro imagens do que ela própria seria, emancipada dos esquemas de identificação imposta. Mas a arte transforma-se em ideologia ao sugerir, como *imago* do não cambiável, a ideia de que no mundo nem tudo seria permutável. Em virtude do não cambiável, ela deve, através da sua forma, levar o cambiável à auto-consciência crítica. (Adorno, 1988, p. 101)

No que concerne ao trecho acima, é importante ressaltar que, ao mesmo tempo em que Adorno adverte sobre o perigo de a singularidade do objeto artístico – tornada imagem – facilitar a formação de uma ideologia da arte, ele chama a atenção para o potencial crítico que tem a forma artística no estabelecimento de uma percepção transformadora do mundo mediante o estabelecimento de "esquemas" que, mesmo de modo inconsciente, apontam para a subversão do *status quo*:

> Todas as obras de arte, mesmo as afirmativas, são polêmicas *a priori*. A ideia de uma obra de arte conservadora contêm algo de absurdo. Ao separarem-se enfaticamente do mundo empírico, as obras de arte testemunham que este mesmo mundo deve tornar-se outro, esquemas não-conscientes da sua transformação. (Adorno, 1988, p. 201)

Mas, de qualquer modo e considerando que, infelizmente, não se encontra no horizonte a possibilidade de uma tal transformação na situação presente, Adorno insiste no caráter libertador que a percepção correta de uma obra de arte possui, indicando no que ele chama de "objetivação", um modo de superação do esquematismo enquanto aquele aspecto restritivo determinado pelo estilo e que pré-forma a percepção. O exemplo dado por Adorno é um confronto entre dois tipos de obras musicais de altíssimo nível de elaboração, sendo que uma delas – um *Lied* da *Winterreise* de Schubert – é tradicional e a outra, um *Lied* de Webern, se encontrava ainda no estágio mais desenvolvido de composição musical à época da redação da *Teoria estética*. No primeiro caso, em que pese a enorme qualidade da peça, o alto grau de pertença a um idioma estabelecido determina a existência, pelo menos em certa medida, do esquematismo; já no *Lied* de Webern, a exclusão consciente dos elementos idiomáticos reduz a quase zero a ocorrência desse esquematismo:

> À consciência ingênua, e também à do músico, um *Lied* da *Viagem de Inverno* pode parecer mais autêntico do que um *Lied* de Webern, como se lá se enfrentasse algo de objetivo e aqui o conteúdo se estreitasse numa experiência puramente individual. Tal distinção, porém, é impugnável. Nas obras com a dignidade das de Webern, a diferenciação que, para um ouvido não instruído, prejudica a objetividade do conteúdo, confunde-se com a capacidade progressiva de obter uma elaboração mais completa e mais exata, de libertar a obra do resto do esquematismo e isso chama-se justamente a objetivação[8]. (Adorno, 1988, p. 239)

Uma vez que o caráter emancipatório não apenas da criação, mas também da percepção correta da obra de arte avançada foi aduzido, não seria equivocado afirmar que a *Teoria estética* de Adorno apresenta um ponto de inflexão na filosofia contemporânea da arte, na medida em que, segundo o filósofo, a percepção não-esquemática da obra de arte mais progressista pode auxiliar na reversão do processo, levado a cabo pela indústria cultural, de expropriação da capacidade de esquematis-

8. Cf. *Philosophie der neuen Musik* (Adorno, 1996b, p. 128).

mo dos sujeitos. Assim, esse modo de percepção contribuiria para a recuperação do momento da construção subjetiva do conhecimento, considerada essencial por Kant, e que está ameaçada de extinção no mundo contemporâneo. Na consideração dessa possibilidade, Adorno chega mesmo a falar de uma "transformação do sujeito transcendental em estético":

> A arte, através da construção, gostaria desesperadamente de se libertar, pela sua própria força, da sua situação nominalista, do sentimento do contingente, e de atingir a envolvência do obrigatório, o universal. Para isso precisa daquela redução dos elementos que, em seguida, ameaça despotenciá-la e degenerar no triunfo sobre o não existente. O sujeito abstratamente transcendental, mascarado segundo a doutrina kantiana do esquematismo, torna-se estético. No entanto, a construção restringe criticamente a subjetividade estética, da mesma maneira que as correntes construtivistas – mencione-se Mondrian – constituíam originalmente a antítese das tendências expressionistas. (Adorno, 1988, p. 72)

Para concluir, eu gostaria de mencionar algo sobre possíveis desenvolvimentos dessa investigação. Primeiramente, parece claro que a doutrina do esquematismo tem um significado "estético" principalmente pejorativo no que tange à indústria cultural. Por outro lado, o âmbito da arte parece ser potencialmente libertador também na medida em que a correta percepção das obras liberta a percepção do esquematismo imposto. Mas, é correto sustentar que ele está condenado a ter um sentido apenas negativo, no que tange à estética? Se a resposta é negativa (o que penso ser o caso), pode-se colocar outra questão, mais específica: seria possível mostrar que há uma relação mais íntima entre a *synthesis speciosa* das percepções comuns e a consideração sensível das obras de arte? Tendo a responder afirmativamente a essa última questão, mas uma resposta definitiva – com sua respectiva fundamentação – não pode ser dada num escrito dessas proporções.

Referências bibliográficas

ADORNO, T. W. *Teoria Estética*. Lisboa: Edições 70, 1988. Traduzido por Artur Morão.

ADORNO, T. W. *Minima Moralia: reflexões a partir da vida danificada*. São Paulo: Editora Ática, 1992. Traduzido por Luiz Eduardo Bicca.

ADORNO, T. W. "Theorie der Halbbildung". In *Gesammelte Schriften 8: Soziologische Schriften I*. Frankfurt am Main: Suhrkamp Verlag, 1996a.

ADORNO, T. W. "Philosophie der neuen Musik". In *Gesammelte Schriften 12*. Frankfurt am Main: Suhrkamp Verlag, 1996b.

ADORNO, T. W. & HORKHEIMER, M. *Dialektik der Aufklärung*. Frankfurt am Main: Suhrkamp Verlag, 1981.

ADORNO, T. W. & HORKHEIMER, M. *Dialética do esclarecimento*. Rio de Janeiro: Jorge Zahar Editor, 1985. Traduzido por Guido Almeida.

DUARTE, R. "Esquematismo e semiformação". In *Educação e sociedade* 83. v. 24, agosto, 2003.

HAUG, W. F. *Crítica da estética da mercadoria*. São Paulo: Editora Unesp, 1997. Traduzido por Erlon José Paschoal.

KANT, I. "Crítica da razão pura". In *Os Pensadores*. São Paulo: Editora Abril, 1978. Traduzido por Valério Rohden e Udo Moosburger.

KANT, I. *Crítica da faculdade do juízo*. Rio de Janeiro: Editora Forense, 1995. Traduzido por Valério Rohden e Antonio Marques.

5

A AUTONOMIA DA ARTE REVISITADA

Para Hans Georg Flickinger

A arte "heterônoma" e a conquista da autonomia

Quando se fala na arte como "heterônoma", isso não tem um significado depreciativo, de uma arte menor, mas tem-se em vista também sua condição de dimensão "originária" na vida humana: desde tempos imemoriais a atividade artística se configura como um dos principais indicadores da presença humana no mundo, o qual vem se caracterizando exatamente por um processo de progressiva humanização. Sob o termo "humanização" entende-se aqui a efetivação do poder humano sobre a natureza, que inclui tanto o fazer humano *tout court* quanto aquele criativo, que denominamos hoje "arte". Essa última, por sua parte, embora aparentada à técnica, diferencia-se da atividade meramente transformadora do *habitat* exterior, já que possui uma ligação ancestral com a magia e com a religião num sentido amplo (exemplificada já pelas pinturas rupestres da pré-história). Sobre esse parentesco da arte com a técnica e também com a magia, expressou-se Ernst Fischer da seguinte maneira:

> Podemos concluir que, com evidência cada vez maior, a arte em sua origem foi *magia*, foi um auxílio mágico à dominação de um mundo real inexplorado. A religião, a ciência e a arte eram combinadas, fundidas, em uma forma primitiva de magia, na qual existiam em estado latente, em germe. (Fischer, 1959, p. 19)

Mesmo se considerarmos não mais a pré-história da espécie humana e enfocarmos estágios civilizatórios posteriores, como as culturas grega e latina, esse caráter de integração da arte nas ações humanas mais elementares – e, ao mesmo tempo, mais relevantes – pode ser comprovado pelo fato de o termo grego para arte ser *techné*, aparentado com nossa palavra "técnica". Seu equivalente latino *ars* corresponde igualmente à nossa concepção de "artefato", isto é, de objeto criado por seres humanos. Nessa chave de interpretação, parece claro que, se por um lado, as manifestações artísticas mais antigas conhecidas mantêm uma ligação visceral com a religião, suas sucessoras imediatas mais leigas representam uma espécie de transição entre a possibilidade de conexão imediata com o todo, implícita nas manifestações religiosas, e a experiência da autonomia da arte num sentido mais enfático, mais próximo do que virá a ser a concepção moderna.

Para falar dessa transição, adotarei aqui a concepção da epopeia no jovem Lukács, em sua *Teoria do romance*, a qual se mostra especialmente adequada não apenas para a compreensão da condição da arte como "heterônoma", mas também a passagem dessa condição ao início do processo que culminará com a arte entendida como "autônoma". No bojo da discussão feita por Lukács sobre a epopeia, essa forma poética reflete a mentalidade "épica" tradicional, a qual ocorre apenas no que ele chama de "culturas fechadas", isto é, formas sociais, em que há uma espécie de *continuum* entre a exterioridade e a interioridade do homem. Nessas sociedades, se aceita normalmente que, em relação ao pleno desenvolvimento da vida, pode haver obstáculos apenas de origem externa – animais ferozes, intempéries, ataque de potências desconhecidas –, mas não há perigos oriundos da própria interioridade humana:

> Ao sair em busca de aventuras e vencê-las, a alma desconhece o real tormento da procura e o real perigo da descoberta, e jamais põe a si mesma em jogo; ela ainda não sabe que pode perder-se e nunca imagina que terá que buscar-se. Essa é a era da epopeia. (Lukács, 2000, p. 26)

Desse modo, para Lukács, a ultrapassagem do que estamos chamando de "arte heterônoma" representa uma superação das "culturas fechadas" com o concomitante advento de fenômenos artísticos adequados à nova situação. Se a obra em questão é uma "teoria do romance", é porque sua discussão sobre as formas literárias desemboca naturalmente numa investigação sobre o período "moderno" – especialmente no que tange à relação das formas sociais com as expressões estéticas. Daí vem também sua conhecida posição sobre a forma romanesca enquanto típica da sociedade ocidental moderna: "O romance é a epopeia de uma era para a qual a totalidade extensiva da vida tornou-se problemática, mas que ainda assim tem por intenção a totalidade" (Lukács, 2000, p. 55).

Essa mudança radical, ocorrida a partir do Renascimento, não pode, entretanto, ser vista como um fenômeno isolado, tendo a Modernidade, de fato, se caracterizado como um processo de redimensionamento de todos os âmbitos da atividade humana a partir de transformações sócio-econômicas, com repercussões na própria maneira de conceber o mundo. E o campo da arte não ficou de modo algum alheio a esses acontecimentos: assiste-se, desde a Renascença, algo a que se poderia chamar "processo de autonomização" das manifestações estéticas, acompanhado de um outro processo – concomitante ao que ocorreu na ciência da natureza – de progressiva "intelectualização". A autonomização marca a crescente superação da dependência da arte com relação à Igreja, ao Estado e ao poder econômico, rumo à situação – que conhecemos hoje – da arte encarada como uma esfera autônoma da cultura. Já o processo de intelectualização é a consolidação dessa recém-adquirida autonomia nos termos de uma "lógica" interna da obra, cuja racionalidade específica será abordada posteriormente.

Para consolidar a concepção relativa a esses processos de autonomização e intelectualização, podemos recordar Max Weber, que menciona o processo de racionalização típico da Modernidade como o momento em que se consuma a autonomização da arte, muito especialmente no tocante à dimensão religiosa, da qual ela adveio:

> Mas, quanto mais a arte se constitui como uma esfera autônoma – um produto da formação laica –, mais ela quer se sobrepor às desiguais hierarquias ético-religiosas de valores que são com elas constituídas. (...) Descobrir conscientemente aquilo que é especificamente artístico, está reservado a uma civilização intelectualística. (Weber, 1980, p. 365)

Como importante contrapartida do processo mencionado acima, observa-se que, a partir do século XVIII, a filosofia, depois de um interregno de mais de um século, voltou a se preocupar de modo cada vez mais intenso com os fenômenos estéticos, a ponto de seus maiores representantes dedicarem parte importante de suas reflexões à beleza e à arte. Dois exemplos dessa preocupação teórica de filósofos "clássicos" podem ser encontrados na obra de Kant e de Hegel. O primeiro, que pode ser considerado o fundador da estética moderna, concebe sua *Crítica da faculdade de julgar* não apenas como desfecho sistemático de sua filosofia, mas também dá um passo fundamental ao afirmar que a finalidade do objeto belo pode ser meramente formal, estabelecendo-se, com isso, a aparentemente contraditória fórmula, segundo a qual a "Beleza é forma da finalidade de um objeto, na medida em que ela é percebida nele sem a representação de um fim" (Kant, 1985, B 62). Esse é o modo kantiano de afirmar a autonomia do belo, que mesmo concebida inicialmente tendo em vista o belo natural, foi posteriormente traduzida em termos de uma "autonomia da arte".

Um elo importante no processo histórico dessa tradução foi exatamente o outro filósofo mencionado – Hegel –, com suas *Preleções sobre a Estética* proferidas entre 1818 e 1829. Embora em franca oposição à estética kantiana no que tange, por exemplo, à valorização do belo natural, Hegel está de acordo com Kant (até mesmo radicalizando sua posição) na recusa da clássica definição da arte como imitação da natureza. Segundo ele, a arte é, antes de tudo, superior à natureza por ser parte do espírito, nem mesmo devendo tentar reproduzir algo que lhe é – por definição – inferior. Além disso, assevera Hegel, tal imitação seria, no fundo, um "esforço supérfluo" (...), "pois a arte é limitada nos seus meios de representação" (Hegel, 1961, p. 65). Essa desvalorização da natureza se dá em virtude do fato de que, para Hegel, ela é espírito apenas em si, alienado de si mesmo, contradição aberta à espera de solução (Hegel, 1992).

Do exposto acima, depreende-se que a arte – parcela do espírito absoluto – é superior não apenas à natureza, mas aos momentos do espírito anteriores a ela, que Hegel chama de espíritos "subjetivo" (o ser humano em sua individualidade) e "objetivo" (o ser humano em sociedade, em interação com as instituições). Isso significa dizer que a posição da arte no sistema hegeliano lhe garante grande autonomia, o que, aliás, é explicitamente declarado pelo próprio Hegel: "O que nós pretendemos considerar é a arte livre tanto nos seus objetivos quanto nos meios" (Hegel 1991, 20).

Mas, para Hegel, um âmbito tão dependente da sensibilidade como a arte, só se encontra na esfera do espírito absoluto de modo provisório, razão pela qual ela é superada por manifestações mais "espirituais", tais como a religião e a filosofia: "Se conferimos, porém, à arte, por um lado, essa alta colocação, por outro lado, deve-se lembrar que a arte, nem segundo o conteúdo, nem segundo a forma, é o modo mais alto e absoluto de trazer ao espírito seus verdadeiros interesses e consciência" (Hegel, 1991, p. 23).

Desse modo, pode-se dizer que o lugar da arte no sistema hegeliano, por um lado, lhe confere uma grande autonomia (com relação, por exemplo, às esferas do espírito subjetivo e objetivo), por outro, no entanto, torna certa – como já se disse – sua superação pela religião (revelada) e (definitivamente) pela filosofia. Isso se liga à conhecida teoria hegeliana sobre o fim (ou morte) da arte: já que ela reside no plano mais alto da realização do espírito, sendo, porém, uma figura afeita ao sensível, seu destino é a extinção enquanto elemento substancial da existência. Esse momento "sistemático" do fim da arte tem sua contrapartida no plano histórico, como revela o trecho seguinte:

> O modo peculiar da produção artística e de suas obras não satisfaz mais nossas mais altas necessidades; estamos além do ponto de poder adorar, endeusando, obras de arte e de orarmos diante delas; (...). O pensamento e a reflexão superaram a bela arte. (...) Por isso, nosso presente não é, segundo o seu estado geral, favorável à arte. (...) Em todas essas relações, a arte é e permanece, segundo o aspecto de sua mais alta determinação, algo passado para nós. (Hegel, 1991, p. 24-25)[1]

É importante observar que esse prognóstico de Hegel sobre o fim da arte não tem, segundo ele, necessariamente, um caráter sombrio,

1. Ver, neste livro, o artigo "O tema do fim da arte na estética contemporânea" (p. 117).

negativo, estando ligado – ao contrário – a uma concepção até mesmo otimista sobre o curso da história, de acordo com a qual a racionalidade que, na arte, estava obrigatoriamente colada ao sensível, assume progressivamente formas cada vez mais espirituais, passando a se encarnar no próprio cotidiano do homem moderno. Parece não ter preocupado Hegel a possibilidade de essa racionalidade que, de fato, se tornava cada vez mais onipresente, ser de tipo unilateral, instrumental. Já a sugestão de Descartes, de que a ciência, com auxílio dos então novos métodos matemáticos, deveria tornar o homem "*maitre et possesseur de la nature*" (Descartes, 1966, p. 84), era sintomática quanto ao processo ocorrido na moderna civilização ocidental, segundo o qual a razão se degenerou em mero meio de autoconservação, perdendo de vista seu *telos* de emancipação da humanidade, a qual não significa apenas a provisão de sua subsistência material, que, diga-se de passagem, apesar de toda a tecnologia existente, não se encontra de modo algum garantida.

A concepção da arte autônoma na estética de Adorno

Com sua reafirmação da autonomia da arte e – paradoxalmente – com sua teoria sobre o fim da arte, Hegel atingiu uma posição absolutamente estratégica na consideração da ideia da arte como autônoma. Isso porque, por um lado, o "fim da arte" já pressupõe algum modo de ruptura associada à exploração exacerbada de potencialidades espirituais num meio incontornavelmente sensível. Por outro lado, exatamente em virtude da posição assumida por Hegel no sentido de não enxergar no processo que levava ao "fim da arte" o perigo de uma razão que se voltasse apenas para os meios, torna-se necessário, para pensar até o fim algo que ficou a meio caminho na estética hegeliana, recorrer a pensadores que souberam integrar melhor os momentos da autonomia da arte – e do seu possível término – numa teoria crítica sobre a racionalidade instrumental. Dentre esses, destaca-se Theodor Adorno, o qual enfatizou a presença, na confecção da obra de arte, de elementos cada vez mais racionais, indicando a superação definitiva daquela tradicional confusão, existente na Antiguidade e na Idade Média, entre arte e artesanato. Cumpre observar, entretanto, que a incorporação progressiva dos elementos racionais pela arte, não redundou numa dissolução daquilo que a torna arte – um âmbito autônomo e privilegiado do elenco de atividades humanas –, tendo mesmo colaborado para a consolidação de sua autonomia. As consequências disso tornar-se-ão mais claras a seguir.

Pelo exposto acima, a influência de Hegel sobre Adorno é mais facilmente visível – mesmo com todas as enormes diferenças entre eles – exatamente no tocante ao prognóstico do "fim da arte". Para melhor entender essa influência, pode-se começar chamando a atenção para o fato de que Adorno aborda o fim da arte, num primeiro momento, de modo crítico, como o destino das manifestações estéticas no que ele chama de "mundo administrado" (o império absoluto da racionalidade instrumental, que inibe no nascedouro a possibilidade de toda "finalidade sem fim", isto é, tudo que não tem um propósito determinado no sistema econômico). Por outro lado, ele introduz um dado histórico importante, ao constatar que, em termos factuais, a arte ainda não cessou de existir:

> Que segundo Hegel um dia a arte deve ter sido o grau adequado do espírito e não o é mais, trai uma confiança no progresso real na consciência da liberdade que foi amargamente decepcionada. Se o teorema hegeliano da arte como consciência de necessidades for plausível, então ela também não está ultrapassada. De fato, o fim da arte, prognosticado por ele desde cento e cinquenta anos, não ocorreu. (Adorno, 1985, p. 309)

Sob esse aspecto, pode-se, aliás, afirmar que a abordagem adorniana da superação da arte faz mais jus à concepção da *Aufhebung*, enquanto superação que conserva elementos do que foi superado, do que parece ocorrer no próprio Hegel. Por outro lado, isso não invalida o diagnóstico de Adorno segundo o qual existem forças no "mundo administrado" que ameaçam a arte de pura e simples liquidação, de extinção no sentido estrito – nada dialético – do termo.

No que tange a esse aspecto do puro e simples desaparecimento da arte, destaca-se especialmente a ameaça da indústria cultural. Os seus produtos são concebidos para serem potenciais substitutos das genuínas obras de arte, uma vez que são, por definição, simples mercadorias: não apresentam qualquer tensão para com o mercado e têm sua existência absolutamente garantida pelo sistema que os engendra. Isso aponta para a distinção, feita por Horkheimer e Adorno na *Dialética do esclarecimento*, entre a "lógica do sistema" – a que seguem as mercadorias culturais – e a "lógica da obra", típica da arte propriamente dita: "Por enquanto, a técnica da indústria cultural levou apenas à padronização e à produção em série, sacrificando o que fazia a diferença entre a lógica da obra e a do sistema social" (Adorno, 1984, p. 114).

Em vista disso, Adorno, como se sabe, discordou profundamente da posição de seu amigo Benjamin, segundo a qual os novos conceitos, conexos à reprodutibilidade técnica seriam, ao mesmo tempo, inúteis ao fascismo e indispensáveis à "formulação de exigências revolucionárias na política da arte" (Benjamin, 1985, p. 9), asseverando que, por mais tecnologicamente inovadores que os meios de difusão massiva sejam, eles aplainam os recursos expressivos típicos da arte tradicional, eliminando nessa a *promesse du bonheur*, portadora do elemento negativo que lhe é – segundo Adorno – essencial (Adorno, 1984).

O pós-moderno como "autonomia da heteronomia"

No período que se seguiu ao falecimento de Adorno em 1969, vários teóricos partiram de diagnósticos sobre o mundo ocidental moderno semelhantes aos da Teoria Crítica, mas tiraram deles conclusões opostas. Refiro-me aos defensores da "pós-modernidade", que, em vez de identificarem na atualidade os traços do que Adorno chamara de "mundo administrado", saúdam o fim do que consideravam traços autoritários da Modernidade. Um dos mais proeminentes arautos da pós-modernidade, François Lyotard, centra sua construção sobre o que ele chama de "crise de legitimação" das instituições consagradas na Idade Moderna, tais como o Estado e – principalmente – as instâncias de produção de conhecimento (universidades, institutos de pesquisa etc.), enfatizando que as "grandes narrativas", tais como os sistemas filosóficos do Idealismo Alemão ou a projeção utópica do Marxismo, que outrora conferia legitimidade àquelas, não conseguem mais desempenhar esse papel num mundo basicamente fragmentado:

> Na sociedade e na cultura contemporânea, sociedade pós-industrial, cultura pós-moderna, a questão da legitimação do saber coloca-se em outros termos. O grande relato perdeu sua credibilidade, seja qual for o modo de unificação que lhe é conferido: relato especulativo, relato de emancipação. (Lyotard, 1993, 69)

É certo que no referido texto, Lyotard procura pôr em relevo os aspectos "construtivos" da atitude pós-moderna enquanto resposta criativa da sociedade às demandas do capitalismo avançado, o qual prenuncia há várias décadas a dominação através de sistemas telemáticos e exige posições anticonvencionais, especialmente por parte dos produtores de conhecimento e de cultura[2]. David Lyon, no entanto, ressalta o lado "destrutivo", prejudicialmente cético e até mesmo cínico, do posicionamento adotado pelos pós-modernos, resumindo – a despeito das diferenças entre seus principais defensores – da seguinte forma seu ponto de vista sobre a atualidade:

> Com distinções dissolvidas entre objetos e suas representações, acabamos ficando somente com "simulacros". Esses não se referem a nada senão a si mesmos. As mensagens dos meios de comunicação, como os anúncios de TV, são exemplos típicos. Essa auto-referencialidade vai além dos temores de Max Weber relativos a um mundo desiludido, extorquido de suas tradições. Os signos perdem contato com as coisas significadas; o final do século vinte é testemunha de uma destruição de significado sem precedentes. A busca de uma divisão entre o moral e o imoral, o real e o irreal, é fútil. (Lyon, 1998, p. 30)

Embora, como se disse, o diagnóstico sobre o presente se aproxime do da Teoria Crítica, essa, como o próprio nome indica, toma partido

2. Lyotard se refere de modo respeitoso à Teoria Crítica da Sociedade enquanto postulação de "que o socialismo não é senão a constituição do sujeito autônomo e que toda a justificação das ciências é dar ao sujeito empírico (o proletariado) os meios de sua emancipação em relação à alienação e à repressão" (Lyotard, 1993, p. 65-66).

contra o atual estado de coisas, enquanto a posição típica dos pós-modernos tende claramente à apologia desse mundo tal qual ele é. No que tange de modo particular ao tema da cultura, a tensão do ponto de vista desses autores com relação à Teoria Crítica é exemplificada pela referência de Lyon à posição de Vattimo com relação a Adorno:

> Contra Theodor Adorno, o teórico crítico que predisse a homogeneização da sociedade através dos meios de comunicação de massa, Vattimo insiste que 'o rádio, a televisão e os jornais se tornaram os elementos numa explosão e proliferação geral de *Weltanschauungen*, de cosmovisões'. Assim, longe de o Grande Irmão de Orwell dominar todo o mundo, todos os tipos de minorias hoje aderem ao microfone. A expansão contínua das comunicações produz o que Vattimo vê como 'pluralização aparentemente irresistível'. (Lyon, 1998, p. 77)

Esse relativismo cultural não é absolutamente sem consequências para a concepção de arte autônoma e da sua relação com a vida cotidiana, de modo que aquilo que Adorno chamara de "lei formal", isto é, o que há de propriamente específico na forma de uma obra de arte, deixa de ter importância diante das estratégias de apropriação, para fins de valorização do capital, das mensagens estéticas por parte do sistema de dominação, a qual conta com o reforço da avidez das populações em consumir as últimas novidades. De acordo com Lyon:

> É assim que a Disneylândia se torna a utopia arquitetônica popular. A faixa de asfalto, ladeada por sinais brilhantes de néon, seduzindo todos aos prazeres do consumo – quer se trate de alimentos, móveis ou filmes, pouco importa – é o primeiro indício de que estamos entrando numa cidade norte-americana. O engodo e a atração de cada exposição, de cada experiência, precisa superar a última. A arte e a vida diária se fundem num *mélange* de formas e de imagens. Antes, esses símbolos retratavam subculturas jovens específicas, mas hoje, embora nem todos sejam adolescentes, pelos menos têm seu lugar no mercado. (Lyon, 1998, p. 91)

O referido "*mélange* de formas e de imagens" da ambientação típica de uma sociedade tardo-capitalista corresponde, do ponto de vista da produção artística "pós-moderna", a um tipo de fragmentação que, não fosse o traço marcadamente antiutópico, não estaria longe de algumas manifestações artísticas herdeiras da vanguarda histórica do início do século XX, tipicamente "moderna". Lyon usa a mesma palavra "mélange" para se referir ao melhor da produção artística pós-moderna: "O sentido de fragmentação e de incerteza visto na arte, na arquitetura, no cinema e na música de hoje cria uma colagem cultural, um *mélange* de estilos e de produtos que esbarram uns nos outros numa confusão caleidoscópica" (Lyon, 1998, p. 107). Isso pode ser um indício de que as manifestações culturais mais interessantes do pós-modernismo, na medida em que consigam re-traduzir o que era a lei formal em termos da fragmentação requerida pelo momento atual, longe de se oporem diametralmente à ideia-mestra da vanguarda artística histórica, podem vir a ser, de algum modo, consideradas suas herdeiras. A superação do moderno – especialmente naqueles seus traços considerados "autoritários" – estaria no mesmo espírito iconoclasta dos "ismos" do início do século XX.

Por outro lado, o fato de que as melhores produções artísticas do pós-modernismo apresentem – até mesmo involuntariamente – essa filiação à vanguarda, a filosofia que lhe corresponde muitas vezes dá um passo atrás no tocante a uma importante conquista da civilização que é a noção de autonomia da arte. Parece subjazer a essa posição a ideia de que a autonomia da arte representa uma liberdade tão completa dos artistas que eles podem até mesmo "escolher" a heteronomia para suas produções, como se essa não fosse um estágio que pressupõe necessariamente uma inconsciência dos criadores com relação à natureza de suas criações. É nesse sentido que se pode caracterizar o pós-modernismo como "autonomia da heteronomia", em cujas obras a passagem da mera ironia ao cinismo é, não raro, uma importante característica meta-estética.

Daí a diferença fundamental entre essas obras e as da vanguarda artística histórica, para as quais, de acordo com a excelente caracterização filosófica feita por Adorno, a heteronomia aparece como um contraponto necessário da almejada autonomia, não como uma suposta opção ideológica. No que tange à supramencionada afinidade entre a vanguarda e certas produções pós-modernas, pode-se dizer que, embora

Adorno não tenha vivido a discussão sobre a pós-modernidade e o pós-modernismo, em sua *Teoria estética*, que teve publicação póstuma em 1970[3], ele parece ter pressentido a direção para a qual as coisas estavam caminhando, e proclamou a necessidade de uma radicalização da arte às portas do século XXI, diante do aprofundamento da influência dos meios tecnológicos de produção e difusão de mensagens estéticas e – de um modo geral – do capitalismo tardio.

Mas essa continuidade da arte num contexto adverso se dá por aquilo que Adorno chama de "desartificação da arte" (*Entkunstung der Kunst*)[4], opção da arte contemporânea por sua descaracterização consciente enquanto arte, com o intuito de demarcar a sua forma de racionalidade com relação àquela que domina e escraviza o mundo. Por isso, Adorno declara que, "sob esse aspecto, a desartificação da arte não se determina apenas como degrau da sua liquidação, mas também como tendência do seu desenvolvimento" (Adorno, 1988, p. 123).

Percebe-se aqui, à diferença dos pós-modernos, a confluência da constatação desse estado de coisas sombrio com a convicção de que a arte autônoma, com sua projeção utópica, ainda se faz necessária e, apesar dos pesares, não deveria ser abandonada. E isso porque o fato de não se ver no horizonte qualquer perspectiva de emancipação humana não autoriza ninguém a concluir que ela não seja possível e não justifica qualquer capitulação da expressão estética. Adorno sintetiza bem esse ponto de vista ao declarar que: "uma vez que não há no mundo qualquer progresso, há um na arte; 'il faut continuer'" (Adorno, 1988, p. 310).

Referências bibliográficas

ADORNO, T. W. *Dissonanzen. Musik in der verwalteten Welt.* Göttingen: Vanderhoeck und Ruprecht, 1984.

3. Por coincidência, segundo Lyon, esse foi um ano que se estabeleceu como um marco para a pós-modernidade (Cf. Lyon, 1998, p. 90-91).
4. Ver, neste livro, o artigo "A desartificação da arte segundo Adorno: antecedentes e ressonâncias" (p. 151).

ADORNO, T. W. *Ästhetische Theorie*. Frankfurt am Main: Suhrkamp Verlag, 1985.

ADORNO, T. W. & HORKHEIMER, M. *Dialética do esclarecimento*. Rio de Janeiro: Jorge Zahar Editor, 1984.

BENJAMIN, W. *Das Kunstwerk im Zeitalter seiner technischen Reproduzierbarkeit*. Frankfurt am Main: Suhrkamp Verlag, 1985.

DESCARTES, R. *Discours de la méthode*. Paris: Garnier-Flammarion, 1966.

FISCHER, E. *A necessidade da arte: uma interpretação marxista*. Rio de Janeiro: Jorge Zahar Editor, 1959.

HEGEL, W. G. F. *Vorlesungen über die Ästhetik I*. Frankfurt am Main: Suhrkamp Verlag, 1991.

HEGEL, W. G. F. *Enziklopädie der philosophischen Wissenschaften II*. Frankfurt am Main: Suhrkamp Verlag, 1992.

KANT, I. *Kritik der Urteilskraft*. Frankfurt am Main: Suhrkamp Verlag, 1985.

LUKÁCS, G. *A teoria do romance*. São Paulo: Duas Cidades/ Editora 34, 2000.

LYON, D. *Pós-modernidade*. São Paulo: Paulus, 1998.

LYOTARD, F. *O pós-moderno*. Rio de Janeiro: Livraria José Olímpio Editora, 1993. Traduzido por Ricardo Corrêa Barbosa.

WEBER, M. *Wirtschaft und Gesellschaft*. Tübingen: J. C. B. Mohr (Paul Siebeck), 1980.

6

O TEMA DO FIM DA ARTE NA ESTÉTICA CONTEMPORÂNEA

É sabido que na história da filosofia há temas que, embora colocados pela primeira vez nos seus primórdios, parecem nunca ter perdido a atualidade: assim é, por exemplo, com a posição platônica sobre a cisão entre o sensível e o inteligível ou com a distinção aristotélica entre o saber prático e o saber teórico. Mesmo considerando que as discussões estéticas não tenham tido a mesma continuidade, ao longo da história, que as éticas ou metafísicas, também nesse âmbito há questões colocadas por Platão e Aristóteles, como o tema da mímesis, por exemplo, que até hoje não perderam a relevância, sendo mesmo recorrentes através dos séculos. Quando menciono a *descontinuidade* na estética, tenho em mente que, com o referido nome, essa disciplina filosófica é um produto tipicamente moderno, tendo aparecido pela primeira vez na obra homônima de Alexander von Baumgarten, de 1750.

Especialmente se levarmos em conta essa "juventude" da estética enquanto um âmbito filosófico autônomo, chega a ser desconcertante a insistência com que o tema do fim da arte, colocado explicitamente entre 1819 e 1829 nos *Cursos de estética* de Hegel, reaparece nas discussões posteriores sobre os assuntos afeitos a essa disciplina. De fato, ainda que a colocação hegeliana possua, como pretendo mostrar, um enraizamento profundo na própria intenção sistemática desse pensamento, pode-se constatar, mesmo que de modo implícito, ressonâncias muito imediatas desse filosofema ainda no séc. XIX. No século vinte, observa-se que as abordagens de algum modo tributárias da questão do fim da arte discutem o tema de forma, a princípio, implícita e, com o passar do tempo, as abordagens se tornam cada vez mais explícitas, embora enfoquem aspectos muito diferentes da questão, o que só vem a demonstrar sua riqueza e fertilidade.

Desse modo, começo essa exposição com uma recordação do tema do fim da arte na própria estética de Hegel, para em seguida mencionar duas ressonâncias implícitas que ele teve ainda no século XIX: em Marx e em Nietzsche. Em seguida, assinalo a existência de mais duas abordagens em que o tema aparece de modo implícito, agora no início do século XX. São elas no jovem Lukács e em Walter Benjamin. Numa terceira e última parte, levo em consideração as abordagens contemporâneas explícitas da questão do fim da arte, que, inclusive, se reportam aos *Cursos de estética* de Hegel, tais como as de Martin Heidegger, de Theodor Adorno e de Arthur Danto.

O "fim da arte" nos *Cursos de estética* de Hegel

Como já se assinalou, o prognóstico sobre o fim da arte adquire todo seu significado apenas no âmbito do sistema hegeliano, no qual a arte merece um lugar bastante honroso – na esfera do espírito absoluto –, embora esteja destinada a ser superada pelas duas figuras que a sucedem, a religião revelada e a filosofia. Isso porque elas, em ordem crescente, são menos dependentes do sensível e do material, sendo, portanto, momentos mais puramente espirituais.

Se considerarmos a figura imediatamente anterior à arte no sistema tal como descrito na *Enciclopédia* (Hegel, 1992), a eticidade, entendemos porque Hegel insiste na tese da autonomia da arte[1], apesar da posição subordinada que ela virá a ocupar no âmbito do espírito absoluto. A superioridade da arte com relação à eticidade liga-se ao fato de que seu caráter de idealidade permite a afiguração de situações em que os agentes cometem crimes ou faltas graves sem que isso implique em prejuízo para alguém:

1. Dentre as passagens em que Hegel insiste no caráter autônomo de sua concepção de arte, encontra, por exemplo, a seguinte: "O que nós pretendemos considerar é a arte livre tanto nos seus objetivos quanto nos meios" (Hegel, 1989, p. 20).

> Em geral não estão excluídos do ideal a desgraça e o mal, guerra, batalha, vingança, mas tornam-se frequentemente o conteúdo e solo do tempo heróico, mítico, que apresenta uma forma tão mais dura e selvagem, quanto mais esses tempos se distanciam da conformação legal e ética. (Hegel, 1989, p. 251)

Um outro modo de entender a tese hegeliana do fim da arte é acompanhar o desenvolvimento, no interior da esfera da arte, o qual, no que tange às chamadas "formas da arte", vai da "arte simbólica" à "arte romântica", passando pela "arte clássica". De modo análogo, e de acordo com a correspondência estabelecida pelo próprio Hegel, deve-se atentar para o processo que vai da arquitetura às "artes românticas" (pintura, música e poesia), passando pela escultura, e tendo em vista o "sistema das artes particulares".

Na consideração das formas da arte, Hegel começa com a arte simbólica, na qual o peso da matéria sobrepuja a força do elemento espiritual, dando origem aos colossos da Antiguidade não-clássica, nos quais a diferenciação entre a obra da natureza e a da mão humana apenas se faz sentir. Essa situação é superada na arte clássica, em cujo perfeito equilíbrio entre os elementos materiais e espirituais se pode entrever o alcançamento de um estágio civilizatório superior, historicamente correspondente ao classicismo da Grécia Antiga. Na continuação do processo dialético da arte, o equilíbrio entre matéria e espírito é mais uma vez rompido, mas dessa vez a favor do elemento espiritual – momento que origina a arte romântica. Essa passagem é crucial para a compreensão da tese do fim da arte, pois, para Hegel, o classicismo grego realizou a máxima perfeição possível numa produção artística, mas isso não significa o termo do processo: "a forma clássica da arte atingiu o ponto mais elevado que a sensificação da arte pode realizar e se nela algo é insuficiente, isso é apenas a própria arte e a limitação da esfera da arte" (Hegel, 1989, p. 111). A arte romântica, portanto, é mais espiritual, embora seja menos "artística" (já que o cume da realização artística foi a arte clássica), o que, para Hegel, não significa um defeito, mas – pelo contrário – uma qualidade.

Pode-se chegar à mesma conclusão fazendo-se a correspondência entre as formas da arte e as artes concretamente existentes: embora no momento da arte simbólica também existam outras artes, a que melhor a corporifica é a arquitetura: o peso das construções egípcias e mesopotâmicas exemplificam perfeitamente o desequilíbrio entre os elementos materiais e espirituais, com o favorecimento daqueles. De modo semelhante, no momento clássico, a escultura assume a liderança sobre as outras artes gregas, não menos florescentes, pois em sua reprodução naturalística da figura humana, a inequívoca espiritualidade da perfeição formal tem uma adequada contraparte nas características materiais do mármore (ou de outros materiais empregados, como o bronze, por exemplo). No caso da arte romântica, levando-se em consideração o momento de ruptura que o seu advento representa, a correspondência entre forma da arte e arte particular não se realiza mais em apenas um *métier* artístico, mas há uma subdivisão – com graus crescentes de espiritualidade – entre a pintura, a música e a poesia. Aqui é digno de nota que essa última, por ser uma forma de arte que se vale da linguagem, ainda que de modo pronunciadamente diverso do que a comunicação cotidiana, é menos dependente da sensibilidade e, portanto, mais espiritual e deve ser entendida não apenas como a arte mais elevada, mas também como "última" expressão artística, já que no desenrolar dialético da esfera do espírito absoluto a próxima estação já se encontra no âmbito da religião revelada.

Entretanto, ao lado dessas considerações mais "sistemáticas" sobre o fim da arte na estética de Hegel, não se pode desconsiderar a importância que a relação com a história adquire na exposição dos desdobramentos da ideia estética ao longo dos seus diversos graus de sensificação. Sob esse ponto de vista, é sabido que a noção hegeliana de *ideal* – que não significa outra coisa que o próprio belo artístico – é dependente de uma situação caracterizada pelo que o filósofo chama de *independência individual*: a necessidade que os "tempos heróicos" impõem de, na ausência de leis explícitas, uma responsabilidade integral sobre os próprios atos, por parte dos agentes afigurados, por exemplo, numa narrativa literária (Hegel, 1989). Por essa razão, para Hegel, mesmo nos tempos modernos, nos quais a vida se encontra regulamentada por normas que cobrem quase totalmente o espectro das possíveis ações dos sujeitos/personagens, a arte deveria conservar ou, pelo menos, rememorar a situação originária na qual a grandeza dos agentes supria com folga a inexistência de codificações específicas para suas ações:

> Daqui deixa-se encontrar também uma razão pela qual as formas artísticas ideais são remetidas à idade mítica, principalmente nos mais antigos dias do passado como melhor solo para sua efetividade. (Hegel, 1989, p. 248)

O corolário desse ponto de vista é a ideia de que a própria afiguração da situação moderna com seus "estados prosaicos atuais" (Hegel, 1989, p. 252), sem a remissão aos tempos remotos, é excessivamente pobre e, portanto, incapaz de realizar o ideal numa obra artística. Quanto a isso, é bastante conhecida a posição de Hegel no sentido de louvar o classicismo weimariano de Goethe e Schiller, na medida em que ambos conseguiram a "restauração da indepedência individual" (Hegel, 1989, p. 255) mediante a simbiose entre particularidade ética dos personagens antigos e a maior reflexividade e subjetividade dos agentes modernos. Esse posicionamento de Hegel se liga mais uma vez ao tema do fim da arte porque nada garantiria continuamente a possibilidade dessa simbiose e a arte efetivamente se extinguiria se não fosse esse potencial "anacronismo", que, por si só, já poderia ser considerado um indício da agonia da expressão artística.

Em suma, Hegel afirma que os tempos modernos se dão sob o signo da universalidade, mais afeita à ciência do que à arte, tanto no que tange ao conhecimento quanto no que concerne à ética. A particularidade, que tão bem caracterizara outrora a ação dos indivíduos, perdeu sua eficácia ética na Modernidade, restando apenas a beleza de sua afiguração artística, que, exceto em algumas exceções, deve ser cada vez mais considerada coisa do passado:

> Se conferimos à arte, por um lado, essa alta colocação, por outro, deve-se lembrar que a arte, nem segundo o conteúdo nem segundo a forma, é o modo mais alto e absoluto de trazer ao espírito seus verdadeiros interesses e consciência. (...) O modo peculiar da produção artística e de suas obras não satisfaz mais nossas mais altas necessidades; estamos para além do

> ponto de poder adorar, endeusando, obras de arte e de orarmos diante delas. (...) O pensamento e a reflexão superaram a bela arte. (...) Por isso nosso presente não é segundo o seu estado geral favorável à arte. Em todas essas relações a arte é e permanece, segundo o aspecto da mais alta determinação, algo passado para nós. (Hegel, 1989, p. 23-25)

Naturalmente, essa passagem poderia nos levar a uma série de considerações muitíssimo interessantes sobre a concepção hegeliana da arte e do seu termo, mas, levando em conta o caráter de memento que essa seção de minha exposição possui, eu gostaria de seguir adiante, apontando para a posteridade implícita e explícita dessa problemática.

Referências à superação do elemento estético pelo pensamento como abordagens implícitas do fim da arte

Levando-se em conta que os *Cursos de estética* de Hegel não são uma obra completa e acabada do filósofo, mas apenas o conjunto de anotações para aulas, posteriormente editadas por seu discípulo Gustav Hotho, a história de sua recepção no séc. XIX é marcada por muitas vicissitudes que podem, até certo ponto, explicar o caráter apenas implícito das primeiras repercussões que a tese hegeliana do fim da arte teve (Brás, 1990). Não me parece despropositado, entretanto, identificar ecos dessa tese em páginas tão díspares da filosofia do século XIX, como a passagem sobre a posteridade da arte grega na introdução dos *Grundrisse*, de Marx, e o parágrafo 14 de *O nascimento da tragédia*, de Nietzsche.

No que concerne a Marx, trata-se, como se sabe, de um questionamento sobre a capacidade que a arte grega tem de nos agradar e emocionar, mesmo levando em consideração a precariedade da infra-estrutura econômica da sociedade que lhe deu origem. Essa passagem tem sido frequentemente referida como um eloquente exemplo da lucidez com que Marx encarava a expressão estética na sua complexidade e profundidade e não – como pensavam os marxistas ortodoxos – como mero epifenômeno superestrutural da base econômica da sociedade. Mas o que nos interessa aqui é verificar como Marx, ao assinalar que o poder humano de intervenção sobre a natureza na Idade Moderna coloca em xeque a poesia existente nas entidades mitológicas que embelezaram a arte grega, repercute, ainda que de modo implícito, a tese hegeliana de que a universalidade da racionalidade moderna supera a particularidade da expressão estética, confirmando-a como coisa do passado. Segundo Marx,

> [É] sabido que a mitologia grega não [é] apenas o arsenal da arte grega, mas o seu solo. É possível a intuição da natureza e das relações sociais, que subjaz à fantasia e à arte gregas com *selfactors* [espécie de tear automático/rd], estradas de ferro e locomotivas e telégrafos elétricos? Como fica Vulcão contra Roberts & Co., Júpiter contra os pára-raios e Hermes contra o *Crédit mobilier*? Toda mitologia ultrapassa, domina e conforma as forças naturais na imaginação e através dela; desaparece, portanto, com a dominação real sobre aquelas. O que é feito da Fama diante do *Printinghouse square*? (...) Por outro lado: Aquiles é possível com pólvora e chumbo? Ou ainda a *Ilíada* com a impressora ou mesmo com prensa manual? Não cessam necessariamente o canto, a narrativa e as musas com o intrépido repórter? Não desaparecem, portanto, as condições necessárias da poesia épica? (Marx, 1981, p. 44-45)

É evidente que esse esboço de Marx, nem mesmo completamente redigido, sobre um assunto que não era sua especialidade, numa obra que deveria ser um excurso filosófico ao projeto da *Crítica da economia política*, possui um valor limitado como ressonância da tese hegeliana sobre o fim da arte, indicando – talvez – apenas como a reflexão marxiana sobre a arte esteve de algum modo imbuída do espírito dos *Cursos de estética*, especialmente de uma de suas páginas mais características.

Algo muito diferente acontece em *O nascimento da tragédia*, de Nietzsche. Trata-se de uma obra de estética filosófica, na qual o autor dá toda a ênfase possível a uma tese tão genérica quanto imaginativa: os impulsos antagônicos apolíneo e dionisíaco, que têm enraizamento antropológico e até mesmo cosmológico, confluem e se harmonizam na tragédia grega, conferindo extrema originalidade e uma inédita densidade estética à cultura ática. Essa harmonia entre o elemento imagético (e potencialmente conceitual) apolíneo e o sonoro-dionisíaco (representando uma espécie de irracionalidade latente) é quebrada quando, segundo Nietzsche, Sócrates (representando a racionalidade filosófica) e Eurípedes (num movimento interno ao próprio âmbito da tragédia grega) procuram suprimir o elemento dionisíaco por considerá-lo perigosamente irracional e instauram o primado do discurso sobre a intuição, dando fim à singular experiência de uma existência social trágica, mas nem por isso menos plena e até mesmo feliz. Como é sabido, Nietzsche associa essa situação à decadência na cultura europeia em finais do século XIX, antecipando um tipo de crítica cultural de grande repercussão no século XX. Embora, no tocante à cultura grega, ele não fale explicitamente de um fim da arte, Nietzsche se refere à superação da poesia pelo pensamento, num filosofema que lembra a supressão dialética da arte pelas figuras mais espirituais (religião revelada e filosofia) na esfera do espírito absoluto, tal como aparece nos *Cursos de estética* de Hegel. Esse tom, que subjaz a todo texto de *O nascimento da tragédia*, eclode de modo evidente no trecho que se segue:

> De fato, Platão forneceu a toda a posteridade o exemplo de uma nova forma de arte, o exemplo do *romance*: que pode ser descrito como a fábula esópica infinitamente aumentada, na qual a poesia vive numa posição hierárquica em relação ao pensamento dialético semelhante àquela que durante muitos séculos a filosofia teve em relação à teologia, a saber a de *ancilla*. Essa foi a nova colocação da poesia, para a qual Platão a comprimiu sob a pressão do daimônico Sócrates. Aqui o *pensamento filosófico* supera a arte e a obriga a entrar num apertado anexar-se ao tronco da dialética. No esquematismo lógico a tendência *apolínea* desabrochou: assim como tivemos que perceber em Eurípedes algo correspondente e, além disso, uma tradução do *dionisíaco* no afeto naturalista. (Nietzsche, 1980, p. 80)

É interessante observar que, já no início do século XX, a *Teoria do romance* de Georg Lukács abordou as relações entre a epopeia, que aparece no supracitado trecho de Marx como a forma literária inviabilizada pelo progresso tecnológico, e o romance – gênero que, segundo Nietzsche, seria caudatário do processo que deu fim à tragédia no ápice da cultura grega e acabou determinando o seu declínio. A equação proposta pelo jovem Lukács é essencialmente diferente, pois considera a relação entre a epopeia e o romance como sendo de ruptura dialética, já que esse continua numa situação de totalidade empírica rompida a mesma imanência característica que aquele realizava num mundo fechado, no qual havia continuidade entre o sujeito e seu objeto, entre a humanidade e a natureza[2]. Já a tragédia sobreviveu, modificada, às transformações que encetaram o mundo dominado pela alienação da "segunda natureza", porque sua substância não se encontrava na existência imanente à vida, mas na essência dela separada:

> Mas enquanto a imanência do sentido à vida naufraga irremediavelmente ao menor abalo das correlações transcendentais, a essência afastada da vida e estranha à vida é capaz de coroar-se com a própria existência, de maneira tal que essa consagração, por maiores que sejam as comoções, pode perder o brilho, mas jamais ser totalmente dissipada. Eis porque a tragédia, embora transformada, transpôs-se incólume em sua essência até nossos dias, ao passo que a epopeia teve de desaparecer e dar lugar a uma forma absolutamente nova, o romance. (Lukács, 2000, p. 39)

A relação desse ponto de vista com a tese hegeliana do fim da arte encontra-se, antes de tudo, na ideia de que a ausência de sentido no mundo dominado pela segunda natureza obriga a uma ruptura na expressão artística, que se traduz na passagem da epopeia ao romance. Além disso, Lukács, num trecho com explícita referência aos *Cursos de estética* de Hegel, acentua as incertezas a que se encontra sujeita a forma romanesca em virtude de sua abstração, que ameaça o romance inclusive de degeneração em fenômenos que, no início do século XX, já prefiguram a consolidação da cultura de massas:

> O perigo que surge desse caráter fundamentalmente abstrato do romance já foi reconhecido como a transcendência rumo ao lírico ou dramático, ou como estreitamento da totalidade em idílio, ou por fim como o rebaixamento ao nível da mera literatura de entretenimento. (Lukács, 2000, p. 70)

Essa referência ao entretenimento sugere a consideração do posicionamento de Walter Benjamin, no seu texto *A obra de arte na era de*

---

2. "A epopeia dá forma a uma totalidade de vida fechada a partir de si mesma, o romance busca descobrir e construir, pela forma, a totalidade oculta da vida" (Lukács, 2000, p. 60).

sua reprodutibilidade técnica, embora, aqui, ele adquira uma conotação claramente positiva. Tudo indica que esse texto pode ser visto como uma ressonância, ainda que implícita, da tese hegeliana do fim da arte em meados da década de 1930[3]. Já no início de seu texto, Benjamin chama a atenção para o envolvimento das categorias estéticas tradicionais com o projeto burguês de dominação:

> Elas [teses sobre o desenvolvimento da arte sob as condições atuais de produção/rd] põem de lado conceitos como os de criação, genialidade, valor eterno e segredo. Conceitos cujo emprego incontrolado (e hoje dificilmente controlável) leva ao processamento dos materiais no sentido fascista. *Os conceitos recentemente introduzidos na teoria das artes se diferem daqueles na medida em que são totalmente inúteis para as finalidades do fascismo*. (Benjamin, 1992, p. 473)

Dentre esses conceitos destaca-se o de *reprodutibilidade técnica*, que diferentemente da reprodução nas formas tradicionais de obra de arte, que se limitava à imitação por discípulos, pressupõe o processo mecanizado da duplicação. Esse não era um fenômeno novo, pois os gregos conheciam técnicas de reprodução como a fundição e a cunhagem de moedas; mas foi apenas com o advento da litografia em fins do século XVIII que a técnica de reprodução atinge um grau fundamentalmente novo que foi rapidamente superado pela fotografia, inventada em meados do século XIX. Mas o que é fundamental para a distinção entre a arte convencional e a "reprodutível" é a elaboração, por Benjamin, do conceito de "aura", presente naquela e ausente nessa, já que mesmo a mais perfeita reprodução carece do "aqui e agora da obra de arte – sua existência singular no local, no qual ela se encontra" (Benjamin, 1992, p. 475). No que tange à reprodutibilidade técnica, o original não conserva mais qualquer autoridade diante da reprodução

3. Essa posição é, aliás, corroborada por Adorno, que num fragmento publicado nos *paralipomena* da *Teoria estética*, associou a posição benjaminiana favorável aos meios tecnicamente reprodutíveis e contrária à arte convencional ao prognóstico hegeliano do fim da arte, procurando circunscrever essa posição a um certo *Zeitgeist* da época em que ela surgiu: "A valorização política, entretanto, que a tese do fim da arte possuiu há trinta anos atrás, indiretamente, mesmo na teoria da reprodução de Benjamin, está superada" (Adorno, 1996, p. 474).

manual, como ocorria na arte do passado, o que não deixa intacta sua típica possibilidade de presentificação de algo distante:

> Pode-se dizer: o que na era da reprodutibilidade técnica da obra de arte fenece é a sua aura. A técnica de reprodução, poder-se-ia formular em termos gerais, retira o reproduzido do âmbito da tradição. Multiplicando a reprodução, ela coloca no lugar do seu acontecer singular um acontecer produzido em massa, atualizando o que é reproduzido. (Benjamin, 1992, p. 477)

O lado "progressista" da reprodutibilidade técnica – contrapartida estética dos movimentos de massa do início do século XX – é enfatizado por Benjamin por meio da distinção entre valor de culto e valor de exposição das obras. O primeiro, típico da obra de arte tradicional, tem o seu fundamento no ritual, onde ela tinha o seu valor de uso originário e fundamental. Ao contrário do valor de culto, que mantém a obra de arte resguardada (como é o caso de certas imagens de deuses, que são acessíveis aos sacerdotes reservadamente, ou de certas imagens de santos, que durante todo o ano permanecem cobertas, só saindo em certas datas, nas procissões), a emancipação da arte para com a religião aumenta as oportunidades para a exposição. Com o advento dos novos métodos de reprodução técnica, a possibilidade de a obra de arte ser exposta cresceu exponencialmente: na fotografia e no cinema, o valor de exposição manda para o segundo plano o valor de culto.

É interessante observar também que, para Benjamin, uma das mais relevantes tarefas da arte tem sido criar uma demanda para cuja completa satisfação o momento histórico ainda não está maduro. Isso explicaria o fato de o Dadaísmo ter tentado produzir os efeitos que o público desde os anos trinta busca no cinema, com meios tradicionais – da pintura e da literatura. Tudo isso teria significado uma destruição da aura da obra de arte tradicional, com meios que ainda não eram os da reprodutibilidade técnica. No caso do filme, a liquidação da aura se dá principalmente por meio da substituição da contemplação – adequada aos meios tradicionais – pelo que Benjamin chama de "efeito de choque" (*Schockwirkung*), causado pela interrupção contínua e súbita do fluxo das associações, que proporciona um tipo de percepção estética radicalmente novo, cujo potencial revolucionário é assinalado por Benjamin:

> A massa é uma matriz, da qual atualmente nasce renovado todo o comportamento habitual diante das obras de arte. A quantidade transformou-se em qualidade: *as massas muito maiores dos participantes produziram um tipo modificado da participação*. (Benjamin, 1992, p. 503-504)

Ao associar a arte convencional – dotada de aura – aos valores mais retrógrados como o culto religioso e à exclusividade mantida por uma elite ciosa de seu predomínio sobre o restante da sociedade, Benjamin acentua o que ele considera sua caducidade. Nesse posicionamento político em relação aos novos meios reprodutíveis, Benjamin demonstra uma preocupação com os métodos fascistas para obtenção da adesão da massa, os quais se valem de uma linguagem estética ou de uma "estetização da vida política" para usar a expressão do próprio autor. Uma possível apropriação dos meios tecnológicos pelo movimento socialista é sintetizada na famosa declaração de que "o comunismo responde a essa estetização da política com uma politização da arte" (Benjamin, 1992, p. 508).

Embora Benjamin não mencione explicitamente nem uma vez o prognóstico hegeliano sobre o fim da arte, parece evidente que ele subjaz a cada argumento aduzido no texto sobre a reprodutibilidade técnica da arte. Especialmente se se leva em conta que os novos meios tecnicamente reprodutíveis são essencialmente inauráticos, têm seu valor de culto grandemente suplantado pelo valor de exposição e que, portanto, não podem ser considerados arte no sentido convencional do termo, o seu aparecimento e sua tendência a ocupar o espaço outrora ocupado pela arte podem ser interpretados como a efetivação completa do vaticínio de Hegel sobre a arte. Com essa menção à teoria da reprodutibilidade técnica de Benjamim encerramos a parte sobre as influências não-explícitas da tese hegeliana sobre o fim da arte e iniciamos a menção aos autores que, na estética do século XX, se referiram explicitamente a essa página da filosofia da arte.

Abordagens sobre o fim da arte com referências explícitas à estética de Hegel

Dentre os escritos que abordam a situação da arte no século XX com referência explícita à passagem de Hegel sobre o fim da arte, o primeiro a ser considerado é *A origem da obra de arte*, de Heidegger – conjunto de conferências proferidas em Freiburg, Zurique e Frankfurt entre 1935 e 1936, portanto, na mesma época de publicação do texto de Benjamin, cuja abordagem, como vimos, é apenas implícita. É importante observar que se trata de um ensaio de grande densidade e que não se pretende aqui dar conta de todas as suas implicações, mas tão somente chamar a atenção para alguns aspectos que revelam a importância da tese hegeliana aqui analisada.

Heidegger se preocupa desde o início do texto com a caracterização da obra de arte e com sua diferenciação das coisas em geral. "As obras", diz ele, "são despachadas como carvão da região do Ruhr e as toras de árvores da floresta negra" (Heidegger, 1994, p. 3), indicando que elas possuem algo "coisal"; porém, elas são mais do que coisas comuns. Heidegger declara também que os utensílios – coisas que possuem utilidade – também deveriam ser considerados coisas de uma natureza peculiar. No que tange às coisas de um modo geral, Heidegger investiga três interpretações que marcaram época: a primeira as define como substrato de suas qualidades (*hypokeimenon*), a segunda como unidade sinestésica de percepções e a terceira como unidade de matéria e forma, lembrando que essa última teve grande influência sobre a estética tradicional, embora, o par matéria-forma, de fato, tenha mais a ver com os utensílios (Heidegger, 1994). Esses se relacionam com as obras de arte por serem ambos produtos do trabalho humano, mas, na verdade, ocupam uma posição intermediária entre as meras coisas e objetos artísticos.

De acordo com Heidegger, matéria e forma não dão conta da "coisidade das coisas" (*das Dinghafte der Dinge*), a qual somente uma investigação de tipo ontológico sobre o ente (*das Seiende*) poderia determinar. Para o filósofo, seria um bom começo perguntar pela "utensilidade do utensílio" (*das Zeughafte des Zeuges*), para cuja investigação a abordagem de uma *obra* poderia contribuir. O exemplo "clássico" dessa contribuição é o do sapato da camponesa enquanto utensílio e de sua afiguração no quadro de Van Gogh. A partir dessa investigação, Heidegger conclui que a "utensilidade do utensílio" não é, como se pensa habitualmente, sua utilidade, mas sua confiabilidade, o que pôde ser mostrado apenas pela obra

> O que acontece aqui? O que se obra na obra? A pintura de Van Gogh é a abertura do que o utensílio, o par de sapatos de camponês, na verdade *é*. Esse entra na desocultação de seu ser. A desocultação do ente os gregos chamavam *alétheia*. (Heidegger, 1994, p. 21)

Esse exemplo do sapato, assim como o do poema de C.F. Meyer sobre a fonte romana e o do templo grego, revelam que, na obra, trata-se não da reprodução de entes, mas da essência geral das coisas (Heidegger, 1994). Embora exista uma longa história da interpretação dos entes sob o modelo do utensílio, Heidegger insiste que a obra não é um utensílio ao qual tenha se acrescentado um valor estético: ela revela, a seu modo, o ser do ente. A partir da exemplificação do templo grego, enfatizando se tratar de um tipo de obra que nada afigura, o filósofo introduz sua noção de mundo, cuja oposição à de terra (*physis, Erde*) se mostrará essencial para a compreensão do conceito de obra:

> Ser-obra significa: estabelecer um mundo. Mas, o que é isso, um mundo? (...) A essência do mundo deixa-se apenas entrever no caminho que devemos trilhar aqui. (...) Mundo não é a mera coleção das coisas disponíveis, contáveis ou incontáveis, conhecidas ou desconhecidas. (...) *O mundo mundeia* e é o ente enquanto palpável e perceptível, no qual acreditamos secretamente. (Heidegger, 1994, p. 30)

Assim, enquanto no utensílio a matéria deve "desaparecer", na obra a matéria reaparece na abertura do mundo, que é algo exclusivamente humano, no qual não cabem os animais e as plantas, por exemplo. Estabelecendo um mundo, a obra também pode pro-duzir (*her-stellen*) a terra, o que, na linguagem peculiar de Heidegger, significa "trazê-la ao aberto como algo que se cerra a si mesmo" (Heidegger, 1994, p. 33). Isso certamente se relaciona com o modo com o qual os artistas lidam com a matéria: eles a *usam* (*gebrauchen*), mas não a *consomem* (*verbrauchen*). Essa possibilidade, no entanto, não interfere com o fato de que mundo e terra são essencialmente diferentes, embora nunca estejam separados, o que se traduz num permanente conflito entre ambos, que não pode ser entendido nem como perturbação, nem como destruição (Heidegger, 1994). Desse trabalho da obra no estabelecimento de um mundo e de pro-dução da terra advém um conceito de verdade que não é nem o aristotélico-tomista de correção, nem o cartesiano da verdade como certeza, mas o de desocultação, correspondente à supra-mencionada *alétheia*.

Heidegger pensa essa desocultação topologicamente em termos de uma clareira, na qual ocorre concomitantemente uma ocultação que não deve ser entendida como fracasso, pois não está em questão uma pura e simples tomada de posse do objeto, como ocorre na relação convencional de conhecimento:

> O lugar aberto no meio do ente, a clareira, nunca é um palco estático com cortina sempre aberta, sobre o qual se desenrola a peça do ente. A clareira ocorre, antes, como esse duplo ocultar. (...) Faz parte da desocultação enquanto clareira a recusa no modo da ocultação. (Heidegger, 1994, p. 41)

Para se entender o sentido da "clareira", é importante ter em mente que nem o mundo é simplesmente o aberto que lhe corresponde, nem a terra corresponde simplesmente ao fechado da ocultação, como pode parecer à primeira vista. Desse modo, na metáfora da clareira, e levando em conta que o ser-obra da obra é um dos modos nos quais a verdade acontece, Heidegger ensaia uma definição de beleza: "A luz assim estruturada introduz seu brilho na obra. O brilho introduzido na obra é o belo. *Beleza é um modo pelo qual a verdade como desocultação ocorre*" (Heidegger, 1994, p. 43).

Agora sob o ponto de vista da arte como uma dimensão ontológica, que é a origem da obra de arte e do artista, Heidegger aborda novamente a diferenciação entre as obras e os utensílios: embora a criação possa ser pensada como uma produção, semelhante à fabricação do utensílio, nem mesmo o artesanato – confecção do produto manual por oposição ao produto fabril – cria uma obra no sentido estrito do termo. A palavra *techné*, usada pelos gregos para designar a arte, não significa nem artesanato nem arte no sentido moderno e, de modo algum, um desempenho meramente técnico: designa um modo de saber, de ter visto, no sentido amplo de ver, ou seja, reconhecer o que está presente diante de nós enquanto tal, cuja essência reside na própria desocultação do ente (Heidegger, 1994). Desse modo, o elemento que na criação da obra dá a impressão de ser um processo artesanal é, na verdade, um fazer determinado pela essência da criação e permanece a ela reservado; esse desempenho se diferencia essencialmente também do procedimento científico que não estabelece um acontecimento originário da verdade, mas apenas explora uma região já aberta da mesma. Essa região corresponde à mencionada clareira, cuja ocupação enquanto instituição da verdade no ente só pode ocorrer na medida em que o que deve produzir (*das Hervorzubringende*), o *traço* (*Riss*), se adapte ao cerrar-se (*das Sichverschliessende*), que se ergue no aberto. Essa situação remete ao supramencionado conflito terra-mundo, que quando conduzido ao traço (*Riss*) e, assim restituído à terra, chama-se *forma* (*Gestalt*).

Para se entender o papel desempenhado pelo prognóstico hegeliano sobre o fim da arte na argumentação de Heidegger, é necessário ainda considerar dois aspectos, com os quais ele encerra o seu texto. O primeiro deles diz respeito àqueles que devem contemplar a obra, aos quais o filósofo dá o nome de *Bewahrenden*, que poderia ser traduzido como "conservadores" ou "guardiães", sugerindo que a preservação da verdade desencadeada pela obra necessita de quem a identifique e zele por ela. Desse modo, a criação pode precisar aguardar o advento dos contempladores-guardiães para que sua verdade seja propriamente revelada, o que não diminui a obra, que retém seu caráter de instauração, o qual dita seus possíveis modos de interpretação:

> O modo da correta contemplação (*Bewahrung*) de uma obra é traçado e estabelecido primeira e exclusivamente pela própria obra. A contemplação acontece em diferentes graus do saber, com um alcance, persistência e clareza também diversos. Se as obras se destinam ao simples gozo artístico,

isso ainda não significa que elas sejam contempladas enquanto obras. (Heidegger, 1994, p. 56)

A importância da correta contemplação das obras liga-se também ao fato de que a essência da obra (*das Werkhafte* – "o obral") não se pode determinar a partir da essência da coisa (*das Dinghafte* – "o coisal"); mas, ao contrário, pode-se colocar no caminho certo a pergunta pela essência da coisa a partir da essência da obra. Isso leva à antevisão da pertença da coisa à terra, cuja essência enquanto suporte que se fecha a si mesmo sem qualquer coerção só se revela no erguer-se de um mundo e na referida oposição desse à terra. Isso leva também à consideração da possível existência, na natureza, de um traço e de uma potência produtiva a ela inerente; mas essa "arte na natureza" só é revelada pela obra, porque se encontra originariamente nela (Heidegger, 1994).

O outro aspecto a ser considerado na construção heideggeriana da obra de arte enquanto instituidora da verdade através da forma é sua relação com a poesia, cujo termo tipicamente germânico é *Dichtung*, que quer dizer literalmente "condensação". Para Heidegger, a verdade como desocultação, como simultâneas luz e obscuridade do ente, só acontece quando poeticamente expressada (*gedichtet*). Essa identificação da arte com a poesia comporta duas observações: a primeira é que essa não deve ser entendida como "qualquer vaga fantasia, imaginação por capricho ou simples representação no plano irreal", mas como "projeto iluminado sobre a desocultação", no qual "a poesia instala e faz introduzir antecipadamente no traço da forma", "o aberto, que ela permite acontecer para que, no interior do ente, o aberto possa conduzí-lo ao iluminar e ao soar" (Heidegger, 1994, p. 60) . A segunda observação diz respeito à relação das artes à poesia: apenas no significado de "condensação" (*Dichtung*) e não no de *Poesie* (gênero literário), a arquitetura, a escultura, a música, deveriam se comportar como a poesia. Mas, também nesse sentido, a importância da linguagem é fundamental, não no sentido mais corriqueiro, associado à transmissão de conteúdos, mas no que a poesia enquanto *Dichtung* é o que, pela primeira vez, conduz ao aberto o ente enquanto ente. A ideia da poesia-linguagem como essência de todas as artes e, ao mesmo tempo, enquanto reveladora da dimensão ontológica traduz a posição de Heidegger contra o que ele chama de "subjetivismo moderno", que entende mal o papel do criador ao considerá-lo como um sujeito soberano, autor de uma ação genial.

Em vista do exposto, pode-se dizer que elementos importantes da discussão heideggeriana em *A origem da obra de arte*, tais como a possibilidade de as obras serem confundidas com coisas quaisquer (carvão do Ruhr e madeira da Floresta Negra, por exemplo), de serem interpretadas a partir do modelo – mais afeito ao utensílio – dado pela relação matéria-forma, de não encontrarem os contempladores capazes de entendê-las como a instauração ontológica que são e terem seus criadores considerados erroneamente como indivíduos geniais, apontam para uma situação de crise claramente percebida por Heidegger. Antes mesmo da referência explícita ao prognóstico hegeliano do fim da arte, ao ressaltar o caráter histórico da arte, o filósofo fala na possibilidade do desaparecimento da arte:

> Isso não significa apenas que a arte tem uma história no sentido factual e que, por se manifestar através dos tempos, ela se vê também sujeita a transformações para também desaparecer, oferecendo à ciência histórica aspectos mutáveis. A arte é história no sentido essencial de que ela funda a história. (Heidegger, 1994, p. 65)

Desse modo, pode-se dizer que, em função da consciência demonstrada por Heidegger da situação de crise enfrentada à época pela criação artística, cada uma das articulações mais importantes de *A origem da obra de arte* parece levar em conta a tese hegeliana do fim da arte. Mas a referência explícita a esse tópico surge apenas no posfácio, de redação posterior ao proferimento das conferências, no qual o filósofo chama a atenção para o fato de que a arte factualmente não deixou de existir e que isso, por outro lado, não nos desobriga de prestar atenção ao vaticínio de Hegel:

> Não se pode esquivar à sentença contida nas frases de Hegel, pelo fato de que desde a última preleção de sua "Estética", no inverno de 1828-9, na Universidade de Berlim, se tenha assistido ao nascimento de novas obras de arte e tendências artísticas. (...) Hegel jamais pretendeu negar essa possibilidade. Só resta a pergunta: a arte é ainda um modo essencial

e necessário da verdade que decide sobre nosso ser-aí histórico, ou a arte não é mais isso? (Heidegger, 1994, p. 68)

A referida consciência de uma crise, expressa nesse trecho pela indagação sobre se "a arte ainda é um modo essencial e necessário da verdade", ocorre de um modo ainda mais pronunciado em outro autor que se reporta explicitamente à página de Hegel sobre o fim da arte, embora de um ponto de vista filosófico completamente diferente do de Heidegger – até mesmo antagônico ao dele. Refiro-me a Theodor Adorno, que, a partir da Teoria Crítica da Sociedade[4] investiga as chances de permanência da arte no mundo contemporâneo. É interessante observar que, diferentemente de Heidegger, para quem a referência a essa problemática se dá explicitamente apenas no pósfácio de *um* de seus textos, em Adorno o tema é uma constante, ocorrendo desde os escritos da década de 1940 até sua monumental *Teoria estética*, que teve publicação póstuma em 1970. Essas referências explícitas ao tema hegeliano têm também um valor posicional diferenciado em cada um desses momentos, podendo ser entendidas num sentido mais literal ou mais figurado, ou ainda com uma ênfase maior à permanência da arte em termos factuais diante do quadro de perda de sua relevância histórica.

Para se ter uma noção exata do alcance da apropriação, por Adorno, do tema do fim da arte, torna-se necessário considerar sua avaliação extremamente negativa da época contemporânea, que pode ser condensada na sua designação por "mundo administrado". Desde o início

---

4. É interessante observar que, desse mesmo ponto de vista, embora se referindo menos explicitamente ao prognóstico hegeliano, Herbert Marcuse também avalia as possibilidades de permanência da arte na sociedade contemporânea em dois momentos diferentes de sua produção: primeiramente em *Eros e civilização*, de modo mais implícito, levando em conta que a superação do princípio de desempenho poderia levar a uma forma de existência em que a arte e a vida não se distinguiriam propriamente (Marcuse, 1974). Num segundo momento, mais ao final de sua carreira, Marcuse se refere explicitamente não ao fim da arte, mas à necessidade de sua permanência, tendo como pressuposta a possibilidade de sua extinção. Isso ocorre especialmente em *The aesthetic dimension: towards a Critique of Marxist Aesthetics*. É importante observar que o original alemão dessa obra ostenta o título *Die Permanenz der Kunst: wider eine bestimmte Marxistische Aesthetik* (*A permanência da arte: contra certa estética marxista*), demonstrando a importância, para Marcuse, da discussão relativa ao possível fim da arte.

da colaboração intelectual com Max Horkheimer, a qual resultou no clássico *Dialética do esclarecimento*, consolidou-se em Adorno a ideia de que a racionalidade instrumental, surgida em tempos imemoriais a partir da necessidade de dominar a natureza a fim de superar a inferioridade humana diante dela, se transforma, no momento de sua realização plena, numa prisão ainda maior para a humanidade, uma vez que o elemento natural que a escravizava a partir de fora, passa a ocupar a natureza interna das pessoas. Essa ocupação ocasiona uma "catástrofe natural da sociedade" (*Naturkatastrophe der Gesellschaft*) (Adorno & Horkheimer, 1981, p. 335), na qual as massas adquirem comportamentos semelhantes ao das forças incontroladas da natureza mediante a intervenção manipulatória da classe dominante, ciosa da manutenção de seu poder.

Dois exemplos desse comportamento das massas comparável ao da natureza indômita – aliás, importantes até mesmo em termos biográficos para Horkheimer e Adorno – são a manipulação massiva da população alemã durante o nazismo, a qual culminou com o desastre da Segunda Guerra mundial e o genocídio dos judeus, num modelo de sociedade ditatorial, e a chamada indústria cultural, em que o controle sobre as consciências é exercido de modo tão sutil que elas sequer percebem que estão sendo manipuladas – o que torna esse ramo fabril do capitalismo tardio algo típico das sociedades auto-intituladas "democráticas". No que tange ao primeiro tópico, às tiranias totalitárias, Adorno se aproxima da ideia hegeliana de que o fim da arte ocorreria numa sociedade em que o prosaísmo se instalasse de um modo massivo e irreversível, mas com um sinal invertido: a impossibilidade de afiguração artística do presente não se daria por sua extrema banalização, mas exatamente pela indescritível crueldade que, por outro lado, tende a se tornar corriqueira. Em *Minima moralia*, por exemplo, Adorno se refere explicitamente ao fim da arte, tendo em vista a potencial irrepresentabilidade estética do momento:

> Pela extinção da arte fala a crescente impossibilidade da apresentação do histórico. Que não haja qualquer drama satisfatório sobre o fascismo,

> não reside na falta de talento, mas o talento se atrofia na insolubilidade da mais urgente tarefa do poeta. (Adorno, 1985, p. 187-188)

É interessante observar que essa situação corresponde ao que chamei anteriormente de fim da arte no sentido figurado, pois essa não se extingue em termos propriamente factuais, mas tem a respeitabilidade comprometida em virtude de sua incapacidade para expressar o momento histórico, num contexto correspondente ao que Hegel entendera como "perda de substancialidade" das manifestações artísticas.

No que concerne ao outro exemplo, à indústria cultural, Horkheimer e Adorno nela identificam não apenas uma tendência, mas propriamente um programa de liquidação da arte – num sentido agora literal. Ambos os filósofos veem na arte tradicional – assim como na vanguarda artística do início do século XX –, para além de seu comprometimento ideológico com a classe dominante, um potencial libertário, explícito na definição do belo, dada por Stendhal, como *une promesse du bonheur*. A adaptação dessa caraterística do belo em geral para a arte dota-lhe de uma projeção utópica, que tem origem em sua pressuposta autonomia, a qual, mesmo não sendo completa, é suficiente para distanciar os construtos estéticos dos imperativos da atividade econômica e estabelecer uma perspectiva de futuro reconciliado para a humanidade. Essa autonomia relativa da arte entra em conflito com as exigências de valorização do capital, o que coloca em risco a própria existência da arte:

> A ausência de finalidade da grande nova obra de arte vive do anonimato do mercado. Suas exigências são tão extremamente mediatas que o artista – de fato apenas em certa medida – permanece dispensado da exigência determinada, pois sua autonomia, enquanto apenas tolerada, esteve através de toda a história burguesa ligada a um momento de inverdade, o qual, finalmente, desdobrou-se na liquidação social da arte. (Adorno & Horkheimer, 1981, p. 180)

Por "liquidação social da arte" deve-se entender aqui o processo de sua programática eliminação pelas instâncias de poder que controlam a indústria cultural. A origem dessa liga-se ao fato de que o advento da fase monopolista do capitalismo encontra uma sociedade de massas em que os movimentos reivindicatórios de direitos trabalhistas e de liberdades democráticas, aliados ao surgimento do socialismo a partir da Revolução Russa, colocaram ao sistema econômico problemas de grande magnitude. Sua solução foi dada pela apropriação dos recém-inventados meios de reprodução e de difusão de sons e imagens, como o gramofone, o rádio e o cinema, com o objetivo de, não apenas satisfazer a demanda das massas por entretenimento, mas também – e talvez principalmente – adquirir alguma previsibilidade sobre seu comportamento social e político dentro do modelo de democracia representativa que se demonstrava em certa medida compatível com o predomínio do capital monopolista. O processo de extinção da arte num sentido literal avançou também em virtude do fato de que, com o surgimento das vanguardas em todos os âmbitos artísticos com sua maior dificuldade de compreensão para as massas, a indústria cultural tendeu a se firmar cada vez mais não apenas como um poderoso ramo de atividade econômica, mas também – e sobretudo – como um indispensável meio de controle ideológico das massas, fornecendo modelos de comportamento e minando a possibilidade de as pessoas comuns enxergarem a realidade com os seus próprios olhos.

É interessante observar que Adorno não perde de vista uma situação histórica em que o fim da arte não deveria ser visto como algo danoso, desde que a própria sociedade fosse organizada em termos estéticos, numa concepção próxima à de Marcuse em *Eros e civilização*[5]. Mas o assassinato da arte pela indústria cultural certamente seria o oposto da situação utópica vislumbrada, mesmo considerando-se toda a estetização do cotidiano hoje existente. Na introdução da *Filosofia da nova música*, em que Adorno aborda a condição atual da criação artística em geral, ele se refere explicitamente à diferença entre os dois modelos de extinção da arte:

> Somente numa humanidade pacificada a arte se extinguiria: a sua morte hoje, tal como ameaça ocorrer, seria somente o triunfo da mera existência sobre o olhar da consciência, o qual não consegue suportá-la. (Adorno, 1984, p. 24)

5. Ver nota anterior.

Embora, como eu já disse, o tema do fim da arte tenha acompanhado as reflexões estéticas de Adorno ao longo de toda sua carreira, observa-se um destaque especial dado a ele em toda a *Teoria estética*. Desde as primeiras páginas dessa obra monumental, o filósofo demonstra uma aguda consciência da situação precária da arte no "mundo administrado", chamando a atenção para a tragicidade do momento em que ela, pela primeira vez, não dependia mais do mecenato da Igreja, da nobreza ou da burguesia, lançando suas criações diretamente no mercado – o que, em princípio, poderia ser um reforço para sua autonomia. Mas a liberdade alcançada não se traduz na sustentabilidade da arte sem qualquer mecenato, pois, nesse exato instante, o mercado já está totalmente ocupado pela indústria cultural com suas produções feitas sob medida para a ignorância em que o sistema econômico e político lança as massas e que – estrategicamente – ajuda a perpetuar. Como já se sugeriu, a dificuldade extraordinária de compreensão introduzida pela arte de vanguarda, na medida em que ela se pauta pelos padrões intrínsecos de desenvolvimento das linguagens artísticas e não por sua inteligilidade para o grande público, realimenta esse processo e torna a situação ainda mais crítica do que já era. É nesse contexto que, ainda na primeira parte da *Teoria estética*, Adorno se reporta explicitamente à tese hegeliana sobre o fim da arte, chamando a atenção para instabilidade dessa, advinda, segundo Hegel, da dependência do elemento sensível – essencialmente transitório – concomitante com seu posicionamento na esfera do espírito absoluto.

> A perspectiva hegeliana de uma possível extinção da arte é adequada ao seu ter se tornado (*ihrem Gewordensein*). Que ele a tenha pensado como transitória e, ao mesmo tempo a tenha subordinado ao espírito absoluto, harmoniza-se com o duplo caráter do seu sistema, mas ocasiona uma consequência, que ele nunca poderia ter tirado: o conteúdo da arte, segundo sua concepção, seu absoluto, não é absorvido na dimensão de sua vida e morte. Ela poderia ter o seu conteúdo na sua própria transitoriedade. (Adorno, 1996, p. 13)

Essa afirmação de Adorno sobre o conteúdo da arte não ser "absorvido na dimensão de sua vida e morte" é um divisor de águas entre ele próprio e Hegel, pois, como se sabe, para esse, a arte chega ao fim e o espírito prossegue; quando o primeiro declara que "ela poderia ter o seu conteúdo na sua própria transitoriedade", ele sugere, por um lado, que talvez não haja mais espírito para além da arte: pelo menos no mundo grandemente irreconciliado, a arte, mesmo com toda sua ambiguidade, significaria um limite superior para o vislumbre de uma reconciliação possível. Por outro lado, aquela frase remete às reflexões de Adorno sobre o tema benjaminiano da perda da aura nas manifestações estéticas contemporâneas: mesmo para Benjamin ela não se revela apenas na arte de massa, reprodutível, mas também em manifestações da vanguarda de então, como a poesia de Baudelaire, por exemplo. Desse modo, o "conteúdo na sua própria transitoriedade" da arte, poderia também se associar ao que Adorno chama de "desartificação da arte" (Adorno, 1996, p. 122): sua "desauratização" consciente e programática enquanto uma espécie de antídoto para os ataques que ela possa vir a sofrer por parte do "mundo adminstrado".

Para encerrar esse lembrete sobre o tema do fim da arte em Adorno, é interessante observar que, como Heidegger, ele está ciente de que, apesar de todas as ameaças do sistema, o fim literal da arte não é uma realidade e que isso pode significar que, mesmo dentro dos padrões estabelecidos pelo próprio Hegel, a arte ainda tenha um papel importante a cumprir. Isso é afirmado literalmente, num trecho em que Adorno chama a atenção para uma outra razão de seu distanciamento de Hegel, isto é, a crença no poder de um modelo de racionalidade que, posteriormente, mostrou-se muito mais nociva do que útil à humanidade:

> Que segundo Hegel um dia a arte deve ter sido o grau adequado do espírito e não o é mais, trai uma confiança no progresso real na consciência da liberdade que foi amargamente decepcionada. Se o teorema hegeliano da arte como consciência de necessidades for plausível, então ela também não está ultrapassada. De fato, o fim da arte, prognosticado por ele desde cento e cinquenta anos, não ocorreu. (Adorno, 1996, p. 309)

Essa constatação, de que a arte não deixou factualmente de existir entre 1829 e meados da década de 1960, remete à questão sobre a atualidade desse tema também para o início do século XXI, especialmente se se leva em consideração que Adorno fazia naquela ocasião um balanço filosófico-crítico da vanguarda histórica do início do século XX e da arte produzida nas décadas imediatamente posteriores. Um testemunho da relevância da questão do fim da arte para o presente, que simultaneamente a relaciona com a produção artística dos últimos quarenta anos, é dado pela obra de Arthur Danto, que se destaca entre vários textos interessantes[6] da segunda metade do século sobre o tema aqui analisado. Embora muito da produção de Danto já apontasse para uma abordagem desse assunto anteriormente, ele aparece explicitamente num artigo de 1984, intitulado "The end of art"[7]. Minha análise recairá sobre a obra *After the End of Art: contemporary Art and the Pale of History*, publicada em 1997 e que inclui não apenas as ideias principais de Danto sobre o assunto, mas proporciona também uma auto-avaliação das principais teses com que ele o abordou, sempre remetendo a análises de obras pictóricas relevantes da arte contemporânea norte-americana e europeia (as artes visuais dominam quase completamente a exposição feita pelo filósofo, havendo poucas alusões às outras artes).

Já no início de sua argumentação, Danto assinala o parentesco do seu enfoque ao do historiador alemão Hans Belting, especialmente no livro *Likeness and Presence: the Image Before the Age of Art*, cuja tese principal é que antes de 1400 não havia *arte* no sentido estrito do termo, embora houvesse produção de imagens por artistas, algumas das quais de grande qualidade e alcance. Com isso, Belting quer dizer que os artistas não possuíam uma consciência plena de que o que estavam fazendo era o que se entende hoje por arte (Cf. Danto, 1997, p. 3), tese com que Danto chama a atenção para a simetria com relação à sua proposta: assim como se fazia "arte" antes da *arte*, pode-se afirmar a possibilidade de fazer "arte" depois da *arte*, o que se coaduna com a versão do filósofo norte-americano sobre o fim da arte e o que se faz depois dele. Um tópico importante nessa versão é o estabelecimento do

---

6. Dentre esses, destaco: Gianni Vattimo, "Morte o tramonto dell'arte", em *La fine della modernità*. Milano: Garzanti, 1985 e Umberto Eco, "Duas hipóteses sobre a morte da arte", em *A definição da arte*. São Paulo: Martins Fontes, 1988.
7. Obra posteriormente publicada em *The Philosophical Disenfranchisement of Art*. New York: Columbia University Press, 1986.

conceito de Modernismo na pintura – iniciado no final do século XIX – enquanto representação do mundo tal como se apresentava à vista e não tal qual *era*, como almejava a pintura tradicional, evoluindo para um momento de auto-reflexão do próprio fazer pictórico. Nesse sentido, Danto insiste que o Modernismo não é um estilo que se sucedeu a um precedente, como ocorreu com o Barroco em relação ao Maneirismo, ou com esse para com o Renascimento: ele é, antes de tudo, consciência artística de que a reflexão é mais importante do que a representação mimética. A partir dessa concepção de moderno, Danto constrói o seu conceito de *contemporâneo*, que corresponde ao aprofundamento daquela reflexividade inaugurada pelo Modernismo numa direção em que a arte é liberada de limitações ao mesmo tempo em que revela sua natureza propriamente filosófica:

> Assim como "moderno" veio a denotar um estilo e mesmo um período e não exatamente arte *recente*, "contemporâneo" veio a designar algo mais do que simplesmente a arte do momento presente. Além disso, em minha visão, esse designa menos um período do que o que acontece depois que não há mais períodos em algumas narrativas-mestras da arte e menos um estilo de fazer arte do que um estilo de usar estilos. (Danto, 1997, p. 10)

Danto reconhece que a designação "contemporâneo" é fraca; mas, diante da constatação de que "pós-moderno" – outro rótulo possível para a produção artística atual – é muito forte, ele manifesta sua preferência pela denominação "arte pós-histórica". Essa significa, dentre outras coisas, que os filósofos devem carregar a responsabilidade pela compreensão das obras e os artistas podem simplesmente usufruir da liberdade de estar para além da história (Danto, 1997, p. 15). Esse cenário se materializa no fato de que a visualidade, inclusive e especialmente nas artes plásticas, perdeu força para uma concepção de *essência* da arte, num processo semelhante ao que já ocorrera com a noção de beleza. Em termos políticos, a situação, segundo Danto, revelou um movimento de abertura no plano interno dos países democráticos, afastando o fantasma de *1984* de George Orwell. Mesmo antes da queda do Muro de Berlim, já ocorrera uma pacificação nas relações entre os blocos norte-americano e soviético, mediante a qual a linguagem agressiva dos testes nucleares deu lugar a *exibições* mais sutis de poder, como o *tour* do acervo da National Gallery de arte impressionista e pós-impressionista na União Soviética em 1986. Ao caracterizar o contemporâneo (ou "pós-histórico") diante do moderno, diferenciando o teor filosófico das teorias que davam suporte aos manifestos modernistas do fazer artístico propriamente filosófico daquele, Danto se refere explicitamente aos *Cursos de estética* de Hegel:

> A *diferença* reside aqui, embora eu possa afirmá-la apenas esquematicamente agora: meu pensamento é que o fim da arte consiste na chegada da consciência da natureza verdadeiramente filosófica da arte. O pensamento é inteiramente hegeliano e a passagem em que enuncia isso é famosa: (...) [citação do trecho dos *Cursos de estética* transcrito na seção inicial deste artigo]. "Em nossos dias" refere-se aos dias em que Hegel proferiu suas sensacionais palestras sobre as belas artes, as quais ocorreram pela última vez em 1828, em Berlim. E é de fato muito tempo antes de 1984, quando eu cheguei à minha própria versão da conclusão hegeliana. (Danto, 1997, p. 10-31)[8]

Danto demonstra consciência de um tópico que ocorreu – como se assinalou – tanto a Heidegger quanto a Adorno, que é a persistência da criação de obras mesmo depois do fim da arte. Segundo ele, entretanto, deve-se ver a história da arte subsequente à predição hegeliana antes como uma confirmação do que como um desmentido da mesma, já que o fim da arte significa antes de tudo que o prazer na contemplação das obras não é mais imediato, mas depende de uma avaliação teórica, que de fato ocorreu na diversidade estilística do modernismo. Ligada a esse estado de coisas está a descoberta realmente filosófica do contemporâneo de que não há uma arte mais verdadeira do que a outra

---

8. Logo após essa passagem, Danto comete uma injustiça ao afirmar que, depois de Hegel, a filosofia da arte tem sido estéril (*barren*), "fazendo-se obviamente uma exceção para Nietzsche e talvez para Heidegger" (Danto, 1997, p. 31). Em relação a esse último, Danto cita a referência ao tema hegeliano do fim da arte, também citada neste artigo. Considero, aliás, mais do que uma injustiça ignorar Adorno, que, muito antes de Danto, esteve envolvido de modo consequente com uma reinterpretação filosófica do prognóstico hegeliano do fim da arte, tendo em vista a arte do século XX.

e de que não há *um* modo de a arte ser – posição na filosofia da arte que Danto considera correspondente à de Wittgenstein em relação à filosofia como um todo. Essa posição é reforçada no trecho seguinte:

> Uma vez que a questão foi trazida à consciência em certo instante no desdobramento histórico da arte, um novo nível de consciência filosófica foi atingido. E isso significa duas coisas: primeiro, que tendo trazido a si mesma a esse nível de consciência, a arte já não carrega a responsabilidade por sua própria definição filosófica. Isso é, antes, tarefa para os filósofos da arte. Em segundo lugar, isso significa que já não há um modo, segundo o qual as obras de arte tem que ser, já que uma definição filosófica da arte deve ser compatível com todo tipo e ordem de arte (...). (Danto, 1997, p. 36)

Desse modo, torna-se claro que, para Danto, o fim da arte coincide com o fim de certa narrativa sobre ela. Para ele, a narrativa que dominou os seis séculos de arte tradicional foi estabelecida por Vasari em sua obra, *Vida dos mais eminentes pintores, escultores e arquitetos* (1550) e a que caracterizou as pouco mais de seis décadas do Modernismo tem autoria do crítico norte-americano Clement Greenberg[9]. Por diferentes que sejam ambos os relatos, eles têm em comum a heroização dos artistas em narrativas grandiloquentes, cujo fim teria chegado. Assim como "moderno" e "contemporâneo" designam, para Danto, mais do que estilos que tiveram seu lugar na história da arte, a passagem daquele para esse é também diferente das outras: para Greenberg, a essência de uma arte coincide com o que é único na natureza do seu meio e, no caso da pintura, esse algo único é sua "pictoriedade" e sua planaridade; desse modo, a pintura realmente moderna é aquela que se atém de modo exclusivo a essas propriedades, realizando um ideal de pureza artística. Para o crítico norte-americano, a pintura expressionista abstrata, da qual ele foi um dos descobridores, entrou em colapso quando caminhou em direção à escultura, deixando para trás a "pureza" do elemento pictórico. Danto considera correta a caracterização do moderno feita por Greenberg, mas rejeita com energia a legitimidade desse "ideal de pureza do meio", assinalando que ele possui ecos políticos extremamente

---

9. Para um tratamento mais detalhado desse autor, ver, neste livro, o artigo "Sobre o conceito de 'pseudomorfose' em Theodor Adorno" (p. 237).

perniciosos, associados até mesmo à discriminação racial. Para ele, não foi mera coincidência que o Modernismo tenha sido historicamente contemporâneo dos regimes totalitários (Danto, 1997, p. 70), o que me parece exagerado e unilateral. Mas é a partir dessa posição, que deveria justificar a necessidade histórica do fim do Modernismo, que Danto chega ao máximo de explicitação de seu posicionamento sobre o fim da arte: para ele esse ocorre historicamente no momento em que o expressionismo abstrato novaiorquino entre em crise e a *pop art* toma o lugar de destaque antes ocupado por aquele. É mediante essa posição que se pode compreender a obsessão de Danto pelo *Brillo Box* de Andy Wahrol – a realização em madeira, perfeitamente realista, da embalagem de sabão em pó da marca "Brillo". Para Danto, essa obra coloca de modo profundo e definitivo a questão filosófica sobre como diferenciar as obras de arte "pós-históricas" dos objetos da realidade cotidiana aos quais elas se referem. Essa profissão de fé é revelada explicitamente pelo filósofo:

> Eu me filio a uma narrativa da história da arte moderna na qual o pop desempenha o papel filosoficamente central. Na minha narrativa, o pop marcou o fim da grande narrativa da arte ocidental, trazendo à auto-consciência a verdade filosófica da arte. Que ele tenha sido um mensageiro muito inusual da profundidade filosófica, eu reconheço prontamente. (Danto, 1992, p. 122)

A referência à *pop art* como "mensageiro muito inusual da profundidade filosófica" liga-se ao fato de esse estilo artístico não desfrutar de boa fama entre muitos estetas e filósofos da arte, sob a suspeita de uma extrema banalização das manifestações estéticas. Danto, porém, diferencia claramente o pop *na* arte erudita, o pop *como* arte erudita e a *pop art* enquanto tal. A primeira modalidade pode ser exemplificada pelo uso, por Hopper ou Hockney, de ilustrações de propaganda em suas pinturas e a segunda pela entronização de mercadorias culturais *como se fossem* obras de arte. A *pop art* propriamente dita significa, para Danto, "a transfiguração de emblemas da cultura popular em arte erudita" (Danto, 1992, p. 128) e só ocorre se esse processo é perfeito: Danto definitivamente não se encontra entre aqueles que consideram a distinção entre obra de arte e produto da cultura de massa como coisa do passado. Para ele, o advento da *pop art* iniciou um processo nas artes visuais, no qual a pintura não era mais o veículo-líder do desenvolvimento histórico: era um meio entre muitos, onde se incluíam também os novos *media* como o vídeo e as manifestações limítrofes com as outras artes como *body art*, performances, instalações, etc. (Danto, 1992, p. 136). Provavelmente em virtude de suas origens na filosofia analítica, Danto compara essa flexibilização oriunda da passagem do expressionismo abstrato à *pop art* com aquela que ele acredita ter ocorrido na filosofia tradicional em direção à analítica, sendo que, nos dois casos, o que estaria em questão é a "superação da metafísica" no sentido de uma reconciliação da expressão cultural – artística ou filosófica – com a realidade vivida.

Considerações finais

Para concluir esse pequeno panorama sobre a posteridade do prognóstico hegeliano sobre o fim da arte, eu gostaria de assinalar primeiramente que o fato de que os pontos de vista aqui introduzidos incluem desde obras apenas algumas décadas posteriores à morte de Hegel até a produção de um filósofo ainda hoje vivo[10] me parece mais do que suficiente para atestar a relevância desse tema e incluí-lo entre os temas clássicos da Estética, desde que ela se constituiu como uma disciplina filosófica independente (e já ostentando esse nome), o que aconteceu em meados do século XVIII. A isso adicione-se que, em cada referência – implícita ou explícita – ao tema, ele sempre pareceu atual, capaz de lançar luz sobre acontecimentos específicos da época em que foi feita sua apropriação.

Em segundo lugar, algo que chama a atenção é a diversidade dos modos de utilização da tese hegeliana: Marx se preocupa com o fato de que a desmitificação introduzida pelo teor esclarecedor das tecnologias surgidas à sua época poderia levar ao fim da expressão artística.

10. A redação deste texto é de 2005, portanto, anterior ao falecimento de Danto, em 2013.

Nietzsche com a perda do equilíbrio entre os elementos apolíneo e dionisíaco e o consequente esvaziamento da substância trágica que conferia qualidade estética à cultura grega e suas possíveis repercussões na civilização ocidental moderna. O jovem Lukács também se reporta à Grécia Antiga para assinalar que o romance, enquanto forma literária de uma sociedade dominada pela segunda natureza, parece ser o epílogo de um tipo de expressão artística, enquanto o Benjamin, recém-convertido ao marxismo, celebra o advento dos meios de reprodutibilidade técnica das mensagens estéticas como uma oportunidade de a arte convencional se desvencilhar das amarras que a prendiam ao passado. No que concerne aos enfoques sobre esse tema com referência explícita aos *Cursos de estética* de Hegel, vemos Heidegger associar um possível esvaziamento ontológico das manifestações artísticas à tese do fim da arte, assim como Adorno o associa imediatamente aos ataques da indústria cultural às expressões estéticas autênticas, sem perder de vista a possibilidade do advento de uma sociedade em que a arte deixaria de existir por se confundir inteiramente com a existência. Finalmente, testemunhamos a transposição, feita por Danto, da tese desenvolvida em Berlim na década de 1820 para a Manhattan dos anos 1960, onde o esgotamento do expressionismo abstrato deu origem à *pop art*, a qual, por sua vez, teria gerado o pluralismo estético atual. Naturalmente, a heterogeneidade desses enfoques mereceria uma consideração crítica acerca do teor de verdade de cada um deles e de suas possíveis inter-relações, mas essa extrapolaria o objetivo principal desse ensaio, que é oferecer um painel com as principais modalidades e manifestações das referências à tese hegeliana do fim da arte.

Referências bibliográficas

ADORNO, T. W. *Ästhetische Theorie*. Frankfurt am Main: Suhrkamp Verlag, 1996.

ADORNO, T. W. *Minima moralia*. Frankfurt am Main: Suhrkamp Verlag, 1985.

ADORNO, T. W. *Philosophie der neuen Musik*. Frankfurt am Main: Suhrkamp Verlag, 1985.

ADORNO, T. W. & HORKHEIMER, M. *Dialektik der Aufklãrung*. Frankfurt am Main: Suhrkamp Verlag, 1981.

BELTING, H. *Likeness and Presence: the Image Before the Age of Art*.

BENJAMIN, W. "Das Kunstwerk im Zeitalter seiner technischen Reproduzierbarkeit". In *Gesammelte Schriften*. Frankfurt am Main: Suhrkamp Verlag, 1992.

BRÁS, G. *Hegel e a arte: uma apresentação à Estética*. Rio de Janeiro: Jorge Zahar Editor, 1990.

DANTO, A. "The End of Art". In LANG, Berel (org.). *The death of art*. New York: Haven Publishers, 1984.

DANTO, A. *After the End of Art: contemporary Art and the Pale of History*. Princenton/New Jersey: Princenton University Press, 1997.

DANTO, A. *Beyond the Brillo Box: the Visual Arts in Post-historical Perspective*. Berkeley/Los Angeles/Londres: University of California Press,1992.

ECO, U. "Duas hipóteses sobre a morte da arte". In *A definição da arte*. São Paulo: Martins Fontes. Traduzido por José Mendes Ferreira, 1988.

HEIDEGGER, M. "Der Ursprung des Kunstwerks". In *Holzwege*. Frankfurt am Main: Vittorio Klostermann, 1994.

HEGEL, G.W. F. *Vorlesungen ûber die Ästhetik*. Frankfurt am Main: Suhrkamp Verlag, 1989.

HEGEL, G.W. F. *Enzyklopädie der philosophischen Wissenschaften III*. Frankfurt am Main: Suhrkamp Verlag, 1992.

LUKÁCS, G. *A teoria do romance*. São Paulo: Livraria Duas Cidades/ Editora 34, 2000. Traduzido por José Marcos Mariani de Macedo.

MARX, K. "Einleitung zu den Grundrissen". In *Marx Engels Werke*. v. 42, Berlim: Dietz Verlag, 1981.

MARCUSE, H. "The Transformation of Sexuality into Eros". In *Eros and civilization: a Philosophical Inquiry into Freud*. Boston: Beacon Press, 1974.

MARCUSE, H. *The aesthetic dimension: towards a Critique of Marxist Aesthetics*. Boston: Beacon Press, 1987.

NIETZSCHE, F. "Die Geburt der Tragödie". In *Werke I*, Frankfurt am Main/Berlim/Viena: Ulstein, 1980.

7

A DESARTIFICAÇÃO DA ARTE SEGUNDO ADORNO: antecedentes e ressonâncias

O tema da "desartificação da arte" (*Entkunstung der Kunst*) é uma das contribuições mais originais da *Teoria estética* de Theodor Adorno no sentido de compreender as manifestações artísticas contemporâneas. O fato de que o filósofo tenha deixado essa obra inacabada explica parcialmente as relativas obscuridade e ambiguidade que cercam esse conceito, o que nos lega a tarefa de sua elucidação no próprio texto de Adorno, recorrendo, para isso, também a outros (poucos) escritos em que o filósofo trata do tema. Mesmo considerando que a "desartificação" seja um conceito típico da formulação mais definitiva da estética adorniana, é interessante observar em que medida esse conceito mantém uma relação tanto com a tradição anterior da filosofia da arte quanto com seus desdobramentos posteriores.

Em vista disso, este trabalho apresenta uma primeira seção, na qual é abordado o liame da desartificação com o tema do fim da arte nos *Cursos de estética* de Hegel, nos quais o filósofo aborda a perda de substância das manifestações artísticas, de um modo inequivocamente relacionado à concepção adorniana da desartificação. Isso faz de Hegel um involuntário antecedente dessa concepção, que é discutida na segunda seção do presente trabalho.

Numa terceira e última seção, esse trabalho procura avaliar a atualidade do conceito de desartificação por meio de sua comparação com desdobramentos mais recentes da estética, como, por exemplo, a teoria sobre a arte contemporânea (ou pós-histórica) de Arthur Danto, a qual implica num conceito de manifestação estética potencialmente dissolvida no seu próprio ambiente, de acordo com o qual se torna necessária uma discussão sobre os limites da arte em sua relação com a vivência imediata.

Se, no caso da conexão com Hegel, a antecedência para com o conceito de desartificação só pode ser involuntária, já que, por razões óbvias, a ele não poderia ter sido dado optar pela afinidade com o ponto de vista adorniano, seu liame com o pensamento de Danto é mais complexo: o caráter involuntário do parentesco não é dado pela impossibilidade histórica de ele conhecer a estética de Adorno, mas de ele não ter se interessado verdadeiramente por ela no período de formação de sua filosofia da arte. Sua atitude atual em relação a essa vinculação é de admitir sua possibilidade sem, por outro lado, se entusiasmar muito com ela[1].

A discussão hegeliana sobre o fim da arte como um (involuntário) antecedente da desartificação

A tradução do neologismo "*Entkunstung*" por "desartificação" leva em conta que o prefixo "des", como o alemão "*ent*", denota uma negação da suposta ação de "artificar" (uma "artificação"), correspondente a um hipotético – de fato inexistente – vocábulo alemão "*Kunstung*", que diferentemente de "*Kunst*", que designa o âmbito da arte, preserva a ideia de uma ação. Desse modo, a partir do significado literal da palavra "desartificação", tem-se o vislumbre de uma contradição interna no próprio processo lógico e histórico do desenvolvimento da arte, que, na verdade, não está longe de certos pontos de vista apresentados e desdobrados na estética de Hegel.

Esses pontos de vista se associam ao que se entende hoje por "tese hegeliana sobre o fim da arte", que, de fato, é uma consequência lógica do modo como o filósofo insere a arte no seu sistema. Considerando-se que a esfera do espírito absoluto é o corolário da marcha triunfal do

1. Em um encontro pessoal que tive em julho de 2006 com Danto, em Nova York, ele se expressou mais ou menos assim sobre sua possível afinidade teórica com o filósofo frankfurtiano: "Hoje em dia várias pessoas me põem ao lado de Adorno. Não posso dizer até que ponto isso procede porque não conheço bem o pensamento dele. Por outro lado, sinto-me lisonjeado com a comparação".

espírito rumo à sua realização plena, torna-se claro que Hegel tinha a arte em alta conta ao concebê-la como vestíbulo dessa esfera, precedendo a religião revelada e, depois dela, a filosofia. Diferentemente de Kant, para quem o belo da natureza é o mais autêntico, Hegel argúi que a beleza deve ser o transbordamento, à superfície, de uma espiritualidade interna ao objeto que a veicula, o que não ocorre na coisa natural, cujo núcleo racional se encontra dissociado de sua aparência fenomênica, fazendo com que sua beleza seja apenas "para nós", não em si mesma (Hegel, 1989). Por isso, Hegel concebe a arte como única matriz geradora da beleza e portadora da nobre missão de salvar a consciência potencialmente contempladora da imediatidade irrevogavelmente sensível do belo natural (Hegel, 1989).

Por outro lado, é sabido que a espiritualidade "interna" das obras de arte relaciona-se também com desdobramentos históricos, que, por sua vez, pressupõem graus diferenciados de proporcionalidade entre elementos materiais e espirituais, o que gera a concepção do *Desenvolvimento do ideal nas formas particulares do belo artístico* e do chamado *Sistema das artes singulares*. No que tange àquele, Hegel propõe que a primeira forma de correlação entre elementos materiais e espirituais seja o que ele denomina "arte simbólica", na qual a espiritualidade se encontra ainda muito incipiente, o que se expressa tanto numa certa rusticidade formal quanto num excesso de materialidade bruta nas obras. Exemplos concretos dessa forma de arte são todas as manifestações arquitetônicas e escultóricas da Antiguidade não-clássica, nas quais os enormes colossos de pedra, por um lado, e as estátuas em que a figura humana é mesclada a características animalescas, por outro, são indícios de uma espiritualidade que ainda não encontrou sua perfeita contrapartida material. Mas o desenvolvimento daquela espiritualidade leva à superação da arte simbólica e ao surgimento da "arte clássica", na qual o perfeito equilíbrio entre os fatores espirituais e materiais engendra uma representação naturalística, ainda que idealizada, da figura humana como habitante de ambos os mundos, o sensível e o inteligível. A contraparte histórica dessa concepção de "arte clássica" é o período de maior florescimento da arte na Antiguidade grega, com suas produções tanto visuais quanto literárias e musicais.

Hegel sugere que, se o que estivesse em questão fosse "apenas" o atingimento da forma artística perfeita, o desenvolvimento do espírito absoluto pararia nesse momento da história cultural, pois "a forma clássica da arte atingiu o ponto mais elevado que a sensificação da arte pode realizar e, se nela algo é insuficiente, isso é apenas a própria arte e a limitação da esfera da arte" (Hegel, 1989, p. 111). Por essa razão, a arte clássica é superada pela "arte romântica", que significa, para Hegel, aquela produzida a partir do início da era cristã e que se caracteriza por um "excesso" de espiritualidade, implícito na nova ideia de interioridade que adveio com o Cristianismo, o qual começa a extrapolar suas manifestações sensíveis até transbordar e não caber mais na "limitação da esfera da arte". Esse é um modo de compreender a "necessidade" do fim da arte na estética de Hegel.

No entanto, para reforçar essa compreensão, pode-se abordar também o desenvolvimento exposto no *Sistema das artes*, no qual o processo dialético relativo à proporcionalidade entre os elementos espirituais e materiais se expressa nas características específicas dos diversos *métiers* artísticos. Desse modo, a arquitetura, na qual a materialidade da construção coincide com o espaço tridimensional imediatamente dado, destinado ao abrigo da divindade, encontra-se na posição de arte menos espiritual, correspondendo à forma simbólica na progressão descrita acima. Sua sucessora imediata, a escultura, associa-se ao momento em que o templo começa a ser habitado pela divindade, inaugurando, por outro lado, um momento na história das artes em que se instaura uma tridimensionalidade ideal, não-coincidente com aquela imediatamente dada no espaço por nós habitado. Como já se poderia supor, a escultura é a arte predominante na forma de arte clássica, na qual a idealização da figura humana se coaduna perfeitamente com a concepção grega de um sistema de divindades que habitam espaços específicos, porém não totalmente distanciados daquele habitado pelos seres humanos.

Esse processo dialético prossegue com a descrição da pintura enquanto arte mais espiritual que a escultura, já que, em vez de simplesmente instaurar uma tridimensionalidade mais ideal do espaço dado, se consuma na representação bidimensional de um espaço que, exatamente por isso, pode ser descrito como ainda muito mais ideal do que o da escultura. Entretanto, o plano bidimensional em que se desenvolve a pintura perde em idealidade para o ponto unidimensional que, ao se mover periodicamente, introduz um elemento temporal que ocasiona uma vibração. Com isso, produz-se o som, a matéria-prima da música, a qual, por sua vez, só é superada pela poesia: arte mais espiritual que a música em função de o significado que anima os sons das palavras poder ser considerado um espaço "nulidimensional", isto é, sem qualquer dimensão material, apresentando, portanto, um grau superlativo de idealidade. Assim como a arquitetura predomina no âmbito da forma simbólica de arte e a escultura no da forma clássica, o conjunto composto por pintura, música e poesia corresponde a diferentes momentos da forma romântica da arte. Aqui, considerando que a poesia é o *métier* artístico mais próximo do discurso que caracterizará, inicialmente, a revelação religiosa manifesta no livro sagrado e, depois, a realização da filosofia como figura final do espírito absoluto, temos novamente a exposição de uma situação-limite, na qual a arte é dialeticamente superada, dando origem a formas "mais racionais" do espírito:

> O modo peculiar da produção artística e de suas obras não satisfaz mais nossas mais altas necessidades; estamos para além do ponto de poder adorar, endeusando, obras de arte e de orarmos diante delas. (...) O pensamento e a reflexão superaram a bela arte. (Hegel, 1989, p. 24)

É exatamente por essa razão que Hegel se pronuncia sobre o caráter de "passado" da arte, mesmo tendo em vista suas produções presentes:

> Por isso nosso presente não é segundo o seu estado geral favorável à arte. Em todas essas relações a arte é e permanece, segundo o aspecto da mais alta determinação, algo passado para nós. (Hegel, 1989, p. 25)

Desse modo, não me parece equivocado reconhecer na situação descrita acima um antecedente significativo da desartificação, pois, nela, tem-se a existência factual de obras em relação às quais nos resta apenas uma apreciação cada vez mais intelectual e dissolvente do caráter de sensibilidade racionalmente mediatizada que engendrara a relevância da arte e sua "alta colocação" (Hegel, 1989, p. 23) no sistema hegeliano.

As razões que levaram Adorno a identificar a "desartificação" no cenário cultural contemporâneo são, entretanto, de natureza bem diferente do que as que levaram Hegel à sua concepção sobre o fim da arte. Elas dizem respeito, por um lado, à incapacidade crescente do grande público para compreender em profundidade os fenômenos estéticos complexos, inclusive aqueles mais tradicionais. A desartificação pode, como se verá adiante, por outro lado, também ser entendida como uma tendência intrínseca da arte mais "avançada".

O conceito de desartificação em Adorno

Embora o conceito de "desartificação" (*Entkunstung*) seja, como já se assinalou, característico da *Teoria estética*, a primeira vez em que Adorno emprega esse termo remonta ao texto "Crítica ao musicante" (*Kritik des Musikanten*), cuja versão definitiva foi transmitida como palestra radiofônica pelo *Süddeutschen Rundfunk*, no início de 1956, e publicada, posteriormente, em *Dissonâncias*[2]. Nesse texto, em que Adorno critica o movimento de educação musical na Alemanha do pós-guerra, pelo que ele considera um esvaziamento do potencial de negatividade da música em virtude do descaso pelo apuro formal, ele usa a palavra "desartificação" exatamente nesse sentido:

> A 'desartificação da arte', que eu constatei no Jazz, estende-se também ao movimento musical (*Musikbewegung*); algo relacionado a trajes típicos, ostensivamente próximo à natureza, que faz do pretenso desprezo pelas formas burguesas uma espécie de honra, porque a própria felicidade da forma, sem a qual não há qualquer arte, se corrompeu. (Adorno, 1996, p. 85)

A comparação da arte dos "musicantes" com o jazz não é, de modo algum, fortuita, uma vez que, de acordo com a conhecida crítica que Adorno dirige a esse estilo de música popular, nele não haveria senão a repetição de fórmulas usadas na música erudita europeia dos últimos trezentos anos, apenas "modernizadas" com uma rítmica específica, de

2. A história de todas as vicissitudes relativas à publicação desse texto é narrada no "Prefácio à terceira edição" (Adorno, 1996).

origem africana, com certas transgressões harmônicas e timbrísticas e com a introdução de práticas musicais também comuns em épocas passadas, como, por exemplo, a improvisação. Em ambos os casos, quando não ocorre a pura e simples inconsciência, há uma simplificação deliberada na linguagem musical com o objetivo de reforço de uma certa ideologia. Em razão dessa proximidade observa-se também que, no trecho supracitado, Adorno remete ao texto sobre o jazz, "Moda atemporal" (*Zeitlose Mode*), de 1953, publicado primeiramente na revista *Merkur*, nesse mesmo ano, e depois em *Prismas*, cuja primeira edição data de 1955. Ao comentar a enorme influência que o Jazz estava tendo sobre as novas gerações em todo o mundo ocidental, Adorno chama a atenção para o seu caráter intermediário entre a pura e simples adaptação ao sistema econômico, por um lado, e a valorização de um elemento imaginativo que esse gênero musical pretende sustentar, por outro. Aqui, Adorno introduz a ideia da desartificação, empregando uma locução verbal; portanto ainda sem expressá-la no substantivo que a tornou conhecida:

> As pessoas em desenvolvimento ainda não estão totalmente dominadas pela vida profissional e seu correlato psíquico, o "princípio de realidade". Seus impulsos estéticos não são simplesmente exterminados pela opressão, mas desviados. O jazz é o meio preferencial desse desvio. Às massas de jovens que acorrem à moda atemporal ano a ano, provavelmente para esquecê-la depois de alguns anos, ele fornece uma solução de compromisso entre a sublimação estética e a adaptação social. O elemento "irrealístico" – não valorizável em termos práticos –, imaginativo, é admitido na medida em que ele se transforma no seu próprio caráter, de modo que ele mesmo se assemelha incansavelmente ao empreendimento real; repete em si seus mandamentos, vai ao encontro deles e, com isso, se incorpora novamente ao âmbito do qual ele queria sair. *A arte é desartificada* [grifos meus/rd]: ela mesma se apresenta como uma parte daquela adaptação, que contradiz o seu próprio princípio. A partir daí iluminam-se alguns traços peculiares do procedimento jazzístico. (Adorno, 1996, p. 135-136)

Uma vez que a introdução desse ponto de vista reporta-se a um fenômeno da cultura de massas, torna-se evidente que, já no texto sobre indústria cultural da *Dialética do esclarecimento*, escrita juntamente com Max Horkheimer e publicada em meados da década de 1940, há indícios muito claros daquilo que, a partir dos anos 1950, Adorno denominará "desartificação". A ela associados estão no referido texto, dentre outros fatores, o estreitamento da concepção de "estilo", a liquidação do trágico, o desarme do caráter de sublimação da arte e a instrumentalização da beleza – cristalizada na ideia de "fetichismo das mercadorias culturais".

Não é sem razão, portanto, que a primeira vez que o termo "desartificação" aparece na *Teoria estética* é numa seção desse livro intitulada "Desartificação da arte; para a crítica da indústria cultural". Aqui, Adorno se reporta ao primeiro parágrafo da obra, no qual ele menciona a perda de evidência da arte no mundo contemporâneo, asseverando que ela reage a isso não apenas com a transformação de seus procedimentos, mas também com o questionamento sobre seu próprio conceito. Ao recordar a existência, no passado, de uma "arte menor", que coexistia com a arte autônoma antes de vir a se tornar objeto da administração pela indústria cultural, Adorno aponta, num trecho que, aliás, também remete à supracitada passagem de *Prismas*, para o fato de que a desartificação é, antes de tudo, produto da abordagem que o público adestrado pela cultura de massas faz da arte que ainda poderia ser considerada autêntica, abordagem que expressa sua inadaptação ao processo produtivo, sem que, no entanto, o redima das mazelas dela decorrentes:

> Aqueles que são tapeados pela indústria cultural e sedentos por suas mercadorias se encontram aquém da arte: por isso, eles percebem sua inadequação ao processo social vital contemporâneo – não sua própria inverdade – menos veladamente do que aqueles que ainda se lembram do que era uma obra de arte. Eles forçam à desartificação da arte. A paixão pelo toque, por não deixar que qualquer obra seja o que ela é e por orientar cada uma no sentido de diminuir a distância do observador é um inequívoco sintoma daquela tendência. A vergonhosa diferença entre a arte e a vida, que vivem e na qual não querem ser incomodados porque não suportariam a repugnância, deve desaparecer. Essa é a base subjetiva para a inclusão da arte entre os bens de consumo por parte dos *vested interests*. (Adorno, 1996, p. 32)

Um ponto de vista semelhante, o qual aponta para a possibilidade de a desartificação advir de uma incompreensão generalizada do público, é retomado, adiante, no parágrafo "Caráter de enigma e compreensão", no qual Adorno comenta a vanidade de tentar convencer sobre a importância da arte aqueles que, em virtude de sua imersão quase total no processo produtivo e – especialmente – sua submissão aos ditames ideológicos a ele relacionados, já perderam inteiramente a noção do que seria uma expressão artística autêntica:

> É impossível explicar a amúsicos o que seria a arte; o ponto de vista intelectual eles não poderiam trazer para sua experiência de vida. Tão hipertrofiado está neles o princípio de realidade, que esse torna simplesmente um tabu o comportamento estético; provocada pela aprovação cultural da arte, a amusia se transforma frequentemente em agressão e não por acaso essa leva a consciência geral hoje à desartificação da arte. (Adorno, 1996, p. 183)

Descreve-se, aqui, o característico comportamento coletivo no sentido da incompreensão tanto do patrimônio artístico historicamente estabelecido quanto – talvez principalmente – da arte contemporânea, levando ao tratamento das obras como bens de consumo, tendo em vista, como já se apontou, uma drástica redução da distância entre a arte e a vida, não no sentido de elevar essa, mas no de degradar aquela. Esse comportamento também não é redimido por uma consciência difusa sobre o que seria a arte autêntica, pois, sob a base econômica da superprodução mercantil, ele leva à submissão do (desde sempre problemático) valor de uso das obras ao seu valor de troca, isto é, o prestígio do consumo cultural refinado sobrepondo-se a uma fruição direta das obras, redundando na concepção de "fetichismo das mercadorias culturais", primeiramente introduzida por Adorno no ensaio "O fetichismo na música e a regressão da audição" e posteriormente desenvolvida no capítulo da *Dialética do esclarecimento* referente à indústria cultural. Essa situação abre caminho para compreender a desartificação, antes de tudo, como uma projeção, por parte desse público culturalmente expropriado, da sua nulidade interior sobre as obras, degradando-as por não se pôr à sua altura: "Enquanto *tábula rasa* das projeções subjetivas, a obra de arte é desqualificada. Os polos de sua desartificação são: que ela se torna tanto coisa entre coisas quanto veículo da psicologia do observador. O que as obras de arte não dizem mais, o observador substitui pelo eco padronizado de si mesmo, que ele ouve delas" (Adorno, 1996, p. 33).

O silenciamento das obras advém da incapacidade de sua interpretação pelas massas, de modo que a desartificação pode ser entendida também como incompreensão das manifestações estéticas em virtude de uma projeção depauperada, implícita na referência ao "eco padronizado de si mesmo". Para o entendimento mais aprofundado desse processo, é importante recordar a teoria da "falsa projeção" da *Dialética do esclarecimento*, exposta não no capítulo sobre a indústria cultural, mas no intitulado "Elementos do anti-semitismo". Segundo essa teoria, a projeção assemelha o exterior ao eu, ao contrário da mímesis, na qual o eu se assemelha ao exterior. Essa "projeção normal" é um mecanismo psíquico absolutamente necessário para que o mundo faça sentido para o sujeito, já que, numa evidente inspiração kantiana, os autores afirmam que o hiato entre a interioridade e a exterioridade só pode ser transposto pela atividade subjetiva, somente a partir da qual pode-se falar numa experiência do mundo propriamente dita.

Essa atividade do sujeito se baseia numa reflexão cuja principal tarefa é exatamente diferenciar as contribuições advindas do exterior e do interior para a formação de uma cognição – num sentido muito geral – do mundo. Ocorre, no entanto, que os indivíduos psiquicamente expropriados, que compõem as massas tão características do capitalismo tardio, são, quase por definição, incapazes de realizar a referida reflexão, introjetando de modo mimético padrões de comportamento impostos pelo sistema de dominação e devolvendo-os ao exterior, sem qualquer contribuição própria, por meio de uma projeção empobrecida. A ela, Adorno e Horkheimer denominam "falsa projeção", assinalando-a como fundamento de uma percepção equivocada da realidade que está na base do comportamento tanto do público cativo da indústria cultural quanto das fileiras que elegeram (e elegem) tiranos e os mantêm no poder. Por isso, não seria errado falar na desartificação, a princípio, como a falsa projeção dirigida àqueles construtos estéticos a que se têm chamado, desde muito tempo, obras de arte.

Assim como se está de acordo sobre a relevância da projeção como um importante dispositivo de nossa cognição em geral, pode-se dizer que a apreciação estética depende, mesmo que preliminarmente, do caráter projetivo de nossas percepções. Entretanto, a ausência da atividade reflexiva do sujeito não pode ser compensada por quaisquer características estéticas das obras, por mais fortes e evidentes que sejam, e é por isso que Adorno chama a atenção, nos "Paralipomena" da *Teoria estética*, para o caráter sistematicamente falso da projeção através da qual as camadas mais amplas da população "percebem" as manifestações artísticas, reafirmando o relacionamento entre a desartificação e a incapacidade do público – cooptado pela cultura de massas – para avaliar corretamente as manifestações artísticas, chegando ao limite de não reconhecer o seu direito de existência:

> Enquanto a tese do caráter projetivo da arte ignora sua objetividade – qualidade e teor de verdade – e permanece aquém de um conceito enfático de arte, ela tem peso como expressão de uma tendência histórica. O que ela faz à arte de modo filistino corresponde à caricatura positivista do esclarecimento, à razão subjetiva liberada. O seu enorme poder social atinge o interior das obras. Aquela tendência, que, pela desartificação, gostaria de tornar impossíveis as obras, não pode ser interrompida com o apelo de que deveria haver arte: isso não está escrito nas estrelas (nem qualquer outro lugar). Deve-se apenas pensar com isso toda a consequência da teoria da projeção: a negação da arte. Do contrário, a teoria da projeção corre para sua pejorativa neutralização de acordo com o esquema da indústria cultural. (Adorno, 1996, p. 399)

Já sabemos que quase todas as ocorrências do termo "desartificação", na *Teoria estética*, se referem, de um modo ou de outro, à indústria cultural; mas seria interessante poder observar com mais detalhes de que modo essa interfere na apreciação das obras de arte, tendo em vista os diversos âmbitos artísticos. O único desses em que Adorno é mais específico é o domínio da música, em vista do qual, aliás, se deu o primeiro emprego do termo "desartificação". Isso pode ser pelo menos parcialmente explicado pelo fato de que as abordagens sobre a desartificação na principal obra estética de Adorno são contemporâneas de textos sobre música dos *Escritos musicais* (mais especificamente na coletânea denominada *Inpromptus*), tais como "Pequena heresia" e "Observações sobre a vida musical alemã", nos quais também aparecem referências explícitas àquele conceito. No que concerne ao primeiro texto, o autor critica o que ele denomina "escuta atomística", chamando a atenção para a necessidade de uma compreensão musical que dê conta das conexões específicas da linguagem sonora sem se descuidar da percepção da música como um todo pleno de sentido, corporificando o que ele entende como "audição estrutural"[3]. Segundo Adorno,

> É pré-artística a audição atomística, que se perde, enfraquecida e passiva, no estímulo do momento, no som isolado agradável, na melodia previsível e facilmente memorizável. Uma vez que, nessa audição, a capacidade subjetiva para a síntese se perde, ela fracassa também diante da síntese objetiva que toda música mais amplamente organizada realiza. O procedimento atomístico, que ainda tem sido o mais difundido, é certamente aquele sobre o qual a chamada música leve especula e o qual ela cultiva, transforma-se no divertimento sensível, saboroso, a desartificação da arte, da qual essa, de fato, muito diligentemente ao longo de séculos e apenas com insistência se libertou. Quem ouve atomisticamente não consegue perceber a música – porque ela então escapa aos conceitos – sensivelmente como algo espiritual. (Adorno, 1996, p. 297)[4]

Desse modo, tendo em vista que mesmo o que se entende por "gosto musical" encontra-se já bastante contaminado pela "escuta atomística", registra-se no outro texto sobre música mencionado, "Observações sobre a vida musical alemã", a exigência de que a consciência musical mais avançada ultrapasse aquele, isto é, "não fique atrás dele rumo à barbárie. No meio da tendência universal para a desartificação da arte,

3. O conceito de "audição estrutural" é apresentado do seguinte modo na tipologia da audição da *Introdução à sociologia da música*: "O comportamento totalmente adequado poderia ser chamado de audição estrutural. Seu horizonte seria a lógica musical concreta: compreende-se em sua necessidade – mesmo que de modo não literalmente causal – aquilo que se percebe" (Adorno, 1996, p. 182).
4. Esse trecho é transcrito *ipsis litteris* no texto "Belas passagens", também de 1965 (Adorno, 1996, p. 695).

essa máxima, assim como um dia o título do livro de Adolf Loos, tem sempre caído no vazio" (Adorno, 1996, p. 183).

Cumpre observar que, para além dessa compreensão mais "subjetiva" – mesmo que coletivamente entendida – da desartificação, a qual se relaciona com a projeção da indigência cultural das massas sobre os construtos estéticos, há inúmeras considerações, na *Teoria estética*, que apontam para sua possível realização no polo objetivo da apreciação estética, isto é, nas próprias obras de arte[5]. Uma abordagem de Adorno que, em certo sentido, faz a transição entre a compreensão "subjetiva" e a objetiva da desartificação ocorre no parágrafo intitulado "Expressão e construção". Nele, Adorno estabelece que a dialética entre esses dois elementos, especialmente na vanguarda "clássica", não se realiza como ponto intermédio, mas apenas na radicalização de um deles, a partir da qual o outro advém como contrapartida. Exemplos desse processo são: no polo da expressão, a peça *Erwartung*, de Schönberg, na qual os aspectos construtivos brotam do seu característico transbordamento expressivo; no polo construtivo, a *Filarmonia Berlinense*, de Scharoun, na qual a extrema funcionalidade da construção, tendo em vista o objetivo de execução (e de audição) de música sinfônica, acaba por criar uma linguagem arquitetônica de grande expressividade. A partir da ideia de que a "expressão absoluta equivaleria à própria coisa", Adorno retoma a discussão sobre o tema benjaminiano da aura, associando essa "equivalência à própria coisa" da expressão ao "aqui e agora" da arte aurática, que se desintegra no âmbito da reprodutibilidade técnica:

> O fenômeno da aura, descrito por Benjamin com nostálgica negação, perverteu-se onde ele se põe e, por meio disso, simula; onde dispositivos que, segundo a produção e reprodução resistem ao *hic et nunc*, são dependentes de uma aparência desse tipo, como o filme comercial. Isso certamente prejudica também o que é produzido individualmente, tão logo ele conserva a aura, elabora o particular e socorre a ideologia, que

5. Ulrich Müller, em seu artigo "Die Illusion der Formlosigkeit. Zur Kritik gegenwärtiger, Entkunstung' der Kunst", parece não levar em conta esse processo no polo objetivo da apreciação estética, ao observar que, "para Adorno, desartificação significa duas coisas: a degradação das obras de arte em coisas do cotidiano e seu abuso como construtos de projeção subjetiva" (Müller, 2001, p. 9).

> se faz bondosa ao que é bem individualizado, que ainda existe no mundo administrado. Por outro lado, a teoria da aura, a-dialeticamente manejada, se presta ao abuso. Com ela, aquela desartificação da arte se revaloriza como mote que se ajusta à era da reprodutibilidade técnica da obra de arte. (Adorno, 1996, p. 73)

Naturalmente, tem-se até aqui pouco mais do que o que já se estabeleceu sobre o relacionamento entre a desartificação e a indústria cultural – campo privilegiado da reprodutibilidade técnica dos objetos estéticos. Mas, na sequência, ao apontar para a superioridade do "teor de verdade" (*Wahrheitsgehalt*) das obras diante dos polos expressivo e construtivo, mesmo que ambos sejam passíveis de cooptação pelo "mundo administrado", Adorno chama a atenção para o efeito daquele na "coerência" (*Stimmigkeit*), isto é, no caráter de integração dos construtos estéticos autênticos, apontando para sua tendência consciente à fragmentação na linguagem, o que se mostrará como um possível caminho "interno" – e "objetivo" – para a desartificação.

Esse caminho continua a se descortinar no parágrafo intitulado "Tecnologia". Nele, Adorno aponta para a característica da arte de preservar desde tempos imemoriais, no seu caráter de aparência, certo aspecto do encantamento da magia, de onde ela adveio e a qual superou, num processo que deve ter durado milênios. Entretanto, numa situação de progressivo desencantamento, na qual a racionalidade instrumental impera quase absoluta, a simples existência de obras de arte, com seu supramencionado caráter de aparência, é um escândalo e – principalmente – uma espécie de desafio aos poderes constituídos. Por outro lado, o liame com a magia é um fardo insuportável para a arte que possui compromisso com a verdade e, ao mesmo tempo, tem sua existência no mundo desencantado. Desse modo, para Adorno, a fase final da arte não seria, como estabelecera Hegel, apenas a arte romântica, devendo incluir também uma fase anti-romântica, que seria a única com poderes – em virtude de seu negrume (*Schwärze*) – para fazer frente ao mundo desencantado mediante a existência de algo que não existe. Disso resulta um inarredável conflito, que se manifesta num antagonismo interno às obras de arte, do qual advém um outro acesso possível à desartificação:

> O a priori do enfoque pura e simplesmente artístico e o estado da história já não se afinam mais, se é que algum dia se harmonizaram. E essa incongruência não é possível de ser eliminada por meio de adaptação: a verdade é, antes, suportá-la. Ao contrário, a desartificação da arte – não menos da correta quanto daquela que se vende barato – é imanente, de acordo com a tendência tecnológica da arte, impossível de ser interrompida pela invocação de uma interioridade pretensamente imediata e pura. (Adorno, 1996, p. 93-94)

A referida imanência da desartificação da arte em consonância com sua "tendência tecnológica" é um primeiro aceno concreto para a possibilidade de que ela não seja apenas um reflexo da incompreensão do público estultificado pela indústria cultural, mas também abra caminho para uma incorporação, através da re-tradução em linguagem artística, de elementos presentes no mundo administrado, tendo em vista resultados esteticamente frutíferos. Essa possibilidade é explicitamente posta nos parágrafos contíguos, intitulados "O 'mais' como aparência" e "Transcendência estética e desmagicização". No primeiro, Adorno afirma que o belo da natureza advém do fato de que ela parece dizer mais do que efetivamente é, o que inspira a constituição da beleza artística como um *mais* construído pelas mãos humanas, ao qual também se pode denominar de "transcendência" das obras. Tendo em vista essa noção, pode-se dizer que a arte se desartifica, no sentido pejorativo supramencionado, se não atinge o patamar dessa transcendência estética (Adorno, 1996). No parágrafo seguinte, Adorno retoma, para elucidar essa concepção de transcendência, o tema benjaminiano da aura, ao qual aquela é aproximada tendo em vista a dialética de presença e ausência que é comum a ambas. Do tratamento ambíguo dispensado por Baudelaire tanto à aura quanto à transcendência, surge a ideia de que a desartificação, em que pese sua primeira acepção – claramente prejudicial à arte –, se afigura como um caminho possível para sua sobrevivência:

> Benjamin chamou a atenção, sob a temática da aura, cujo conceito, em virtude de sua clausura, se aproxima bastante do fenômeno que se ultrapassa a si mesmo, para o fato de que o desenvolvimento com a participação de Baudelaire tornou a aura, mais ou menos como "atmosfera", um tabu. Já em Baudelaire, a transcendência do fenômeno artístico é efetivada e negada de uma só vez. Sob esse aspecto, a desartificação da arte se determina não apenas como estágio de sua liquidação, mas também como sua tendência de desenvolvimento. (Adorno, 1996, p. 122-123)

A ideia da desartificação como tendência do desenvolvimento artístico leva ao pensamento de que pode ser interessante para a criação das obras uma espécie de simulação de sua dissolução na realidade empírica, o que, por sua vez, conduz à indagação sobre o relacionamento da arte com aquilo que lhe é radicalmente exterior, tema que é abordado no parágrafo intitulado "A arte e as obras de arte", no qual aquela ideia aparecerá a partir da discussão sobre o relacionamento das obras com o conceito de arte. Inicialmente, aponta-se para a dificuldade de o conceito genérico de arte atingir as obras nas suas realizações individuais, não em virtude de deficiências de seus criadores, mas principalmente porque as obras, em proporção crescente, abandonam a pureza conceitual que facilitaria sua subsunção à noção mais ampla e se tornam "impuras", na medida em que vão ao encontro do âmbito extra-artístico, mesmo levando em consideração todos os enormes problemas que esse movimento pressupõe. Como já se sugeriu, esse é também um modo de compreender a desartificação da arte:

> A antinomia do puro e do impuro na arte se subordina àquela mais geral, de que a arte não é o conceito superior de seu gênero. Esses diferem tanto de modo específico quanto se imbricam. A questão predileta entre os apologetas tradicionalistas de todos os graus, "isso ainda é música?", é infrutífera; ao contrário é concreto analisar o que seria a desartificação da arte ou a práxis em que a arte de modo irrefletido, aquém de sua própria dialética, se aproxima do que é exterior ao estético. (Adorno, 1996, p. 271)

Naturalmente, essa aproximação ao "que é exterior ao estético" é uma faca de dois gumes, pois, se, por um lado, é uma tendência que poderia garantir a sobrevivência da arte numa situação em que talvez não sejam mais cabíveis obras pura e simplesmente auráticas, por outro, uma "práxis irrefletida", que lance a arte "aquém de sua própria dialética", apresenta o risco de sua indistinção dos produtos da indústria cultural, que, afinal de contas, coloniza quase todos os espaços da vida cotidiana das pessoas, inclusive – talvez especialmente – sua relação com a cultura como um todo. Esse perigo não passou despercebido por Adorno, que no parágrafo "Posição para com a práxis, efeito, vivência, abalo" introduz a noção desse último (*Erschüterung*) como um importante elemento diferenciador entre as obras e as mercadorias culturais, asseverando que, naquelas, o abalo recorda o sujeito da debilitação a que ele está submetido, inclusive pelo efeito da cultura de massas. O liame entre o abalo e a desartificação ocorre na medida em que essa parece ser o fundamento "interno" através do qual aquele se realiza, de acordo com o que diz Adorno, numa passagem em que, curiosamente, o abalo é aproximado também da concepção kantiana do sublime:

> Abalo, contraposto de modo frontal ao conceito habitual de vivência, não é qualquer satisfação particular do eu, não é semelhante ao prazer. Ele é, antes, um momento da liquidação do eu, que se compenetra, enquanto abalado, da própria limitação e finitude. Essa experiência é contrária ao enfraquecimento do eu que a indústria cultural promove. Para ela a ideia do abalo seria uma tolice vã; isso é a motivação mais interna da desartificação da arte. O eu precisa, para que ele enxergue apenas um pouquinho para fora da prisão que ele próprio é, não da distração, mas do maior tensionamento. Isso preserva o abalo, aliás, um comportamento involuntário, diante da regressão. Kant apresentou fielmente, na estética do sublime, a força do sujeito como sua condição. (Adorno, 1996, p. 364)

Curiosamente, não se pode distinguir claramente se aqui "desartificação" se refere à despotencialização das obras pelo público ou à sua dessubstancialização pelos próprios artistas, pois na frase "isso é a motivação mais interna da desartificação da arte" não está claro se o "isso" simplesmente corrobora a rejeição do abalo pela indústria cultural (caso em que a desartificação se equivale à falsa projeção sobre as obras) ou se, ao contrário, se contrapõe àquela rejeição (caso em que a desartificação pode se concretizar como um procedimento de criação de obras intencionalmente "inauráticas"). De qualquer modo, essa ambiguidade sugere a possibilidade de insuspeitados relacionamentos entre os dois significados aqui considerados. Um deles diz respeito ao fato de que, na esteira da vanguarda europeia "clássica" do início do século XX, não faltaram exemplos de obras que propunham uma espécie de indistinção entre elementos da vida e da arte, como os *ready-mades* de Marcel Duchamp ou, algumas décadas depois, a peça *4:33* de John Cage, composta apenas de silêncio na duração indicada pelo seu título.

Sobre Duchamp, apesar de sua importância na modernidade artística do início do século XX, Adorno não diz uma só palavra, o que é de se estranhar, principalmente levando em consideração que sua série de objetos diretamente retirados da vida cotidiana, como o mictório (*Fountain*), a pá de neve (*In advance of a broken arm*) ou o cabideiro (*Trap*), datam da década de 1910 e certamente eram conhecidos do filósofo. No que concerne a Cage: não obstante a tendência de Adorno a certo detalhamento da desartificação no âmbito da música no primeiro sentido aqui discutido, suas referências ao compositor norte-americano[6] não dizem respeito diretamente à desartificação no segundo sentido, isto é, à intencional dissolução da obra no ambiente, mas à introdução do acaso na composição musical, que, embora esteja no espírito daquela, não é assim encarada de modo explícito. Essa indistinção, proposta em várias obras de Cage, entre sons musicais e ruídos ambientais, foi recentemente abordada por Arthur Danto no tocante à inclusão do compositor nessa tendência comum a várias artes nos anos sessenta:

> Através de todo mundo da arte no início dos anos 1960 havia exemplos que pareciam tão fortemente coisas que não eram obras de arte, que teria sido difícil dizer qual era qual. Na música, John Cage estava subvertendo a diferença entre sons musicais, estritamente considerados, e os ruídos da mera vida. (Danto, 2005, p. 12)

Desse modo, a desconsideração, por parte de Adorno, de fenômenos como os *ready-mades* duchampianos e a incorporação de ruídos ambientes por Cage sugere que para levar adiante o exame da "desarti-

---

6. Cf. GS 10.1, p. 437; GS 14, p. 128 e 295; GS 16, p. 480; GS 17, p. 168 e 270; GS 18, p. 136.

ficação", enquanto proximidade extrema dos construtos estéticos para com objetos comuns, tenhamos que prosseguir sem a companhia do filósofo alemão, apesar de ele ter sido o criador desse termo e, ao que me parece, um dos primeiros a apontar para essa tendência na arte contemporânea. Por outro lado, o fato de que Danto, embora não adote o termo cunhado por Adorno, aborde tão insistentemente ao longo de sua obra fenômenos limítrofes entre a arte e a vida, sugere a necessidade da consideração de certos aspectos de sua estética.

A teoria da arte contemporânea de Arthur Danto como um (involuntário) consequente da desartificação da arte

De fato, Arthur Danto, apesar de oriundo de uma vertente da filosofia analítica, essencialmente diversa da Teoria Crítica de Adorno[7], desde a década de 1960 se ocupou filosoficamente de obras das artes visuais que poderiam ser entendidas – sem sombra de dúvida – como "desartificadas". Embora façam parte de suas considerações os *ready-mades* duchampianos, a análise de Danto recai principalmente sobre a *pop art* de Andy Wahrol. Sua exposição de 1964 na Stable Gallery, em que o artista apresentou esculturas que não passavam de pilhas de reproduções

7. Certamente, as diferenças fundamentais entre Adorno e Danto são um problema que não pode ser ignorado. No entanto, me parece frutífero aproximar ambos os autores no que concerne ao tema da desartificação. Uma discussão mais ampla sobre a compatibilidade ou incompatibilidade das duas estéticas é uma questão em aberto, sendo que, até agora, há muito poucos trabalhos que, de algum modo, aproximam Adorno de Danto. Eu conheço apenas dois: "For the Birds/Against the Birds. The Modernist Narratives of Danto and Adorno (and Cage)", de Lydia Goehr, cuja tradução está publicada em *Ensaios sobre filosofia e música*, e uma parte do ensaio "Entkunstung", de Alexander Garcia-Dütmann. Enquanto o texto de Goehr se ocupa de elencar, no que concerne à música de John Cage, as semelhanças e as diferenças entre Adorno e Danto, o de Garcia-Düttmann, embora incluído num texto sobre a própria desartificação, é uma contundente crítica a Danto, de um ponto de vista que se pretende autenticamente adorniano. Há que se mencionar que a crítica de Garcia-Düttmann se baseia apenas no livro *The Philosophical Desinfranchisment of Art*, valendo-se de seu enfoque bastante específico para desqualificar o ponto de vista de Danto: "o elemento questionável e reacionário dessa concepção filantrópico-antropomórfica, na verdade, estritamente antropo-lógica é mais do que evidente" (Garcia-Düttmann, 2000, p. 65).

fiéis de caixas de esponjas de aço *Brillo*, de cereais *Kellogs* e de sopas enlatadas *Campbell*, dentre outros, inspirou Danto a redigir seu texto "O mundo da arte", no qual ele indaga sobre o mistério da transformação de objetos comuns (ou de suas reduplicações *ipsis litteris*) em obras de arte. Sua conclusão é de que é um tipo de olhar teórico, de certo modo especializado, que tem a capacidade de produzir essa "transfiguração":

> Não importa que a caixa de Brillo possa não ser boa – menos ainda grande – arte. O que chama a atenção é que ela seja arte de algum modo. Mas, se ela é, porque não o são as indiscerníveis caixas de Brillo que estão no depósito? Ou toda a distinção entre arte e realidade caiu por terra? (...) O que, afinal de contas, faz a diferença entre uma caixa de Brillo e uma obra de arte consistente de uma caixa de Brillo é uma certa teoria da arte. É a teoria que a recebe no mundo da arte e a impede de recair na condição do objeto real que ela é. (Danto, 2006, p. 21-22)

Se, retomando o trecho supracitado, considerarmos o primeiro conceito de desartificação aqui introduzido, observa-se uma interessante simetria entre as abordagens de Adorno e de Danto: assim como a massa imbecilizada pela indústria cultural pode "desartificar" (no primeiro sentido) algo que foi produzido especialmente para ser uma obra de arte, um público "especializado", pertencente ao "mundo da arte", pode ajudar a "artificar" um objeto (ou sua imagem fiel, como no caso dos *Brillo Boxes*) cuja confecção não tinha originalmente em vista uma produção artística, a qual só pôde advir da adoção, pelo artista, de uma radical desartificação (no segundo sentido – relativo ao risco calculado de uma descaracterização da obra mediante sua aproximação do âmbito extra-artístico) ao propô-lo como "obra". Esse fato gerou uma curiosa situação, na qual o mesmo filisteu que adquiria suas caixas de esponjas de aço *Brillo* no supermercado se mostrou chocado ao reencontrá-las na galeria de arte como elementos de esculturas. Ele só se tranquilizou quando a indústria cultural tornou a *pop art* palatável, embora nunca tenha entendido as implicações estético-filosóficas desse acontecimento.

As implicações filosóficas da possibilidade de situações-limite no cenário artístico contemporâneo, nas quais objetos comuns são indiscerníveis de obras de arte, passaram, desde meados da década de 1960, a ser uma obsessão para Danto, tendo sido retomadas no seu principal livro de estética, *A transfiguração do lugar comum*. Nessa obra, Danto parte de uma situação fictícia, na qual meia dúzia de telas quadradas, cobertas de tinta vermelha e fisicamente tão idênticas entre si quanto poderiam ser, são passíveis de consideração como seis obras de arte totalmente diferentes, com base no fato de que, em cada uma delas, dentre outros fatores, há uma motivação diferente, um título próprio e até mesmo uma datação específica, que varia dos séculos XV (uma imaginária *Conversazione Sacra* apenas iniciada por Giorgione) ao XX (uma não menos fictícia "Toalha de mesa vermelha", de um desconhecido discípulo de Matisse). A essa coleção de obras diferentes, composta de objetos materialmente idênticos, o pintor "J" – personagem inventado por Danto – quer adicionar sua própria tela quadrada vermelha, o que gera o seguinte comentário do filósofo norte-americano:

> Entrementes, posso apenas observar que, embora tenha produzido uma obra de arte (muito minimalista), não discernível à primeira vista de uma simples superfície pintada de vermelho, ele ainda não fez uma obra de arte a partir daquela simples superfície pintada de vermelho. Ela permanece o que ela sempre foi: um estranho na comunidade das obras de arte, mesmo que aquela comunidade contenha tantos membros indiscerníveis dela. Desse modo, esse foi um gesto simpático, mas inútil, da parte de J: ele aumentou minha pequena coleção de obras de arte, deixando intactos os liames entre essas e o mundo das meras coisas. Isso intriga a J tanto quanto a mim. Não pode ser simplesmente porque J é um artista, pois nem tudo que um artista toca se torna arte. (...) Isso deixa então apenas a opção, agora realizada por J, de *declarar* aquela polêmica superfície vermelha como sendo uma obra de arte. Por que não? Duchamp declarou uma pá de neve como tal e ela se tornou assim; um porta-garrafas como tal e ele se tornou assim. Admito que J tem exatamente o mesmo direito de declarar a superfície vermelha como uma obra de arte, portando-a triunfanlmente através do liame, como se ele tivesse resgatado algo raro. Tudo agora na minha coleção é obra de arte, mas nada foi clarificado sobre o que foi obtido. A natureza do liame é filosoficamente obscura, apesar do sucesso da investida de J. (Danto, 1981, p. 3)

Embora não se mencione explicitamente aqui, essa discussão sobre o que torna a obra de arte um objeto indiscernível de meras coisas (como o quadrado vermelho do exemplo) certamente tem como *Leitmotiv* a situação criada por Andy Wahrol, ao propor as réplicas idênticas de caixas de *Brillo* como obras de arte. De fato, mais adiante, ao imaginar outra situação-limite, na qual haveria uma confusão entre uma obra de arte de Picasso, que não passaria de uma gravata tingida de azul, um trabalho manual idêntico feito por uma criança e uma falsificação da primeira, feita por um falsário profissional, Danto re-introduz a espinhosa questão sobre o que torna algo uma obra de arte, diferenciando-o de objetos idênticos existentes no mundo das meras coisas:

> O fato requer menção porque não é, como com J, simplesmente que acontece de Picasso ter sido um artista que sua gravata, mas não aquela da criança, é uma obra de arte, porque a coisa tem que estar numa relação correta para com a pessoa que causa o seu advir à existência, mesmo se acontece de ele ou ela ser artista. Houve um certo sentimento de injustiça quando Wahrol encheu a Stable Gallery com pilhas de suas caixas de Brillo. Porque o caixote de Brillo do lugar-comum foi desenhado por um artista, um expressionista abstrato, que, por necessidade, foi compelido à arte comercial e a questão era: por que as caixas de Wahrol deveriam custar US$ 200, quando o produto daquele homem não valia nem um centavo. (Danto, 1981, p. 3)

À parte dessa discussão sobre o valor econômico de obras, que, de resto, é mais mercadológica do que filosófica, torna-se claro que, embora nessa importante obra de Danto haja poucas menções à *pop art*, é ela que está na base de suas indagações mais pormenorizadas sobre a possível indiscernibilidade entre obras de arte e objetos comuns. A partir de meados da década de 1980, em sua coletânea *O descredenciamento filosófico da arte*, especialmente no texto "O fim da arte", Danto passou a associar explicitamente essas indagações à tese hegeliana sobre a perda de substancialidade da arte, com a qual iniciei minha exposição:

> (...) o pensamento de Hegel era que por um período de tempo as energias da história coincidiram com as energias da arte, mas agora a história e a arte devem ir em direções diferentes e, apesar de a arte continuar podendo

existir no que chamei de um modo pós-histórico, sua existência já não porta qualquer significância histórica. (Danto, 1986, p. 84)

É interessante observar que, para Danto, é muito significativo o fato de essa consciência sobre o esgotamento das possibilidades "históricas" da arte advir do seio da própria atividade artística – se uma teoria como essa surgisse simplesmente pelo arbítrio de um filósofo, ela seria, mais do que desprezível, extremamente autoritária.

Esse fato leva Danto – mais uma vez – a valorizar de modo muito particular a *pop art*, pois, segundo ele, somente com ela a arte chegou à sua "autoconsciência filosófica", que seria um sinônimo do fim de sua história, de um modo análogo à estética hegeliana, na qual o fim da arte, como parte da autoconsciência do espírito, redundará na filosofia. A diferença é que, aqui, a "decretação" do fim da arte, entendido como *fim da história da arte*, ocorre a partir da própria criação artística e não de "cima para baixo", mediante o desdobramento do espírito absoluto, como queria Hegel. Não é preciso insistir que esse ato voluntário da desistência da exclusividade do ato plasmador da forma como definidor da arte, por parte dos próprios artistas, corresponde ao segundo sentido, atribuído por Adorno, da desartificação, embora Danto, além de não usar esse termo, só muito recentemente reconheceu o filósofo frankfurtiano como um interlocutor válido, ao colocar o famoso trecho inicial da *Teoria estética* como epígrafe de um capítulo de *O abuso da beleza* (Danto, 2003).

Disso resulta que Danto pode ser um parceiro fundamental para continuar pensando a "desartificação" para além do escopo abrangido pela reflexão adorniana, considerando-se também que o que apareceu no trecho citado acima como "modo pós-histórico" de existência das obras de arte se desenvolveu até chegar na consolidação, em meados dos anos 1990, em *Após o fim da arte*, da noção de "arte pós-histórica" (Danto, 1997) ou "contemporânea", sobre a qual afirma Danto que,

> Agora que o tegumento foi rompido, agora que pelo menos o vislumbre da autoconsciência foi obtido, de que a história terminou, ela [a arte/rd] se livrou de um fardo que ela poderia agora dar aos filósofos para carregarem. E os artistas, liberados do fardo da história, seriam livres para fazer

arte de qualquer modo que desejarem, para que propósitos desejarem, ou para nenhum propósito. Essa é a marca da arte contemporânea; em contraste com o modernismo – e que não se admire disso –, não há algo como um estilo contemporâneo. (Danto, 1997, p. 15)

Em que pese essa surpreendente convergência da arte "desartificada", de Adorno, com o que Danto entende por "arte contemporânea", uma diferença fundamental entre os dois autores é que, enquanto para o primeiro a desartificação, mesmo no segundo sentido de uma intencional estratégia de sobrevivência por parte de artistas avançados, insere-se num drama, no qual as chances de realização da humanidade estão seriamente comprometidas, para o segundo, a liberdade adquirida pelos artistas no âmbito da arte contemporânea é um auspicioso prenúncio de uma liberdade não apenas artística que pode vir a se concretizar no mundo atual. A discussão sobre essa importante diferença será, entretanto, objeto de outra investigação.

Referências bibliográficas

ADORNO, T. W. "Der Fetischismus in der Musik und die Regression des Horens". In *Musik in der verwalteten Welt*. Göttingen: Vanderhoeck und Ruprecht, 1984.

ADORNO, T. W. "Kritik des Musikanten". In *Gesammelte Schriften 14: Dissonanzen. Einleitung in die Musiksoziologie*. Frankfurt am Main: Surhkamp Verlag, 1996.

ADORNO, T. W. & HORKHEIMER, M. "Kulturindustrie. Aufklärung als Massenbetrug". In *Dialektik der Aufklãrung*. Frankfurt am Main: Suhrkamp Verlag, 1981.

DANTO, A. *The Transfiguration of the Common Place: a Philosophy of Art*. Cambridge (Massaschussets)/London: Harvard University Press, 1981.

DANTO, A. *The Philosophical Disenfranchisement of Art*. New York: Columbia: University Press, 1986.

DANTO, A. *After the End of Art: contemporary Art and the Pale of History*. Princeton: Princeton University Press, 1997.

DANTO, A. "La obra de arte e el futuro histórico". In *La Madona del Futuro: ensayos en um mundo del arte plural*. Barcelona/Buenos/México: Paidós, 2003.

DANTO, A. *The Abuse of Beauty. Aesthetics and the Concept of Art*. Chicago/La Salle: Open Court, 2003.

DANTO, A. *Unnatural Wonders: essays from the Gap between Art and Life*. New York: Farrar, Straus and Giroux, 2005.

DANTO, A. "O mundo da arte". *Artefilosofia*. Ouro Preto: UFOP. n. 1, 2006. Traduzido por Rodrigo Duarte.

GARCIA-DÜTMANN, A. "Entkunstung". In *Kunstende. Drei ästhetische Studien*. Frankfurt am Main: Suhrkamp Verlag, 2000.

GOEHR, L. "For the Birds/Against the Birds. The Modernist Narratives of Danto and Adorno (and Cage)". In Vladimir Safatle e Rodrigo Duarte (org.). *Ensaios sobre filosofia e música*. São Paulo: Editora Humanitas, 2007.

HEGEL, G.W. F. *Vorlesungen über die Ästhetik*. Frankfurt am Main: Suhrkamp Verlag, 1989.

MÜLLER, U. "Die Illusion der Formlosigkeit. Zur Kritik gegenwärtiger, Entkunstung der Kunst". In *Zeitschrift für kritische Theorie*. Lüneburg: Zu Klampen, 2001.

8

A LIQUIDAÇÃO DO TRÁGICO COMO ASPECTO DO FIM DA ARTE

No capítulo dedicado à crítica da indústria cultural em sua obra comum *Dialética do esclarecimento*, Horkheimer e Adorno chamam a atenção para o fato de que a cultura de massas depende, até certo ponto, do procedimento relativo ao "trágico", presente em muitas obras de arte autênticas desde a Antiguidade grega até o século XIX, no sentido de conferir a suas produções uma pseudo-seriedade e, com isso, ludibriar as massas carentes de referências culturais. Acontece que essa tragicidade postiça dos filmes e das *soup-operas* deixa de realizar o trágico propriamente dito não apenas porque, nesse caso, encontramo-nos diante de uma estratégia de cooptação das massas, mas também – e talvez principalmente – porque é evidente para os autores que a realização do verdadeiro trágico depende de uma substância subjetiva que está ameaçada de extinção numa época em que, apesar do crescente individualismo, quase não há mais sujeitos. Neste texto pretendo iniciar com uma rápida menção às posições sobre o desaparecimento ou a permanência do trágico e, em seguida, explorar a tese sobre o fim do trágico exposta na *Dialética do esclarecimento*, relacionando-a também com obras posteriores de Adorno, como, por exemplo, a *Teoria estética*, na qual ele discorre sobre o fim da arte como consequência da consolidação da cultura de massas.

Suicídio ou sobrevida da tragédia?

Uma vez que o escopo principal desta exposição é mostrar como a ascensão e o predomínio da cultura de massas leva ao fim do trágico, torna-se interessante levar em consideração tanto os pontos de vista teóricos para os quais a verdadeira tragédia (e sua esfera de influência) já tinha tido o seu fim ainda no século V a.C., quanto aqueles que acreditavam na permanência do elemento trágico até mesmo na época contemporânea. O principal exemplo da primeira posição encontra-se em *O nascimento da tragédia*, de Nietzsche, e o da segunda, consolida-se especialmente na *Teoria do romance* de Georg Lukács, de redação apenas algumas décadas posterior àquela.

O nascimento da tragédia, de Nietzsche, é um texto em que o autor dá toda a ênfase possível a uma tese ao mesmo tempo genérica e imaginativa: os impulsos – naturalmente antagônicos – apolíneo e dionisíaco, que possuem enraizamento antropológico e até mesmo cosmológico, confluíram e se harmonizaram apenas na tragédia grega, conferindo à cultura ática uma grande originalidade e uma inédita densidade estética, que é assim descrita por Nietzsche:

> aqui se oferece a nosso olhar a sublime e admirada obra de arte da *tragédia ática* e do ditirambo dramático, como alvo comum de ambos os impulsos, cujo misterioso matrimônio, depois de uma longa luta passada, se glorificou numa tal criança, que é ao mesmo tempo Antígona e Cassandra. (Nietzsche, 1980, p. 35)

Essa harmonia entre o elemento apolíneo, que representa a dimensão imagética, e o dionisíaco, o qual, de modo análogo, representa o âmbito sonoro (e também uma espécie de "irracionalidade", que lhe seria latente) é quebrada quando, segundo Nietzsche, Sócrates (representando a racionalidade filosófica) e Eurípedes (em nome de uma suposta renovação do gênero) procuraram suprimir o elemento dionisíaco por considerá-lo perigosamente irracional e instauraram o primado do discurso sobre a intuição. Com isso, eles teriam dado fim à singular experiência de uma existência social trágica, mas nem por isso menos plena e até mesmo feliz. Considerando que o fim da tragédia grega se deu, em parte, por um movimento interno ao seu próprio âmbito, Nietzsche chega mesmo a falar de um "suicídio":

> A tragédia grega pereceu de modo diferente do que muitos gêneros artísticos a ela irmanados: ela morreu por meio de suicídio, em virtude de um conflito insolúvel, portanto, trágico, enquanto todos os outros desapareceram com idade avançada, por uma morte das mais belas e tranqüilas. Quando ele é adequado a um feliz estado natural, com uma bela descendência e se separada da vida sem convulsões, assim se mostra o fim daqueles gêneros artísticos mais antigos como um desses felizes estados naturais: eles submergem lentamente e diante de seu olhar moribundo já se encontra seu belo rebento e, num gesto corajoso, ergue impacientemente a cabeça. Com a morte da tragédia grega, ao contrário, surgiu um enorme – generalizadamente sentido – vazio. (Nietzsche, 1980, p. 64)

É interessante observar que essa versão nietzscheana sobre o fim da tragédia na cultura grega clássica tem em vista a decadência cultural europeia em finais do século XIX, o que a credencia como uma ilustre antecessora da crítica à indústria cultural de Horkheimer e Adorno, que será abordada adiante.

Por outro lado, cumpre também notar que, já no início do século XX – época dos primórdios da indústria cultural –, surgiu uma teoria de grande profundidade e conteúdo crítico, que acreditava na permanência da tragédia, atribuindo o caráter de sintoma das grandes transformações histórico-econômicas que intensificavam a experiência de perda de sentido da vida a outros gêneros literários. Refiro-me à supramencionada *Teoria do romance*, de Georg Lukács, na qual o autor abordou as relações entre a epopeia e o romance – gênero que, segundo Nietzsche, seria caudatário do processo que deu fim à tragédia no ápice da cultura grega e acabou determinando o seu declínio (Nietzsche, 1980).

A equação proposta pelo jovem Lukács considera a epopeia como sendo uma narrativa típica de um mundo percebido como *fechado*, sem surpresas ou sobressaltos, para os partícipes da sociedade onde ela floresce. Em seu âmbito, percebe-se a natureza em sua plenitude como uma continuidade da sociedade humana e os deuses não são "sobrenaturais", mas estão perfeitamente integrados nesse *continuum* pleno de sentido e que, além de tudo, aparece ao gênero humano como sua morada mais imediata. O inegável teor crítico da posição de Lukács diz respeito ao advento do romance como o "epos" de uma sociedade em que a integração homem-natureza, explícita na narrativa épica originária, não existe mais e deu lugar à experiência radical da falta de sentido que começa nos primórdios da Idade Moderna e atinge o seu apogeu no início do século XX – época que nos interessa também como começo da cultura de massas. Para descrever essa situação de desencanto generalizado, Lukács usa o termo "segunda natureza", que tem um longo percurso na história da filosofia[1] e que adquire na *Filosofia do Direito*, de Hegel, o significado de uma alienação típica da sociedade civil-burguesa moderna (Hegel, 1986).

Sob esse aspecto, é curioso observar que, diante de um diagnóstico semelhante ao de Nietzsche sobre a decadência cultural do Ocidente, Lukács chega, como já se mencionou, a uma conclusão oposta sobre o destino da tragédia. Isso pode ser explicado pelo fato de que ele acredita que a tragédia pôde atravessar ilesa todas as vicissitudes da história humana, sendo que é na relação entre a epopeia e o romance que se expressa a referida transformação. Para ele, essa é uma relação de ruptura dialética já que o romance continua – numa situação de totalidade empírica rompida – a mesma imanência característica que a epopeia realizava num mundo fechado, no qual havia continuidade entre o sujeito e seu objeto, entre a humanidade e a natureza: "A epopeia dá forma a uma totalidade de vida fechada a partir de si mesma, o romance busca descobrir e construir, pela forma, a totalidade oculta da vida" (Lukács 2000, 60). Já a tragédia sobreviveu, modificada, às transformações que encetaram o mundo dominado pela alienação da

1. O registro mais antigo da "segunda natureza" remonta a Demócrito de Abdera, que nos seus provérbios fala da educação como segunda natureza. Ainda na filosofia antiga, há menções a esse termo na *República* de Platão, na *Ética nicomaquéia* de Aristóteles e nas *Enéadas* de Plotino com um sentido semelhante. Na Idade Moderna, a primeira menção da "segunda natureza" de que tenho notícia ocorre nos *Pensamentos* de Pascal, aparecendo também na *Crítica da faculdade do juízo*, em "Analítica do Sublime", de Kant, na *Enciclopédia* e na *Filosofia do Direito*, de Hegel, e até mesmo nas *Considerações Intempestivas*, de Nietzsche.

“segunda natureza”, porque sua substância não se encontrava na existência imanente à vida, mas numa essência separada dela:

> Mas enquanto a imanência do sentido à vida naufraga irremediavelmente ao menor abalo das correlações transcendentais, a essência afastada da vida e estranha à vida é capaz de coroar-se com a própria existência, de maneira tal que essa consagração, por maiores que sejam as comoções, pode perder o brilho, mas jamais ser totalmente dissipada. Eis porque a tragédia, embora transformada, transpôs-se incólume em sua essência até nossos dias, ao passo que a epopeia teve de desaparecer e dar lugar a uma forma absolutamente nova, o romance. (Lukács, 2000, p. 39)

Esse ponto de vista, embora discordante da posição de Nietzsche sobre o fim do trágico, não deixa de estar no espírito do que virá a ser a crítica à indústria cultural de Horkheimer e Adorno, uma vez que a ausência de sentido no mundo dominado pela segunda natureza não apenas obriga a uma ruptura na expressão artística, que se traduz na passagem da epopeia ao romance, mas também pode levar esse último a uma perigosa proximidade com fenômenos que, no início do século XX, já prefiguram a consolidação da cultura de massas:

> O perigo que surge desse caráter fundamentalmente abstrato do romance já foi reconhecido como a transcendência rumo ao lírico ou dramático, ou como estreitamento da totalidade em idílio, ou por fim como o rebaixamento ao nível da mera literatura de entretenimento. (Lukács, 2000, p. 70)

O destino da tragédia no âmbito da indústria cultural

Embora haja uma abordagem específica sobre o destino da tragédia no capítulo sobre a indústria cultural da *Dialética do esclarecimento*, seria interessante enfocar dois temas a ele relacionados, cuja discussão precede imediatamente o tema do trágico. O primeiro deles é a “catarse”, relacionado, no âmbito da cultura de massas, àquele traço da mercadoria cultural que intensifica o seu “valor de uso”, isto é, sua capacidade de, mediante estímulos cada vez mais feéricos, produzir uma espécie de purgação, semelhante ao efeito que Aristóteles atribuíra à tragédia grega (Aristóteles, 1982, 1449b 27). Na *Dialética do esclarecimento*, os autores associam o significado da *catarse* ao modo como a indústria cultural procede em relação à sexualidade, já que a palavra grega *kátharsis* possuía também o significado médico de "limpeza", "purificação", inclusive no sentido de que o ato sexual realiza um tipo de descarga das tensões nervosas represadas (Rey Puente, 2002). Se a catarse originária da tragédia grega dependia para sua realização da provocação no espectador de "temor e compaixão", no plano da indústria cultural ela ocorre apenas enquanto higiene espiritual pura e simples. De acordo com Adorno e Horkheimer,

> A fusão atual da cultura e do entretenimento não se realiza apenas como depravação da cultura, mas igualmente como espiritualização forçada da diversão. Nesse sentido, a diversão realiza a purificação das paixões que Aristóteles já atribuía à tragédia (...). Assim como ocorreu com o estilo, a indústria cultural desvenda a verdade sobre a catarse. (Adorno & Horkheimer, 1981, p. 166)

O outro tema, intimamente relacionado com a tragédia, que é abordado imediatamente antes dessa no texto sobre a indústria cultural é o do "ser genérico". Esse termo era empregado pela esquerda hegeliana e pelo jovem Marx para designar um indivíduo que representa de modo inequívoco o gênero ao qual pertence. Por isso, o "ser genérico" é um elemento importante na constituição de uma situação verdadeiramente trágica, uma vez que é exatamente o valor exemplar das atitudes assumidas pelo herói que reconcilia o indivíduo com a totalidade. Essa reconciliação, como se sabe, passa pelo sacrifício de sua integridade física ou até de sua própria vida, situação em que o aparecimento do "temor e da compaixão" no espectador efetua a supramencionada purgação no seu espírito, predispondo-o, dentre outras coisas, para uma atitude que favorecia ao tipo de sociabilidade praticada na Grécia Antiga.

Como ficará claro, a seguir, a impossibilidade de ocorrer no âmbito da indústria cultural uma *catarse* no seu sentido próprio, liga-se, de acordo com Adorno e Horkheimer, à impossibilidade do autêntico trágico, na medida em que a cultura de massas não apenas desqualifica o sujeito num sentido enfático, como também mina as condições para o seu aparecimento e desenvolvimento. Quando os autores afirmam que a "Indústria cultural realizou maldosamente o homem como ser genérico" (Adorno & Horkheimer, 1981, p. 168), eles querem dizer que o ser genérico, em vez de se realizar a partir da constituição do indivíduo, resulta de um processo de massificação, no qual não pode haver a aludida representação do gênero por parte do indivíduo porque mesmo a sua ideia perde totalmente o sentido:

> A *starlet* deve simbolizar a empregada de escritório, mas de tal sorte que, diferentemente da verdadeira, o grande vestido de noite já parece talhado para ela. Assim, ela fixa para a espectadora, não apenas a possibilidade de também vir a se mostrar na tela, mas ainda mais enfaticamente a distância entre elas. (...) A semelhança perfeita é a diferença absoluta. A identidade do gênero proíbe a dos casos. (Adorno & Horkheimer, 1981, p. 167-168)

Levando em consideração sua possível utilização para fins de coesão social nas Cidades-Estado gregas, Horkheimer e Adorno veem uma certa continuidade entre a tragédia e os produtos da indústria cultural, ressalvando, no entanto, que o que na primeira liga-se a uma função social explícita, mediada por um processo de sublimação, nos últimos faz parte de uma estratégia de dominação e de aprisionamento das consciências apenas com objetivos de manutenção do *status quo*, sem qualquer ganho em termos éticos e/ou estéticos. Mas as diferenças entre um e outro fenômeno são, na verdade, muito maiores do que, à primeira vista, pode-se supor, pois, mesmo não se podendo, na Grécia Antiga, falar de uma subjetividade no sentido moderno do termo, a categoria do trágico pressupõe a existência de um indivíduo, que coincide com o próprio herói trágico, para o qual o curso dos acontecimentos não é de modo algum indiferente, sendo que a força da tragédia advém exatamente do dilaceramento, na consciência desse indivíduo, ocasionado por peripécias sobre as quais ele não tem o menor controle.

Além da perda de substancialidade do sujeito, outra dificuldade para a realização do trágico no âmbito da indústria cultural é sua clara intenção de anestesiar o espectador, de modo que não haja mais lugar para a *experiência* do sofrimento e, de modo especial, para sua expressão. É importante lembrar que essa experiência, desde a Antiguidade clássica, era tida como purificadora, no sentido próprio da *kátharsis* que se assinalou acima. Na indústria cultural, a experiência do sofrimento é substituída por um tipo de entorpecimento que deve auxiliar na superação das dificuldades: "Muito longe de simplesmente encobrir o sofrimento sob o véu de uma camaradagem improvisada, a indústria cultural põe toda a honra da firma em encará-lo virilmente nos olhos e admiti-lo com um fleuma difícil de manter" (Adorno & Horkheimer, 1981, p. 174).

Tendo em vista essa atitude de banalização do sofrimento e da supressão de possibilidade de sua expressão estética, Adorno e Horkheimer indicam a completa deturpação do trágico pela indústria cultural, a qual ocorre mediante uma relação parasitária para com a arte autêntica, que, em conformidade com o supramencionado ponto de vista do jovem Lukács, poderia ainda haver uma sobrevida da substância verdadeiramente trágica. Segundo os autores, em que pese a aludida despotencialização do sofrimento, torna-se necessária uma caricatura da tragédia para preencher o enorme vazio de conteúdo que, forçosamente, faz parte das mercadorias culturais:

> A mentira não recua diante do trágico. Assim como a sociedade total não dá cabo do sofrimento de seus integrantes, apenas o registra e planeja, do mesmo modo a cultura de massa procede com o trágico. Daí vêm os insistentes empréstimos à arte. Ela fornece a substância trágica que a pura diversão não pode por si só trazer, mas da qual ela precisa, se quiser se manter fiel de uma ou de outra maneira ao princípio da reprodução exata do fenômeno. (Adorno & Horkheimer, 1981, p. 174)

Dessa forma, o trágico, de "resistência desesperada à ameaça mítica" que era, fica reduzido à "ameaça da destruição de quem não coopera" (Adorno & Horkheimer, 1981, p. 174-175), querendo isso dizer que o terrível destino do herói trágico é traduzido em termos de um "aviso" para aqueles que possuem comportamento desviante em relação ao estabelecido pelo *status quo*, de um modo que invalida inteiramente a *hybris* do herói como uma *transgressão* absolutamente necessária. Desse modo fica mais do que evidente a relação supra-estabelecida entre a liquidação do trágico e o processo de totalização social, o qual pode, aliás, culminar com a pura e simples eliminação do indivíduo, numa situação em que,

> Todos podem ser como a sociedade todo-poderosa, todos podem se tornar felizes, desde que se entreguem de corpo e alma, desde que renunciem à pretensão de felicidade (...). Hoje o trágico dissolveu-se neste nada que é a falsa identidade da sociedade e do sujeito, cujo horror ainda se pode divisar fugidiamente na aparência nula do trágico. (Adorno & Horkheimer, 1981, p. 176-177)

É exatamente essa "pseudo-individualidade", que elimina a possibilidade de os indivíduos se tornarem sujeitos, fazendo-os "meras encruzilhadas das tendências do universal" (Adorno & Horkheimer, 1981, p. 178), que torna possível reintegrá-los completamente na universalidade, que, longe de ser aquela do espírito reconciliado é um outro termo para designar a pura e simples opressão.

É interessante observar que Adorno retomou o tema do trágico em escritos posteriores de estética, sendo que o pano de fundo histórico para sua afirmação sobre a impossibilidade do trágico na *Teoria estética*, por exemplo, é o mesmo que o da *Dialética do esclarecimento*, a saber, a degeneração estética contemporânea em virtude do predomínio da indústria cultural. Num trecho muito eloquente, Adorno recoloca a ideia, introduzida no texto sobre a indústria cultural, segundo a qual o trágico nessa esfera reduz-se ao "getting into trouble and out again" (Adorno & Horkheimer, 1981, p. 175) das operetas centro-europeias em termos de uma banalidade tal que acaba por golpeá-lo mortalmente:

> Uma vez que a vulgaridade estética imita de modo não-dialético as invariantes da degradação social, ela não possui qualquer história; os *graffiti* celebram seu eterno retorno. Nenhuma matéria deveria em qualquer circunstância ser tornada tabu pela arte; a vulgaridade é uma relação para com as matérias e aqueles aos quais se apela. Sua expansão para se tornar total engoliu entrementes aquilo que se apresenta como nobre e sublime: uma das razões para a liquidação do trágico. Na conclusão do segundo ato da opereta de Budapeste ele se acabou. (Adorno, 1996, p. 357)

Mas o ponto de vista da obra póstuma de Adorno é muito mais relacionado com as imensas dificuldades da criação artística na contemporaneidade, as quais, no limite, apontam para a possibilidade do puro e simples fim da arte, com cuja menção a *Teoria estética* se inicia: "Tornou-se óbvio que nada mais que diz respeito à arte é óbvio, nem nela mesma, nem em sua relação com o todo, nem mesmo no seu direito de existência" (Adorno, 1996, p. 9)[2]. Nesse sentido, a arte séria compartilha da mesma sorte reservada ao trágico no "mundo administrado" como, aliás, está expresso no trecho que se segue:

> Que se recorde a categoria do trágico. Ela parece o vestígio estético do mal e da morte, ativa enquanto esses também estiverem. Apesar disso, ela não é mais possível. Aquilo em que um dia o pedantismo dos estetas sofregamente distinguiu o trágico do triste, torna-se um juízo sobre aquele: a afirmação da morte; a ideia de que na decadência do finito brilharia o infinito; o sentido do sofrimento. Sem qualquer direito garantido, as obras de arte negativas parodiam hoje o trágico. Só enquanto trágica toda arte é triste, principalmente aquela que parece ser leve e harmônica. (Adorno, 1996, p. 49)

Naturalmente, essa vinculação do destino do trágico ao próprio destino da arte, como já se sugeriu, tem diretamente a ver com o fato de que o cenário estético é inteiramente dominado pela indústria cultural. Cumpre observar ainda que na *Teoria estética* há passagens extremamente elucidativas sobre o âmbito do trágico, que, não raro, lançam retrospectivamente luz sobre ideias que, na *Dialética do esclarecimento*, estavam ou apenas implícitas ou simplesmente careciam de maior explicação. Na impossibilidade de me alongar mais, menciono aqui apenas uma dessas passagens, a qual diz respeito ao caráter potencialmente emancipador da tragédia, apesar de seu relativo comprometimento ideológico, explicitando ainda o caráter incipiente da subjetividade em seu âmbito, sem o que a afirmação da impossibilidade do trágico na contemporaneidade, em função da quase inexistência de sujeitos propriamente ditos, torna-se ininteligível. A esse respeito, declara Adorno:

---

2. Ver, neste livro, o artigo "O tema do fim da arte na estética contemporânea" (p. 117).

> Hávera pouco que discutir sobre em que medida a tragédia ática, inclusive a euripidiana tomou partido nos violentos conflitos sociais da época. Entretanto, o direcionamento tendencial da forma trágica diante das matérias míticas, a quebra do encanto do destino e o nascimento da subjetividade testemunham tanto a emancipação social para com as relações feudais familiares quanto, na colisão entre a norma mítica e a subjetividade, para com o antagonismo entre a dominação ligada ao destino e a humanidade despertando para a maioridade. (Adorno, 1996, p. 344-345)

Referências bibliográficas

ADORNO, T. *Ästhetische Theorie*. Frankfurt am Main: Suhrkamp Verlag, 1996.

ADORNO, T. W. & HORKHEIMER, M. "Kulturindustrie. Aufklärung als Massenbetrug". In *Dialektik der Aufklãrung*. Frankfurt am Main: Suhrkamp Verlag, 1981.

ARISTÓTELES. *Poética*. Madrid: Aguilar, 1982. Traduzido por Francisco de P. Saramach.

HEGEL, G.W. F. *Grundlinien der Philosophie des Rechts*. Frankfurt am Main: Suhrkamp Verlag, 1986.

LUKÁCS, G. *A teoria do romance*. São Paulo: Livraria Duas Cidades/ Editora 34, 2000. Traduzido por José Marcos Mariani de Macedo.

NIETZSCHE, F. "Die Geburt der Tragödie". In *Werke I*, Frankfurt am Main/Berlim/Viena: Ulstein, 1980.

REY PUENTE, F. "A *kátharsis* em Platão e Aristóteles". In DUARTE, Rodrigo et al. *Kátharsis: reflexos de um conceito estético*. Belo Horizonte: C/Arte, 2002.

9

SOBRE O CONSTRUTO ESTÉTICO-SOCIAL

Introdução

Esta exposição pretende retomar os principais elementos da crítica à indústria cultural, feita por Horkheimer e Adorno na *Dialética do esclarecimento*, a fim de compreender alguns fenômenos estéticos contemporâneos que ostentam, por um lado, traços de mercadorias culturais, já que não apresentam a sofisticação formal de obras de arte propriamente ditas e são, pelo menos parcialmente, veiculados pelos meios de comunicação típicos da indústria cultural, tais como televisão, rádio, discos, filmes etc. Por outro lado, tais fenômenos não se encaixam totalmente na rubrica de mercadorias culturais por apresentarem conteúdos críticos ao capitalismo tardio e – principalmente – por serem vinculados a práticas que honestamente se entendem como transformadoras da sociedade tal como ela é. Ademais, em alguns casos, tais fenômenos são oriundos de comunidades extremamente carentes e se caracterizam como autênticas expressões estéticas do seu sofrimento e da esperança de sua superação.

Com o objetivo de pelo menos iniciar uma reflexão sobre esse tópico, adotarei a estratégia de recordar aqueles elementos do capítulo da *Dialética do esclarecimento* sobre a indústria cultural que caracterizam os seus produtos por comparação com as obras de arte propriamente ditas, tais como a "necessidade retroativa", a "confiscação do esquematismo", o "estilo", o "pseudo-liberalismo", a "deturpação do trágico" e o "fetichismo dos objetos culturais".

Num segundo momento, pretendo indicar em que medida essa contraposição entre obra de arte e mercadoria cultural, à primeira vista excessivamente dicotômica, gerou críticas contundentes à teoria crítica da indústria cultural. Dentre elas me atenho, aqui, à posição de Richard Shusterman, que critica em bloco todas as colocações contrárias à cultura de massa – inclusive a de Horkheimer e Adorno – como incontornavelmente elitistas e, portanto, imprestáveis para a compreensão de fenômenos estéticos populares recentes, semelhantes aos que eu gostaria de abordar.

No terceiro e último item de minha exposição, pretendo mostrar que não é necessário abandonar a teoria crítica da indústria cultural para compreender esses fenômenos, desde que se adicione às três categorias de construtos estéticos arroladas na *Dialética do esclarecimento*: obra de arte, mercadoria cultural e "arte leve", uma quarta categoria que eu denomino "construto estético-social". Pretendo mostrar em que medida essa tipificação é uma síntese das três categorias mencionadas, a qual permite, quando é o caso, enfocar fenômenos de altíssima relevância social, que, por outro lado, apesar de não preencherem os requisitos formais das obras de arte, só podem ser compreendidos se se leva em consideração o seu caráter estético.

Elementos estéticos da crítica à indústria cultural e suas ressonâncias em obras posteriores de Adorno

A indústria cultural apresentou-se a Horkheimer e Adorno como um fenômeno superestrutural inédito, cuja novidade consistia também no fato de manter com a infra-estrutura econômica uma relação mais complexa do que a ideologia convencional o faz. Pois, apesar de sua dependência para com a "indústria pesada" (aço, petróleo, eletricidade, química), já à época de redação da *Dialética do esclarecimento*, a indústria cultural se apresentava como amplamente auto-sustentável em termos econômicos[1].

1. A esse respeito, os autores lembram que "as cifras publicadas dos rendimentos de seus diretores gerais suprimem qualquer dúvida quanto à necessidade social de seus produtos" (Adorno & Horkheimer, 1981, p. 142).

No entanto, a exemplo da ideologia no sentido clássico, desde o início, sempre houve nesse modelo de cultura de massa a função de justificação do *status quo*, a qual ela desempenhou pela aplicação de diversos dispositivos. Um deles reside no fato de que sua "necessidade social" é enganosamente apresentada como imediatamente dada e não – como de fato ocorre – artificialmente produzida. A esse respeito os autores lembram que, "os padrões resultariam originariamente das necessidades dos consumidores: eis por que são aceitos sem resistência. Na verdade, isso é o círculo de manipulação e necessidade retroativa, no qual a unidade do sistema concentra-se cada vez mais densamente" (Adorno & Horkheimer, 1981, p. 142).

"Necessidade retroativa" é o nome dado por Horkheimer e Adorno para os carecimentos latentes das massas do capitalismo tardio, os quais são considerados pelas agências da indústria cultural, sendo os produtos daí resultantes àquelas endereçados com ênfase nos aspectos sensíveis em termos da manutenção do *status quo*. Esse procedimento ocorre quase sempre associado a um outro, denominado pelos autores "confiscação do esquematismo". Para sua elucidação, Adorno e Horkheimer indicam na indústria cultural uma espécie de usurpação da capacidade do intelecto humano de mediar a subsunção das intuições sensíveis nas categorias, através daquilo que Kant chamou, na *Crítica da razão pura*, de "esquematismo dos conceitos puros do entendimento". Segundo os autores,

> A função que o esquematismo kantiano ainda atribuía ao sujeito, a saber, referir de antemão a multiplicidade sensível aos conceitos fundamentais, é tomada ao sujeito pela indústria. (...) Tudo vem da consciência, em Malebranche e Berkeley da consciência de Deus; na arte para as massas, da consciência terrena das equipes de produção. (Adorno & Horkheimer, 1981, p. 145-146)

Em outras palavras, a construção do objeto da percepção pelo sujeito, para a qual, seguindo-se a indicação de Kant, seriam necessárias intuições sensíveis, categorias e um desempenho subjetivo de ligação entre ambas – o próprio esquematismo –, tende a ser substituída na consciência daqueles consumidores típicos da indústria cultural por intuições já previamente esquematizadas pelos produtores das mercadorias culturais.

Desse modo, sua recepção por parte do consumidor torna-se automatizada, sendo que essa automatização tem sua contraparte objetiva – relativa à confecção do produto da indústria cultural – num procedimento totalizante, em que a dialética todo-partes, apontada por Horkheimer e Adorno como indispensável na obra de arte propriamente dita, deixa de ocorrer na mercadoria cultural. A mencionada interação recíproca entre o todo e as partes nas obras de arte convencionais, segundo os autores, era de grande importância no tocante à função do detalhe, o qual caracterizava o elemento de criação original, mesmo no âmbito de um idioma bem estabelecido, como em muitos casos da arte erudita convencional: "Emancipando-se, o detalhe tornara-se rebelde e, do romantismo ao expressionismo, afirmara-se como expressão indômita, como veículo do protesto contra a organização. A tudo isso a indústria cultural deu fim mediante a totalidade" (Adorno & Horkheimer, 1981, p. 146-147).

E a menção a essa neutralização do elemento particular no construto, a qual caracteriza tão bem a indústria cultural, remete ao questionamento, feito pelos autores, sobre o conceito de "estilo", que pontificou na filosofia da arte desde os primórdios da Idade Moderna. Para eles, a totalização que se transfere ao produto como consequência de sua completa funcionalidade para fins de valorização econômica e manutenção ideológica do capital supera totalmente a coerção exercida em eras passadas, na esfera da arte absoluta, pelo estilo enquanto momento universalizante numa produção estética em que os elementos particulares poderiam adquirir relevo: "A tradução estereotipada de tudo, até mesmo do que ainda não foi pensado, no esquema da reprodutibilidade mecânica supera em rigor e valor todo verdadeiro estilo" (Adorno & Horkheimer, 1981, p. 148-149).

Prosseguindo sua reflexão sobre o conceito de estilo, Adorno e Horkheimer assinalam o fato de que a indústria cultural acaba por torná-lo transparente em virtude de o elemento coercitivo, que desde sempre lhe fora inerente[2], revelar-se em toda sua plenitude enquanto aquela falsa identidade do universal e do particular que define o âmbito da cultura de massa (Adorno & Horkheimer, 1981, p. 151). Em vez dessa universalização forçada, deveria haver um intercâmbio entre universal e particular no âmbito do objeto estético que poderia se refletir fora dele, se não houvesse a esmagadora coerção da totalidade no âmbito social. O caráter sub-reptício dessa coerção, oriundo dos mecanismos de "necessidade retroativa" e "confiscação do esquematismo" supra-aludidos, se expressa de modo interessante também na ideologia pretensamente "liberal" da cultura massificada, mesmo sendo ela um fenômeno típico do capitalismo monopolista – com infra-estrutura econômica sabidamente não-concorrencial nos seus setores mais nevrálgicos. A falsidade desse "pseudoliberalismo" se traduz nas segundas intenções daqueles que permitem o anacronismo de "relações de mercado" no âmbito de uma economia integralmente cartelizada como a atual: "Atualmente em fase de desagregação na esfera da produção material, o mecanismo da oferta e da procura continua atuante na superestrutura como mecanismo de controle a favor dos dominantes" (Adorno & Horkheimer, 1981, p. 155).

Aqui, a supramencionada "necessidade retroativa" pode ser vista mais de perto, na medida em que os interesses escusos na sobrevivência controlada do mercado corporificam-se na obtenção de uma proximidade do público a partir da qual se possam sondar tendências e aspirações nele latentes e, consequentemente, otimizar o ajuste entre a oferta e a demanda:

> Como a absorção de todas as tendências da indústria cultural na carne e no sangue do público se realiza através do processo social inteiro, a sobrevivência do mercado neste ramo atua favoravelmente sobre essas tendências. A demanda não é substituída por simples obediência. (Adorno & Horkheimer, 1981, p. 158)

Quanto ao fato – também relacionado à "necessidade retroativa" – de a indústria cultural procurar justificar sua existência mediante a alegação de que as pessoas necessitam de entretenimento, Horkheimer

2. Sobre a existência de certo teor emancipatório na noção de estilo, ver Adorno & Horkheimer (1981, p. 307).

e Adorno relembram que o entretenimento já existia muito tempo antes do advento da indústria cultural. A novidade agora é a capitalização completa desses ingredientes para a já aludida dupla finalidade econômica e ideológica: "o que é novo é que os elementos irreconciliáveis da cultura, da arte e da distração se reduzem mediante sua subordinação ao fim a uma única fórmula falsa: a totalidade da indústria cultural" (Adorno & Horkheimer, 1981, p. 157-158). No entanto, essa subordinação não se dá de modo uniforme: enquanto os elementos mais diretamente associados à diversão sucumbem inapelavelmente aos ditames da cultura mercantilizada, a arte culta, em virtude de sua maior complexidade formal, consegue se manter mais distanciada desse processo de exploração, mostrando-se não apenas como um fértil campo de exploração para a indústria cultural, mas também como depositária de valores humanos universais:

> A pureza da arte burguesa, que se hipostasiou como reino da liberdade em oposição à práxis material, foi obtida desde o início ao preço da exclusão das classes inferiores, mas é à causa destas classes – a verdadeira universalidade – que a arte se mantém fiel exatamente pela liberdade dos fins da falsa universalidade. (Adorno & Horkheimer, 1981, p. 157)

Essa "liberdade dos fins da falsa universalidade" é o que, segundo Horkheimer e Adorno, faz da alta cultura, ainda hoje, um fator de permanência da utopia num mundo quase completamente desencantado. No que tange à antítese entre arte leve e arte séria, os autores denunciam a indústria cultural como tentativa de absorver uma na outra, sem que haja propriamente uma reconciliação entre ambas. A esse respeito, é importante recordar que, ao contrário do que propalam certas leituras apressadas da *Dialética do esclarecimento*, seus autores não deploram a existência da chamada "arte leve", pois, segundo eles, "quem a lastima como traição do ideal da expressão pura está alimentando ilusões sobre a sociedade" (Adorno & Horkheimer, 1981, p. 157). Para eles, se não existissem as restrições impostas pela exploração econômica da indústria cultural, o entretenimento não seria mera antítese da arte, mas poderia até mesmo conter certos elementos de negatividade que dela são característicos:

> O absurdo tipo Mark Twain, que a indústria cultural norte-americana às vezes se põe a namorar, poderia significar um corretivo da arte. Quanto mais a sério ela leva a contradição com a vida, tanto mais ela se parece com a seriedade da vida, seu oposto; quanto mais trabalho emprega para se desenvolver em toda sua pureza a partir da lei de sua própria forma, mais ela volta a exigir trabalho do entendimento, mesmo quando ela queria justamente negar o peso desse trabalho. Em muitos musicais, mas sobretudo nas farsas e nos *funnies* reluz em certos instantes a possibilidade dessa negação. Mas, naturalmente, não é lícito chegar ao ponto de realizá-la. (Adorno & Horkheimer, 1981, p. 164)

O trecho acima mostra claramente em que medida Horkheimer e Adorno compreendem a natureza não necessariamente perversa do entretenimento e a possibilidade de negatividade que ele encerra, ressalvando, no entanto, que, sob a regência da indústria cultural, ele perde muito do seu elemento potencialmente crítico. E isso ocorre, como já se assinalou, muito mais facilmente com os construtos estéticos menos complexos, já que, no caso das obras de arte propriamente ditas, a lei formal funciona como um escudo contra sua assimilação completa na cultura de massas. Para os autores, a essa complexidade da forma relaciona-se também uma espécie de sublimação – num sentido próximo ao freudiano – à qual eles adicionam o adjetivo "estética":

> De seu lado, as obras de arte tampouco consistiam em exibições sexuais. Todavia, apresentando a renúncia como algo de negativo, elas revogavam por assim dizer a humilhação da pulsão e salvavam aquilo a que se renunciara como algo mediatizado. Eis aí o segredo da sublimação estética: apresentar a satisfação como uma promessa rompida. (Adorno & Horkheimer, 1981, p. 161)

Horkheimer e Adorno estabelecem uma importante diferença entre esse "apresentar a satisfação como uma promessa rompida", produzido pela sublimação estética, e a situação em "que o convidado deve se contentar com a leitura do cardápio" (idem), imposta pela indústria cultural. Isso significa que essa, além de "humilhar a pulsão", não oferece a possibilidade de qualquer reflexão sobre o sentido do desejo, tratando a sexualidade, no máximo, como uma questão de indispensável higiene corporal. A esse respeito, é interessante lembrar que o significado originário do termo *catarse* tinha a ver exatamente com a purgação dos humores no sentido fisiológico, antes que ela se tornasse um conceito da filosofia da arte desde a *Poética* de Aristóteles:

> A fusão atual da cultura e do entretenimento não se realiza apenas como depravação da cultura, mas igualmente como espiritualização forçada da diversão. Nesse sentido, a diversão realiza a purificação das paixões que Aristóteles já atribuía à tragédia (...). Assim como ocorreu com o estilo, a indústria cultural desvenda a verdade sobre a catarse. (Adorno & Horkheimer, 1981, p. 166)

Se na teoria aristotélica a catarse, ao ocasionar no espectador temor e compaixão, é entendida como corolário da situação trágica no polo da recepção, sua realização possível no âmbito da indústria cultural se limita à supramencionada purgação que o entretenimento administrado oferece[3]. Uma das razões pelas quais a cultura mercantilizada não consegue realizar a verdadeira catarse liga-se à sua impossibilidade de atingir um patamar verdadeiramente trágico em suas produções. E isso ocorre, de acordo com Horkheimer e Adorno, porque ainda que não se possa falar de uma subjetividade na Grécia Antiga, no sentido moderno da palavra, a categoria do trágico pressupõe a existência de um sujeito – o herói – que se mede com o destino a ele reservado pelos deuses, sendo que a força da tragédia advém exatamente na exposição do dilaceramento, na consciência do herói, ocasionado por uma cisão oriunda de eventos sobre os quais ele não tem controle. Ainda segundo os autores, outro elemento importante na constituição da situação trágica é o valor exemplar das atitudes assumidas pelo herói, as quais, de certa forma, reconciliam o indivíduo com a totalidade e engendram, assim, aquilo que a esquerda hegeliana e o jovem Marx chamavam de "ser genérico", isto é, um indivíduo que representa, antes de tudo, o gênero ao qual pertence.

Dessa forma, Adorno e Horkheimer afirmam a inépcia da indústria cultural para o autêntico trágico, na medida em que ela não apenas

3. Ver, neste livro, o artigo "A liquidação do trágico como aspecto do fim da arte" (p. 177).

desqualifica o sujeito num sentido enfático, como também mina as condições para o seu aparecimento e desenvolvimento. Nesse sentido, eles declaram que a "Indústria cultural realizou maldosamente o homem como ser genérico" (Adorno & Horkheimer, 1981, p. 168). Isto é, o ser genérico, em vez de se realizar a partir da constituição do indivíduo como representante do gênero, resulta de um processo de massificação, no qual a própria ideia de indivíduo perde completamente seu sentido e o resultado é a falsa identidade entre ele e a totalidade social. Segundo os autores,

> A *starlet* deve simbolizar a empregada de escritório, mas de tal sorte que, diferentemente da verdadeira, o grande vestido de noite já parece talhado para ela. Assim, ela fixa para a espectadora, não apenas a possibilidade de também vir a se mostrar na tela, mas ainda mais enfaticamente a distância entre elas. (...) A semelhança perfeita é a diferença absoluta. A identidade do gênero proíbe a dos casos. (Adorno & Horkheimer, 1981, p. 167-168)

Um outro empecilho para a realização do trágico na indústria cultural é seu evidente objetivo de anestesiar os seus consumidores, de modo que não haja mais a possibilidade propriamente dita de experienciar o sofrimento – experiência essa que, desde a Antiguidade clássica, era tida como purificadora, como já se assinalou acima. No domínio da cultura de massa, a experiência da dor é substituída por uma espécie de entorpecimento que permita a seu partícipe suportar toda forma de exploração de seu trabalho e toda expoliação de sua psique:

> Muito longe de simplesmente encobrir o sofrimento sob o véu de uma camaradagem improvisada, a indústria cultural põe toda a honra da firma em encará-lo virilmente nos olhos e admiti-lo com uma fleuma difícil de manter. (Adorno & Horkheimer, 1981, p. 174)

Tendo em vista a necessidade, por parte da indústria cultural, da tomada de empréstimo de motivos que sirvam de conteúdo ao seu enorme vazio, o elemento trágico só comparece nesse âmbito totalmente deturpado, numa relação de vampirismo da cultura de massa para com a arte autêntica, na qual apenas poderia se realizar a verdadeira tragicidade:

> A mentira não recua diante do trágico. Assim como a sociedade total não dá cabo do sofrimento de seus integrantes, apenas o registra e planeja, do mesmo modo a cultura de massa procede com o trágico. Daí vêm os insistentes empréstimos à arte. Ela fornece a substância trágica que a pura diversão não pode por si só trazer, mas da qual ela precisa, se quiser se manter fiel de uma ou de outra maneira ao princípio da reprodução exata do fenômeno. (Adorno & Horkheimer, 1981, p. 174)

Nessa deturpação, o trágico, que era uma "resistência desesperada à ameaça mítica", reduz-se à "ameaça da destruição de quem não coopera" (Adorno & Horkheimer, 1981, p. 174-175), o que, aliás corrobora a relação, estabelecida acima, entre a liquidação do trágico e o processo de dominação, o qual culmina com a pura e simples eliminação do indivíduo (Adorno & Horkheimer, 1981). Nessa situação,

> Todos podem ser como a sociedade todo-poderosa, todos podem se tornar felizes, desde que se entreguem de corpo e alma, desde que renunciem à pretensão de felicidade (...). Hoje o trágico dissolveu-se neste nada que é a falsa identidade da sociedade e do sujeito, cujo horror ainda se pode divisar fugidiamente na aparência nula do trágico. (Adorno & Horkheimer, 1981, p. 176-177)

Essa "pseudo-individualidade" é justamente o que destitui os indivíduos de sua potencial qualidade de sujeitos, fazendo deles "meras encruzilhadas das tendências do universal" (Adorno & Horkheimer, 1981, p. 178), o que torna possível reintegrá-los totalmente na universalidade da pura e simples coerção. Neste contexto, Adorno e Horkheimer mencionam, ironicamente, que a dispensa do esforço de individuação é mais um serviço prestado pela indústria cultural aos seus clientes:

> Nos rostos dos heróis do cinema ou das pessoas privadas, confeccionados segundo o modelo das capas de revistas, dissipa-se uma aparência na qual, de resto, ninguém mais acredita, e o amor por esses modelos de heróis nutre-se da secreta satisfação de estar afinal dispensado do esforço da individuação pelo, de fato mais excitante, da imitação. (Adorno & Horkheimer, 1981, p. 178)

É exatamente nesse prazer da imitação irrefletida – da "mímesis da mímesis", como dirão Horkheimer e Adorno no texto da *Dialética do esclarecimento* sobre o antissemitismo – que se fundamenta a investigação, feita pelos autores, sobre o fetichismo nos objetos culturais. Especialmente na obra de arte – não na mercadoria cultural – constata-se o caráter de autonomia, que teve uma de suas formulações mais enfáticas na *Crítica da faculdade de julgar*, na qual, pela reflexão subjetiva ocorrida a partir da simples apreensão do objeto, pode-se identificar a finalidade da coisa bela como apenas virtual, subvertendo-se, assim, o princípio básico da sociedade burguesa que é a troca fundamentada no valor de uso, isto é, na finalidade real, econômica, dos objetos. A inversão realizada pela indústria cultural explicita-se na ideia de que o fetichismo ocorre a partir da funcionalização da falta de finalidade atribuída aos objetos culturais: "O princípio da estética idealista, a finalidade sem fim, é a inversão do esquema a que obedece socialmente a arte burguesa: a falta de finalidade para os fins que o mercado declara" (Adorno & Horkheimer, 1981, p. 181).

E é dessa inversão que advém o fetichismo na mercadoria cultural propriamente dito, isto é, a invasão do valor de troca num construto que originariamente se caracterizava pela apresentação de um valor de uso *sui generis*: a experiência de algo que, mesmo possuindo uma indispensável materialidade, portanto, uma virtual utilidade, anunciava a possibilidade de um mundo não dominado pela ditadura do uso: "O que se poderia chamar de valor de uso na recepção dos bens culturais é substituído pelo valor de troca; ao invés do prazer, o que se busca é assistir e estar informado, o que se quer é conquistar prestígio e não se tornar um conhecedor" (Adorno & Horkheimer, 1981, p. 181).

Críticas ao suposto elitismo da crítica à indústria cultural

Em quase todos os tópicos introduzidos acima, ressalta a comparação, feita na *Dialética do esclarecimento*, entre os produtos da indústria cultural e as obras de arte, sendo que a essas cabe um papel emancipador – em que pese seus compromissos com os poderes constituídos – e àqueles meras funções ideológicas e de reprodução da ordem econômica do capitalismo tardio. É amplamente sabido o quão irada foi a reação de muitos comentadores a essa posição, que lhes pareceu um elitismo extremado da parte dos autores, assim como teria ocorrido também nos escritos estéticos específicos de Adorno. A maior parte dessas críticas parece tomar a cultura de massas como auto-legitimada pelo fato de atingir a maioria esmagadora da população do planeta, sem considerar o seu caráter de ideologia e de indústria que pretende ampliar continuamente o mercado para os seus produtos. Desse modo, quase não vale a pena perder tempo em levar a sério tais posições.

Uma exceção nesse quadro é a posição do filósofo norte-americano Richard Shusterman (1998), que, no livro *Pragmatist aesthetics*, parece sinceramente interessado em criticar as teorias que recusam a cultura de massa com o objetivo de encontrar os fundamentos de uma avaliação de fenômenos estéticos populares que se diferenciam dos seus congêneres mais típicos a ponto de se tornarem defensáveis a partir de critérios oriundos da estética filosófica.

Apesar de sua posição ser a de alguém extremamente culto e filosoficamente bem preparado, o ponto de partida de Shusterman é – surpreendentemente – uma enumeração das restrições de ordem ética que poderiam ser feitas à chamada grande arte, ao longo da história da cultura. A primeira delas diz respeito ao fato de que, uma vez que as artes maiores foram tradicionalmente (e ainda são) encomendadas pelos mais ricos, elas têm servido mais ao poderes constituídos do que à causa das transformações que venham a superar os antagonismos sociais e as injustiças deles advindas: "A arte oferece, assim, uma arma poderosa ao conservadorismo opressor para sustentar o privilégio existente e a dominação, para afirmar o *status quo* e o passado que o engendrou, apesar de suas misérias e injustiças" (Shusterman, 1998, p. 61).

O segundo tópico para a condenação da arte erudita – na verdade, uma variação do primeiro – é o fato de ela servir como um sutil elemento distintivo de classe social, já que as massas, de um modo geral, não dispõem dos pressupostos culturais necessários para sua fruição. À resposta possível dos "humanistas" a essa acusação, segundo a qual esforços deveriam ser dispensados para que as massas adquirissem paulatinamente os meios para compreender a alta cultura, Shusterman adianta que a própria lógica dessa última não permite sua popularização de uma hora para outra, perdurando assim sua característica de elemento diferenciador de classe.

O terceiro tipo de restrição moral à grande arte baseia-se no fato de que, quando ela atinge parcelas mais amplas da população, ela tem funcionado nos últimos séculos como elemento da ideologia no sentido forte, isto é, sua constituição de um mundo de beleza, porém apenas ideal, serve para desviar a atenção das massas de sua miséria real. Curiosamente, Shusterman se vale, na argumentação relativa ao papel da idealidade ilusória da arte, do conceito marcuseano de "cultura afirmativa", sem levar em consideração que, para Marcuse, a constituição da esfera da arte como um mundo separado, ideal, de perfeição e beleza servia também a interesses transformadores e não apenas reacionários (Marcuse, 1997).

No que tange à sua intenção de levar esteticamente a sério certos fenômenos da cultura de massa, além de apontar esses três tipos de restrições éticas que podem ser feitas à grande arte, Shusterman indica quatro fatores que, tradicionalmente, têm dificultado a abordagem do seu objeto. O primeiro deles é o fato de que a defesa da arte popular tem que ser feita principalmente em território inimigo, já que a discussão filosófica tem sido historicamente solidária com a alta cultura e não com a cultura popular. Em segundo lugar, ocorre que, quando intelectuais defendem a "cultura popular", eles o fazem a partir de suas carências estéticas, como se exatamente elas fossem suas principais virtudes. Em terceiro lugar, Shusterman indica a tendência em considerar a arte erudita apenas em suas expressões mais superlativas – as obras primas dos grandes gênios –, desconsiderando suas obras inferiores, que poderiam não apresentar discrepâncias formais tão acentuadas em relação aos fenômenos mais elaborados da cultura popular. O quarto fator apontado é que a própria ideia de uma estética voltada para a cultura popular seria uma contradição em termos, uma vez que seus construtos não fariam jus ao tipo de análise que a estética tradicional está acostumada a fazer.

Além desses quatro elementos dificultadores do empreendimento de uma "estética popular", Shusterman se refere à compilação, feita por Herbert Gans, de quatro grupos de restrições mais comuns feitas à cultura de massa do ponto de vista da filosofia tradicional da arte. O primeiro grupo diz respeito ao fato de que a cultura de massa advém de uma indústria que visa apenas o lucro, com seus produtos padronizados sendo impostos de cima para baixo: "trata-se de uma acusação estética contra a criatividade, a originalidade e a autonomia artística da arte popular" (Shusterman, 1998, p. 105).

O segundo grupo de restrições levantadas pela estética "tradicional" contra a cultura de massa diz respeito aos seus efeitos perniciosos à alta cultura, uma vez que seus conteúdos são tomados emprestados por aquela, muitas vezes sem a devida explicitação, o que é agravado pelo fato de que, por ser de custo mais baixo e de mais fácil assimilação, a arte massiva toma um espaço excessivo no cenário cultural, deixando muito pouco para as artes mais elaboradas.

O terceiro conjunto de acusações contra a cultura de massa diz respeito aos efeitos indesejáveis que ela ocasiona no seu público: é "emocionalmente destrutiva pois produz uma satisfação fictícia (...) ela é intelectualmente destrutiva, já que oferece um conteúdo evasivo que inibe a capacidade das pessoas de enfrentar a realidade e (...) ela é culturalmente destrutiva" (Gans 1974 *apud* Shusterman, 1988, p. 105).

O quarto e último grupo de objeções contra a "cultura popular" diz respeito à possibilidade de ela gerar passividade no âmbito social, predispondo as pessoas à aceitação de posições políticas autoritárias até mesmo totalitárias. No que concerne a essa associação entre o consumo de bens culturais e o autoritarismo político, Shusterman lembra que o próprio Herbert Gans chama a atenção para a inexistência de comprovação empírica. No entanto, ele não deixa de admitir – em conexão com a crítica à indústria cultural da *Dialética do esclarecimento* – a passividade intelectual no consumo dos produtos da cultura de massa, questionando apenas o esforço mental como critério exclusivo de legitimidade estética:

> Boa parte das produções da arte popular enquadram-se realmente nesta análise de Horkheimer e Adorno [referente à ideia de que "toda conexão lógica que implique em esforço mental é escrupulosamente evitada"]. Mas o que também emerge de sua crítica é a confusão simplista que existe entre atividade legítima e pensamento sério, entre "qualquer esforço" e "esforço mental" do intelecto. As críticas da arte popular recusam-se a reconhecer que existem atividades fora do esforço intelectual que são gratificantes do ponto de vista estético e válidas do ponto de vista humano. (Shusterman, 1998, p. 118)

Aliás, dentre as motivações que Shusterman apresenta para levar em consideração a "arte popular", encontra-se em primeiro lugar o fato de que fenômenos muito típicos da cultura de massa como o cinema e os shows de rock proporcionam um inequívoco prazer aos seus inúmeros frequentadores. Além disso, segundo ele, as acusações de geração de passividade pelos fenômenos mediáticos procedem, até certo ponto, somente no que tange à atividade mental, pois,

> no nível somático, há muito mais atividade e esforço na apreciação do rock do que na música erudita, cujos concertos nos forçam a ficar sentados num silêncio imóvel que induz, muitas vezes, não apenas à passividade mas também ao ronco. (Shusterman, 1986, p. 118)

Não falta também ao elenco de argumentos de Shusterman a referência às origens do rock, as quais remontam à denúncia da situação de opressão em que se encontravam os negros norte-americanos, desde os tempos da escravidão até a época de pura e simples discriminação e exclusão social. Para ele, a simplicidade estética do rock foi um modo de dissimular uma grande complexidade cultural e social. Respondendo à acusação de padronização das produções da "cultura popular", Shusterman chama também a atenção para o fato de que a necessidade de absoluta originalidade nas criações é um dogma que vem do romantismo e que foi corretamente superado na contemporaneidade. Além disso, segundo ele, também na arte erudita há normas tão rigorosas quanto aquelas empregadas na confecção de um seriado de TV, sem que isso tenha significado um limite intransponível à criatividade dos artistas (Shusterman, 1988).

Tendo em vista a acusação de ausência de autonomia nas produções da "cultura popular", Shusterman reafirma sua posição de que o pressuposto para a defesa incondicional dessa autonomia é uma visão segundo a qual as manifestações estéticas devem estar totalmente separadas da existência mais imediata:

> Esses argumentos antifuncionais dirigidos contra a arte popular dependem da premissa de que a arte e a vida podem e devem ser essencialmente opostos e separados. Mas apesar de ser um dogma secular da filosofia estética, por que deveríamos aceitar essa visão? (Shusterman, 1988, p. 132)

Finalmente, contra a acusação de descaso com a forma nos produtos da "arte popular", Shusterman sustenta que, apesar do caráter majoritariamente coletivo de suas realizações, noções oriundas da estética filosófica, dirigidas habitualmente às características formais das obras eruditas, tais como unidade, complexidade, intertextualidade, polissemia, estrutura aberta e experimentação, aplicam-se igualmente bem a muitos fenômenos desse modelo de cultura (Shusterman, 1988).

E a partir desse ponto, Shusterman se dedica a mostrar como avaliar a "arte popular", identificando elementos esteticamente importantes em fenômenos do *rap* e da cultura afro-americana em geral. Certamente, sua ocorrência não se dá de modo idêntico ao da alta cultura,

> pois (...) o rap é uma arte popular pós-moderna que desafia algumas das convenções estéticas mais incutidas, que pertencem não somente ao modernismo como estilo artístico e como ideologia, mas à doutrina filosófica da modernidade e à diferenciação aguda entre as esferas culturais. (Shusterman, 1988, p. 144)

Na impossibilidade de detalhar os principais elementos do rap ressaltados por Shusterman no sentido de afirmação do seu valor estético, vou aludir apenas aos itens através dos quais ele: 1) procura mostrar em que medida a linguagem "pós-moderna" do rap desafia os conceitos estéticos tradicionais; 2) propõe uma avaliação estética desse fenômeno para além de sua auto-compreensão como "arte popular".

No que tange ao primeiro ponto, Shusterman chama a atenção para quatro itens, a saber, a) o *sampling*, como apropriação explícita de materiais já bastante conhecidos do público, numa contínua reciclagem cultural; b) a *montagem* em vez da composição no sentido de criar um todo orgânico e unificado, confrontando a noção de temporalidade aplicável às obras de arte convencionais; c) a *incorporação da tecnologia*, realizada de modo que os rappers, partindo da condição de meros manipuladores de samplers, toca-discos e outros aparatos eletrônicos, adquirem, pelo aprimoramento de sua técnica a condição de verdadeiros artistas; d) *confrontação da autonomia estética*, em que os representantes do rap mais ideológico (*knowledge rap*) declaram que, antes de serem artistas num sentido convencional, são veículos de uma transformação social através da contribuição para o aumento da consciência política de suas comunidades.

No que concerne ao segundo tópico, Shusterman pretende demonstrar, antes de tudo, a complexidade de linguagem expressa na letra de um rap intitulado *Talkin' all that jazz*, na qual ele identifica várias camadas de significação já a partir da ambiguidade da palavra "jazz" no título da peça. Mas a codificação e o estabelecimento de múltiplos níveis de significação é colocado como uma constante nos raps mais representativos de todo o gênero:

> Dessa forma, a comunidade negra tornou-se especialmente familiar e adepta da codificação e da decodificação de mensagens ambíguas e inversas. Os fãs do rap conquistaram, por meio de seu exercício lingüístico comum, uma habilidade de se comunicar indiretamente e com perspicácia, vista por pesquisadores como "uma forma de arte verbal"[4]. (Shusterman, 1988, p. 174)

Ainda quanto às qualidades que podem ser identificadas no rap para além dos elementos expressivos e formais mencionados acima, Shusterman chama atenção para uma possível densidade filosófica em muitos dos seus textos, nos quais o nível mais imediato da linguagem esconde significados mais complexos. O exemplo dado, ainda referente ao rap *Talkin' all that jazz*, enfoca os versos: "Falar, falar é barato/ Bem,

4. O trecho ao final dessa citação se refere ao seguinte texto: Mitchell-Kernan, Claudia. "Signifying, loud talking and marking". In Kochman, Thomas (Org.). *Rappin' and styling out*. Urbana: University of Illinois Press, 1972.

como a beleza, a palavra é superficial". De uma análise que contrapõe os sentidos corriqueiros do que é dito a possíveis sentidos mais profundos, Shusterman aponta, dentre outras coisas, para a ideia do dizer como uma forma de ação e para uma reflexão sobre associação da beleza com a cor da pele, já que o que é traduzido como "superficial", no inglês é "skin deep".

Na falta de um espaço maior para expor com mais detalhes o interessante posicionamento de Shusterman, considero expostos os elementos de seu pensamento que permitem entrever tanto suas restrições às críticas à cultura de massa – incluindo a de Horkheimer e Adorno – quanto sua intenção de levar esteticamente a sério alguns de seus fenômenos.

Uma proposta de consideração de fenômenos estéticos interessantes que não atendam as exigências das obras de arte

O fato de a posição de Shusterman poder ser considerada séria não significa que ela seja isenta de problemas. Embora ele declare seu respeito por Adorno e "as profundas afinidades entre a estética pragmatista e a da Escola de Frankfurt" (Shusterman, 1988, p. 11), é possível constatar nele enormes incompreensões no que tange a algumas ideias fundamentais dessa última, a meu ver oriundas da incapacidade de uma leitura dialética da realidade e da cultura.

O primeiro grave problema que vejo na posição de Shusterman – presente, aliás, em quase todos os autores estadunidenses – é a não diferenciação entre cultura popular e indústria cultural. Aquela se constitui num âmbito de criações majoritariamente simples, porém não raro dotadas de grande poder expressivo e autenticidade, já que elas não são – como as mercadorias culturais – encomendadas com o objetivo de satisfazer certa demanda, embora preencham espontaneamente uma função orgânica no seio de uma dada sociedade. A indústria cultural, como espero ter deixado claro, é um domínio característico da fase tardia (monopolista) do capitalismo, no qual a pré-existência de meios tecnológicos de reprodução e difusão de mensagens audiovisuais permitiu o surgimento e o desenvolvimento de um modelo *sui generis* de ideologia, em que o discurso dá progressivamente lugar às imagens e aos sons (sozinhos ou articulados) e a adesão às representações da classe dominante se traduz na compra de produtos culturais que fortalecem não apenas esse âmbito industrial como também todo o sistema econômico que lhe dá guarida.

É interessante observar que Horkheimer e Adorno, na *Dialética do esclarecimento*, não usam o termo "popular" como adjetivo para designar a cultura tradicionalmente praticada pelo povo, provavelmente porque o termo alemão "völkisch" nos anos 1940 tinha sido totalmente apropriado pelos nazistas no sentido de indicar as manifestações culturais que deveriam ser aprovadas pelo regime (Adorno & Horkheimer, 1981, p. 163). A expressão usada pelos autores é "arte leve", de acordo com o que expus acima na consideração de um possível contrapeso à seriedade da arte erudita. Já nessa época tornou-se claro que ambos os tipos de arte são explorados pela indústria cultural e num texto da década de 1960 em que recorda o posicionamento comum com Horkheimer na *Dialética do esclarecimento*, Adorno não apenas usa o termo "arte popular" como explicita claramente a exploração dos modelos autônomos de cultura pelo capitalismo monopolista:

> Em nossos rascunhos falávamos de cultura de massa. Substituímos a expressão por "indústria cultural", para, de antemão, desativar a interpretação que agrada aos defensores da coisa: que se trataria de uma cultura como que espontaneamente advinda das próprias massas – que se trataria da forma contemporânea da arte popular. Dessa a indústria cultural se diferencia completamente. Ela submete o antigo hábito a uma nova qualidade. Em todas suas subclasses os produtos são mais ou menos planejadamente fabricados, talhados para o consumo pelas massas e em grande medida determinados a partir desse consumo. As subclasses individuais se igualam segundo sua estrutura ou, pelos menos se adaptam entre si. Elas se submetem quase sem lacunas ao sistema. Isso lhes permitem os meios hodiernos da técnica, assim como a concentração da economia e da administração. A indústria cultural é a integração

> intencional, vinda de cima, dos seus clientes. Ela também junta à força os âmbitos milenarmente separados da arte superior e da inferior. Em detrimento de ambas. A superior tem sua seriedade destituída por meio da especulação sobre o efeito; a inferior, por meio de sua domesticação civilizatória, sacrificada no elemento rudemente resistente que lhe era inerente enquanto o controle social não era total. (Adorno, 1996b, p. 337)

A desconsideração dessa diferença entre cultura popular e indústria cultural é um dos erros capitais da "estética pragmatista" de Shusterman, embora haja muitos outros enganos, mais localizados, que comprometem sua proposta de valorização da arte popular, por mais generosa e até mesmo necessária que ela seja. Vou me circunscrever aqui a apenas um desses equívocos, que me parece o mais fundamental. Trata-se do conjunto de críticas possíveis à arte erudita, dos quais Shusterman parte para tentar erigir – por contraposição – a cultura popular à condição de um objeto mais digno.

Apesar de ele dar a entender que conhece a posição de Horkheimer e Adorno, exposta acima, segundo a qual, apesar de a pureza da grande arte ter sido "(...) ao preço da exclusão das classes inferiores, (...) é à causa destas classes (...) que a arte se mantém fiel" (Adorno & Horkheimer, 1981, p. 157), ele não a considera no sentido de conferir-lhe mais verdade do que a pura e simples discriminação da cultura popular pela erudita, com a qual a estética frankfurtiana é frequente e erroneamente confundida. A ideia, desenvolvida posteriormente por Adorno na *Teoria estética*[5], é que a liberdade com relação aos fins utilitários, que a grande arte sempre perseguiu, tem funcionado como uma possível compensação para o seu comprometimento factual com as classes dominantes desde tempos imemoriais e permite compreendê-la como signo da possibilidade de uma outra práxis, da própria emancipação da humanidade.

Apenas esses dois equívocos abordados aqui – mesmo sem levar em conta os outros – já seriam suficientes para descartar a maior parte da proposta de Shusterman na obra aqui analisada. Apesar disso, do

5. Na verdade, Shusterman (1998, p. 69) se refere a esse trecho da *Teoria estética* e não ao da *Dialética do esclarecimento* citado no corpo do texto: "Obras de arte são a priori socialmente culpadas, enquanto qualquer delas que mereça o nome, procura redimir sua culpa" (Adorno, 1996, p. 348).

ponto de vista desenvolvido nesta exposição, considera-se inteiramente louvável a ideia de refletir filosoficamente sobre fenômenos que, mesmo inseridos em maior ou menor grau na cultura de massa, sinalizam um tipo de negatividade que não é habitual em seus produtos. A pergunta que se deve fazer aqui é: seria realmente necessário e indispensável "comprar" todas as discutíveis colocações de Shusterman para abordar os referidos fenômenos-limite da cultura de massa? Em outras palavras, tendo em vista a tomada de partido de Adorno pela arte culta, ficaria a consideração desses fenômenos da "cultura popular" a partir da teoria crítica irrevogavelmente inviabilizada?

É importante lembrar que, para Adorno (sozinho ou na companhia intelectual de Horkheimer), a autêntica cultura popular nada tem de condenável, tendo, ao contrário, se transformado, juntamente com a cultura erudita, em vítima da exploração econômica e ideológica da indústria cultural. No entanto, sua frequente maior simplicidade formal foi um fator de fragilidade da cultura popular diante da industrialização, de modo que, onde ela ainda não desapareceu por inteiro, talvez – infelizmente – esteja com os dias contados. Essa seria a razão pela qual a cultura popular não ocupa para Adorno um lugar semelhante ao da arte erudita, no sentido de sinalizar a possibilidade de uma práxis melhor. Que essa tenha sobrevivido até aqui, a duras penas, à descaracterização imposta pela indústria cultural vem a ser um motivo de esperança na possibilidade de uma práxis reconciliada. Mas o que dizer de fenômenos culturais oriundos de classes subalternas, existindo à margem do fluxo principal da cultura de massa e, em muitos casos, com um forte conteúdo de oposição explícita ao capitalismo tardio? Poderiam eles, de acordo com o esquema adorniano típico, fornecer de algum modo um teor de negatividade comparável ao das obras de arte propriamente ditas?

Temo que a resposta aqui seja negativa, pois o privilégio conferido por Adorno às obras de arte tem como fundamento o fato de nelas se encontrar encapsulado um núcleo de profunda oposição ao *status quo*, o qual, ao não ser facilmente atingido pela linguagem da cultura de massas, é preservado e torna esses construtos estéticos – a partir de seu próprio interior – mais resistentes aos ataques e à cooptação pela indústria cultural. Os aludidos fenômenos-limite, como o *Hip Hop* abordado por Shusterman, ao não possuir esse núcleo duro formal resistente à espoliação pelos poderes constituídos, demonstra uma fragilidade, semelhante àquela que a cultura popular tradicional já apresentara e pode ser – como eventualmente tem sido – absorvido e instrumentalizado pela indústria cultural.

Embora Adorno não tenha vivido o Hip Hop, não é impossível achar alguma semelhança estrutural com fenômenos do ambiente alemão, da época do "milagre econômico" pós Segunda Guerra Mundial. Uma possibilidade dessa aproximação se encontra na discussão exposta no texto "Crítica aos musicantes", no qual Adorno critica o movimento dessa época, que pretendia combater a reificação e a frieza características das relações sociais do capitalismo tardio com uma atividade musical que, independentemente da qualidade atingida por suas performances, deveria promover uma aproximação entre seus participantes. Mesmo tendo em vista as intenções nobres do movimento tornou-se claro que, para Adorno, é totalmente questionável a ideia de pôr um objetivo pedagógico ou social à frente do que é especificamente estético na prática artística, já que, como se salientou acima, seria esse elemento que, em última análise poderia garantir de modo mais duradouro e menos precário a possibilidade de um melhoramento da condição humana:

> O curto-circuito do movimento de juventude é que a música não tem o seu objetivo humano em si mesma, mas na sua utilidade pedagógica, cultural, coletiva. Wilhelm Ehmann questiona minha relação para com as "forças supra-estéticas". Mas, na arte realiza-se algo que é mais do que arte; somente por meio disso, através do atendimento de sua exigência imanente, não em içar a vela e se subsumir a propósitos ou categorias a ela exteriores. Seu algo supra-estético é esteticamente mediado. (Adorno, 1996c, p. 72)

Em outro texto da mesma época, também dirigido à crítica dos chamados "musicantes", Adorno declara – por motivos análogos aos do trecho anteriormente citado – que:

> Qualquer recurso ao *ethos* da música, que não se encontre na sua forma, mas em sua função, trabalha contra esse *ethos* e dá sua contribuição para

> o estado de culpa da fungilidade universal, exatamente à qual, porém, se contrapõe o *ethos* da música. (Adorno, 1996d, p. 120)

A partir da posição de Adorno explícita nesses pronunciamentos, torna-se evidente que as produções estéticas de um movimento como o *Hip Hop*, em que pesem suas vertentes críticas ao capitalismo e à discriminação racial e social, provavelmente não atingiriam o patamar formal mínimo para alcançar a negatividade interna requerida para a resistência às investidas da indústria cultural. É importante lembrar ainda que, nesse particular, as análises de Shusterman sobre a suposta riqueza formal dessas produções são muito pouco convincentes.

No entanto, me parece difícil negar o aspecto de negatividade de um movimento como o *Hip Hop* mais ideológico, que vive à margem da – e, às vezes, até mesmo em oposição à – cultura de massas, postula uma totalidade com forte caráter estético (já que, se divide nos âmbitos sonoro – o rap –, plástico – o grafitti – e corpóreo-expressivo – o break) e apresenta um discurso de profunda oposição ao existente. Além disso, o *Hip Hop* é um movimento que, não obstante ter surgido nos guetos negros de Nova York, alastrou-se por todo o mundo ocidental, sendo hoje a cultura estética de milhões de jovens discriminados (negros, árabes ou simplesmente socialmente excluídos) em dezenas de países. Esse fato é importante se se considera que o atual estágio da indústria cultural é tributário da fase globalizada, pós-queda-do-muro-de-Berlim, do capitalismo monopolista. Uma vez que não vejo como simplesmente abrir mão do critério adorniano da negatividade de origem estética presente apenas nos fenômenos culturais mais complexos, proponho que a solução desse impasse seja considerar a presença, em fenômenos como o *Hip Hop*, de uma negatividade de caráter misto, isto é, não apenas estética, já que os critérios formais não estariam aqui observados, mas *também* estética, uma vez que a adesão dos jovens a esse movimento pressupõe o cultivo de um certo tipo de linguagem expressiva – sonora, visual, cênica, discursiva ou corpórea. Nesse caso, a negatividade, em vez de se traduzir exclusivamente no elemento estético, oscila continuamente entre esse e um posicionamento ético-político de transformação radical do existente. E quem poderia negar que a incorporação de jovens talentos artísticos, vítimas – ou seriamente ameaçados – de exclusão e violência, poderia trazer para a sociedade tardo-capitalista uma energia inédita, capaz de transformá-la por inteiro?

Assumir essa posição significa abrir mão do esquema proposto na *Dialética do esclarecimento*, e desenvolvido posteriormente por Adorno, dos dois modelos de cultura autêntica – a erudita e a popular – explorados pela indústria cultural, enquanto cultura essencialmente heterônoma? A meu ver, de modo algum. No entanto, é necessário introduzir o conceito de um modelo de cultura semi-autônoma, isto é, esteticamente dependente de fórmulas já conhecidas – sem o quesito de inovação quase sempre associado à complexidade formal –, porém política e ideologicamente independente do discurso predominante do capitalismo tardio. Por isso, tendo em vista a existência de situações novas, não previsíveis à época de redação da crítica de Horkheimer e Adorno, proponho a complementação do seu esquema com o conceito de "construto estético-social", o qual pode ser aplicado não apenas ao fenômeno do *Hip Hop*, mas a outros movimentos políticos, radicalmente oposicionistas, calcados em expressão fortemente estética[6], lembrando que tal conceito deve ser reservado apenas a fenômenos muito peculiares, sob pena de ele se tornar mais uma rubrica a ser explorada pela indústria cultural, o que seria mortal para o seu caráter de negatividade.

6. No caso brasileiro, eu incluiria também o movimento tropicalista, dos anos 1960. Esse apresentava uma acentuada iconoclastia comportamental, associada a certo radicalismo estético, que, apesar de se pretender conexo à cultura de massas, tinha bastante parentesco com a vanguarda artística (indícios disso são a inspiração do nome "Tropicália" ter sido dada por instalações de Hélio Oiticica e o fato de a direção musical do movimento ter sido realizada por egressos da música nova, como os irmãos Duprat e Júlio Medaglia). Por isso, o movimento chegou a incomodar os militares que se encontravam no poder, como atestam a prisão e o exílio de Caetano Veloso e Gilberto Gil, por exemplo. Sobre as características estéticas do Tropicalismo, ver o excelente livro de Celso Favaretto, *Tropicália alegoria alegria*.

Referências bibliográficas

ADORNO, T. W. "Ästhetische Theorie". In *Gesammelte Schriften 7*. Frankfurt am Main: Suhrkamp Verlag, 1996a.

ADORNO, T. W. "Résumé über Kulturindustrie". In *Gesammelte Schriften 10: Kulturkritik und Gesellschaft I/II*. v. 1. Frankfurt am Main: Suhrkamp Verlag, 1996b.

ADORNO, T. W. "Kritik des Musikanten". In *Gesammelte Schriften 14: Dissonanzen. Einleitung in die Musiksoziologie*. Frankfurt am Main: Surhkamp Verlag, 1996c.

ADORNO, T. W. "Zur Musikpädagogik". In *Gesammelte Schriften 14: Dissonanzen. Einleitung in die Musiksoziologie*. Frankfurt am Main: Surhkamp Verlag, 1996d.

ADORNO, T. W. & HORKHEIMER, M. "Kulturindustrie. Aufklärung als Massenbetrug". In *Dialektik der Aufklãrung*. Frankfurt am Main: Suhrkamp Verlag, 1981.

ARISTÓTELES. *Poética*. Madrid: Aguilar, 1982. Traduzido por Francisco de P. Saramach.

FAVARETTO, C. *Tropicália alegoria alegria*. São Paulo: Ateliê Editorial, 1996.

GANS, H. *Popular and high culture: an analysis and evaluation of taste*. Nova York: Basic Books, 1974.

MARCUSE, H. "O caráter afirmativo da cultura". In *Cultura e sociedade*. v.1. São Paulo: Paz e Terra, 1997.

SHUSTERMAN, R. *Vivendo a arte: o pensamento pragmatista e a estética popular*. São Paulo: Editora 34, 1998.

10

SENTIMENTOS DESLOCADOS
Sobre otimismo e pessimismo estéticos

As expressões "otimismo estético" e "pessimismo estético" não têm uma definição precisa, nem mesmo um uso amplo na história da estética. No entanto, apesar de elas não estarem entre os conceitos-chave do *métier*, como os de beleza, sublimidade, estilo etc., sua compreensão é mais ou menos imediata, o que, porém, não nos dispensa de investigar as características e as potencialidades dessas concepções entre si complementares.

A compreensibilidade imediata do otimismo e pessimismo estéticos pode estar ligada ao fato de que o que está em questão é uma espécie de "estética da estética", com um sentido bem específico. Pois, se a estética se relaciona tradicionalmente com o prazer e/ou desprazer que certos objetos ocasionam num sujeito, o otimismo estético se liga a uma espécie de satisfação – não necessariamente estética – que a própria estética ocasiona na atividade reflexiva; de modo análogo, o pessimismo estético advém de um tipo de insatisfação que o exercício da reflexão experiencia nessa esfera. Sob certo sentido, poder-se-ia dizer também, seguindo-se o Kant das primeiras páginas da "Analítica do Belo", que, sendo esse agrado ou desagrado acompanhado de conceito (e o é necessariamente), então o que poderia estar em questão seria, antes, uma "ética da estética", pois, nesses casos, um conceito de "bom" poderia ser mais explicativo do que um outro de "belo" (de cuja experiência estaria excluído qualquer conceito). No entanto, o termo "estética da estética" me parece mais acertado, por razões que se tornarão mais claras adiante.

Embora seja difícil dar uma definição precisa de otimismo estético, é possível assinalar certas características – mais especificamente quatro – sob as quais se pode reconhecer essa concepção. Do ponto de vista da *hedoné*, o otimismo estético admite que seja possível ter prazer na presença de certos objetos, sejam naturais ou artificiais. Na história da filosofia, em alguns momentos específicos – especialmente na "estética" medieval –, esse traço "hedonístico" se apresentou com uma variante religiosa, de acordo com a qual a possibilidade desse prazer é um sinal da graça divina, como se verá adiante numa breve menção às indagações "estéticas" medievais.

A segunda característica, uma decorrência mais ou menos imediata do ponto de vista "hedonístico", é o que poderíamos chamar de ponto de vista pedagógico. Segundo esse último, o prazer experienciado em certas coisas não se esgota em si mesmo, havendo nele uma dimensão "edificante", humanizadora, no contato com objetos estéticos, sejam naturais ou artificiais. E isso principalmente porque o prazer obtido na avaliação estética pode estar – e normalmente está – acompanhado de uma ressonância intelectual. Em termos históricos, vale lembrar que, enquanto Kant privilegiava essa dimensão pedagógica no prazer obtido a partir dos objetos naturais, Schiller considerava-a como existente principalmente na arte. No que concerne a esse último caso, surgem interessantes questões associadas à criação das obras em relação tanto ao seu alcance pedagógico quanto a outros tópicos relevantes para a filosofia da arte. Em certo sentido, as próximas características definidoras do otimismo estético são decorrentes dessa variante aplicável especialmente às obras de arte e não à natureza (pois, como se compreenderá a seguir, em relação a essa, as questões mais pertinentes seriam, antes, "ecológicas" e não necessariamente estéticas).

Um terceiro ponto de vista concernente ao otimismo estético – oriundo especialmente do prazer estético fornecido por obras humanas – é o da "atualidade": de acordo com ele, há plenas possibilidades sociais e históricas de criação, o que faz com que o presente da arte seja particularmente estimulante. O quarto e último ponto de vista, também imediatamente derivado do precedente, é o que se relaciona com o porvir das obras, isto é, com a possibilidade de sua criação e relevância também no futuro. Segundo o otimismo estético, sob esse ponto de vista, há um futuro para as criações artísticas e, além disso, ele é promissor.

Sem querer me repetir, mas levando em consideração a necessidade de clareza, pode-se proceder de modo semelhante em relação ao pessimismo estético. Do ponto de vista da *hedoné*, não seria possível, de acordo com essa posição, ter prazer na presença de certos objetos, nem naturais, nem artificiais. Esse é um ponto de vista que se poderia chamar também de "inestético", entendido como o caso mais extremo de pessimismo estético. A mesma variante religiosa à qual me referi no caso do otimismo, existe aqui, porém, num sentido negativo: a manifestação da graça divina não passa pela possibilidade desse prazer (o exemplo mais evidente dessa orientação na história da filosofia é o de Agrippa von Nettesheim, em sua obra *Incertitude e vanidade de todas artes e ciências*). Naturalmente, a impossibilidade de base do prazer associado à percepção de certas coisas, inviabiliza um virtual ponto de vista pedagógico a partir do pessimismo estético radical. Se não podemos ter satisfação sensível, não se pode falar de uma dimensão pedagógica, humanizadora, na experiência estética, seja ela da natureza ou da arte.

Apenas supondo-se que o pessimismo estético não seja tão radical a ponto de não admitir a possibilidade de prazer oriundo especialmente de obras de arte, pode-se colocar – mesmo que para responder negativamente – a questão relativa ao ponto de vista da atualidade, isto é, se há ou não plenas possibilidades de criação e se o presente da arte é ou não o que poderia ser. De modo análogo, sob o pressuposto de um pessimismo estético mitigado, pode-se colocar a questão do porvir, respondendo-a negativamente: não há um futuro para as criações artísticas e/ou ele não é de modo algum promissor.

É interessante assinalar que a posição inestética, que, na prática, se confunde com um tipo de pessimismo estético radical, normalmente coincide com a tomada de partido por – ou a maior proximidade a – um ponto de vista determinado ou pela dimensão moral ou pela dimensão gnosiológica. No primeiro caso, há a condenação da estesia tendo em vista nela um suposto traço imoral (no caso da supramencionada associação a uma crença religiosa, esse traço poderia ser chamado de "pecaminoso"); no caso da posição inestética ligada ao privilégio do conhecimento de tipo científico, a principal acusação que se faz é a de irrelevância, isto é, todo o âmbito das percepções estéticas – por extensão, o das criações artísticas – primaria, de acordo com esse ponto de vista, por ser absolutamente dispensável e inessencial à vida humana.

Na história concreta da filosofia sempre houve interessantes entrecruzamentos não apenas dos quatro pontos de vista definidores dessa "estética da estética" (quanto à possibilidade do prazer, à sua dimensão pedagógica e, especialmente quando se trata de obras de arte, ao presente e ao futuro das criações), mas também dos âmbitos moral e gnosiológico na consideração da posição específica de uma corrente filosófica concreta: se otimista ou pessimista (e em que medida).

A título de exemplificação do que foi estabelecido até agora, podemos tentar aplicar esses critérios a algumas páginas clássicas da história da filosofia. Platão, por exemplo, era otimista estético na medida em que admitia a possibilidade do prazer diante das obras de arte e até mesmo certa virtude pedagógica dessas, apresentando-se, por outro lado, como pessimista estético na medida em que essa virtude não poderia ser deixada entregue à própria sorte, mas deveria ser objeto de um tipo de censura. Seu pessimismo estético moderado continua a se manifestar no fato de que somente a arte, tanto da sua época quanto a do porvir, que se submetesse a essa espécie de censura teria sua existência garantida na cidade ideal, governada por filósofos. É interessante observar que, de acordo com a tendência referida acima, o moderado pessimismo estético platônico relaciona-se a um tipo de otimismo "gnosiológico", associado à possibilidade – e à imensa vantagem – do conhecimento das essências mediante a dialética ascendente ao mundo das ideias.

Comparado com Platão, Aristóteles merece a denominação de um otimista estético puro, já que ele não apenas admitia a possibilidade do prazer nas obras, quanto o considerava co-natural à existência humana, donde se depreende facilmente sua aceitação do caráter pedagógico e humanizador da arte. Além disso, nem na *Poética*, nem em outras passagens – espalhadas por sua obra – em que Aristóteles trata de assuntos "estéticos", não se observa a existência de restrições quanto à possibilidade de existência de obras de arte, seja em sua época, seja numa referência ao futuro.

No que tange à Idade Média, pode-se encontrar a própria ideia de "otimismo estético" como um *terminus* do medievalista (e político democrata-cristão) belga Edgar De Bruyne, no qual se ressalta a relação da graça divina com a possibilidade da existência de objetos belos e, portanto, de que se tenha prazer estético. De Bruyne destaca a influência da cosmologia estetizante de Plotino sobre Santo Agostinho, que, por sua vez, exerceu um papel importante na formação das filosofias posteriores da Idade Média. Segundo De Bruyne, o otimismo estético medieval pode ser entendido em termos gerais, da seguinte forma:

> Se Deus é perfeito, o universo não pode ser outra coisa que não o reflexo do Bem. Na medida em que um ser exprime a causalidade divina, ele é ontologicamente bom: o ser enquanto algo que é, é bom; todos os seres são bons. Se, consequentemente, o belo acompanha necessariamente o bem, todos os seres são belos e o universo, como o grande Todo, é o mais belo possivel. [§] Esse otimismo estético é verdadeiramente característico das sínteses medievais. É possível reencontrá-lo, tanto enquanto especificamente bíblico, como em Alexandre de Halès, quanto enquanto filosófico e ciceroniano, como em Thomas d'York, que retoma piedosamente longas páginas do *De natura deorum*. (De Bruyne, 1947, p. 126)

Cumpre observar que, dada essa peculiaridade de o otimismo estético medieval ter sua principal motivação numa esfera de ordem teológica, os outros três critérios gerais para a caracterização do sentimento predominante em relação à estética, o pedagógico, o da possibilidade atual e da possibilidade futura, praticamente não influenciam decisivamente, dada a força avassaladora dessa motivação.

Na filosofia moderna há o curioso exemplo de um cético epistemológico que pode ser considerado um otimista estético quase puro. Trata-se de David Hume, que, em seus ensaios – especialmente o excepcional *Sobre o padrão de gosto* – não apenas admite inteiramente, como também preza a possibilidade do prazer diante dos construtos estéticos. Cumpre observar que, embora Hume não negue em princípio o caráter pedagógico da arte, ele parece estar mais preocupado com a possibilidade da constituição de um padrão avaliador da qualidade das obras, o qual passa, dentre outras coisas, por sua pertença à tradição do contemplador, já que um grande estranhamento na presença do objeto – oriundo de um choque cultural, por exemplo – poderia impedir sua fruição completa. No entanto, Hume introduz a necessidade de uma pedagogia dos sentidos, já que, para ele, nada substitui a experiência das obras e ela tem um caráter cumulativo, de modo que a sensibilidade estética possa realmente se desenvolver com o tempo.

Por outro lado, de acordo com o critério da possibilidade das obras no seu presente e no futuro, Hume também pode ser considerado um otimista estético, pois não parece existir em suas indagações estéticas a suspeita sobre qualquer obstáculo à criação artística na sua época ou qualquer ameaça de impedimentos na produção de obras de arte no horizonte.

Alexander von Baumgarten, por meio do qual a estética adquiriu tardiamente sua certidão de nascimento, era, naturalmente, um otimista estético completo, já que admitia a existência do prazer estético, saudando-o também como "pedagógico", na medida em que, colocados os sentidos sob o controle de uma disciplina filosófica, seu caráter potencialmente destruidor ficaria neutralizado. Embora Baumgarten tenha reivindicado para a estética um âmbito muito mais amplo do que o das obras de arte, essas são consideradas por ele uma fonte importante do prazer estético, de modo que sua disponibilidade – fosse no presente, fosse no futuro – seria um pressuposto importante para a consolidação da nova disciplina filosófica que ele se propunha a estabelecer. É interessante observar que, sob o signo do otimismo estético necessário para o almejado empreendimento, há a contraparte de um moderado pessimismo gnosiológico, a partir exatamente do qual, teria surgido primeiramente a necessidade de uma nova disciplina filosófica como sua *Aesthetica* pretendia ser. Em outras palavras, a sensibilidade estética bem orientada, que Baumgarten chama de "análogon da razão", poderia até mesmo auxiliar o intelecto, ampliando o leque de coisas que poderiam vir a se tornar seus objetos de conhecimento claro e distinto, de acordo com o preceito leibniziano – originariamente cartesiano – seguido pelo filósofo. Essa posição pode ser depreendida na resposta de Baumgarten à "Objeção 6", de acordo com a qual o conhecimento distinto é superior ao conhecimento confuso:

> Resp.: a) isto é válido para o pensamento finito apenas nas questões mais graves; b) a posição de um não exclui o outro; c) por esta razão, segundo as regras básicas distintamente conhecidas dos pensamentos, devemos ordenar os conhecimentos que se voltam primeiramente para o belo. Destes surge, no futuro, uma distinção mais perfeita (§ 3,7). (Baumgarten, 1993, p. 97)

Kant, sucessor quase imediato de Baumgarten e tido como o verdadeiro fundador da estética moderna, pode ser considerado, de acordo com o critério "hedonístico", um otimista estético bem característico, já que, mesmo nos juízos estéticos empíricos, está pressuposta a possibilidade de um agrado diante de certo tipo de coisas. Essa possibilidade comparece também em pelo menos três dos quatro momentos que caracterizam o juízo estético reflexivo – o juízo de gosto. Pois, o relativo à qualidade reforça a necessidade desse comprazimento ao afirmar sua natureza *estética* (e não lógica); o concernente à quantidade chama a atenção para a universalidade estética do juízo de gosto e, finalmente, o momento associado à modalidade aponta para o seu caráter necessário.

Poderíamos afirmar ser Kant um otimista estético também no sentido pedagógico, pois, a partir da caracterização do juízo de gosto, transparece a potencialidade dos objetos candidatos à denominação de belos para o aprimoramento da moralidade humana. Na concepção de "prazer desinteressado", associada ao primeiro momento, já fica sinalizado um desapego a prazeres mais sensoriais e menos reflexivos. Assim como na ideia de uma "finalidade sem fim", exposta no terceiro momento, o da "relação a fins", o sentimento subjetivo de desinteresse no prazer do juízo estético reflexivo demonstra a possibilidade de uma contrapartida objetiva associada à forma do objeto candidato a ser reconhecido como belo. Entretanto, como já se mencionou acima, é típico de Kant ter privilegiado a dimensão pedagógica do prazer obtido na exposição de objetos da bela natureza, como se evidencia no seguinte trecho:

> Essa vantagem da beleza natural sobre a beleza artística, mesmo que aquela, no que tange à forma, seja sobrepujada por essa apenas em despertar um interesse imediato, concorda com a notória e fundamentada

maneira de pensar de todas as pessoas que cultivaram o seu sentimento ético. (Kant 1984, A 165)

No que tange ao terceiro e quarto critérios supramencionados, o otimismo estético de Kant é menos evidente, pois, como já se assinalou acima, o juízo de gosto *puro* se refere apenas ao belo natural, enquanto o que está em questão agora seria a possibilidade de criação artística no presente e no futuro. Naturalmente, o conceito kantiano de "beleza aderente", isto é, não pura, posto que associada a fins, sinaliza a possibilidade de prazer estético diante de criações humanas. Porém, ele não seria ainda suficiente para caracterizar Kant como um otimista estético completo, pois essas criações podem não ser propriamente artísticas, chegando a incluir até mesmo todos os utensílios humanos que, por peculiaridades do seu desenho, venham a adquirir certa qualidade estética.

Eu não poderia aqui, por questões de tempo, entrar no complexo problema dos juízos de gosto para a bela arte, o qual tem merecido a atenção de muitos especialistas no pensamento de Kant. Para os fins requeridos por minha argumentação presente, talvez seja suficiente dizer que, se, de fato, Kant admite juízos de gosto puros – ou quase – para as belas artes, enquanto artes produzidas pelo gênio, já que esse é definido como o "ingenium, através do qual a natureza dá a regra à arte" (Kant, 1984, B181), então a plenitude do juízo estético estaria garantida para as obras, tanto da época de Kant, quanto para sua posteridade. Em outras palavras, também de acordo com o terceiro e o quarto critérios aduzidos, Kant poderia ser considerado um otimista estético – pelo menos enquanto pudesse ser demonstrada a existência ou, pelo menos, a possibilidade da existência de gênios...

Na verdade, esses quatro critérios que introduzi parecem algo forçados quando aplicados a autores como Hume, Baumgarten ou mesmo Kant, porque os conceitos de pessimismo e otimismo estéticos começam a fazer mais sentido num período de transição da modernidade para o que se chama normalmente de contemporaneidade, embora certos momentos de discussões que hoje se nos apresentam como relacionadas a esse tema ocorram, como se procurou mostrar, desde a filosofia antiga.

É exatamente por essa razão que Hegel parece ser o primeiro grande filósofo, concernido com a estética, para o qual os critérios sobre otimismo/pessimismo se aplicam com maior propriedade. Segundo o critério "hedonístico", ele é otimista, pois aceita totalmente que objetos estéticos – de um modo muito especial, obras de arte – produzam prazer no sujeito que os percebe. Analogamente, de acordo com o critério pedagógico, ele também pode ser considerado otimista, pois, de um modo que recorda a noção aristotélica de *kátharsis*, Hegel sugere que a grande arte realiza uma espécie de purificação dos espíritos ao propiciar uma vivência ideal de situações-limite da existência humana, já que

> (...) pode movimentar e estimular o seio humano na sua profundeza e nas suas múltiplas possibilidades e lados, e o que tem de mais essencial e elevado o espírito no seu pensamento e na sua ideia, a altivez do que é nobre, eterno e verdadeiro para enriquecer o sentimento e a intuição; da mesma forma, tornar concebível a desgraça e a miséria, assim como dar a conhecer no seu íntimo o horrível e o horripilante, como todo o prazer e a felicidade; se adentrar finalmente pela fantasia nos jogos divertidos da imaginação, assim como se deliciar na magia sedutora das intuições e percepções sensivelmente excitantes. (...) Esse tipo de excitação, no entanto, ocorre nesse âmbito não através da própria experiência real, mas da sua aparência, na qual a arte coloca suas produções ilusoriamente no lugar da realidade. (Hegel, 1989, p. 71)

No que concerne ao critério da possibilidade presente das obras de arte, Hegel pode ser considerado como o primeiro grande pessimista estético da transição da filosofia moderna para a contemporânea, pois, é de sua autoria a ideia de que "nosso presente não é, segundo o seu estado geral, favorável à arte. Em todas essas relações, a arte é e permanece, segundo o aspecto de sua mais alta determinação, algo passado para nós" (Hegel, 1989, p. 25). Além de Hegel considerar o seu presente desfavorável à arte, não havia nada em seu pensamento sugerindo que essa situação se reverteria no futuro, o que – observando-se o quarto critério – faz desse filósofo um esteta sob certo aspecto otimista e, sob outro, pessimista. É interessante observar que tanto o lado otimista quanto o pessimista da estética de Hegel se encontram ligados a um otimismo historiológico, de acordo com o qual a marcha triunfante do espírito coincide durante certo trecho do percurso com o desenvolvimento artístico, superando-o em seguida. O aspecto mais claramente estético-pessimista do pensamento de Hegel é que não há nele qualquer nostalgia sobre o fim da arte: pelo contrário, a crença na progressão racional do espírito se sobrepõe a possíveis lamentações sobre a perda de substancialidade do âmbito artístico, que, inclusive de acordo com o trecho citado acima, tinha sua importância claramente reconhecida pelo filósofo.

É evidente que o prognóstico hegeliano sobre o fim da arte encontrou ressonância na contraposição contemporânea entre otimismo e pessimismo estético, sendo que, de um modo especial, têm prevalecido as antevisões sombrias associadas àquela página das *Preleções sobre a estética*, de Hegel. Não é cabível refazer aqui o percurso dessa influência de Hegel na estética contemporânea, o qual já realizei pormenorizadamente alhures[1]. No entanto, me deterei na contraposição de dois filósofos do século XX, que, igualmente influenciados pela tese hegeliana do fim da arte, tiraram conclusões opostas: uma de cunho pessimista, outra de natureza otimista. A conclusão do primeiro tipo é mais característica de Theodor Adorno, a do segundo, de Arthur Danto.

No que tange a Adorno, é importante assinalar que, no que diz respeito ao primeiro critério, o "hedonístico", ele não pode de modo algum ser considerado um pessimista: em toda sua filosofia da arte, desde sempre, está pressuposta a possibilidade de que objetos estéticos ocasionem prazer naquele que os percebe, tendo constituído essa possibilidade até mesmo um elemento importante na permanência histórica da arte:

> Ainda assim adere à banalidade sobre a alegria da arte sua medida de verdade. Se ela não fosse, mesmo que também sempre mediatamente, para as pessoas uma fonte de prazer, então ela não teria podido se manter na

1. Ver, neste livro, o artigo "O tema do fim da arte na estética contemporânea" (p. 117).

> mera existência, a qual ela contradiz e à qual ela se contrapõe[2]. (Adorno, 1996b, p. 600)

Além disso, em muitas passagens, Adorno chama a atenção para o fato de que, apesar de o prazer estético ter sido historicamente alvo de apropriações ideológicas, ele pode, compreendido de um modo menos imediato, ser um importante elemento desmistificador da ideologia predominante, projetando a possibilidade de uma reconciliação futura. Essa possibilidade, aplicada à arte musical, transparece no trecho do "Correpetidor fiel" que se segue:

> Que a passagem do ouvir passivo ao ativo também seja a da aceitação passiva à critica – certamente o ouvir musicalmente adequado sempre foi crítico –, decerto fere mortalmente a falsa, imediatista, religião da arte. A arte muda-se da imagem que deveria ser fruída para um objeto cognoscível. O seu prazer torna-se o de ver aquele inequivocamente nos olhos. Com isso, a arte se revela como a coisa, sobre cujas categorias o empreendimento cultural reificado engana compulsivamente. Mas apenas sua reificação, consciente de si mesma, deixa entrever o que seria diferente[3]. (Adorno, 1976, p. 401)

Quanto ao segundo critério, o "pedagógico", cumpre observar que Adorno, à primeira vista e por razões que se tornarão mais claras adiante, reage negativamente às demandas de aplicações imediatas da arte para fins pedagógicos. Embora essa posição transpareça em muitas passagens da estética adorniana, é – mais uma vez – na sua vertente musical que encontramos exemplos eloquentes da posição do filósofo.

---

2. "Dennoch kommt der Platitude von der Heiterkeit der Kunst ihr Maß an Wahrheit zu. Wäre sie nicht, wie immer auch vermittelt, für die Menschen eine Quelle von Lust, so hätte sie in dem bloßen Dasein, dem sie widerspricht und widersteht, nicht sich erhalten können" (Adorno 1996b, p. 600).

3. "Daß der Übergang des passiven ins aktive Hören auch der von einverstandener Hinnahme zur Kritik ist - musikalisch adäquates Hören war wohl stets kritisch -, verletzt freilich die falsche Kunstreligion der Unmittelbarkeit tödlich. Kunst wandelt sich aus dem Bild, das zu genießen wäre, ins erkennbare Objekt. Ihre Lust wird zu der, diesem unbeirrt ins Auge zu sehen. Damit entblößt Kunst sich als das Ding, über dessen Kategorien der verdinglichte Kulturbetrieb krampfhaft betrügt. Aber nur die ihrer selbst bewußte Verdinglichung läßt absehen, was anders wäre" (Adorno, 1976, p. 401).

Inicialmente, no texto "Crítica aos musicantes", no qual Adorno faz uma contundente crítica ao movimento do pós-guerra alemão, que pretendia combater a reificação e a frieza características das relações sociais do capitalismo tardio com uma atividade musical que, independentemente da qualidade atingida por suas performances, deveria ajudar a romper com o isolamento dos indivíduos nessa sociedade, promovendo uma aproximação entre as pessoas. Para Adorno, mesmo tendo em vista as nobres intenções do movimento, é totalmente questionável a ideia de pôr um objetivo "pedagógico" à frente do que é especificamente estético na prática artística, já que esse elemento, mesmo não excluindo de modo algum a possibilidade de um melhoramento da condição humana, deveria se constituir num fim em si mesmo:

> O curto-circuito do movimento de juventude é que a música não tem o seu objetivo humano em si mesma, mas na sua utilidade pedagógica, cultual, coletiva. Wilhelm Ehmann questiona minha relação para com as "forças supra-estéticas". Mas, na arte realiza-se algo que é mais do que arte; somente por meio disso, através do atendimento de sua exigência imanente, não em içar a vela e se subsumir a propósitos ou categorias a ela exteriores. Seu algo supra-estético é esteticamente mediado[4]. (Adorno, 1996c, p. 72)

Posição semelhante a essa é confirmada no texto, no qual Adorno retoma sua crítica aos musicantes, agora principalmente no sentido de questionar os seus métodos de ensino, calcados nos mesmos princípios que já tinham sido atacados pelo filósofo. Suas observações caminham no sentido de que o objetivo da pedagogia musical, como, de resto, da educação artística em geral, seria a descoberta, pelo professor, de *mediações* (*Vermittlungen*) que permitissem ao aluno o acesso gradual aos complexos segredos da expressão estética apurada. Com isso con-

4. "Der Kurzschluß der Jugendbewegung ist es, daß Musik ihr humanes Ziel nicht in sich selbst habe, sondern in ihrer pädagogischen, kultischen, kollektiven Verwendbarkeit. Wilhelm Ehmann bezweifelt meine Beziehung zu »überästhetischen Kräften«. Aber in der Kunst realisiert sich, was mehr ist als Kunst, nur durch diese, die Erfüllung ihres immanenten Anspruchs hindurch, nicht indem sie die Segel streicht und sich unter ihr äußerliche Zwecke oder Kategorien subsumiert. Ihr Überästhetisches ist ästhetisch vermittelt" (Adorno, 1996c, p. 72).

cordariam também os musicantes. A diferença para com esses, Adorno externa ao reivindicar que a única saída dos dilemas ocasionados pela vertente, que é objeto de sua crítica, seria "encontrar a mediação procurada na própria coisa e nisso dever-se-ia concentrar o esforço de toda pedagogia musical" (Adorno, 1996c, p. 114).

Considerando-se que, quando se fala no caráter pedagógico da experiência estética, tem-se em mente a possibilidade de uma formação ética tanto dos criadores quanto dos fruidores de objetos estéticos. Aqui, Adorno – em mais uma defesa veemente da "autonomia da arte" – se refere ao fato de que qualquer elemento ético na arte só pode dizer respeito a relações internas das obras e não a qualquer tipo de sua instrumentalização: "Qualquer recurso ao *ethos* da música, que não se encontre na sua forma, mas em sua função, trabalha contra esse *ethos* e dá sua contribuição para o estado de culpa da fungilidade universal, exatamente à qual, porém, se contrapõe o *ethos* da música" (Adorno, 1996c, p. 120)[5].

Sem pretender esgotar o modo através do qual Adorno compreende a dimensão pedagógica da arte, o qual põe em xeque suas manifestações mais imediatas, tais como se encontram no modelo por ele criticado, fica pelo menos o registro de sua complexidade, que, adiante, nos ajudará a entender o *specificum* da posição adorniana.

No tocante ao terceiro critério sobre o sentimento "meta-estético" – a admissão da possibilidade de obras de arte no presente –, a posição de Adorno é bastante conhecida: num eco ao prognóstico hegeliano sobre a adversidade da arte nos tempos atuais, o filósofo de Frankfurt menciona duas ordens de empecilhos para as criações artísticas hodiernas: a primeira diz respeito à coerção direta, isto é, o poder político autoritário, ditatorial, o qual exerce censura sobre a livre expressão estética. De acordo com esse ponto de vista, onde há ditadura – e infelizmente o mundo não está de modo algum livre delas –, há também

5. "Jede Berufung aufs Ethos der Musik, die es nicht in ihrer eigenen Gestalt, sondern in ihrer Funktion aufsucht, arbeitet jenem Ethos entgegen und trägt das ihre bei zum Schuldzusammenhang der universalen Fungibilität, der man doch gerade das Ethos der Musik entgegenhäl" (Adorno, 1996c, p. 120).

dificuldades para a criação autônoma, por mais que os artistas tentem ao máximo burlar esse poder fortemente coercitivo.

A segunda ordem de ameaças à criação artística na contemporaneidade encontra-se, curiosamente, não nos regimes ditatoriais, mas naquelas sociedades que se entendem a si mesmas como democráticas: trata-se da indústria cultural. Por mais que os governos autoritários modernos tenham se valido de recursos semelhantes aos da indústria cultural, tais como o rádio, o cinema e – mais recentemente – a televisão, talvez não seja errado dizer que o seu potencial só se revela plenamente nas democracias liberais, nas quais as massas são levadas a se convencer de que aquilo que consomem é de sua própria escolha. Nesse processo, é central o que Adorno, juntamente com Horkheimer, na *Dialética do esclarecimento*, chamou de "confiscação do esquematismo". Essa significa que a indústria cultural "executa o esquematismo como primeiro serviço a seus clientes" (Adorno & Horkheimer, 1981, p. 145), na medida em que o procedimento do sujeito individual, que segundo Kant, era ativo no sentido de aplicar conceitos a intuições na aquisição de conhecimento válido, não é mais necessário no processo perceptivo típico da cultura de massas, no qual os elementos sensíveis já são previamente esquematizados, no sentido de que são eivados de concepções ideológicas sub-reptícias.

Levando-se em conta que o esquematismo – estabelecido por Kant para explicar como as percepções sensíveis são referidas ao entendimento – desempenha certo papel na apreensão "estética" em geral, mesmo que as mercadorias culturais não possam de modo algum ser consideradas obras de arte, torna-se fácil entender em que medida a arte como um todo se encontra ameaçada num cenário inteiramente dominado pela indústria cultural: o indivíduo massificado do capitalismo tardio, que se desgasta espiritualmente no trabalho reificado e tem proventos que mal são suficientes para seu sustento básico (e o de sua família) encontra quase que exclusivamente na mercadoria cultural seu pão espiritual de cada dia. Em primeiro lugar porque o preço de um artigo produzido mecanicamente, em série, é infinitamente inferior ao de um construto produzido manualmente, um a um, por desempenhos altamente especializados como o que o artista tem que realizar. O preço relativamente baixo das mercadorias culturais vem ao encontro da penúria material em que vivem as massas, inclusive nos países capitalistas mais desenvolvidos. Em segundo lugar, o supramencionado desgaste espiritual ocasionado pela divisão do trabalho, implica numa potencial fadiga intelectual dessas amplas camadas da população, de modo que o trabalho mental requerido para a experiência estética no sentido estrito do termo é confortavelmente substituído pelo consumo do construto previamente esquematizado, oferecido a preços módicos pela indústria cultural.

Havendo um restrito mercado consumidor para obras de arte no sentido estrito do termo, contraposto à gigantesca demanda para as mercadorias culturais, a grande maioria dos artistas profissionais (lembrando que no âmbito artístico não deveria haver lugar para diletantismo) – com a exceção daqueles que caem nas graças do "mundo da arte" – têm uma existência marcada por dificuldades materiais e frustrações afetivas, tendo a continuidade do seu trabalho a marca da resistência a um estado de coisas que, como previra Hegel, "não é, segundo o seu estado geral, favorável à arte" (Hegel, 1989, p. 25).

Desse modo, pode-se concluir que, mesmo havendo alguma continuidade na produção de obras de arte, Adorno, ao constatar as imensas dificuldades enfrentadas pelos artistas na contemporaneidade, não pode ser considerado um otimista estético de acordo com o terceiro critério, isto é, o da crença na possibilidade irrestrita de existência da arte no presente histórico. De um modo geral, o quarto critério acompanha o estabelecido no tocante ao terceiro, de maneira que, para Adorno, se o estado presente do mundo não garante de modo completo a permanência da arte, é difícil que – pressupostas também no futuro as condições adversas à arte da atualidade – ela venha a se tornar concreta. É evidente que há nuances na posição adorniana que ainda não puderam ser apresentadas, que, entretanto, o serão posteriormente. Apesar disso, tudo leva a crer que o difundido juízo sobre o pessimismo estético de Adorno tem a sua razão de ser.

No lado das releituras da estética de Hegel que podem ser consideradas "otimistas", destaca-se Arthur Danto, com sua compreensão do prognóstico hegeliano sobre o fim da arte, como prenúncio de uma era de auspiciosas possibilidades de criação e de fruição de obras de arte. Desse modo, com exceção talvez do segundo critério (o pedagógico), que não é explicitamente afirmado, mas tampouco negado, tudo leva a crer que Danto possa ser considerado um legítimo representante do otimismo estético na filosofia contemporânea.

Até o início da década de 1960, Danto era um promissor filósofo analítico, voltado principalmente para questões gnosiológicas, embora já apresentasse alguns interesses heterodoxos (como, por exemplo, ser um artista plástico amador). A partir de então, o desafio que a compreensão filosófica da *pop art* representara, levou-o à concepção de seu famoso artigo "O mundo da arte", no qual as caixas de *Brillo*, de Andy Wahrol, são entendidas como a decretação do fim da arte a partir de dentro dela própria (Danto, 2006). A continuidade de sua reflexão levou Danto, vários anos depois, a se reportar explicitamente ao supramencionado prognóstico hegeliano, no seu conhecido ensaio "O fim da arte". Nesse texto, a colocação de Danto não trai, à primeira vista propriamente um otimismo, mas, antes de tudo, algumas constatações e uma interrogação:

> (...) o pensamento de Hegel era que por um período de tempo as energias da história coincidiram com as energias da arte, mas agora a história e a arte devem ir em direções diferentes e, apesar de a arte continuar podendo existir no que chamei de um modo pós-histórico, sua existência já não porta qualquer significância histórica. Uma vez que uma tese desse tipo dificilmente poderia ser ponderada fora do arcabouço de uma filosofia da arte, seria difícil levá-la a sério, se a urgência sobre o futuro da arte não tivesse surgido a partir de dentro do próprio mundo da arte, que pode ser visto hoje como tendo perdido toda a direção histórica e temos que perguntar se isso é temporário – se a arte vai recuperar a trilha da história –, ou se essa condição desestruturada *é* o seu futuro: um tipo de entropia cultural. Assim, o que quer que venha a seguir não importará, porque o conceito de arte está internamente exausto. (Danto, 1986, p. 84)

No entanto, no decorrer e – principalmente – no final desse ensaio, Danto, convencido da inevitabilidade histórica do fim da arte, procura flexioná-la no sentido de uma percepção otimista. Nesse momento, a lapidar passagem da *Ideologia alemã*, em que seus autores declaram que, numa sociedade comunista, uma vez abolidas a propriedade privada e a divisão do trabalho, uma pessoa poderia "caçar de manhã, pescar à tarde, criar gado de noitinha e, depois da comida, fazer a crítica" (Marx & Engels, 1981, p. 225), serve de inspiração para Danto constatar que o fim da arte pode ser uma situação de extrema liberdade de criação, na qual, "como Marx poderia dizer, você pode ser um abstracionista de manhã, um foto-realista à tarde, um minimalista mínimo à noitinha. Ou você pode cortar bonecas de papel ou fazer o que mais lhe aprouver. A idade do pluralismo está sobre nós. Já não é mais importante tanto o que você faz, o que é o significado do pluralismo" (Danto, 1986, p. 114-115).

Na segunda metade da década de 1990, no livro *Após o fim da arte*, Danto reforçou ainda mais o otimismo implícito nas linhas supracitadas, ao fazer um balanço mais distensionado das reflexões das décadas anteriores. O que no livro de 1986 fora denominado "modo pós-histórico" de existência das obras, passa a se chamar simplesmente de "arte pós-histórica" (Danto, 1986, p. 11-12) e é ainda reforçada a compreensão de que "o fim da arte consiste na tomada de consciência da natureza verdadeiramente filosófica da arte" (Danto, 1997, p. 30). Diretamente associada a essa ideia está a do advento, com o fim da história da arte, de uma era de extrema liberdade de criação artística, tal como se pode ler no seguinte trecho:

> Uma vez que a questão é trazida à consciência num certo momento do desenvolvimento histórico da arte, um novo nível de consciência filosófica foi atingido. E isso significa duas coisas. Significa, em primeiro lugar, que tendo trazido a si mesma a esse nível de consciência, a arte já não tem a responsabilidade por sua própria definição filosófica. Essa é, antes, a tarefa dos filósofos da arte. Em segundo lugar, isso significa que não há um modelo com que as obras de arte têm que se parecer, já que uma definição filosófica da arte deve ser compatível com todos os tipos e ordens de arte – com a arte pura de Reinhardt, mas também com a ilustrativa e a decorativa, a figurativa e a abstrata, a antiga e a moderna, a oriental e a ocidental, a primitiva e a não-primitiva, por mais que umas se difiram das outras. (Danto, 1997, p. 36)

Também a desconcertante referência ao Marx da *Ideologia alemã*, que, diga-se de passagem, é uma constante na obra estética de Danto, reaparece em *Após o fim da arte* de um modo mais compreensível, no qual se dissipa a aparência de cinismo suscitada à primeira vista, já que o filósofo deixa claro que a liberdade por ele constatada no mundo da criação artística não encontra uma contrapartida imediata no mundo real: "A diferença entre a profecia marxiana e a minha é que a condição de uma vida humana desalienada, que Marx não fez mais do que delinear, reside em algum futuro histórico distante. A minha é o que se poderia chamar *uma profecia do presente*" (Danto, 1997, p. 46).

Para concluir minha exposição, e levando em consideração principalmente os exemplos de Adorno e de Danto, devo reconhecer a relativa precariedade das caracterizações do pessimismo e do otimismo estéticos: de fato, uma abordagem verdadeiramente filosófica de qualquer questão, deve se aproximar tanto quanto possível do que se presume ser a realidade e as possibilidades nela inscritas. De modo que um tom mais sombrio, por um lado, e um mais alegre, por outro, não deveriam constituir um empecilho para uma compreensão adequada da situação por nós vivida na atualidade.

No que se refere a Danto, pode-se observar que, desde sua primeira colocação sobre o "fim da arte", a crença enfática na existência de possibilidades antes insuspeitadas no âmbito da criação artística não se manifesta sem certas dúvidas: "(...) Quão felizes a felicidade nos fará, é difícil prever, mas que se pense na diferença que a febre de cozinha *gourmet* fez na vida comum americana. Por outro lado, foi um imenso privilégio ter vivido na história" (Danto, 1986, p. 115). Se o tema das relações entre a arte e a política, tal como apresentado no virulento ensaio *O descredenciamento filosófico da arte*, há muito tempo era uma preocupação crucial para Danto, pode-se dizer que, após a euforia sobre a "arte pós-histórica", a qual atingiu o seu ápice em *Após o fim da arte*, o filósofo norte-americano tem expressado crescente apreensão diante do fato de que a liberdade atingida na arte encontra cada vez menos sua contrapartida na realidade[6].

Por outro lado, Adorno que, com exceção da referência ao critério hedonístico, poderia ser considerado um típico pessimista estético, desde seus primeiros escritos filosóficos, nunca abandonou a esperança de que a realidade perversa do capitalismo tardio poderia ser radicalmente transformada num futuro remoto, ainda não vislumbrado em termos históricos. Quanto a isso, é interessante observar que esse posicionamento se manifesta exatamente naquele quesito, a partir do qual Adorno nunca pôde ser considerado um pessimista estético completo, isto é, a crença na possibilidade do prazer diante de obras de arte:

> O que no postulado do escurecido, tal como os surrealistas erigiram em programa enquanto humor negro; do hedonismo estético, que sobreviveu à catástrofe, difamado como perversão: que os momentos sombrios da arte deveriam proporcionar algo como o prazer, não é outra coisa tal que a arte e uma consciência correta de sua felicidade encontram-se apenas na capacidade de locotenência (*Standhalten*). Essa felicidade irradia a partir do interior na manifestação sensível. (Adorno, 1996d, p. 66)

A partir dessa enfática defesa do prazer estético, mesmo tendo em mente o seu potencial de manipulação ideológica, podemos encontrar retrospectivamente no pensamento de Adorno respostas mais positivas às três outras questões de nossa "estética da estética". Desse modo, o critério pedagógico da experiência estética poderia, como já se sugeriu acima, adquirir relevância a partir disso que se conhece habitualmente como "télos emancipatório da arte", na medida em que fosse contemplado o seu elemento especificamente estético e não uma facilitação supostamente didática. Por outro lado, o critério de atualidade torna-se aceitável, conquanto as obras criadas ao superar todas as dificuldades supra-aludidas atinjam a qualidade de lugares-tenentes de uma práxis reconciliada, que certamente se encontra muito distante

6. Esse posicionamento é muito exemplar no excepcional *The Abuse of Beauty* (2003), último livro de Danto de maior importância filosófica (os dois posteriores a ele, *The Madonna of the Future* e *Unnatural Wonders* são coletâneas de artigos principalmente relativos à imensa atividade de Danto como crítico de arte).

de sua realização concreta. O que vale para o presente, por razões óbvias, pode ser estendido ao futuro, que é o elemento verdadeiramente iluminador tanto de uma criação artística verdadeira quanto de sua autêntica reflexão filosófica.

Referências bibliográficas

ADORNO, T. W. "Der getreue Korrepetitor". In *Gesammelte Schriften15*. Frankfurt am Main: SuhrkampVerlag, 1976.

ADORNO, T. W. "Kritik des Musikanten". In *Gesammelte Schriften 14: Dissonanzen. Einleitung in die Musiksoziologie*. Frankfurt am Main: Surhkamp Verlag, 1996a.

ADORNO, T. W. "Zur Dialektik von Heiterkeit". In: *Gesammelte Schriften 11: Noten zur Literatur*. Frankfurt am Main: SuhrkampVerlag, 1996b.

ADORNO, T. W. "Zur Musikpädagogik". In *Gesammelte Schriften 14: Dissonanzen. Einleitung in die Musiksoziologie*. Frankfurt am Main: Surhkamp Verlag, 1996c.

ADORNO, T. W. "Ästhetische Theorie". In *Gesammelte Schriften Band 7*. Frankfurt am Main: Suhrkamp Verlag, 1996d.

ADORNO, T. W. & HORKHEIMER, M. "Kulturindustrie. Aufklärung als Massenbetrug". In *Dialektik der Aufklãrung*. Frankfurt am Main: Suhrkamp Verlag, 1981.

BAUMGARTEN, A. *Estética: a lógica da arte e do poema*. Petrópolis: Editora Vozes, 1993.

DANTO, A. "O mundo da arte". *Artefilosofia*. n. 1, julho, 2006. Traduzido por Rodrigo Duarte.

DANTO, A. "The End of Art". In *The Philosophical Desinfranchisement of Art*. Nova York: Columbia University Press, 1986.

DANTO, A. *After the End of Art*. Pinceton: Princeton University Press, 1997.

DE BRUYNE, E. *L'Esthetique du Moyen Age*. Louvain: Éditions de L'Institut Supérieur de Philosophie, 1947.

HEGEL, G.W. F. *Vorlesungen über die Ästhetik*. Frankfurt am Main: Suhrkamp Verlag, 1989.

KANT, I. *Kritik der Urteilskraft*. Frankfurt am Main: Suhrkamp Verlag, 1984.

MARX, K. & ENGELS, F. "Die deutsche Ideologie". In *Ausgewählte Werke in sechs Bänden*. Berlim: Dietz Verlag, 1981.

NETTESHEIM, A. *Die Eitelkeit und Unsicherheit der Wissenschaften und die Verteidigungsschrift*. München: Georg Müller, 1913.

11

SOBRE O CONCEITO DE "PSEUDOMORFOSE" EM THEODOR ADORNO

O conceito de "pseudomorfose", com significado etimológico aproximado de "falsa formação", se origina num fenômeno, de acordo com o qual um mineral tem suas propriedades físico-químicas alteradas sem que sua forma externa se modifique (florestas petrificadas, em que a forma de troncos de árvores abriga conteúdos minerais – rochosos – são um ótimo exemplo disso). A versão adorniana de pseudomorfose designa o empréstimo de um elemento formal de um âmbito da cultura a outro. Essa abordagem do conceito possui uma extensa gama de possíveis aplicações críticas, revelando-se, como pretendo mostrar, especialmente frutífero na estética e na filosofia da arte – âmbito no qual ele se conecta a uma tradição de comparação entre as artes, que remonta ao *paragone* de Leonardo da Vinci, no século XVI, e ao *Laocoonte*, de Lessing, em fins do século XVIII[1]. No século XX, uma retomada dessa tradição que se tornou especialmente importante foi a de Clement Greenberg no seu texto "Rumo a um mais novo Laocoonte". Tendo em vista que essa posição precedeu imediatamente em termos temporais à de Adorno, o qual inclusive menciona o texto "Vanguarda e Kitsch" (curiosamente não o artigo que será abordado aqui) do crítico norte-americano na sua *Filosofia da nova música*[2], é de interesse para minha exposição recordar alguns de seus tópicos mais relevantes.

---

1. Para uma abordagem sucinta dos pontos de vista de Da Vinci e Lessing, ver meu artigo "Sobre as relações entre os media: do paragone de Da Vinci à 'pseudomorfose' de Adorno" (ver bibliografia).
2. É interessante observar que há uma menção de Adorno ao *Laocoonte* de Lessing, não nessa obra, mas num texto da década de 1960 sobre as relações entre música e

Um antecedente imediato

Tendo em vista que a investigação sobre as relações entre os diversos meios artísticos leva a considerações sobre o que é mais característico em cada um deles, estando aí implicada uma noção de "pureza" dos mesmos, Greenberg inicia sua reflexão com uma nota sobre a posição do "purista". Embora ele próprio não se apresente como sendo um deles, nosso crítico justifica a atitude dos puristas como sendo a de quem exige muito da arte em virtude de, por outro lado, se dedicar muito – e muito seriamente – a ela. Segundo Greenberg, o purismo no cenário contemporâneo pode ser entendido como uma reação aos enganos advindos de certa "promiscuidade" entre as artes, a qual ele se propõe a explicar.

As confusões entre os diversos *métiers* artísticos são um fenômeno antigo e se ligam ao fato de que em muitos períodos históricos ocorre o predomínio – mais do que isso, uma espécie de *dominação* – de uma arte sobre as demais. Segundo Greenberg, no século XVII, embora a música tenha sido a arte que mais se desenvolveu em termos formais, a literatura assumiu o lugar de predomínio que tinha sido da pintura no século XVI, a qual tinha se tornado muito cortesã e, por isso, progressivamente distante da burguesia em ascenção. Greenberg aponta também como possíveis causas dessa mudança de predomínio a iconoclastia que se tornou uma tendência na Europa pós-reforma protestante e as características de baixo custo e de portabilidade do livro.

A confusão propriamente dita entre as linguagens artísticas começa a ocorrer quando as outras artes tendem a imitar aquela que se encontra na posição predominante, procurando reproduzir seus efeitos, em termos de seu próprio meio expressivo. Mas isso não se aplica a todas as artes indiscriminadamente, pois, como observa Greenberg, apenas as artes que já atingiram significativo desenvolvimento técnico se habilitam a essa imitação, o que explica o fato de a pintura (juntamente com a escultura) ter sido a principal atingida pelo predomínio da literatura e o

---

pintura. Cf. *Über einige Relationen zwischen Musik und Malerei* (Adorno 1990a).

fato de a música, ainda relativamente imatura em termos de codificação formal, ter escapado ilesa desse processo.

O declínio das artes plásticas no século XVII não pode ser totalmente explicado por isso, mas, parcialmente, não há, de acordo com Greenberg, como negar esse fato. Não que não mais tenham surgido grandes talentos isolados, mas não surgiram mais escolas excepcionais e os mais talentosos foram diligentes em emular, nas artes plásticas, os efeitos obtidos pela literatura. Nessa altura da exposição de Greenberg, surge a explicação do título do artigo, já que o crítico identifica no *Laocoonte* de Lessing, no qual o pensador alemão investiga as fronteiras das artes plásticas e da literatura, um sintoma do referido predomínio histórico dessa última, já que, nessa obra, aquelas são apresentadas como meios muito mais limitados de expressão artística (Lessing 1970). Segundo Greenberg,

> Lessing, em seu *Laokoon*, escrito na década de 1760, identificou a presença de uma confusão das artes tanto prática quanto teórica. Mas viu os seus efeitos prejudiciais exclusivamente em termos de literatura, e suas opiniões sobre artes plásticas apenas exemplificam os típicos equívocos de sua época. Ele criticou os poemas descritivos de poetas como James Thompson, vendo neles uma invasão do domínio da pintura de paisagem, mas, sobre a invasão da poesia pela pintura, tudo que conseguiu foi condenar pinturas alegóricas que requeriam uma explicação e quadros como *O filho pródigo*, de Ticiano, que incorporam "dois pontos necessariamente separados do tempo num único e mesmo quadro". (Greenberg, 2001, p. 25-26)

É interessante observar que, para Greenberg, o advento do romantismo trouxe alguma esperança para a pintura, mas o resultado foi uma confusão ainda maior, já que sua teoria era a de que o meio seria, antes de tudo, um obstáculo à veiculação da mensagem artística e, por isso, a literatura, enquanto arte em que o meio oferece naturalmente menos resistência, prosseguiu o seu predomínio.

> Na prática, essa estética incentivou aquela forma específica e difundida de desonestidade artística, que consiste em tentar escapar dos problemas do meio de uma arte buscando refúgio nos efeitos de outra. A pintura,

mais susceptível a evasões desse tipo, foi quem mais sofreu nas mãos do românticos. (Greenberg, 2001, p. 26)

O resultado disso, a partir dos trabalhos de Delacroix, Guéricault e Ingres, dentre outros, é o surgimento, pela primeira vez na história da arte, de um tipo de "academicismo". Segundo Greenberg, nesse caso, não foi a própria imitação realística que causou o dano, mas uma ilusão realística servindo a uma literatura sentimental.

O romantismo foi a última grande corrente, *diretamente* advinda da sociedade burguesa, que inspirou artistas conscientes do seu papel diante do *métier*, pois a próxima geração já preparava o que ficou conhecido como "vanguarda", entendida por Greenberg, como um movimento que objetivava a auto-proteção da arte: "A vanguarda, a um só tempo filha e negação do romantismo, torna-se a encarnação do instinto de autopreservação da arte. Ela só está interessada, e só se sente responsável pelos valores da arte. E, dada a sociedade tal como ela é, tem uma percepção orgânica do que é bom e do que é nocivo para a arte" (Greenberg, 2001, p. 28)[3].

Uma das primeiras ações da vanguarda nas artes plásticas no sentido de se libertar do domínio literário foi a tentativa de eliminação de "temas" (*subject matters*), enquanto distintos dos "conteúdos" (aquilo sobre o que o artista realmente trabalha quando produz suas obras). A primeira grande ruptura no século XIX foi com Courbet em sua tentativa de pintar apenas o que "os olhos podiam ver, como uma máquina sem o auxilio do espírito" (Greenberg, 2001, p. 29), enfocando motivos da vida comum mais imediata. O próximo passo, segundo Greenberg, teria sido Manet, que atacou o "tema" no seu próprio domínio ao exibir com relação a ele uma grande indiferença.

Registra-se, nesse momento, uma tendência da pintura (juntamente com outras artes, inclusive a poesia), para escapar da submissão à literatura, a emular os efeitos de qualquer outra arte. Mas caberia à

3. Sobre o papel decisivo da Vanguarda como "auto-preservadora da arte" e sua peculiaridade, no Ocidente, como impedimento à ossificação da cultura em geral, ver "Avant-garde and Kitsch" (Greenberg, 1986).

música ser o catalisador dessa demanda das artes plásticas, pelas razões que se seguem:

> A música, fugindo da sentimentalidade indisciplinada, impenetrável, dos românticos, tentava descrever e narrar (música programática). Dizer que nisso a música imita a literatura seria ir contra minha própria tese. Mas a música, quando começa a ser figurativa, imita tanto a pintura, quanto a poesia; além disso, parece-me que Debussy usou a música programática mais como pretexto para experimentar do que como fim em si mesmo (...). Afora o que estava acontecendo dentro de seu campo, a música como arte começou ela própria a ocupar uma posição muito importante em relação às demais artes. Em razão de sua natureza "absoluta", da distância que a separa da imitação, de sua absorção quase completa na própria qualidade física do seu meio, bem como em razão de seus recursos de sugestão, a música passou a substituir a poesia como a arte-modelo (*paragon art*). Era a arte que as outras artes de vanguarda mais invejavam, e cujos efeitos mais arduamente tentavam imitar. (Greenberg, 2001, p. 31)

Mas esse processo de "imitação" da música se tornou, segundo Greenberg, decisivo para o surgimento e a consolidação da vanguarda em geral, quando os artistas de outros *métiers* perceberam a importância de fazer do *método*, e não dos efeitos dessa arte, o modelo para o seu próprio procedimento, o que significava adotar na prática uma concepção em que o elemento formal adquire a prioridade (Greenberg refere-se à ideia de "pura forma") sobre qualquer colocação temática: o "conteúdo", que, de acordo com o sentido supramencionado, é o tópico sobre o qual recai a elaboração do artista numa determinada obra, adquire precedência sobre qualquer "tema" (*subject-matter*) que aponte para algo exterior a ela, embora Greenberg chame também a atenção para os possíveis equívocos de pensar a música como "a única arte imediatamente sensorial" (Greenberg, 2001, p. 32).

É a partir desse cenário que Greenberg introduz a noção que o acompanhará nas fases posteriores de sua carreira, inclusive naquelas que o consagraram como o maior crítico de arte norte-americano, a saber, o conceito de "pureza" de um âmbito artístico:

> A pureza na arte consiste na aceitação – a aceitação voluntária das limitações do meio de cada arte específica. Para provar que seu conceito é mais do que uma tendência do gosto, os pintores apontam a arte oriental, a arte primitiva e a das crianças como exemplos da universalidade, naturalidade e objetividade de seu ideal de pureza. (...) É em virtude de seu meio que cada arte é única e estritamente ela mesma. Para restaurar a identidade de uma arte, a opacidade de seu meio deve ser enfatizada. (Greenberg, 2001, p. 53-54)

A menção à arte oriental e primitiva não é de modo algum fortuita, já que, depois de passar em revista quais seriam os meios característicos dos *métiers* artísticos que se valeram das exigências da vanguarda para decretarem sua independência com relação à literatura (artes plásticas, música e até mesmo a poesia), Greenberg introduz outro conceito que aparece até hoje como típico de seu pensamento estético, a saber, o de "planaridade" (*flatness*) como peculiaridade do meio pictórico, para cujo atingimento na arte contemporânea foi necessário um longo desenvolvimento histórico, que, partindo do artifício de criar numa superfície bidimensional a ilusão do plano tridimensional, passou por diversos estágios intermediários. O longo périplo da representação pictórica realística do espaço tridimensional correspondeu, na prática, à supramencionada "opacidade do meio". Sua verdadeira transparência teria se revelado paulatinamente – Greenberg refere-se ao Cubismo como uma estação necessária na fragmentação daquele espaço – com a introdução do objetivo da planaridade, a qual só teria se realizado plenamente com a pintura abstrata nas primeiras décadas do século XX.

Desse modo, Greenberg apresenta sua posição característica sobre a superioridade da arte pictórica abstrata, reconhecendo que não tenha fornecido para ela outra explicação "além de sua justificação histórica" (Greenberg, 2001, p. 37), embora aponte para a possibilidade de justificá-la com base no que ele chama de "política do gosto", a qual envolve, no entanto, mais uma prática de apreciação artística do que algum desdobramento de tipo teórico.

A pseudomorfose segundo Adorno

Antes de iniciar a exposição das articulações principais da ideia de pseudomorfose em Adorno, é preciso lembrar que ela – mesmo sendo um conceito típico de sua filosofia da arte – não é uma noção aplicável exclusivamente ao âmbito estético, significando, como já se assinalou, o modo como um domínio qualquer assume características não originariamente suas. O aspecto essencialmente crítico que o conceito assume em Adorno diz respeito ao fato de que essa metamorfose é o indício de um estado de coisas alienado, reificado. Sobre o liame entre a pseudomorfose e a aliençäo, Adorno observa que, "a pseudomorfose a uma forma alienada é, ela própria, a mesma coisa que expressão de alienação" (Adorno, 1996l, p. 160). No tocante a essa concepção mais ampla, não necessariamente estética, Adorno fala de pelo menos quatro tipos de pseudomorfose: o primeiro é o "da sociedade de classes à sociedade sem classes" (Adorno, 1996c, p. 391); o segundo é a pseudomorfose "das humanidades ao método matemático e das ciências naturais" (Adorno, 1996a, p. 32); o terceiro é uma "pseudomorfose à dialética" (Adorno, 1996d, p. 246) (com referência a Ernst Bloch); o quarto tipo é a "pseudomorfose do político ao apolítico" (Adorno, 1886b, p. 188) (referindo-se ao relacionamento do jovem Benjamin com o movimento alemão de juventude do início do século XX – *Jugendbewegung*).

No entanto, a grande maioria das incidências do termo "pseudomorfose" na obra de Adorno diz respeito ao domínio estético, seja tomado em geral, em conexão com âmbitos extra-estéticos, seja referido ao relacionamento das artes particulares entre si. No que concerne ao primeiro caso, Adorno se refere a uma pseudomorfose da arte à ciência (Adorno, 1996b), ao conceito (Adorno 1996b), à comunicação (Adorno, 1990d) ou ainda à natureza (Adorno 1996b). É interessante observar que, para Adorno, o reconhecimento da necessidade, por parte da consciência estética mais avançada da modernidade artística, de se evitar a pseudomorfose da arte em geral ao âmbito extra-artístico, diante de um desenvolvimento tecnológico sem precedentes, foi um elemento importante na definição da própria linguagem da arte de vanguarda no início do século XX, o que transparece no trecho que se segue:

> Essa modernidade deve se mostrar ao alto industrialismo como plenamente desenvolvida, não apenas tratar dele. Seu modo próprio de comportamento e sua linguagem formal devem reagir espontaneamente à situação objetiva; o reagir espontaneamente como norma circunscreve um paradoxo perene da arte. Porque nada pode se desviar da experiência da situação, também nada que finge dela escapar conta como válido. Em muitos construtos autênticos da modernidade, a camada material industrial, estritamente evitada em termos temáticos por desconfiança contra a arte maquinal enquanto pseudomorfose, faz-se, entretanto, valer, negada pela redução do que é tolerado e pela construção tornada aguda; assim é em Klee. (Adorno, 1996b, p. 57)

No que tange ao segundo grupo de menções à pseudomorfose, trata-se, de um modo análogo ao que vimos em Clement Greenberg, da recepção, num âmbito artístico, de características específicas de outra arte, quase sempre advinda de antangonismos sociais e históricos não resolvidos. Quanto a esse segundo caso, há menções, na obra de Adorno, à pseudomorfose da escultura à pintura (Adorno, 1986a), à pseudomorfose de um estilo de época ao de outra (1996g), à pseudomorfose da poesia com relação à música (Adorno, 1996f), à pseudomorfose da música à arquitetura e à forma voltada para fins (*Zweckform*) (Adorno, 1990d) e pseudomorfose da música instrumental à vocal no jazz (Adorno, 1996m).

É interessante observar que, especialmente no que concerne ao relacionamento de uma arte particular a âmbitos extra-estéticos, há uma série de referências de Adorno à composição musical de Gustav Mahler. Nela, Adorno identifica uma pseudomorfose da música superior à inferior (Adorno, 1996n), uma pseudomorfose do indivíduo à coletividade (Adorno, 1996n), uma pseudomorfose do Ocidente à China (Adorno, 1996j), assim como uma pseudomorfose da música às imagens e aos conceitos (Adorno, 1990a).

Entretanto, todas essas referências à pseudomorfose em Adorno podem ser consideradas marginais, quando comparadas com a da música à pintura, que desempenha na obra do filósofo frankfurtiano um papel comparável ao que a servidão da pintura à literatura desempenha no esquema proposto por Greenberg no seu texto "Rumo a um mais novo Laocoonte"[4]. Mais ou menos na mesma época da redação deste artigo, aparece a mais antiga referência de Adorno ao termo aqui investigado, a saber, no texto "O esquema da cultura de massas", no qual o filósofo se refere à musica impressionista como "pseudomorfose da composição para com a pintura" (Adorno, 1981, p. 309), ideia que será desenvolvida e estendida à musica de Stravinsky na *Filosofia da nova música*. É nessa obra, na qual, como já se observou, há uma referência ao artigo de Greenberg "Vanguarda e kitsch" (Adorno, 1985), que o conceito de pseudomorfose aparece o maior número de vezes num mesmo escrito de Adorno e é também mais explicitado, razão pela qual concentraremos nela nossa análise. Como é amplamente sabido, a obra tem como base dois longos ensaios, um sobre Schönberg, outro sobre Stravinsky, precedidos de uma introdução sobre a situação da música nova e da arte em geral na segunda metade da década de 1940. Adorno procede dessa maneira, sob o pressuposto de que o nível composicional de ambos os músicos é equivalentemente alto, contrapondo o que ele considera dois caminhos opostos – os dois extremos – nos procedimentos de composição musical: o de Schönberg marcado por uma aposta na *subjetividade* e na *negatividade* (tanto no seu período expressionista quanto no dodecafônico) e o de Stravinsky, procurando estabelecer uma escrita musical *objetiva* e *positiva* (igualmente na fase "primitivista" do *Sacre du Printemps* e na neoclássica posterior).

O caráter verdadeiramente progressista, entretanto, é atribuído apenas à vertente protagonizada por Schönberg, já que a superação da

4. Seria interessante investigar porque, sob o pressuposto de uma concordância quanto à natureza do processo, há uma discrepância no que tange aos objetos da "colonização" de uma arte pela outra entre Adorno e Greenberg: enquanto nesse a pintura aparece como vítima da dominação da literatura, na concepção de Adorno, aquela tende a predominar sobre a música, pelo menos na parcela mais industrializada do Ocidente. Isso se liga a outro tópico interessante de discordância entre ambos os pensadores quanto ao objeto da dominação: segundo Greenberg, a música – dominada pela pintura para Adorno – desponta em finais do século XIX como o âmbito artístico que passa a ser o grande objeto de emulação das outras artes, predominando, de certo modo sobre elas. Infelizmente, porém, uma investigação desse tipo nos levaria longe demais do objetivo principal deste artigo, que é enfocar o conceito de pseudomorfose em Adorno.

tonalidade na música é um processo paralelo à supressão da figuratividade nas artes visuais, sendo que ambas podem ser consideradas um tipo de "subjetivização" progressiva nas artes em geral. Dentro desse espírito, o estabelecimento da técnica dodecafônica por Schönberg durante a década de 1910 enquadra-se perfeitamente no processo geral da *Aufklärung*, sendo que Adorno chega mesmo a falar de um "fermento anti-mitológico" da música, uma vez que a composição musical de Schönberg, já à época de sua experiência expressionista, significa a recusa de muitos elementos mitológicos de natureza formal e conteudística que impregnavam a tradição musical alemã anterior. No plano do conteúdo, o principal elemento seria a mitologia germânica, cujo exemplo acabado era o caminho wagneriano. No âmbito formal destaca-se uma tendência ao "jogo", característica da música burguesa tardia.

Essa negação da música burguesa tardia aprofunda-se quando, nos inícios da década de 1920, a técnica dodecafônica encontra-se plenamente desenvolvida. A sua absoluta precisão não deixa qualquer lugar mais para a aparência estética. Essa técnica torna-se finalmente naquilo que o positivismo entende como *ciência*, apenas transposto numa linguagem puramente sonora. Entretanto, naquilo que Adorno denominou "música radical" reside um processo semelhante ao da *Dialética do esclarecimento*: sua recusa intransigente à "empiria" musical (música de massa e manifestações "regressivas" da música erudita, inclusive Stravinsky e seus epígonos) leva a um tipo de enrijecimento, que, em última instância, se encontra na base da situação coisificada da empiria musical.

Adorno considera, no entanto, que, apesar de mesmo a música negativa de Schönberg não ter escapado totalmente à reificação, ela é superior não apenas à composição pretensamente positiva de Stravinsky, mas também à música erudita tradicional, na medida em que rompe com o seu parasitismo para com a linguagem falada; e o faz de um modo em que um tipo de discursividade – não mimética como a da música tradicional –, é preservado para além das limitações impostas pela tonalidade:

> A conexão nessas obras é a negação da conexão e seu triunfo reside no fato de que a música se mostra como contraparte da linguagem das palavras, na medida em que ela pode falar exatamente como desprovida de sentido, enquanto todas as obras musicais fechadas se encontram sob o signo da pseudomorfose à linguagem das palavras. Toda música orgânica adveio do *stile* recitativo. Ela foi desde o início moldada pelo falar. (Adorno, 1985, p. 121)[5]

Mas o ponto de Adorno é que principalmente o caminho trilhado por Stravinsky, o da pretensão à *objetividade musical*, leva a antinomias. A mais gritante delas é o fato de a subjetividade reprimida eclodir involuntariamente na composição, com o agravante de se manifestar enquanto formas quase patológicas, esquizofrênicas. Dito de um modo geral, isso se traduz num "infantilismo", do qual padece também a música de massa, em que o desenvolvimento é substituído pela pura e simples repetição. Essa "regressão" aponta também para um outro traço típico da indústria cultural, o sado-masoquismo: para Adorno, a recusa em levar adiante o desenvolvimento da linguagem musical coincide com uma renúncia ao objeto de desejo, um recuo diante da ameaça de castração pela instância opressora, com a qual, no entanto, o oprimido vem a se identificar. Daí o prazer sado-masoquista na própria dissolução do *Eu*, expresso numa escrita musical "purificada" de elementos subjetivos, "expressivos". Uma outra tangência da música de Stravinsky com a música de massa é o gosto pela citação, a tendência a escrever "música sobre música", onde a referência recorrente a um material externo aponta para um reconhecimento quase patológico da autoridade constituída, que pode se transformar, eventualmente, em fúria, expressa na agressividade de algumas passagens da fase dita "primitivista" da música de Stravinsky.

Essa evocação constante do já existente indica também, segundo Adorno, a busca, para a música, de um referencial extra-musical, ligado principalmente à pintura, onde o caráter de temporalidade, que confere àquela arte sua natureza intrinsecamente subjetiva, é tendencialmente

---

5. Cf. *VII Musikdrama* (Adorno, 1996i).

subsitituido por outro, espacial, onde a música se descaracteriza por uma servidão principalmente às artes plásticas:

> A espacialização da música é, antes, testemunho de uma pseudomorfose da música à pintura, no mais interno de sua abdicação. Pode-se explicar isso imediatamente a partir da situação da França, onde o desenvolvimento das forças produtivas pictóricas superou tanto o das musicais, que essas involuntariamente buscam refúgio na grande pintura. (Adorno, 1985, p. 174)

Nessa altura, Adorno introduz a importante distinção entre os tipos auditivos "dinâmico-expressivo" e "espacio-rítmico", os quais correspondem, respectivamente, aos modelos de Schönberg e de Stravinsky. No dinâmico-expressivo, o fluxo musical testemunha o decurso temporal na forma de um desenvolvimento em que os elementos consequentes são diretamente advindos dos seus antecedentes e isso faz parte, segundo Adorno, da essência do fenômeno sonoro, a qual é revelada de modo inequívoco pela música dodecafônica:

> O próprio som puro já tem – e é grande mérito dos compositores seriais terem enfatizado isso – um momento do temporal, do dinâmico em si, algo da não-identidade da identidade, como diz a filosofia, e quem, em nome do ser transsubjetivo, acredita poder ignorá-lo e espacializar absolutamente a música, torna-se vítima de uma impotente pseudomorfose. (Adorno, 1990c, p, 136)

Esse é, segundo Adorno, exatamente o caso no tipo de escuta "espacio-rítmica" – diretamente associado à música de Stravinsky –, no qual inexiste uma consciência propriamente dita do tempo, pois o transcurso se dá na forma de solavancos, os quais revelam antes uma espacialidade do que a temporalidade típica da linguagem musical. É importante lembrar que a temporalidade em geral está associada, como sugeriu Kant, na "Dedução transcendental dos conceitos puros do entendimento", da *Crítica da razão pura* (Kant, 1976), à auto-consciência do sujeito. Por isso, Adorno observa que,

> entre essa modificação na consciência do tempo na composição interna da música e da pseudomorfose estabelecida do tempo musical ao espaço,

> sua suspensão por choques, golpes elétricos que explodem a continuidade, há toda a diferença. (Adorno, 1985, p. 177)

Essa é, de acordo com Adorno, a situação da produção musical no capitalismo tardio: ou se diz *sim*, como o fez Stravinsky e se tenta produzir um tipo de música "objetiva", cuja pretensa objetividade tendencialmente é suprimida numa extrema esquizofrenia; ou, alternativamente, se diz *não*, escrevendo um tipo de música cujas dificuldades formais são testemunho da barbárie que se instala na cultura da época, a qual se gostaria de neutralizar:

> A pseudomorfose da música à técnica pictórica capitula diante da superioridade da tecnologia racional, exatamente naquela esfera artística que tinha sua essência na contraposição a essa superioridade e que, no entanto, caiu vítima do progressivo domínio racional da natureza. (Adorno, 1985, p. 196)

Entretanto, de acordo com Adorno, isso não seria motivo para descartar essa "musica negativa", pois mesmo ela não tendo conseguido se contrapor à dominação, serviu – e serve –, pelo menos, como "uma mensagem dentro da garrafa" (Adorno, 1985, p. 126).

Cumpre observar que, mesmo nas décadas posteriores à redação da *Filosofia da nova música*, nas quais Adorno permaneceu um atento observador das tendências na composição musical contemporânea, ele registrou a persistência do caminho stravinskyano como uma inequívoca influência:

> Contra os chamados traços neo-impressionistas da mais nova música, poder-se-ia objetar desse modo. Que a música se liberte da pseudomorfose stravinskiana à pintura, exige uma transformação do próprio compor. (Adorno, 1990b, p. 533)

Mas, se para Adorno, tal influência de Stravinsky continuou ativa nas décadas subsequentes à redação da *Filosofia da nova música*, isso não significa que nada tenha se alterado. Outros fenômenos artísticos surgiram e não seria errado dizer que a orientação estética de Adorno se transformou em função disso: se, por um lado, sua posição inicial parece se aproximar do "purismo" – mesmo que indiretamente – defendido por Greenberg, por outro, o filósofo alemão continuou refletindo sobre o tema da relação entre as artes e, em textos principalmente da década de 1960, nos quais compara traços da pintura e da música, ele procura estabelecer qual seria a diferença entre a pseudomorfose – como se viu um sinal de reificação no âmbito da cultura – e uma possível inter-relação autêntica dos diversos *métiers* artísticos, coisa que, no contexto da arte contemporânea, pode ser importante e até mesmo desejável. No texto "Sobre algumas relações entre música e pintura", publicado pela primeira vez em 1965, consta:

> Que a história da pintura equivalha a sua crescente dinamização, isso é apenas um outro modo de dizer. Na sua oposição, as artes se interpenetram umas com as outras. [§] Mas não por meio de assemelhação, por meio de pseudomorfose. Música pictórica, que transige quase à força da organização temporal, desloca-se por meio do princípio sintetizante, que a relaciona somente ao espaço; e a pintura que gesticula dinamicamente, como se capturasse acontecimentos temporais, como os futuristas o queriam e como alguns abstratos tentaram por meio de figuras circundantes, esgota-se no máximo na ilusão de tempo, enquanto esse é muito mais presente numa imagem, na qual ele desapareceu nas relações sobre sua superfície ou na expressão do que foi pintado. (Adorno, 1990e, p. 629)

No trecho acima, Adorno admite que haja formas de interpenetração entre *métiers* artísticos que não sejam apenas pseudomorfoses, exemplificando de modo negativo, isto é, com tentativas não totalmente bem sucedidas de realizar isso que o filósofo admite (tardiamente) ser uma tendência justificável na contemporaneidade artística. Entretanto, um pouco adiante, nesse mesmo texto, Adorno menciona textualmente a pseudomorfose stravinskyana como um estágio do processo que ele chama de "convergência":

> Na música, o movimento em direção à pintura mesmo depois da recusa a Wagner e ao princípio neo-romântico da sinestesia – eu ouço a luz – prolongou-se nas correntes anti-wagnerianas: uma prova de sua violência subterrânea remanescente. A pseudomorfose à pintura, uma das categorias-chave para Stravinsky, continuação do enfoque de Debussy, que proliferou nas poderosas sombras da pintura francesa de sua época, hoje

> deve ser compreendida como um degrau no processo de convergência. (Adorno, 1990e, p. 629)

O uso da expressão "hoje deve ser compreendido" pode ser tomado como um sinal de que Adorno, sob a pressão de importantes acontecimentos artísticos dos anos sessenta, estava reavaliando sua posição inicial – próxima da que vimos em Clement Greenberg –, segundo a qual a interferência de um meio artístico sobre outro sempre seria uma anomalia e um indício de reificação no âmbito da cultura.

Esse novo direcionamento de Adorno, que transparece de modo tênue na *Teoria estética*, se evidencia com toda força no ensaio "A arte e as artes" (Adorno, 1996h), no qual o filósofo, após admitir a legitimidade dos experimentos que aproximam as diferentes linguagens artísticas, chama a atenção para a necessidade de sua melhor compreensão teórica, propondo para tanto o termo "imbricação" (*Verfransung*):

> Mas a tendência à imbricação constitui-se em algo mais do que uma insinuação ou aquela síntese suspeita, cujos rastros assustam pela referência à obra de arte total; os *happenings* gostariam de ser obras de arte total apenas no sentido de serem obras totais de anti-arte. Assim é para ser derivada a aglomeração de valores sonoros, lembrando evidentemente procedimentos pictóricos, a partir do princípio da melodia de coloridos sonoros, da inclusão de timbres como um elemento constitutivo, não a partir da imitação de efeitos pictóricos. (Adorno, 1996h, p. 433)

É evidente que estamos, aqui, diante de uma reformulação importante na postura teórica de Adorno, que não implica necessariamente no total abandono de sua posição mais conhecida, de crítica da pseudomorfose, mas introduz a possibilidade de refletir sobre as condições específicas sob as quais o empréstimo de procedimentos de um âmbito artístico a outro pode ser legitimado, sob o título de "imbricação". Surgem, com isso, novas questões a serem analisadas, como por exemplo: quais seriam tais condições de legitimação? Em que medida o conceito de pseudomorfose continuaria valendo? Como a "nova" posição de Adorno se relacionaria com a de defensores radicais do inter-relacionamento das artes e do "pluralismo estético" (como, por exemplo, Arthur Danto)? Infelizmente, essas questões e muitas outras, advindas especialmente desse instigante texto tardio do filósofo frankfurtiano não são cabíveis no espaço deste artigo e ficarão para outra oportunidade.

Referências bibliográficas

ADORNO, T. W. "Das Schema der Massenkultur". In *Gesammelte Schriften 3: Dialektik der Aufklärung*, Frankfurt am Main: Suhrkamp Verlag, 1981.

ADORNO, T. W. "Philosophie der neuen Musik". In *Gesammelte Schriften 12*, Frankfurt am Main: Shurkamp Verlag, 1985.

ADORNO, T. W. "Von der Musik her". In *Gesammelte Schriften 20: Vermischte Schriften I/II*, Frankfurt am Main: Suhrkamp Verlag, 1986a.

ADORNO, T. W. "Walter Benjamin". In *Gesammelte Schriften 20: Vermischte Schriften I/II*, Frankfurt am Main: Suhrkamp Verlag, 1986b.

ADORNO, T. W. "II Vergegenwärtigungen". In *Gesammelte Schriften 16: Musikalische Schriften I-III*. Frankfurt am Main: Shurkamp, 1990a.

ADORNO, T. W. "III Finale". In *Gesammelte Schriften 16: Musikalische Schriften I-III*. Frankfurt am Main: Shurkamp Verlag, 1990b.

ADORNO, T. W. "Klassik, Romantik, Neue Musik". In *Gesammelte Schriften 16: Musikalische Schriften I-III*. Frankfurt am Main: Shurkamp Verlag, 1990c.

ADORNO, T. W. "Kriterien der neuen Musik". In *Gesammelte Schriften 16: Musikalische Schriften I-III*. Frankfurt am Main: Shurkamp Verlag, 1990d.

ADORNO, T. W. "Über einige Relationen zwischen Musik und Malerei". In *Gesammelte Schriften 16: Musikalische Schriften I-III*. Frankfurt am Main: Shurkamp Verlag, 1990e.

ADORNO, T. W. "Jargon der Eigentlichkeit". In *Gesammelte Schriften 6: Negative Dialektik/Jargon der Eigentlichkeit*, Frankfurt am Main: Suhrkamp Verlag, 1996a.

ADORNO, T. W. "Ästhetische Theorie". In *Gesammelte Schriften 7*. Frankfurt am Main: Suhrkamp Verlag, 1996b.

ADORNO, T. W. "Reflexionen zur Klassentheorie". In *Gesammelte Schriften 8 Soziologische Schriften I*, Frankfurt am Main: Suhrkamp Verlag, 1996c.

ADORNO, T. W. "Blochs Spuren". In *Gesammelte Schriften 11: Noten zur Literatur*, Frankfurt am Main: Suhrkamp Verlag, 1996d.

ADORNO, T. W. "Zum Klassizismus von Goethes Iphigenie". *Gesammelte Schriften 11*: *Noten zur Literatur*, Frankfurt am Main: Suhrkamp Verlag, 1996e.

ADORNO, T. W. "Valérys Abweichungen". In *Gesammelte Schriften 11: Noten zur Literatur*. Frankfurt am Main: Suhrkamp Verlag, 1996f.

ADORNO, T. W. "Der mißbrauchte Barock". In *Gesammelte Schriften 10: Kulturkritik und Gesellschaft I/II*, Frankfurt am Main: Suhrkamp Verlag, 1996g.

ADORNO, T. W. "Die Kunst und die Künste". In *Gesammelte Schriten 10.1. Kulturkritik und gesellschaft I, Prismen, Ohne Leitbild*. Frankurt am Main: Suhrkamp Verlag, 1996h.

ADORNO, T. W. "VII Musikdrama". In *Gesammelte Schriften 13: Die musikalischen Monographien*. Frankfurt am Main: Suhrkamp Verlag, 1996i.

ADORNO, T. W. "VIII Der lange Blick". In *Gesammelte Schriften 13: Die musikalischen Monographien*. Frankfurt am Main: Suhrkamp Verlag, 1996j.

ADORNO, T. W. "Das Altern der Neuen Musik". In *Gesammelte Schriften 14: Dissonanzen. Einleitung in die Musiksoziologie*, Frankfurt am Main: Suhrkamp Verlag, 1996k.

ADORNO, T. W. "Verfremdetes Hauptwerk. Zur Missa Solemnis". In *Gesammelte Schriften 17: Musikalische Schriften IV*. Frankfurt am Main: Suhrkamp Verlag 1996l.

ADORNO, T. W. "Wilder Hobson, American Jazz Music; Winthrop Sargeant, Jazz Hot and Hybrid". In *Gesammelte Schriften 19: Musikalische Schriften VI*, Frankfurt am Main: Suhrkamp Verlag, 1996m.

ADORNO, T. W. "Il Ton". In *Gesammelte Schriften 13: Die musikalischen Monographien*. Frankfurt am Main: Suhrkamp Verlag, 1996n.

DUARTE, R. "Sobre as relações entre os media: do paragone de Da Vinci à 'pseudomorfose' de Adorno". *Especiaria. Cadernos de Ciências Humanas*. v. 11, n.19. jan./jun, 2008.

GREENBERG, C. "Rumo a um mais novo Laocoonte". In Glória Ferreira e Cecília Cotrim de Melo (Org.). *Clement Greenberg e o debate crítico*. Rio de Janeiro: Jorge Zahar Editor, 2001. Traduzido por Maria Luiza X. de A. Borges

GREENBERG, C. "Avant-garde and Kitsch". In *The Collected Essays and Criticism. Volume 1: Perceptions and Judgments, 1939-1944*. Chicago/ Londres: The University of Chicago Press, 1986.

KANT, I. *Kritik der reinen Vernunft*. Hamburg: Felix Meiner, 1976.

LESSING, G. E. "Laokoon". In: *Werke*. München: Carl Hanser, 1970.

12

ANATOMIA DA CATÁSTROFE
Um comentário à *Arquitetura da destruição*, de Peter Cohen

Entre os inúmeros documentários existentes sobre o Terceiro Reich[1], o filme de Peter Cohen, intitulado *Arquitetura da destruição* (*Architektur des Untergangs* – 1984), destaca-se por introduzir e discutir exaustivamente a ideia de que o Nazismo só pode ser satisfatoriamente compreendido se se leva em conta o relevante papel que nele desempenharam certos elementos que poderiam ser considerados "estéticos". Naturalmente, a identificação de uma *sui generis* dimensão estética no Nazismo não é propriamente novidade: Willi Bolle chama a atenção para o fato de que

> Brecht, com o senso agudo para todo tipo de espetáculo (como estudante foi assistir a um discurso do então pouco conhecido Hitler no Circo Krone), identificou como um dos pilares do poder nazista o domínio de um repertório estético. (Bolle, 1976, p. 227)

De modo análogo, Walter Benjamin se referira, ainda em 1936, no seu ensaio *A obra de arte na era de sua reprodutibilidade técnica*, ao Fascismo como "estetização da política":

> O fascismo dirige-se consequentemente a uma estetização da vida política. A violação das massas a que ele coercitivamente dá origem torna possível. Todos os esforços para a estetização da política culminam num ponto. Esse ponto é a guerra. A guerra, e somente a guerra, torna possível dar

---

1. Dentre os disponíveis em DVD, pode-se destacar: *The Third Reich In Color* (2 volumes), *Ruins of the Third Reich*, *The Occult History of the Third Reich* (3 volumes), *Great Conductors of the Third Reich: Art in the Service of Evil* e *Fall of Berlin*.

> um propósito a movimentos de massa de grandes proporções, conservando-se as habituais relações de propriedade. (Benjamin, 1991, p. 506)

Arquitetura da destruição representa, entretanto, um passo adiante nessa mesma direção, pois, por um lado, a ideia de tentar "explicar" a tirania nazista a partir de sua "estética" peculiar ainda não merecera um tratamento à altura de seu poder elucidativo; por outro lado, a realização na forma de um ensaio filmográfico potencializou o caráter de "mostração" estética daquilo que é proposto enquanto teoria. Dentre os méritos de *Arquitetura da destruição*, está exatamente a felicidade com que o diretor se apropriou do imenso acervo imagético e sonoro, produzido em sua maioria pelos próprios nazistas como documentação do seu caminho em direção ao que eles acreditavam ser a conquista do mundo2, para falar de um modo visual e sonoramente perceptível da obsessão "estética" dos sanguinários antissemitas.

Um dos aspectos mais evidentes do filme é exatamente a insistência em mostrar que a maioria dos principais dirigentes nazistas ostentava algum contato – passado ou presente – com alguma forma de arte em sua biografia, o que evoluiu para a posterior inclusão de elementos que podem ser considerados "estéticos" em sua estratégia de dominação. Em relação ao próprio Hitler, o filme destaca sua iniciação, ainda na Áustria, enquanto um pintor sem muito sucesso, assim como o enorme impacto que a figura de Richard Wagner, enquanto artista, político e líder de um movimento de revigoração da arte germânica lhe causou. Interessantemente, de acordo com o que é mostrado no filme, a ópera "Rienzi", que ainda não é característica da apropriação, por Wagner, da mitologia germânica, impressionou o ainda jovem Hitler de um modo peculiarmente forte. Não por acaso, essa ópera, baseada no romance *Rienzi, o último dos tribunos* (1835), de Edward Bulwer-Lytton, narra a história de um cavaleiro da Roma do *quatroccento* – o próprio Rienzi –,

2. Dentre esse material encontram-se tanto as inumeráveis edições do semanário cinematográfico *Wochenschau* (editados atualmente em duas coleções com dezenas de DVDs cada uma, *Through Enemy Eyes* e *A Newsreel History of the Third Reich*), quanto documentários "rotineiros" produzidos pelos alemães, como *Die Kriegsmarine* (1940), *Sieg Im Westen* (1941) e *Männer gegen Panzer* (1943), ou ainda de filmes inovadores, como *Triumph des Willens* (1935), de Leni Riefenstahl.

que, não obstante sua devoção ao povo, depois de diversas conspirações contra ele, acaba queimado, juntamente com a irmã Irene, no castelo apedrejado e incendiado pela multidão enfurecida (Cf. Macedo, 2006). Essa paixão do "Führer" pelo Rienzi, de Wagner, não apenas aponta para o seu anacronismo ideológico, mas, de certo modo, prefigura a personagem que Hitler encenará nas próximas décadas – numa associação àquilo de que tratarei adiante como sendo o aspecto de tragédia, apontado pelo filme de Cohen.

Já no período posterior à ascensão ao poder, a película ressalta o envolvimento dos líderes nazistas com as questões "estéticas" associadas à manutenção do *status quo*, inclusive o fato de Hitler ter assumido pessoalmente a curadoria de uma das grandes exposições de "arte alemã", onde se queria ressaltar o saudável "estilo" nazista em detrimento da "decadência" que predominava no Ocidente. A própria ideia de um estilo associado ao regime hitlerista remete a reflexões feitas por Adorno sobre esse importante tema da filosofia da arte, tal como figuram no capítulo sobre a indústria cultural da *Dialética do esclarecimento* e em diversas passagens da *Teoria estética* enquanto elemento de comparação entre a obra de arte e a mercadoria cultural. Em *Dialética do esclarecimento*, Horkheimer e Adorno relacionam à recepção automatizada por parte do consumidor, um procedimento totalizante na confecção das mercadorias culturais, de modo que a dialética todo-partes – indispensável na obra de arte propriamente dita – fica nelas inteiramente comprometida. Na *Teoria estética*, Adorno ressalta inúmeras vezes o estilo nas grandes obras de arte como um tipo de promessa que se realiza – sempre parcial e precariamente – enquanto resultado da confluência entre características pessoais, até mesmo idiossincrásicas, do artista e um idioma estabelecido, de modo que a ocorrência do estilo nesse sentido substantivo depende da existência de artistas com personalidade própria e não, como na indústria cultural, de funcionários de conglomerados transnacionais, pagos para "criar", por encomenda, aquilo que interessa aos patrões[3]. Uma vez que,

3. Uma discussão mais detalhada sobre o estilo na estética adorniana pode ser encontrada no meu artigo *A questão do estilo em Theodor W. Adorno* (Duarte, 2005).

como se assinalará adiante, há uma forte vinculação entre o sistema de produção e consumo da cultura de massas e o autoritarismo político, especialmente quando há um apelo sensorial tão forte enquanto estratégia manipulatória – como é o caso do Nazismo –, a reflexão de Adorno aponta para o "estilo" nazista como pura e simples coerção do Estado sobre os produtores de cultura, sem que a eles fosse concedida qualquer liberdade de criação.

De acordo com o que o filme demonstra claramente, além dessa ação coercitiva do regime sobre os "criadores", há o fato de que a auto-atribuída vocação artística a serviço da ideologia totalitária, culmina com o desenho, por parte do próprio Hitler, dos primeiros estandartes nazistas e da armação de monumentais cenários especialmente elaborados para os acontecimentos políticos com o objetivo de explorar perversamente a tendência mimetizante da massa de desempregados e sub-empregados – psiquicamente expropriados – existentes no ocaso da República de Weimar e nos primeiros anos de regime nazista.

Esse tópico, aliás, remete ao capítulo da *Dialética do esclarecimento* sobre o antissemitismo, especialmente na discussão ali realizada sobre o que os autores chamam de "mímesis da mímesis", isto é, a retirada intencional do comportamento mimético "normal" das instâncias de controle racional, às quais ele está habitualmente submetido, com o objetivo de manipulação das massas:

> O sentido da formalidade fascista, da disciplina ritual, dos uniformes e do aparato pretensamente irracional é possibilitar o comportamento mimético. Os símbolos engenhosamente arquitetados, próprios a todo movimento contra-revolucionário, as caveiras e mascaradas, o bárbaro rufar dos tambores, a monótona repetição das palavras e gestos são outras tantas imitações organizadas de práticas mágicas, a mímesis da mímesis (...). O fascismo é totalitário também no fato de que ele se esforça para tornar a rebelião da natureza oprimida contra a dominação imediatamente útil à dominação. (Adorno & Horkheimer, 1981, p. 209-210)

A montagem dos referidos cenários para os comícios era, no entanto, uma parte pequena do projeto "estético" nazista. Sua passagem para projetos arquitetônicos mirabolantes, que deveriam atestar a glória do regime, é, provavelmente, o que justifica o título dado ao documentário: arquitetos como Paul Ludwig Troost e Albert Speer tornaram-se figuras-chave na hierarquia do governo, tendo cabido àquele o projeto da monumental *Haus der Deustschen Kunst* e a esse – a partir de esboços elaborados pelo próprio Hitler –, além do projeto da nova chancelaria em Berlim, a execução das maquetes da renovação dessa cidade como grandiosa futura capital do império nazista, após a ansiosamente esperada vitória definitiva sobre os inimigos (esse mesmo procedimento valeria também para outras cidades alemãs, além de Berlim).

Mas, para além dos delírios arquitetônicos de Hitler e de seus colaboradores mais próximos, quando se fala do papel da estética no projeto nazista de dominação, pode-se tomar esse termo num sentido mais geral – relativo à função dos apelos sensoriais na ideologia veiculada por seus campeões (como se apresentou acima sob a rubrica de exploração da faculdade mimética) – e noutro mais específico, ligado, ainda que de modo totalmente enviesado, a conceitos normalmente trabalhados na reflexão estética contemporânea.

No que tange a esse sentido mais específico, proponho que se analise a discutível estética que embalava os sonhos de dominação do terceiro Reich sob três aspectos, associados à concepção: 1) de beleza, 2) de sublimidade e 3) de tragédia. Como se pode ver assistindo o filme apenas uma vez, tais tópicos, ainda que não tematizados exatamente dessa forma, são exaustivamente apresentados e discutidos por Peter Cohen.

No que concerne ao primeiro tópico: "beleza", tal como concebida pela cúpula ideológica do Nazismo, seria sinônimo de limpeza, de higiene, de "pureza", o que é criticamente associado à renúncia pulsional, à introjeção de fortes interditos de origem sexual, tal como mencionado pelo narrador já no início do filme: "*Conta-se de uma pequena aldeia no meio da Alemanha, que as pessoas no começo dos anos trinta tinham uma concepção própria do Nacional-Socialismo. O Nacional-Socialismo, eles achavam, tinha algo a ver com pureza e até mesmo que o mais importante nele seria renunciar ao que é sexual. E quando as senhoras idosas da aldeia falavam sobre essa dura exigência, balançavam, preocupadas, suas cabeças e diziam: "Nacional-Socialismo – isso é difícil. Com ele só pode lidar decerto um professor, ou talvez o barbeiro"*. A partir dessa associação do belo com a pureza (à qual não falta o referido elemento de "castidade"), os lideres nazistas declaram que, "o primeiro princípio da beleza é a saúde", entendida como estado corporal purificado das ameaças externas a um organismo, o que implicará no fato de que as questões estéticas tornam-se assuntos médicos. Diante disso, é também um indício do papel primordial dessa concepção de "estética" o poder que os médicos chegaram a adquirir dentro do partido nazista, a ponto de 55% de todos os radicados na Alemanha da época serem seus membros, o que é bem assinalado no filme.

Tal concepção de beleza, como fica evidente no documentário, permitia uma passagem suave das campanhas de saneamento das habitações e dos locais de trabalho para o enaltecimento da forma humana num pseudo-classicismo que, devido às dimensões descomunais, guardaria pouca relação com o apogeu da arte grega, o qual, de modo claramente ideológico e falso, seria a principal inspiração de uma arte verdadeiramente "sã". Estátuas pedestres ou equestres de proporções descabidas, como as Arno Breker e Josef Thorak, eram consideradas obras primas nas já mencionadas grandes exposições de "arte alemã", sendo que o roteiro de Peter Cohen sugere uma continuidade clara desse culto de formas humanas supostamente perfeitas com a esterilização – posteriormente, a eliminação – dos deficientes físicos e mentais como medida profilática no sentido de cultivar a beleza da população enquanto associada à "pureza" da raça.

No caso da perseguição aos não-arianos, a ação pretensamente saneadora e "embelezadora" do mundo unia-se a preconceitos estéticos provincianos, segundo os quais a condenação da arte não-figurativa como *entartete Kunst* (arte degenerada) ligava-se a uma suposta barbárie do povo Judeu[4], que, segundo os ideólogos nazistas, nunca teria sido capaz de compreender a beleza "nórdica". Isso leva à concepção nazista segundo a qual a deformação da figura humana, tão típica das

4. No filme, aponta-se exatamente para o contrário de mais esse preconceito dos nazistas, mencionando-se que grande quantidade de judeus "assimilados" haviam absorvido muito bem a herança da melhor tradição cultural humanista alemã, corporificada, por exemplo na literatura de Goethe e Schiller.

artes plásticas da vanguarda histórica das primeiras décadas do século XX, são uma expressão da anomalia biológica de pessoas nascidas com deficiência física ou mental, as quais deveriam ser, como já se assinalou, senão eliminadas, pelo menos esterilizadas, a fim de evitar a propagação do "mal".

Posteriormente, quando se chegou à tese da "solução final" (*Endlösung*), do extermínio puro e simples dos judeus e das minorias, a perversa estética da assepsia determinou a eliminação de métodos "sujos" de assassinato, isto é, que envolvessem derramamento explícito de sangue. Exatamente por isso adotou-se a câmara de gás, que matava em massa sem que restassem outros detritos que não os respectivos cadáveres.

No que tange ao segundo aspecto a ser considerado, isto é, a concepção *sui generis* de sublimidade tacitamente adotada pelas nazistas, destaca-se, primeiramente, o entusiasmo dos seus líderes pelas paisagens alpinas, não apenas retratadas de modo *kitsch* em pinturas de gosto muito discutível[5], mas também na própria realidade: na casa de montanha que Hitler mandou reformar (a partir de um "projeto" de sua própria autoria), menciona-se no filme a enorme janela panorâmica – anunciada como a maior janela retrátil do mundo, com 32 m^2 – com privilegiada vista para os Alpes. Se, por um lado, é evidente que uma concepção "clássica" do sublime, como a de Kant, remete à grandeza de cadeias de montanhas como os Alpes, por outro, essa concepção – tal como ocorre na teoria do sublime dinâmico – aponta para a superioridade numênica do homem como contraparte de sua inferioridade física diante dos colossos da natureza (Kant, 2000). A consequência imediata dessa passagem da "Analítica do Sublime", como se sabe, é um reforço na potencialidade de ação moral do homem, não como ocorreu com os nazistas, a disposição de "purificar" o mundo, assassinando todos aqueles que eles consideravam uma ameaça à sua "higiene".

5. Tais quadros tinham muito destaque nas grandes exposições de arte alemã e dentre as centenas de obras adquiridas pessoalmente por Hitler, ao longo das várias edições sucessivas dessa mostra, sempre figuravam paisagens alpinas, que, de algum modo, remetiam à "sublimidade" do objeto retratado.

Mas a conexão do projeto político nazista a uma espécie de sublimidade desvairada não se limita a esse quase "ingênuo" gosto por paisagens grandiloquentes: o filme enfoca a existência de um "fantasma" da guerra antiga rondando o que se poderia chamar de "a transformação da guerra num espetáculo" (numa atitude que, paradoxalmente, antecipou em décadas o *war game* das recentes guerras super-tecnológicas promovidas pelos EUA no Oriente Médio). Dentro disso, Peter Cohen chama a atenção para o fascínio que as guerras da Antiguidade exerceram sobre a mente doentia dos líderes nazistas, a ponto de eles pretenderem que a conquista da Rússia, por exemplo, adquirisse as feições de uma guerra de extermínio, com a consequente escravização dos que sobrassem. O caráter de espetáculo seria garantido pela promoção de incêndios, por clarões ocasionados pelos equipamentos bélicos mais poderosos existentes na época e pelos estampidos ensurdecedores dessas máquinas de guerra. Não é sem razão, portanto, que Benjamin declara que "todos os esforços para a estetização da política culminam num ponto. Esse ponto é a guerra" (Benjamin, 1991, p. 506). Além disso, segundo esse autor, fica patente como uma posição tipicamente fascista o estabelecimento do liame dos fenômenos visuais, sonoros e táteis da guerra com acontecimentos estéticos, tal como explicitamente dito por Marinetti no manifesto sobre a guerra colonial na Etiópia.

De acordo com o que é mostrado no filme, a associação entre a guerra genocida e uma certa dimensão "estética" ocorria também no fato de que os combates deveriam ser retratados por pintores especialmente convidados para o *front*, com o objetivo de registrar um suposto "aspecto poético" das batalhas. Tais artistas, entretanto, se limitaram a retratar todo o horror que testemunharam; aliás, não apenas aquele infligido pelos alemães a seus inimigos, mas também o início da reação desses, a qual começou a mudar a história do conflito.

Tal registro visual marca a transição para o terceiro aspecto "estético" cultivado pelo nazismo, isto é, o trágico[6]. É interessante observar que a ideia de uma deturpação do trágico em função de projetos

6. Ver, neste livro, o artigo "A liquidação do trágico como aspecto do fim da arte" (p. 177).

manipulatórios é um importante tema na discussão de Horkheimer e Adorno sobre indústria cultural na *Dialética do esclarecimento*. Nesse contexto, os autores observam que o trágico autêntico, tal como surgido no teatro clássico grego e renovado em diversos períodos da história da arte dramática, é inviabilizado nos enredos dos filmes e *soap operas*, já que, nesse contexto, as pessoas não mais constituem uma substância propriamente subjetiva que se contraponha aos desígnios do destino, mas apenas individualidades atomizadas, incapazes de reação contra as investidas do sistema capitalista monopolizado e temerosas de seu puro e simples extermínio, na eventualidade de não cooperarem com a maquinaria (Adorno & Horkheimer, 1981). Como ocorrera sobre a possibilidade de transpor a reflexão adorniana sobre o estilo para a "estética" do nazismo, constata-se que, também no que concerne ao trágico, há a possibilidade dessa transposição: os adeptos do nazismo, tal como demonstra a teoria crítica sobre o anti-semitismo, são, antes de tudo, indivíduos que não ostentam características de sujeitos, isto é, são incapazes de assumir uma posição própria, sendo seus conteúdos mentais como que implantados a partir de fora, seja pelo supra mencionado mecanismo da "mímesis da mímesis", seja por sua contraparte mais internalizada, a "falsa projeção". Essa última tem a ver com a incapacidade dos anti-semitas (cuja violência discriminatória pode ser dirigida a qualquer grupo de *outsiders*, não apenas aos judeus) de, mediante reflexão, determinar uma linha demarcatória entre o que advém do exterior e do que é interior a si. O resultado disso é que, a exemplo do que ocorre no âmbito da indústria cultural, não há sob o nazismo a menor possibilidade de existência do trágico no sentido substantivo do termo, o qual dependeria de uma subjetividade forte que resistisse ao destino fatídico. Do ponto de vista de um desdobramento trágico, a situação é de uma pobreza extrema: quem não coopera é, literalmente – e não figurativamente, como ocorre na indústria cultural – eliminado.

Em relação a essa noção empobrecida de tragédia, no que tange à adoção da eliminação em massa de seres humanos, no filme ressalta-se que a ideia da *Endlösung* (solução final) para a questão judaica inicia sua implementação a partir de 1942 – ano em que a guerra começa a se decidir em favor dos aliados e contra os nazistas. Empreendem-se, então, enormes esforços no sentido de montar a mega-estrutura que permitirá o assassinato em massa de seres humanos, como grandes fornos crematórios e câmaras de gás, ao mesmo tempo em que se convocam alemães ainda adolescentes para o *front* e procuram-se apagar no território soviético os vestígios da verdadeira guerra de extermínio que lá teve lugar. No front ocidental, observa-se, como indício da consciência dos comandantes nazistas de que a guerra estava perdida, um recuo das tropas alemãs acompanhado da "tática de terra arrasada", isto é, a destruição de tudo o que se deixava para trás no movimento de retirada.

Nesse quadro, revela-se no filme o fato que melhor retrata a perversidade do senso "trágico" dos dirigentes nazistas: a atitude, por eles assumida, de que, com as tropas aliadas aproximando-se pelo leste e pelo oeste de Berlim – já estando, portanto, tudo perdido – somente os desprezíveis restariam, isto é, os alemães verdadeiros deveriam ter uma morte belamente heróica. Para "auxiliar" nessa estetização da derrota, Hitler mandou destruir as poucas provisões alemãs restantes, para que sua derrota, sendo possivelmente trágica, fosse adequadamente bela: o destino fatídico como a mais alta expressão da "arte"!

Em suma, *Arquitetura da destruição* mostra claramente em que medida ideias estéticas não devem ser imediatamente transpostas para a realidade histórica, principalmente se são tributárias de uma concepção discutível e unilateral, tanto de beleza, quanto de sublimidade e de tragicidade. A instigante discussão sobre o precário senso de realidade dos comandantes nazistas, o qual culminou com a crença, por parte de Hitler, de que Karl May poderia ser seu principal professor de estratégia nas terras menos conhecidas, faz lembrar o trecho de *Minima Moralia*, no qual Adorno se refere ao fato de a imensa burrice dos nazistas ter se constituído, de fato, na sua falha trágica:

> Quem nega as forças objetivas históricas, chega facilmente a tomar a saída da guerra como argumento. Na verdade, os alemães teriam ganho: se eles fracassaram, a burrice do *Führer* foi a culpada. Desse modo, as "burrices" decisivas de Hitler: durante o conflito guerrear contra a Inglaterra, seu ataque à Rússia e à América, tem o seu exato sentido social, que se desenvolveu inexoravelmente em sua dialética própria, de cada passo racional

> no próximo, até a catástrofe. (...) Pois somente aqueles que se comparavam aos igualmente limitados na economia mundial e no conhecimento do mundo puderam mobilizá-los para a guerra e encadear sua obstinação ao empreendimento não limitado por qualquer reflexão. A burrice de Hitler foi uma astúcia da razão. (Adorno, 1987, p. 119)

Para concluir, é importante observar que *Arquitetura da destruição*, para além de toda a riqueza dos dados oriundos da enorme pesquisa realizada por seus criadores, é um documentário extremamente bem conduzido, de modo que suas quase duas horas de duração não chegam a se fazer sentir. Assim, o filme em questão é uma prova irrefutável da possibilidade de um cinema crítico, mas que, por outro lado, consegue criar uma enorme empatia com o espectador aberto a um questionamento mais aprofundado sobre a cultura contemporânea em suas relações com a política e com a criação artística.

Referências bibliográficas

ADORNO, T. W. "Minima Moralia. Reflexionen aus dem beschädigten Leben". In *Gesammelte Schriften 4*. Frankfurt am Main: Suhrkamp Verlag, 1987.

ADORNO, T. W. & HORKHEIMER, M. "Dialektik der Aufklärung". In *Gesammelte Schriften 3*. Frankfurt am Main: Suhrkamp Verlag, 1981.

BENJAMIN, W. "Das Kunstwerk im Zeitalter der technischen Reproduzierbarkeit". In *Gesammelte Schriften I-2*. Frankfurt am Main: Suhrkamp Verlag, 1991.

BOLLE, W. "O Amuleto de Theodor Adorno". In *Discurso*. n. 7, 1976.

DUARTE, R. "A questão do estilo em Theodor W. Adorno". In PERES, Ana Maria Clark et al (Orgs.). *O estilo na contemporaneidade*. Belo Horizonte: Faculdade de Letras da UFMG, 2005.

KANT, I. *Crítica da faculdade do juízo*. Rio de Janeiro: Editora Forense, 2000. Traduzido por Valério Rohden e Antonio Marques.

MACEDO, I. *Nietzsche, Wagner e a época trágica dos gregos*. São Paulo: Annablume, 2006.

13

A DISCUSSÃO SOBRE A REPRODUTIBILIDADE DA OBRA DE ARTE E O "NOVO LAOCOONTE", DE ARNHEIM: limiares da estética

É provável que nenhuma outra discussão teórica na estética do século XX tenha repercutido tanto e tão demoradamente quanto a que se iniciou, em 1936, entre Theodor Adorno e Walter Benjamin acerca da "reprodutibilidade técnica da obra de arte". Curiosamente, ecos desse debate são ouvidos muitas décadas depois e a milhares de quilômetros de distância de onde ele ocorreu originariamente, na atitude de professores e estudantes de cinema – e de cultura de massas em geral –, quando classificam Adorno de retrógrado e Benjamin de progressista no que tange à aceitação da aplicação dos então novos recursos tecnológicos em manifestações estéticas (e, por extensão, daqueles surgidos desde aquela época até hoje).

Sem pretender solucionar os impasses oriundos de uma polarização tão desnecessária quanto estéril, sentir-me-ei plenamente satisfeito se este texto contribuir para recolocar o debate num plano frutífero e também para esclarecer o fato de que essa questão não é tão simples como parece e que há muito mais mediações entre as posições de Adorno e de Benjamin do que aparece à primeira vista. A título de ilustração, pretendo também mostrar a conexão desse debate com a posição do importante esteta alemão do cinema Rudolf Arnheim (1904-2007), tal como apresentada no texto "O novo Laocoonte", a qual, por sua vez, remete ao *Laocoonte*, de Lessing, publicado pela primeira vez em 1766.

Mesmo sem querer aborrecer o leitor com uma rememoração exaustiva das principais proposições de Benjamin em *A obra de arte na era de sua reprodutibilidade técnica*, será necessário chamar a atenção para alguns tópicos desse texto, sem cuja consideração não avançaremos em nossa exposição.

O primeiro deles é o fato de que a reprodutibilidade técnica é diferente do fenômeno – de resto tradicional – da reprodução imitativa das obras dos grandes mestres e remonta à cunhagem de moedas iniciada na Lídia, no século VII a.C., ainda que parecesse algo totalmente novo quando experimentou, a partir de meados do século XIX, com a difusão da litografia e a invenção da fotografia, um crescimento acentuado de importância. De acordo com Benjamin, no início do século XX a reprodutibilidade técnica eclodiu como um fenômeno não mais passível de se ignorar no cenário das artes e da cultura: "Por volta de mil e novecentos, a reprodução técnica atingiu um padrão, no qual ela começou a fazer a totalidade das obras de arte objeto de si própria e submeter seus efeitos a profundas modificações, mas também conquistou o seu próprio lugar dentre os métodos artísticos" (Benjamin, 1991, 475).

Uma das contribuições mais importantes da estética benjaminiana foi mostrar que, ao tornar sem sentido a distinção entre original e cópia, uma vez que numa foto ou num filme, por exemplo, a rigor não há original, a reprodutibilidade técnica reduziu a nada a autoridade que uma obra prima possuía perante as cópias que fossem feitas a partir dela, implodindo o que o autor qualificou como "aura", isto é, a manifestação sensível da singularidade do construto, na qual sempre se insinuava uma distância – nunca uma proximidade – com relação ao contemplador: "A técnica de reprodução retira o reproduzido do âmbito da tradição. Multiplicando a reprodução, ela coloca no lugar do seu acontecer singular um acontecer produzido em massa, atualizando o que é reproduzido" (Benjamin, 1991, p. 477).

Para Benjamin, o fenecimento da aura representa um abalo no conceito tradicional de obra de arte, que, no entanto, parece-lhe totalmente desejável em termos de uma democratização da fruição estética, já que a autoridade e o distanciamento impostos pela grande obra de arte burguesa eram correlatos de um tipo de segregação cultural que deveria estar, a partir de então, com os dias contados: "trazer as coisas espacial e humanamente para mais perto (a aura evoca sempre uma distância) é uma ardente aspiração das massas de hoje, tal como é também uma tendência sua a superação da singularidade de qualquer coisa pela sua reprodução" (Benjamin, 1991, p. 479).

É interessante observar que, no bojo do fim da aura, encontrava-se também, segundo Benjamin, um importante movimento de secularização no âmbito da cultura, uma vez que, não apenas nas suas origens, mas também na organização social de sua produção e de sua difusão, a arte tradicional – mesmo a tornada "autônoma" – encontrava-se prisioneira das práticas religiosas. É por isso que ele afirma que, "no instante em que o padrão da legitimidade na produção da arte caduca, toda a função social da arte foi subvertida. No lugar de sua fundação sobre o ritual, surge sua fundação sobre uma outra práxis, a saber, sobre a política" (Benjamin, 1991, p. 482).

Benjamin observa ainda que às manifestações estéticas, desde tempos imemoriais, acorreram dois aspectos tão opostos quanto complementares: o "valor de culto", ligado ao papel que elas tinham nos ritos religiosos, dos quais tomavam parte apenas os iniciados, e o "valor de exposição", expressão do acesso que a elas possuíam parcelas maiores da população. Torna-se evidente, portanto, que os processos de autonomização e de secularização da arte ocorreram na medida em que o valor de exposição crescia em detrimento do valor de culto, significando esse processo uma superação progressiva do esoterismo na arte em benefício de uma crescente democratização. Levando em que conta que, para Benjamin, mesmo à arte burguesa, totalmente secularizada, ainda era inerente mais valor de culto – consequentemente menos valor de exposição – do que seria adequado aos novos tempos, o processo de extinção da aura a partir do advento dos meios de reprodutibilidade técnica era a irrupção de algo realmente novo, em que a supremacia do valor de exposição não deixava qualquer margem ao valor de culto e ao tradicionalismo estético que ele representava

> Com os diversos métodos de reprodução técnica da obra de arte, a sua propensão a ser exposta cresceu numa medida tão vertiginosa, que o descompasso quantitativo entre seus dois polos, de modo semelhante à pré-história transformou-se numa mudança qualitativa de sua natureza. (Benjamin, 1991, p. 484)

Tendo em vista o exposto, Benjamin recusa peremptoriamente qualquer tentativa de interpretar o *medium* cinema como de algum modo dependente de práticas cultuais, sendo que o autor complementa a proposta sobre sua novidade com uma importante reflexão sobre o modo como aquele representa um considerável acréscimo na capacidade humana de percepção em geral. Isso se dá, num primeiro momento, no que tange à performance dos atores no filme, quando comparada à dos atores de teatro. Enquanto nesse, o desempenho depende de capacidades do próprio ator, naquele o trabalho é muito mais da câmera do que de quem atua (isso explica, segundo Benjamin, a possibilidade de recrutamento de pessoas comuns, não de atores profissionais, para atuarem em filmes). O aparelho perscruta a cena de um modo totalmente inédito, instaurando uma espécie de psicanálise dos acontecimentos cênicos, na qual "atos falhos" são detectáveis de um modo análogo aos que ocorrem nos lapsos da linguagem falada.

Além desse aspecto mais relacionado com a transformação na natureza do desempenho dos atores nos filmes, Benjamin aponta, acertadamente, para o fato de que o cinema trouxe uma radical libertação dos pontos de vista dependentes apenas de nosso *sensorium* natural, oferecendo ângulos e modos de visão totalmente inusitados. Esse fato é eloquentemente assinalado no trecho que se segue:

> Nossos botequins e ruas de grandes cidades, nossos escritórios e quartos mobiliados, nossas estações ferroviárias e trilhos industriais pareciam desesperadamente nos encerrar. Aí veio o filme e explodiu esse mundo-cárcere com a dinamite do décimo de segundo, de modo que empreendamos, relaxados, viagens aventureiras por entre seus escombros. Sob o 'close', o espaço se estica, sob a câmara lenta, o movimento. (Benjamin, 1991, p. 499-500)

Mesmo não excluindo a possibilidade de que a obra de arte convencional tenha tido papel semelhante numa certa "pedagogia da percepção", Benjamin retoma a comparação com a arte reprodutível no sentido de reforçar um caráter mais "objetivo" que lhe é evidente nessa última, ao passo que o modo contemplativo da fruição estética convencional seria excessivamente subjetivo e, portanto, progressivamente inadequado aos novos tempos:

> Compare-se a tela sobre a qual o filme se desenrola com aquela sobre a qual se encontra uma pintura. Essa última convida o observador à contemplação; diante dela ele pode se abandonar ao fluxo das associações. Diante do registro fílmico ele não o pode. Mal o espectador o recebe nos olhos, ele já se modificou. (Benjamin, 1991, p. 502)

Benjamin associa a supramencionada contemplação a um modelo de percepção puramente visual, asseverando que a demanda da modernidade seria de modos perceptíveis cada vez mais "táteis", de um modo segundo o qual – tradicionalmente – nossa percepção da arquitetura sempre se deu:

> As tarefas que as épocas históricas de transição impõem ao aparelho perceptivo humano não são resolúveis pelo caminho meramente ótico, da contemplação. Elas são dominadas paulatinamente pelo direcionamento da recepção tátil, através de hábito. (Benjamin, 1991, p. 505)

Nos tempos mais recentes, o cinema seria, portanto, o *medium* em que essa tactibilidade se configuraria de modo mais claro.

Sem pretender ter feito uma apresentação exaustiva do instigante texto de Benjamin, eu quis apenas ressaltar alguns pontos necessários ao prosseguimento de minha argumentação. De posse disso, cumpre chamar a atenção para o fato de que o que se conhece normalmente como a polêmica com Adorno sobre a reprodutibilidade técnica está muito longe de ser um dissenso teórico no sentido tradicional. Em primeiro lugar, porque na fonte em que ela se mostra com mais clareza – na carta dirigida a Benjamin de 18/03/1936 –, Adorno reconhece explicitamente a importância do texto em questão, qualificando-o de "trabalho extraordinário" (Adorno, 1990, p. 143) (*ausserordentliche Arbeit*) e declarando que ele se aproxima inequivocamente de seus próprios pontos de vista na monografia sobre Alban Berg e no artigo sobre o jazz.

A diferença de posições entre ambos os autores começa a se manifestar quando Adorno, externando também certo ciúme com relação à influência de Brecht sobre Benjamin, assevera que, embora esteja totalmente de acordo com a origem da obra de arte convencional no culto religioso, pensa que não se pode atrelá-la pura e simplesmente, de modo não-dialético, à dominação:

> Me é, então, preocupante – e aqui vejo um resto muito sublimado de certos motivos brechtianos – que você transfira agora sem problemas o conceito da aura mágica à 'obra autônoma' e atribua-lhe de modo chão uma função contra-revolucionária. (Adorno, 1990, p. 144)

Adorno faz questão de assinalar que não está defendendo o puro e simples retorno à obra de arte aurática e tradicional e que, concordando com Benjamin, acha que o período de sua plena vigência estaria chegando – ou mesmo já teria chegado – ao fim. A diferença principal entre as concepções de ambos os filósofos, estaria no fato de que Adorno previa que o fim da obra convencional se daria principalmente por uma pressão interna ao próprio âmbito artístico e não exterior a ele, como seria o caso da influência das manifestações estéticas via meios de reprodutibilidade técnica:

> Entenda-me corretamente. Eu não gostaria de garantir a autonomia da arte como área de preservação e acredito, junto com você, que a obra aurática é compreendida como em fase de desaparecimento; não apenas por meio da reprodutibilidade técnica, diga-se de passagem, mas antes de tudo por meio da compleição da própria lei formal 'autônoma' (...). Mas a autonomia, também forma coisal da obra de arte, não é idêntica com o elemento mágico nela: assim como a reificação do cinema não é totalmente perdida, tampouco o é a da grande obra de arte. (Adorno, 1990, p. 146)

A partir do final do trecho citado, torna-se claro que, para Adorno, a autonomia da arte deve ser entendida como libertação cabal do lastro religioso que assolou as manifestações estéticas durante milênios e, além disso, que a reificação pode ocorrer tanto nas obras tradicionais quanto nas "reprodutíveis", sendo que, por outro lado, ambas possuem, em princípio, certo potencial emancipatório. Para Adorno, tal potencial é mais acentuado num tipo de obra, que, mesmo já não sendo aurática, não está submetida aos ditames da reprodutibilidade técnica. Um exemplo desse tipo de arte seria o que Adorno veio a chamar "música radical", como a da Segunda Escola de Viena. Sobre ela, Adorno declara: "Certamente a música de Schönberg *não* é aurática" (Adorno, 1990, p. 148).

Outro item sobre o qual Adorno manifesta uma discordância frontal de Benjamin é sobre o papel da distração na apreensão de objetos estéticos. Para aquele, o fruidor distraído é muito mais o produto daquilo que o jovem Marx chamou de "trabalho alienado", do que o veículo de um modelo de percepção estética que deveria se consolidar e substituir totalmente o contemplador concentrado, correlato subjetivo das obras convencionais, auráticas:

> E a teoria da distração, apesar da sedução da referência aos choques, não me convencerá totalmente. Que seja pela simples razão de que na sociedade comunista o trabalho será organizado de tal modo que as pessoas não estarão tão cansadas e emburrecidas para que precisem de distração. (Adorno, 1990, p. 147)

Diretamente ligada a esse argumento de Adorno, encontra-se a questão, por ele levantada, sobre até que ponto poder-se-ia equiparar filmes mais autorais, porém de grande apelo popular, com obras de arte vanguardistas, no sentido estrito do termo. Essa posição transparece num trecho em que Charles Chaplin – tratado com respeito e admiração em outros textos de Adorno[1] – é desacoplado totalmente de uma produção artística vanguardista:

> E que, apenas para destacar ainda uma coisinha, o reacionário se torna vanguardista por meio de uma compreensão objetiva de um filme de Chaplin – isso me parece totalmente uma romantização, pois não posso considerar o predileto de Krakauer, nem mesmo agora depois de *Modern Times*, como vanguarda. (Adorno, 1990, p. 147)

Todos os aspectos sobre os quais Adorno se manifesta criticamente a respeito do ensaio de Benjamin parecem apenas exemplificar uma objeção central, a qual se refere ao que aquele considera um déficit em termos de dialética:

1. Cf. "Zwei Mal Chaplin" (Adorno, 1996b).

O que eu postularia seria, portanto, um *plus* em dialética. Por um lado uma dialetização completa da obra de arte "autônoma", que transcende por meio de sua própria tecnologia a obra planejada; por outro lado uma dialetização ainda mais forte da arte funcional em sua negatividade, que, aliás, não foi por você desconsiderada, mas designada por meio de categorias relativamente abstratas como o "capital fílmico" (...) Você subestima a tecnicidade da arte autônoma e superestima a da obra dependente; esse seria talvez, em palavras redondas, minha principal objeção. (Adorno, 1990, p. 148)

Apesar dessa manifestação tão direta sobre uma possível discordância teórica mais profunda entre os dois importantes pensadores, Adorno faz questão de reiterar que reconhece a magnitude da contribuição de Benjamin sobre um debate que, não apenas na época, mas até hoje não cessa de demonstrar sua relevância:

Dessa conta sobre a relação dos intelectuais ao proletariado depende, segundo minha convicção, essencialmente a formulação ulterior do debate estético, para o qual você forneceu um enfoque inaugural tão grandioso. (Adorno 1990, p. 149)

Quando eu disse que, com exceção da carta referida acima, impera muita confusão quanto ao debate teórico dos dois amigos, eu tinha em mente também que o próprio Adorno nada ajudou no esclarecimento da situação quando declara, no texto "O fetichismo na música e a regressão da audição", que ele poderia ser entendido como uma resposta sua ao artigo de Benjamin sobre a reprodutibilidade técnica da obra de arte (Adorno, 1982). Naturalmente, se se levam em conta algumas colocações mais genéricas de Adorno na carta de 18/03/1936, como, por exemplo, a relação dialética da obra autônoma para com sua origem cultual, percebe-se que o ensaio sobre o fetichismo aborda questões igualmente caras ao Benjamin do texto sobre a reprodutibilidade técnica. Por outro lado, é o caso de se perguntar até que ponto um artigo sobre a diferenciação entre a música erudita tradicional – com excursos sobre aquela de vanguarda – e a chamada "música popular", especialmente o jazz, pode ser uma resposta bem focada a um texto em que se destaca o cinema como meio reprodutível *par excellence*, portanto como veículo de uma revolução sem precedentes no universo das artes e de sua recepção pelo público.

Embora na *Dialética do esclarecimento* haja numerosas menções – extremamente críticas – ao cinema (Adorno, 1981), Adorno só se manifestaria sobre esse *medium* de um modo menos destruidor pela primeira vez quase dez anos depois (em 1947), na obra escrita conjuntamente com o compositor Hanns Eisler, *Composição para o filme* (Adorno & Eisler, 1976).

Tendo em vista que a expectativa da consideração de textos de Adorno mais específicos sobre o cinema, da época do debate com Benjamin sobre a reprodutibilidade técnica, é frustrada pela inexistência desses textos, afigura-se a possibilidade de um aprofundamento da matéria através do artigo "O novo Laocoonte", de Rudolf Arnheim, escrito em 1938 – portanto, pouco depois da publicação do ensaio de Benjamin – e afeito a vários tópicos da discussão entre os dois autores.

Antes de ressaltar alguns aspectos do instigante artigo de Arnheim, eu gostaria de lembrar a razão de ser do nome desse texto. Como se poderia supor, ele se refere à discussão de Lessing, no século XVIII, sobre as fronteiras – poder-se-ia dizer, sobre os limiares – entre a poesia e a pintura, sendo que o seu ponto de partida é a questão sobre se o grupo escultórico da Antiguidade tardia *Laocoonte* teria precedido a narrativa de Virgilio, na *Eneida*, ou se essa seria anterior àquele. A resposta dada por Lessing é que, dadas as características próprias de ambos os *métiers*, o mais plausível é que os escultores tenham imitado o poeta, sem que isso tenha os diminuído de algum modo: "Minha pressuposição, de que os artistas imitaram o poeta, não os diminui. Sua sabedoria aparece, por meio dessa imitação, sob a mais bela luz. Eles seguiram o poeta, sem se deixar seduzir por ele no menor detalhe" (Lessing, 1970, p. 74).

A partir dessa manifestação, entende-se que Lessing refere-se não apenas às fronteiras entre as artes, mas também às limitações específicas de cada *medium* artístico, o que está em consonância com a tese de que os escultores traduziram Virgílio na linguagem das artes plásticas, e não esse transpôs o retratado na escultura para o meio literário, pois, "Se foi o artista plástico que se esquivou de imitar o poeta, isso ocorre na medida em que as determinações e as limitações de sua arte a isso o obrigaram" (Lessing 1970, 61). E isso porque Lessing acredita que a poesia constitui um *métier* muito mais amplo e com muito maiores possibilidades expressivas do que o das artes plásticas. Isso significa, dentre outras coisas, que é possível para a literatura, por meio de descrições que respeitem os parâmetros próprios, produzir o que ele chama de "pintura poética", não sendo lícito para as artes plásticas algo como uma "poesia pictórica".

Quando Lessing se refere aos limites de cada *medium* artístico, ele tem em mente também a natureza dos objetos específicos de cada um deles, sendo que os *corpos* são os objetos da pintura, assim como as *ações* são os verdadeiros objetos da poesia. Daí segue-se que, de acordo com a natureza corpórea do objeto da pintura, a *simultaneidade* é a propriedade mais específica de nosso sentido diretamente conexo à expressão pictórica: a visão. De modo análogo, e considerando a essência *prática* do objeto da poesia, pode-se dizer que a sucessão é a característica mais própria do nosso sentido mais afeito à percepção da poesia: a audição. A isso se liga o fato, indicado muitas vezes no *Laocoonte*, de que as artes plásticas só podem se valer de apenas um único momento da ação e devem, portanto, selecionar aquele que pode ser considerado o mais característico, a partir do qual o antecedente e o consequente tornam-se efetivamente compreensíveis. De modo análogo, a literatura pode utilizar, nas suas imitações que se desenvolvem no tempo, apenas uma propriedade dos corpos e deve, por essa razão, escolher aquela que ocasiona a imagem do lado mais sensível do corpo do qual ela se serve. Esse cotejamento leva Lessing à lapidar formulação de que o tempo está para a poesia, assim como espaço está para a pintura (Lessing, 1970).

Após esse rápido memento de algumas das ideias principais do *Laocoonte*, de Lessing, podemos nos dedicar à análise de alguns tópicos do "Novo Laocoonte" de Arnheim. O ponto de partida do autor é o seu mal-estar diante do modelo de cinema que, na época de redação do texto (1938), já era considerado o padrão, a saber, o cinema falado. Arnheim não nega esse fato, mas considera urgente uma reflexão teórica que lance luz sobre o que, para ele, constituem as razões de o filme falado lhe ser tão insatisfatório.

O problema central, para Arnheim, é o fato de a imagem e a palavra falada serem dois meios tão heterogêneos, os quais na vida cotidiana confluem nas expressões pessoais de um modo difuso, não causando, por isso, qualquer estranhamento. Essa é, aliás, a razão pela qual, segundo Arnheim, o teatro funde de modo bem sucedido a imagem e a palavra, porque, apesar de ele ser um modo de expressão artística, portanto já concentrada, nele esses meios têm como fundamento a expressão pessoal, que não estaria sujeita aos problemas oriundos de sua discrepância num outro *medium*. Além disso, de um modo geral,

> para a ligação de várias esferas de material numa obra de arte, resulta, portanto uma forma, cuja peculiaridade e interesse consistem em que, entre construtos fechados, completos estritamente separados da primeira camada de material, uma ligação é criada na segunda camada. (Arnheim, 1979, p. 85)

Arnheim considera aceitável, na sua análise sobre os diversos tipos de relacionamento entre meios heterogêneos, que sua relação seja comparável a um bom casamento, no qual os cônjuges, embora se entendam muito bem, permaneçam sendo o que são. Esse caso é diferente do de uma criança advinda dessa união, que deve possuir traços dos pais, mas é, em si, una. Para o autor, o melhor exemplo daquela modalidade de relacionamento de *media* diferentes é o de uma boa canção (um *Lied*, por exemplo), que liga música e poesia de qualidade, de um modo convincente. Segundo ele, nem mesmo isso ocorre com o cinema sonoro, porque aqui não haveria propriamente uma fusão dos meios, mas apenas um paralelismo entre eles:

> A impossibilidade de uma fusão "autêntica" de palavra e imagem só não se torna evidente para todo mundo na experiência prática do filme porque a imagem nunca se interrompe quando entra o diálogo, mas a ação das imagens – pelo menos no sentido externo, nem sempre também sob o aspecto da expressão artística – incessantemente segue em frente, de modo que, portanto, na realidade, trata-se de uma criação imagética completa, com uma parte de diálogo paralela, que intervém ocasionalmente, trata-se

de uma forma que satisfaz à nossa lei do paralelismo e não de uma fusão. (Arnheim, 1979, p. 89)

A inspiração setecentista contida no título do ensaio torna-se mais explícita quando Arnheim aplica a esse problema da relação entre imagem e diálogo no cinema falado a ideia de que os *media* imagético e verbal possuem suas possibilidades e limites que deveriam ser respeitados na produção de obras de arte dignas do nome: "Os caracteres dos meios individuais são, na verdade, principialmente diferentes, como já foi mostrado por Lessing no 'Laocoonte', no exemplo das artes plásticas e das artes verbais" (Arnheim, 1979, p. 93). Diante dessa heterogeneidade mais acentuada entre imagem e palavra, Arnheim chama a atenção para a possibilidade de confluência de meios que apareçam a nosso *sensorium* como uma fusão, tal como ele já havia assinalado em relação aos *Lieder* e, observa também, no relacionamento das imagens com a música no balé ou no cinema mudo:

> Como acompanhante da dança ou do filme mudo, a música representa, portanto, um complemento muito feliz: por um lado, ela sublinha, com força simples, os sentimentos e atmosferas; por outro, os ritmos de movimentos abstratos que a imagem de qualquer modo significa, mas que só pode representar com todas as interrupções e turvações que são inevitáveis pelo meio do que é objetual (*Gegenständlichen*)[2]. (Arnheim, 1979, p. 93-94)

Um outro forte indício da inspiração lessinguiana no texto de Arhheim é a ideia de que, em se tratando de imagem e palavra, há claramente a tendência à sobreposição de uma em relação à outra e que, além disso, de um modo geral, numa obra de arte que se valha de

2. É interessante observar que o papel que a música pode desempenhar como mediadora entre as imagens cinematográficas e os sons vocais, no cinema falado, foi muito enfatizado por Adorno e Eisler, no seu livro conjunto *Composição para o filme* (1976), com destaque exatamente para o fato de que a música suaviza a discrepância entre o realismo dos sons ambientes gravados (inclusive dos próprios diálogos, nos filmes sonoros) e um certo irrealismo mecânico das imagens obtidas pelo movimento dos quadros sucessivos, o qual produz a ilusão da animação das figuras humanas, por exemplo.

mais de um *medium*, há uma inevitável tendência à sua hierarquização específica.

Isso implica em que, embora se coloque numa perspectiva de valorização do cinema como arte, Arnheim observa que, pelo menos no caso do teatro, a ação visível não passa de um complemento possível do diálogo dramático, o que no filme implicaria numa desvalorização da conquista técnica e estética da possibilidade das imagens em movimento por meios mecânicos. É por isso que, na contramão de uma tendência que, já em finais da década de 1930, parecia irreversível, Arnheim considera que o filme sonoro não representaria um progresso real na arte cinematográfica, mas uma clara decadência:

> Já vemos que não temos a ver com a elevação e o enriquecimento de uma arte que, no tempo de sua mudez teria sido incompleta, mutilada e primitiva, mas com o descenso de um material básico puro, elementar e unitário para um subordinado caso-limite, carente de limitações, ou com a complementação, de qualquer modo subordinada, de uma forma de arte, permanecendo imutável em sua essência e persistindo no meio da imagem através de um tipo de aparato técnico útil que deveria ser chamado, antes, de mero apoio do que de parte legítima da obra de arte. (Arnheim, 1979, p. 102)

A partir desse trecho, depreende-se uma posição de Arnheim que contrasta frontalmente com a de Benjamin no ensaio sobre a reprodutibilidade técnica, segundo a qual não haveria, no cinema como um todo, uma separação entre os aspectos artísticos e aqueles que poderiam ser considerados meramente técnicos e, que a resultante da consolidação do cinema – inclusive do sonoro e falado – seria, de qualquer modo, positiva. Para Arnheim, ao contrário, o divisor de águas entre a possibilidade do cinema como arte ou como mero entretenimento é a opção pela fala, ou a sua recusa, nos termos que se seguem:

> Se se abstrai dos pontos de vista artísticos, compreende-se bem porque o grande público recebeu com muitos aplausos o filme falado. Esse público não deseja nada além de tomar parte num processo estimulante de modo tão imediato quanto possível. O melhor meio para isso é, porém, uma mistura de ação visível e diálogo, a qual representa para o olho todos os

processos externos intuitivamente, enquanto, simultaneamente, comunica as opiniões, pontos de vista e sentimentos das pessoas do modo mais natural e direto por meio da palavra e aumenta poderosamente a presença sensível por meio do som das vozes e dos ruídos. (Arnheim, 1979, p. 103)

Embora haja essa importante diferença em relação a Benjamin, salta aos olhos que muitos pontos de vista de Arnheim sobre a especificidade da técnica fílmica perante as linguagens artísticas convencionais convergem com as posições daquele. O mais evidente deles é a ênfase nas possibilidades que a maquinaria tem para produzir imagens que falem por si, atendo-se às possibilidades técnicas das lentes, do funcionamento das câmeras, da montagem etc. Por outro lado, para além desse aspecto mais dependente do aparato técnico, o mencionado "falar por si" das imagens postula a exclusão da palavra falada, cuja presença ou ausência não seria um problema para a defesa que Benjamin faz da reprodutibilidade técnica[3]. Para Arnheim, entretanto, a própria mímica da fala – mesmo sem o seu som – já seria um elemento de perturbação no fenômeno estético puramente imagético:

> O filme mudo evitava a imagem da pessoa falante, mesmo tendo essa um grande espaço na vida real; e, de fato, tanto mais radicalmente quanto mais precioso era o filme. As pessoas se expressavam por meio dos movimentos de seus membros e dos rostos, eram caracterizadas por seu tamanho e seu lugar na imagem, pela iluminação e, finalmente, pelo conteúdo das imagens e da ação; porém, o complemento ótico da fala, os monótonos movimentos da boca acrescentavam pouco à expressão e a atividade de falar só podia, por isso, inibir aquela expressiva pantomima. (Arnheim, 1979, p. 105)

Essa diferenciação entre o filme mudo e o sonoro, é essencial para Arnheim também porque aponta para uma clivagem entre o cinema como nova linguagem artística, por um lado, e como mero meio de entretenimento para as massas, por outro. Nisso há outra importante

3. No ensaio sobre a reprodutibilidade técnica, Benjamin declara que, "o filme sonoro não mudou nada essencialmente na coisa. Permanece decisivo que se atue diante de um aparelho – ou dois, no caso do filme sonoro" (Benjamin, 1991, p. 489).

diferença com relação a Benjamin, para o qual o aspecto potencialmente revolucionário do cinema não se distingue do seu caráter de *entertainment*. No que tange à referida clivagem – de um modo que lembra a crítica à indústria cultural na *Dialética do esclarecimento* –, Arnheim faz um diagnóstico sombrio sobre a situação atual da cultura e da humanidade, do qual o modelo imperante de cinema falado é, para ele, um sintoma inequívoco:

> Para alguns pode parecer surpreendente que as pessoas, pelo menos nesse momento, trabalhem na produção em massa segundo um princípio que representa, diante das possíveis formas puras, um empobrecimento artístico tão acentuado em benefício de um grosseiro espetáculo de ilusão. Mas, pode isso causar espanto num gênero que em todos os âmbitos importantes hoje se mantém distante de sua tarefa essencial, da realização da ideia de humanidade, e que, por isso, vive tão completamente na irrealidade? (Arnheim, 1979, p. 112)

A guisa de conclusão, eu gostaria de chamar a atenção para alguns elementos que reforçam a ideia de que o ensaio de Arnheim "O novo Laocoonte", também se considerado o fato de que foi redigido quase no mesmo momento do debate entre Adorno e Benjamin, se apresenta como uma interessante mediação entre a posição que ambos os pensadores defenderam naquela época. A proximidade ao ponto de vista de Benjamin, como já se sugeriu, se dá pelo reconhecimento explícito do cinema como um meio de expressão essencialmente artístico (segundo Arnheim, apenas a inclusão dos diálogos o afastaria de sua verdadeira vocação expressiva) e dotado de traços técnicos que o caracterizam inequivocamente como um domínio específico dentre as outras artes. Há que se ressalvar, no entanto, que Arnheim não está absolutamente preocupado – como é o caso de Benjamin – com uma contraposição do cinema, enquanto arte potencialmente revolucionária, às artes tradicionais, que esse denominou "auráticas".

Do ponto de vista de Adorno, mesmo considerando que sua posição sobre o cinema se modificou muito ao longo de sua trajetória[4], a

4. A posição mais tardia de Adorno, expressa, por exemplo, no artigo "A arte e as artes", retoma os termos da discussão anterior com Benjamin, mas apresenta uma

proximidade à posição de Arnheim é fortalecida pelo fato de que, no seu texto "O esquema da cultura de massas" (de redação provavelmente pouco posterior ao debate com Benjamin), o filósofo frankfurtiano toma partido pelo filme mudo em detrimento do falado, na medida em que aquele preserva uma dialética entre texto e imagem, a qual, nesse, frequentemente é sabotada e instrumentalizada para fins ideológicos, de um modo em que a imagem assume subrepticiamente o caráter de um texto, mais especificamente, de uma palavra de comando (Adorno, 1981).

Associada a essa maior simpatia de Adorno pelo cinema mudo, está a proximidade da sua obra conjunta com Hanns Eisler, *Composição para o filme* ao enfoque de Arnheim, no que diz respeito à sincronização entre som e imagem no cinema. Adorno e Eisler chamam a atenção para o fato de que, nesse *medium*, enquanto a ilusão da imagem em movimento é produzida pela sequência de fotogramas, o som é, desde as primeiras experiências nesse campo, registrado por meios mais realistas, resultando no que eles chamam de uma "disparidade técnica" (*technische Disparatheit*) entre os aspectos visual e acústico confluentes no filme sonoro. A conclusão dos autores, de um modo muito semelhante à posição de Arnheim, é que o cinema adquiriu um caráter essencialmente "fantasmagórico", desde que se tornou sonoro, sendo que "toda fala, no filme, tem algo de inautêntico" (Adorno, 1981, 333).

Por fim, a aproximação, feita por Arnheim, entre a discrepância de diálogo e imagem em movimento, e a discussão setencentista de Lessing ilumina a ideia de "pseudomorfose" nas artes, que Adorno desenvolveria a partir do início dos anos 1940. De acordo com essa ideia, que, aliás, se externou de modo aproximado também no artigo "Towards

---

aceitação muito maior das possibilidades do cinema enquanto arte propriamente dita, o qual também reflete as contradições presentes nas outras artes, inclusive nas suas formulações vanguardistas: "Enquanto o filme, em função da legalidade imanente, gostaria de se ver livre de seu elemento artístico – quase como se ele contradissesse seu princípio artístico –, ele é, ainda nessa rebelião, arte e a amplia. Essa contradição, que o filme sob sua dependência do lucro certamente não pode suportar em termos puros, é o elemento vital de toda arte moderna propriamente dita" (Adorno, 1996,p. 453).

a Newer Laokoon", de 1939 (Greenberg, 1988)[5], de Clement Greenberg, as invasões, por certos meios expressivos, de outros campos artísticos, são sempre sintomas, na esfera das criações culturais, de processos em curso na produção material, os quais se manifestam também enquanto reificação na sociedade como um todo[6].

Sem pretender ter esgotado esse tema tão rico e frutífero num texto com estas dimensões, dou-me por satisfeito se tiver contribuído para uma melhor compreensão dessa polêmica, a qual, como eu disse no início, continua a mobilizar os interessados nos processos de assimilação e de apropriação dos meios de produção e difusão de mensagens audiovisuais, que, como já se assinalou, tem se renovado continuamente ao longo do século XX e no início do século XXI.

Referências bibliográficas

ADORNO, T. W. & EISLER, H. "Komposiotion für den Film". In *Gesammelte Schriften 15*. Frankfurt am Main: Suhrkamp Verlag, 1976.

ADORNO, T. W. "Carta a Benjamin de 18 de março de 1936". In ADORNO, Theodor W. (Org.) *Über Walter Benjamin*. Frankfurt am Main: Suhrkamp Verlag, 1990.

ADORNO, T. W. "Das Schema der Massenkultur". In: *Gesammelte Schriften 3: Dialektik der Aufklärung*. Frankfurt am Main: Suhrkamp Verlag, 1981.

ADORNO, T. W. "Über den Fetischcharakter in der Musik und die Regression des Hörens". In *Dissonanzen. Musik in der verwaltete Welt*. Göttingen: Vandenhoeck & Ruprecht, 1982.

ADORNO, T. W. "Die Kunst und die Künste". In *Gesammelte Schriten 10-1. Kulturkritik und gesellschaft I: Prismen, Ohne Leitbild*. Frankurt am Main: Suhrkamp Verlag, 1996a.

5. Ver, neste livro, o artigo "Sobre o conceito de 'pseudomorfose' em Theodor Adorno" (p. 237).

6. Cf. meu artigo "Sobre a relação entre os media: do paragone de Da Vinci à pseudomorfose de Adorno" (Duarte, 2009).

ADORNO, T. W. "Zwei Mal Chaplin". In *Gesammelte Schriften 10-1: Kulturkritik und Gesellschaft I: Prismen- Ohne Leitbild*. Frankfurt am Main: Suhrkamp Verlag, 1996b.

ADORNO, T. W. & HORKHEIMER, M. "Kulturindustrie. Aufklärung als Massenbetrug". In *Gesammelte Schriften 3: Dialektik der Aufklärung*. Frankfurt am Main: Suhrkamp Verlag, 1981.

ARNHEIM, R. "Neuer Laokoon. Die Verkopellung der künstlerischen Mittel, untersucht anlässlich des Sprechfilm (1938)". In *Kritiken und Aufsätze zum Film*. Frankfurt am Main: Fischer Verlag, 1979.

BENJAMIN, W. "Das Kunstwerk im Zeitalter seiner technischen Reproduzierbarkeit". In *Gesammelte Schriften I-1*. Frankfurt am Main: Suhrkamp Verlag, 1991.

DUARTE, R. "Sobre a relação entre os media: do paragone de Da Vinci à pseudomorfose de Adorno". *Especiaria*. n. 18. Ilhéus (BA), 2009.

GREENBERG, C. "Towards a Newer Laocoon". In *The Collected Essays and Criticism. Volume 1: Perceptions and Judgments, 1939-1944*. Chicago/London: The University of Chicago Press, 1988.

LESSING, G. E. "Laokoon". In *Werke*. München: Carl Hanser, 1970.

14

A PLAUSIBILIDADE DA PÓS-HISTÓRIA NO SENTIDO ESTÉTICO

É melhor dizer de uma vez: não se trata, aqui, de requentar uma discussão que rescende fortemente à polêmica sobre a pós-modernidade, no final dos anos 1970, e que parece – ainda bem – irreversivelmente superada. A recolocação do tema da "pós-história", com toda a cautela que a matéria exige, tem por motivação a ideia de que a história propriamente dita parece estar reservada a momentos extremamente particulares de nossa experiência da contemporaneidade, estando como que excluída da nossa vivência mais cotidiana, imediata e prosaica.

Surge, então, a pergunta: que tipo de dimensão de temporalidade ocorre em nós durante esse período muito mais alongado de nossa vida, no qual não estamos nem assistindo, nem muito menos "fazendo" história? Uma resposta possível aponta para o fato de nossa consciência temporal contemporânea possuir uma enorme capacidade de coexistência de elementos históricos e não-históricos, sendo que aqueles representariam os momentos cruciais, capazes de revolucionar radical e duradouramente nossas vidas, e esses coincidem com nossa vivência mais "normal", a qual tende a se repetir infinitamente, mas é, por outro lado, o solo a partir do qual a cesura propriamente histórica pode se dar.

Mas, mesmo que admitamos essa coexistência de elementos históricos e não-históricos na nossa experiência em geral, temos ainda uma questão a resolver: se a história é entendida como clivagem essencialmente temporal que configura a particularidade de uma vivência específica, o que está fora dela só pode ser entendido ou como "pré-história" ou como "pós-história". Ainda que não se exclua *a priori* a possibilidade de coexistência da história com essas duas outras dimensões da temporalidade prática simultaneamente, parece interessante testar, a princípio, a composição da consciência histórica com cada uma das suas contrapartes em separado.

A possibilidade de mescla de elementos pré-históricos na vivência tida como majoritariamente histórica não será discutida aqui, já que tem sido um elemento importante no pensamento crítico, desde Marx[1] até a Teoria Crítica da Sociedade[2], propriamente dita. Por outro lado, até mesmo tendo em vista essa inestimável contribuição do pensamento crítico e também a possibilidade concreta de uma vivência posterior à histórica, circunscreverei minha discussão no sentido de testar o potencial crítico do conceito de pós-história, tendo em vista o estabelecimento de uma sociedade em que os antagonismos da história teriam sido superados.

Esse procedimento encerra o grande perigo de se considerar, a partir de vivências bastante restritas e particulares, que a humanidade já estaria vivendo para além da história e dos seus conflitos. É exatamente por isso que, no meu entender, deve-se privilegiar as considerações de tipo estético como divisor de águas entre as posições que, antes, pretendem justificar o *status quo*, e aquelas que adotam um ponto de vista radicalmente crítico diante do existente. As razões dessa eleição devem se tornar mais claras ao longo da discussão efetuada neste artigo, mas a inspiração mais geral é a ideia, defendida por Theodor Adorno,

1. Ver, por exemplo, Karl Marx: "As relações burguesas de produção são a última forma antagonística do processo social de produção, antagonística não no sentido do antagonismo individual, mas de um antagonismo advindo das condições sociais de vida dos indivíduos; mas as forças produtivas desenvolvidas no seio da sociedade burguesa criam, simultaneamente, as condições materiais para a resolução desse antagonismo. Com essa formação social conclui-se, portanto, a pré-história da sociedade humana" (Marx, 1983, p. 9). A pré-história mencionada aqui não é, certamente, a idade da pedra, mas resquícios de relações arcaicas de dominação que coexistem temporariamente com o movimento propriamente histórico, até que sejam finalmente superados por esse último.

2. Adorno é ainda mais explícito do que Marx, na medida em que avalia a história presente como estando eivada de elementos pré-históricos: "Elas [as infindáveis coerções do universal sobre o particular] são, antes, aquilo em vista do que a sociologia, de acordo com sua definição, raramente reflete, pegadas do conteúdo social; sua invariância é somente um memento do quão pouco na história modificou o poder do universal, em que medida ela é ainda pré-história" (Adorno, 1996, p. 303).

de que a arte autêntica antecipa tendências de transformação radical do mundo, que ainda não se encontram disponíveis na sua vivência imediata[3]. O fato de que essa própria vivência imediata seja atualmente indelevelmente marcada por elementos estéticos parece ser também uma confirmação do acerto dessa escolha.

Como estratégia para a abordagem desse complexo tema, inicio a discussão com um lembrete sobre uma das mais importantes origens do conceito atual de "pós-história": as reflexões de Alexandre Kojève sobre a *Fenomenologia do Espírito* de Hegel. Em seguida, chamo a atenção para a proposta de Arthur Danto, de consideração da arte contemporânea como essencialmente pós-histórica. Finalmente, exponho o ponto de vista de Vilém Flusser sobre a pós-história, o qual, mesmo sendo mais genérico do que o de Danto, é essencialmente perpassado pela dimensão estética.

Fim da história *tout court*: Alexandre Kojève

Apesar da enorme influência exercida no mundo intelectual francês (e europeu) a partir de meados da década de 1930, Alexandre Kojève esteve praticamente esquecido por muito tempo, tendo o seu nome sido reposto em circulação somente no início dos anos 1990, em virtude da enfática menção ao seu livro mais conhecido – *Introduction à la lecture de Hegel* – no artigo de Francis Fukuyama intitulado "Fim da história?"[4],

---

3. Dentre as inúmeras passagens da *Teoria estética* que abordam esse caráter antecipatório da arte, chama a atenção, de modo especial, o seguinte: "somente por meio de sua absoluta negatividade a arte diz o indizível, a utopia. A essa imagem ajuntam-se todos os estigmas do chocante e do repugnante na arte nova. Por meio de uma irreconciliável recusa da aparência de reconciliação, ela mantém essa firme no meio do irreconciliado, consciência correta de uma época em que a possibilidade real da utopia – que a terra, de acordo com o estado das forças produtivas, agora, aqui, imediatamente, poderia ser o paraíso – se une agudamente com a possibilidade da catástrofe total. Na sua imagem – não afiguração, mas a cifra de um potencial – ressurge o traço mágico da mais longínqua pré-história da arte sob o feitiço total, como se ela quisesse evitar a catástrofe, conjurando por meio de sua imagem" (Adorno, 1986, p. 55-56).

4. Para uma atualizada e bem fundamentada discussão sobre o tema da história em Hegel e em Marx, na qual não faltam agudas críticas a Francis Fukuyama, ver Kowarzik (1999).

sobre a derrocada do "socialismo real", publicado apenas algumas semanas antes da queda do muro de Berlim. Diga-se de passagem, que o momento da publicação do artigo de Fukuyama explica melhor sua enorme repercussão do que suas qualidades teóricas e/ou estilísticas.

Na verdade, o recurso de Fukuyama à tese de Kojève sobre o fim da história esconde uma enorme heterogeneidade de objetivos, embora ambos os autores possam ser considerados "ideólogos", ainda que em sentidos muito diferentes. Enquanto Fukuyama, então funcionário do Departamento de Estado Norte-Americano, refere-se ao fim da história como alguém que celebra o fim da incômoda presença soviética no cenário da geopolítica global, Kojève chegou à tese original – mimetizada por Fukuyama – a partir de uma interpretação muito própia, inspirada por uma posição marxista, da *Fenomenologia do espírito*, de Hegel, especialmente do seu capítulo final, intitulado "O saber absoluto".

Ainda assim, Kojève pode ser entendido como ideólogo no sentido de que a mobilização de sua enorme energia intelectual para compreender Hegel não tem em vista uma interpretação acadêmica do obscuro texto da *Fenomenologia*, mas uma tentativa de torná-lo frutífero para a abordagem teórico-prática de fenômenos contemporâneos, tendo em vista um – menos conhecido – lado seu como filósofo político, autor de textos como *La Notion de l'Autorité* e *Esquisse d'une Phénomenologie du Droit*, dentre outros. Um bom exemplo desse tipo de enfoque é o modo como Kojève atribui uma importância inusitada ao capítulo relativamente pequeno e de relevância aparentemente secundária da *Fenomenologia do espírito*, sobre a dialética do senhor e do escravo, fato que foi percebido com exatidão por James Nichols Jr.:

> Na *Fenomenologia* de Hegel, a brevemente apresentada dialética senhor-escravo parece desempenhar um papel relativamente pequeno num livro grande e complexo. Kojève de modo famoso e notório tornou-a a chave de todo o sistema, como a abordagem básica da primeira emergência do humano a partir do animal e da força motriz subjazendo à história humana subsequente. Ou, em outras palavras, Kojève tomou a dialética do senhor e do escravo para ser a fundação e o núcleo vital da antropologia fenomenológica de Hegel. (Nichols Jr., 2007, p. 23)

A referida emergência do humano ocorre a partir do reconhecimento da especificidade do desejo, que, diferentemente do carecimento do animal, não visa apenas à subsistência física, mas tem no desejo do desejo a expectativa do reconhecimento de uma consciência por outra que lhe seja semelhante, porém radicalmente exterior. Eis aí o início de uma luta de vida e morte, na qual a consciência que não teme perecer tornar-se-á o senhor e à outra, que se rende por temor pela própria vida, caberá o papel de escravo. A ênfase da análise de Kojève recai sobre a situação em que o isolamento do senhor – abastecido pelos meios físicos providos pelo escravo, mas privado do reconhecimento por parte de alguém que ele próprio reconheça – e a oportunidade de o escravo se formar mediante seu trabalho enquanto embate com a natureza, coincide com o início do decurso histórico, que deverá ter como fim a cessação da luta pelo reconhecimento, já que o escravo conquista pelo efeito formador do seu trabalho a condição de ser reconhecido pelo senhor, o qual por sua vez, nesse ato de reconhecer o (ex-) escravo, se livra do seu isolamento (Hegel, 2006). A efetivação – ainda que bastante remota – desse decurso, de acordo com a abordagem da *Fenomenologia*, contempla os momentos mais decisivos da auto-posição do espírito, os quais, como se sabe, coincidem com pontos nodais da história política e intelectual do Ocidente, sendo que todo esse processo termina com o "Saber absoluto", não por acaso o título do último capítulo dessa monumental obra de Hegel. É exatamente esse capítulo que, na interpretação de Kojève, coloca, de modo enfático, a questão do fim da história:

> Logo, só o cidadão do Estado perfeito pode realizar o saber absoluto. E vice-versa: já que Hegel supõe que todo homem é filósofo, isto é, feito para tomar consciência daquilo que ele é (pelo menos, Hegel só se interessa por esses homens e só se refere a eles), um cidadão do Estado perfeito acaba sempre por se compreender em e por um saber circular, isto é, absoluto. [§] Essa concepção acarreta uma consequência importantíssima: a sabedoria só pode ser realizada, segundo Hegel, no fim da história. [§] Isso também é universalmente conhecido. Sempre se soube que, para Hegel, não apenas o advento da sabedoria completa a história, mas ainda que é somente no fim da história que esse advento é possível. Sabe-se

> isso mas nem sempre se compreende o porquê. E não se compreenderá enquanto não se souber que o sábio deve necessariamente ser cidadão do Estado universal (isto é, não expansível) e homogêneo (isto é, não transformável). (Kojève, 2006, p. 276)

A expressão típica da interpretação kojèveana da *Fenomenologia* "Estado universal e homogêneo" – popularizada pelo artigo de Fukuyama – muito longe de designar simplesmente a *pax americana*, subsequente à derrocada do bloco soviético, coincidiria com uma sociedade formada por sujeitos autoconscientes, partícipes de uma sabedoria coletivamente compartilhada. Essa pressupõe necessariamente a reconciliação entre o público e o privado, assim como entre o humano e o divino:

> No fim da história, no Estado universal e homogêneo, a vida coletiva ou pública (cultural, social, política) coincide completamente com a vida pessoal que, assim, deixa de ser puramente privada. Dessa maneira, a consciência de si filosófica do cidadão desse Estado final revela a totalidade da vida cultural e política real. Então, o excedente que poderia ser revelado por uma teologia já não existe: logo, o religioso deixa de ter razão de existir e desaparece. Mas essa destruição da *Gegenständlichkeit* (condição de objeto-coisa), isto é, da realidade divina, é ao mesmo tempo a afirmação da realidade humana; a realidade negada como divina e afirmada como humana é a mesma. Nesse momento, o filósofo é um sábio, e a filosofia é sabedoria ou ciência. Essa ciência recria a realidade humana para a consciência-exterior. (Kojève, 2006, p. 316)

Esse ponto de vista esclarece, por fim, o *topos* do fim da história como o desaparecimento não do homem no sentido literal, mas de sua errância nos descaminhos de sua luta histórica contra a natureza e pelo reconhecimento dos seus congêneres. É o que fica sugerido, por exemplo, na emblemática descrição – citada com destaque no artigo de Fukuyama – do fim da história. Nela, Kojève afirma que

> O desaparecimento do homem no fim da história não é portanto uma catástrofe cósmica: o mundo natural permanece o que foi desde sempre. E também não é uma catástrofe biológica: o homem continua vivo como animal que está de acordo com a natureza ou o Ser dado. O que desaparece

é o homem propriamente dito, isto é, a ação negadora do dado e o erro, ou, em geral, o sujeito oposto ao objeto. De fato, o fim do tempo humano ou da história, isto é, o aniquilamento definitivo do homem propriamente dito ou do indivíduo livre e histórico, significa simplesmente a cessação da ação no sentido forte do termo. O que na prática quer dizer: o desaparecimento das guerras e das revoluções sanguinolentas. E também o desaparecimento da filosofia; pois se o próprio homem já não muda essencialmente, não há motivo para mudar os princípios (verdadeiros) que formam a base de seu conhecimento do mundo e de si. Mas todo o resto pode manter-se indefinidamente: a arte, o amor, o jogo etc., em suma, tudo o que faz o homem feliz. (Kojève, 2006, p. 410)[5]

Em que pese o poder de sugestão dessa passagem lapidar, é preciso dizer que ela é provavelmente responsável pelo rosário de mal-entendidos associados à expressão "fim da história", a começar das abordagens posteriores que o próprio Kojève sobre ela realizou: numa nota à segunda edição da *Introdução à leitura de Hegel*, ele qualificou o texto de "ambíguo, para não dizer contraditório", pois se se admite que "o que desaparece é o homem propriamente dito", não se poderia dizer que "todo o resto pode manter-se indefinidamente". Para Kojève um outro tipo de animalidade surgiria a partir da humanidade não mais histórica, a qual, ainda que pacificada, não poderia mais, em última análise, ser considerada "sábia":

Seria preciso dizer que os animais pós-históricos da espécie *Homo sapiens* (que vão viver na abundância e em plena segurança) estarão contentes em função de seu comportamento artístico, erótico e lúdico, uma vez

---

5. É interessante observar que Kojève associa o topos do fim da história diretamente à ideia marxiana de um reino da liberdade, advindo do reino da necessidade: "Convém lembrar que esse tema hegeliano, entre muitos outros, foi retomado por Marx. A história propriamente dita, na qual os homens (as "classes") lutam entre si pelo reconhecimento e lutam contra a natureza pelo trabalho, é denominada por Marx "reino da necessidade" *(Reich der Notwendigkeit)*; para além (*Jenseits*) está situado o "reino da liberdade" (*Reich der Freiheit*) no qual os homens (reconhecendo-se mutuamente sem restrições) já não lutam e trabalham o mínimo possível (a natureza estando definitivamente dominada, isto é, harmonizada com o homem). Cf. *Das Kapital,* Livro III, cap. 48, fim da segunda alínea do terceiro parágrafo" (Kojève, 2006, p. 410).

> que, por definição, se contentarão com isso. Mas ainda há mais. "O aniquilamento definitivo do homem propriamente dito" significa também o desaparecimento defintitvo do discurso (Logos) humano em sentido próprio. Os animais da espécie *Homo sapiens* reagiriam por reflexos condicionados a sinais sonoros ou mímicos, e seus falsos "discursos" seriam semelhantes à pretensa linguagem das abelhas. O que desaparece então não é apenas a filosofia ou a busca da sabedoria discursiva, mas também a própria sabedoria. Pois já não haveria, nesses animais pós-históricos, "conhecimento [discursivo] do mundo e de si". (Kojève, 2006, p. 410-411)

Esse ponto de vista, tão fascinante quanto aparentemente errático, é, no entanto, ainda inofensivo no que tange às consequências de se aceitar uma concepção de fim da história com esse grau de generalidade, especialmente se o que está em questão é avaliar até que ponto a humanidade presente já estaria vivenciando – ou em vias de vivenciar – uma época efetivamente pós-histórica. Nesse particular, os equívocos de Kojève parecem se multiplicar, já que ele afirma, em 1948, que "o fim hegeliano-marxista da história não estava para vir, mas já é presente": a efetivação do que ainda Hegel prenunciara ao interpretar o significado da batalha de Iena como o fim da história propriamente dita. Essa posição gera equívocos ainda maiores quando leva Kojève a afirmar que

> os Estados Unidos já atingiram o estágio final do 'comunismo' marxista, uma vez que, praticamente, todos os membros de uma 'sociedade sem classes' podem apropriar-se agora de tudo o que lhes aprouver, sem com isso terem de trabalhar mais do que desejam. (Kojève, 2006, p. 411)

Talvez exatamente em virtude de uma posição como essa, a qual certamente não faz jus ao calibre filosófico de Kojève, é que tenha sido possível a Fukuyama se apoiar nele para celebrar, no artigo de 1989, o então iminente fim do "socialismo real".

No entanto, a meu ver, é possível considerar ainda o poder crítico da tese do fim da história, desde que não se pressuponha a possibilidade de sua realização imediata, ainda mais com o grau de generalidade proposto originariamente por Kojève, mas com sua aplicação restrita àquele âmbito supramencionado que, aliás, não parece de modo algum estranho à concepção do pensador russo: a esfera artística[6].

A arte pós-histórica: Arthur Danto

Nesse caso, podemos dispor do auxílio teórico de um filósofo interessado em outro tema crepuscular hegeliano – o "fim da arte" –, o qual, como veremos, se valeu do pensamento de Kojève para suas indagações estéticas. Trata-se de Arthur Danto, que se notabilizou pela primeira abordagem filosófica da *pop art* (Danto, 2011), em meados dos anos 1960 e, no começo da década de 1980, como um desenvolvimento ulterior dessa abordagem, iniciou uma reflexão seminal sobre as relações entre a arte contemporânea e o "fim da arte".

Nesse desenvolvimento, iniciado no seu artigo "The End of Art", Danto compreende o fim da arte enquanto *fim da história da arte*, o que pressupõe, por sua vez, uma concepção precisa de "história da arte". A de Danto baseia-se em alguns princípios fundamentais, dos quais se destaca o seguinte: deve existir um encadeamento entre antecedentes e consequentes, o qual leve a algo que possa ser claramente compreendido como um fim, agora no sentido de *propósito*, de *telos*. Tendo em vista a eleição das artes visuais como objeto preferencial –, a meta em questão foi, desde o Renascimento, o que Danto chama de "equivalência ótica" entre a representação pictórica e o que a retina registra na apreensão visual dos objetos dados à nossa percepção comum:

> A distância decrescente entre a estimulação ótica real e a pictorial marca, então, o progresso na pintura e alguém poderia medir o quociente de progresso pelo grau em relação ao qual o olho nu nota a diferença. A história da arte demonstrou o avanço, na medida em que o olho nu poderia mais facilmente notar as diferenças no que Cimabue apresentou do que no que Ingres fez, de modo que a arte foi demonstravelmente progressiva no modo como a ciência esperava ser (...). (Danto, 1986, p. 86)

---

6. De acordo com Nichols Jr. (2007), Kojève publicou, nos anos 1950, dois ensaios críticos sobre romances contemporâneos: "Le Romans de la Sagesse" e "Le dernier monde nouveau".

A situação, no entanto, se complicou a partir do surgimento da arte moderna, no início do século XX, quando, provavelmente em virtude da invenção e da popularização de meios mecânicos de reprodução de imagens – como a fotografia –, teria havido voluntariamente o abandono progressivo da fidelidade aos objetos exteriores por parte dos artistas plásticos, o que já poderia ser entendido como um claro desafio à noção de história da arte baseada no progresso da equivalência ótica.

Danto observa que essa situação tornou evidente a necessidade de uma nova teoria, que não se baseasse no princípio da equivalência ótica, para explicar os fenômenos das artes visuais e – se fosse o caso – também o encadeamento temporal entre eles. Dentre as tentativas nesse sentido, ele leva sucintamente em consideração o surgimento de uma teoria explicativa das artes baseada na expressão, a qual compreendia a abdicação do artista em ser um copiador de objetos da realidade exterior, na medida em que o seu objetivo agora seria a externação de sentimentos, a qual seria compatível com figurações de um tipo que antes poderia ser considerado por demais inusitado. Segundo Danto,

> Deve ser creditado à estética o fato de que os seus praticantes responderam a isso com teorias que, mesmo inadequadas, reconheciam a necessidade; um bom exemplo de uma teoria pelo menos condizente era que os pintores não estavam tanto representando, mas expressando. (Danto, 1986, p. 101)

Sendo assim, cabe a seguinte pergunta: encontrar-nos-íamos numa situação em que, por um lado, não podemos mais confiar na teoria da equivalência ótica, tanto porque ela se mostrou obsoleta a partir de novos acontecimentos na história das artes visuais, quanto porque, ainda que isso não tivesse ocorrido, ela só seria aplicável a essas artes, deixando de fora, por exemplo, a literatura e a música? A questão se torna ainda mais candente quando constatamos que a teoria da expressão, que se candidatou a substituir o paradigma anterior, mimético, embora seja suficientemente ampla para comportar todas as artes, nem tem o mesmo poder explicativo que aquele, nem é compatível com uma noção de história da arte no sentido estrito, já que a expressão não coloca qualquer *telos* a ser atingido. Em certo sentido, ela se esgota em si mesma: não se pode dizer que a expressão pictórica de Georg

Baselitz é mais avançada do que a de Henri Matisse, assim como seria um grande equívoco afirmar que a expressão musical de Boulez é mais evoluída que a de Schönberg.

Desse modo, a ausência de um princípio que levasse a uma concepção inequívoca de história da arte inviabilizaria, consequentemente, uma noção de *fim da arte*, já que, para Danto, como já se assinalou, esse deve ser entendido como fim da história da arte. É nesse momento que o recurso a Hegel afigura-se como um caminho interessante, pois, segundo ele, também a história da arte estaria inserida na dialética do espírito, a qual, como vimos na interpretação kojèveana, coincide com o desdobramento da própria história humana em geral e, como essa, tem o seu momento conclusivo. Por isso, de acordo com Danto:

> (...) a teoria de Hegel satisfaz todas essas exigências. Seu pensamento requer que haja continuidade histórica genuína e até mesmo um tipo de progresso. O progresso em questão não é o de uma tecnologia de equivalência perceptual crescentemente refinada. Em vez disso, há um tipo de progresso *cognitivo*, no qual está compreendido que a arte se aproxima progressivamente daquele tipo de cognição. Quando a cognição é alcançada, realmente não há mais nenhum argumento na – nenhuma necessidade da – arte. (Danto, 1986, p. 107)

Depreende-se, desse trecho, que Danto mostra-se não apenas plenamente disposto a recorrer à concepção hegeliana de história, como o faz tendo em vista a ideia do fim da história, tal como Kojève, em linhas gerais, o apresenta. Aliás, nesse ensaio sobre o fim da arte, Danto transcreve o mesmo trecho lapidar de Kojève sobre o fim da história que citei acima, o qual veio a ser citado, quase uma década depois, também por Francis Fukuyama. É interessante observar, no entanto, que, em seguida, Danto procede à especificação que ele considera imprescindível, a qual, na prática, "salva" a ideia de fim da história, na medida em que a circunscreve ao âmbito da criação artística:

> O fim da história coincide com – e é, na verdade, idêntico a – o que Hegel designa como o advento do conhecimento absoluto. O conhecimento é absoluto quando não há qualquer lapso entre o conhecimento e o seu objeto, ou o conhecimento é o seu próprio objeto, portanto, sujeito e

objeto de uma só vez. O parágrafo final da *Fenomenologia* caracteriza apropriadamente a clausura filosófica do sujeito do qual ele trata, dizendo que ele "consiste no perfeito conhecer de si mesmo, em conhecer o que ele é". Nada agora está fora do conhecimento nem é opaco à luz da intuição cognitiva. Uma concepção de conhecimento como essa é, acredito, fatalmente falaciosa. Mas se algo se aproxima de sua exemplificação, é a arte em nosso tempo que o faz – porque o objeto no qual a obra de arte consiste é tão irradiado pela consciência teórica que a divisão entre objeto e sujeito está quase superada e não importa muito se a arte é filosofia em ação ou se a filosofia é a arte em pensamento. (Danto, 1986, p. 113)

O trecho acima sugere qual é a essência da arte contemporânea: assim como Kojève concebera – ainda que muito problematicamente – uma espécie *homo sapiens* pós-histórica, isto é, posterior ao fim da história *tout court*, Danto propõe que, não as pessoas, mas as obras de arte de nosso tempo são essencialmente pós-históricas, na medida em que, confeccionadas depois do fim da arte, elas permitem um vislumbre completo da história da arte (naturalmente, depois do seu fim), o qual revela sua própria essência:

> Se algo como esse ponto de vista tem a mais remota chance de ser plausível, é possível supor que a arte chegou a um fim. Obviamente, haverá ainda a fatura de arte, mas os fazedores de arte, vivendo no que gosto de chamar período "pós-histórico" da arte, trarão à existência obras que carecem da importância ou do significado históricos que viemos a esperar delas desde muito tempo. O estágio histórico da arte está concluído quando é sabido o que a arte é e o que ela significa. (Danto, 1986, p. 110-111)

A menção ao "período 'pós-histórico' da arte" remete à continuidade, por parte de Danto, da discussão sobre o fim da arte no livro *Após o fim da arte*, mais de dez anos posterior à publicação do ensaio "O fim da arte". Nessa obra extensa e complexa, torna-se clara a diferenciação entre a arte moderna e a contemporânea, o que é fundamental para caracterizar essa última como "pós-histórica". Danto se vale, aqui, do ponto de vista de Clement Greenberg (1995), segundo o qual o Modernismo não é um estilo que se sucedeu a um anterior, mas que é, antes de tudo, a consciência, manifesta no próprio fazer artístico, de que a reflexão é mais importante que a representação mimética. A partir dessa concepção greenberguiana de modernidade pictórica, Danto propõe sua concepção de arte contemporânea, que não é senão o aprofundamento da reflexividade inaugurada pelo Modernismo numa direção em que a arte é liberada de limitações ao mesmo tempo em que revela sua natureza essencialmente filosófica:

> Assim como "moderno" veio a denotar um estilo e mesmo um período e não exatamente arte *recente*, "contemporâneo" veio a designar algo mais do que simplesmente a arte do momento presente. Além disso, em minha visão, esse designa menos um período do que o que acontece depois que não há mais períodos em algumas narrativas-mestras da arte e menos um estilo de fazer arte do que um estilo de usar estilos. (Danto, 1997, p. 10)

É interessante observar que Danto considera a designação "contemporâneo" fraca para essa arte essencialmente pluralista, o que o leva a reafirmar o termo, já utilizado no texto "O fim da arte", para qualificar a arte contemporânea de "pós-histórica". O que já tinha sido sugerido no texto de 1984, no sentido de que são agora os filósofos os principais responsáveis pela compreensão das obras e os artistas podem simplesmente usufruir da liberdade de estar para além da história (Danto, 1997), é colocado no livro publicado em 1997 com toda a clareza. Essa situação leva, segundo Danto, à descoberta propriamente filosófica do período pós-histórico de que não há uma arte mais verdadeira do que a outra e de que não há apenas *um* modo de a arte ser:

> Uma vez que a questão foi trazida à consciência em certo instante no desdobramento histórico da arte, um novo nível de consciência filosófica foi atingido. E isso significa duas coisas: primeiro, que tendo trazido a si mesma a esse nível de consciência, a arte já não carrega a responsabilidade por sua própria definição filosófica. Isso é, antes, tarefa para os filósofos da arte. Em segundo lugar, isso significa que já não há um modo, segundo o qual as obras de arte tem que ser, já que uma definição filosófica da arte deve ser compatível com todo tipo e ordem de arte (...). (Danto, 1997, p. 36)

Exatamente por isso, a passagem do "moderno" para o "contemporâneo" – ou "pós-histórico" – é diferente de outras sucessões na história da arte, pois, a partir dessa posição associada à necessidade histórica do fim do Modernismo, Danto chega à explicitação mais cristalina de sua posição a respeito do fim da arte: esse ocorre no momento em que o expressionismo abstrato nova-iorquino entra em crise e a *pop art* toma o seu lugar como corrente artística mais influente:

> Eu me filio a uma narrativa da história da arte moderna na qual o pop desempenha o papel filosoficamente central. Na minha narrativa, o pop marcou o fim da grande narrativa da arte ocidental, trazendo à autoconsciência a verdade filosófica da arte. (Danto, 1997, p. 122)

Com isso, fica configurado, em linhas gerais, o que Danto entende como regime pós-histórico de produção e recepção de obras de arte. Salta aos olhos que, ao contrário daquilo que em Kojève parece ser irônico – ou meramente provocativo – sobre a realidade do fim da história, ou do período pós-histórico no sentido mais geral, pode ser constatado efetivamente não apenas como realizável, mas como em grande parte já realizado na esfera estética. Na prática, isso significa nada mais, nada menos que a existência concreta do que Danto entende como "pluralismo radical", no que ele chama de "mundo da arte", é um fato empiricamente observável num cenário em que parece ser totalmente anacrônico um *métier* artístico querer se sobrepor a outro, assim como uma determinada vertente estilística se apresentar como portadora da verdade artística definitiva. Qualquer construto proposto por um artista, por mais inusitado que seja, o qual, por alguma circunstância – até mesmo casual –, venha a ser aceito como obra de arte passa a pertencer ao elenco, ao "panteão" da arte pós-histórica e basta que se visite uma das monumentais exposições internacionais de arte como a Bienal de Veneza, a Bienal de São Paulo ou a Documenta de Kassel para que se entenda claramente o que Danto quer dizer com seu conceito de "pluralismo radical".

Até aqui, nessa investigação sobre a plausibilidade do termo "pós-história" num sentido estético, relembrei a proposta de Alexandre Kojève sobre o fim da história, rejeitando-a tanto em função de sua generalidade, quanto em virtude da afirmação do filósofo russo, de que, mesmo em pleno capitalismo triunfante, a pós-história seria uma realidade concreta irrefutável. Em seguida, recapitulei o ponto de vista de Arthur Danto, mostrando sua preocupação em restringir às obras de arte contemporâneas o atributo de estar para além da história. No meu entender, isso torna sua posição infinitamente mais aceitável do que a de Kojève, na medida em que, o que podemos conceder para a confecção de obras de arte – até mesmo como prenúncio de uma *práxis* melhor –, não é de modo algum lícito admitir para o estado geral do mundo, no momento presente.

Dando sequência à minha investigação, eu poderia dizer que, se minha exposição fosse um argumento dialético, teríamos a pós-história no sentido geral, de Kojève, como uma *universalidade abstrata*, descortinadora de um promissor horizonte de possibilidades, a qual teria, no entanto, se mostrado – no meu entender – essencialmente falsa e passado numa *particularidade* passível de se revelar verdadeira – o âmbito da arte pós-histórica, tal como construído por Danto. É interessante observar que o caráter de particularidade, aqui, manifesta-se no fato de que o filósofo norte-americano nunca se refere à pós-história como substantivo, mas sempre através do adjetivo "pós-histórica", aplicável, como já se assinalou, à arte contemporânea. É digno de nota que Danto alimenta uma esperança, que não deixa de lembrar a de Adorno – supramencionada – quanto à excelência da criação, de que o âmbito da arte radicalmente plural, seja o prenúncio de um estado paradisíaco, ainda sem precedentes no mundo "real": "Em que medida minha predição está confinada na atual prática da arte? Bem, olhe em torno de você. Quão maravilhoso seria acreditar que o mundo da arte pluralístico do presente é um arauto de coisas políticas que estão por vir!" (Danto, 1997, p. 37).

A questão é: se essa dialética prossegue o seu curso no sentido do estabelecimento da pós-história enquanto *universalidade concreta*, deveria poder se tornar finalmente lícito o uso desse termo no sentido de um substantivo que não portasse o signo da falsidade radical e irrecuperável, na medida em que designasse uma realidade efetiva portadora, de fato, das características esperadas para esse estado de coisas.

Por um lado, pode-se dizer que essa é uma indagação cuja resposta deve ficar, por enquanto, em aberto, já que as condições concretas de vida, em todo mundo, não autorizam a adoção de uma postura segundo a qual a luta da humanidade pela sua mera sobrevivência física já estaria vencida. Essa posição, aliás, liga-se a um ponto de vista frequentemente atribuído a Theodor Adorno, o qual, na *Dialética negativa*, adverte inúmeras vezes sobre o perigo das sínteses filosóficas precoces, uma vez que a realidade em si permanece mais irreconciliada do que nunca.

Por outro lado, nessa mesma obra, o filósofo frankfurtiano abre espaço para um vislumbre utópico de como seria essa síntese, tendo em vista a sugestão de que "é o possível, nunca o imediatamente real o que bloqueia o lugar à utopia"[7]. Nesse caso, é de interesse não apenas acompanhar, mas, eventualmente, até mesmo subscrever parcialmente visões filosóficas de uma pós-história, que, apesar do uso do termo no substantivo, apontam, antes, para tendências aparentemente irreversíveis do que para fatos consumados. Além disso, a credibilidade de visões desse tipo depende da manutenção de um núcleo de crítica radical ao existente, em vez de já considerá-lo como expressão de uma síntese final.

Pós-história e teoria dos media: Vilém Flusser

Dentre as concepções candidatas a preencher tais exigências, considero a mais sedutora proposta de pós-história (no sentido substantivo) a de Vilém Flusser. Até certo ponto pode ser vista como uma síntese das propostas de Kojève e de Danto, na medida em que Flusser tem em comum com aquele um *background* intelectual marcado por certa leitura da *Fenomenologia do espírito* e da ontologia fundamental de Heidegger. Além disso, Flusser pensa sua noção de pós-história com acentuado grau de generalidade, de um modo, até certo ponto, semelhante ao de Kojève. Por outro lado, o filósofo tcheco-brasileiro tem em comum com Danto, além da mencionada influência da *Fenomenologia do espírito*, o sobrepeso do aspecto estético em sua noção de pós-história, já que ela só se realiza onde se consolidou o que Flusser chama de "imagens técnicas", as quais povoam nosso cotidiano mais imediato, estetizando-o

7. "Es ist das Mögliche, nie das unmittelbar Wirkliche, das der Utopie den Platz versperrt"(Adorno, 1996a, p. 66).

de modo radical e irreversível. Além desse aspecto, Flusser toma, como Danto, o cuidado de não declarar a realidade imediata e completa da pós-história, mas apenas a forte tendência à sua realização a partir do alastramento da produção de imagens por meios técnicos, especialmente os digitais.

Roger Behrens, mesmo sem recorrer a um esquema dialético semelhante ao proposto neste texto, percebeu bem em que medida a concepção de pós-história de Kojève, rejeitada, aqui, por sua generalidade abstrata e – em última análise – por seu conservadorismo, pode ter repercutido na formação do ponto de vista de Flusser, ainda que esse seja bem mais particularizado (no sentido estético) e, por outro lado, mais crítico:

> A tese de uma história posterior (*Nachgeschichte*) ou pós-história (*Posthistoire*) (Alexandre Kojève) a princípio encontrou ressonância entre conservadores, se ligou rapidamente com o pessimismo cultural reacionário, em cujas sombras a ideia de decadência da civilização ocidental por meio da alienação e da cultura de massa floresceu continuamente. Mais tarde a tese certamente foi refletida criticamente por esquerdistas radicais, com paralelos nítidos com relação ao debate sobre a pós-modernidade, como, por exemplo, em Peter Bruckner ou Vilém Flusser, que, no sentido da história posterior, entendeu a pós-modernidade como um tipo de "historiografia corrigida"[8]. (Behrens, 2008, p. 77)

No que tange à concepção de "pós-história" de Vilém Flusser, é correto dizer que o termo predomina na sua filosofia dos *media*, desenvolvida desde meados da década de 1970, sendo que, no seu livro *Pós-história: vinte instantâneos e um modo de usar*, os traços fundamentais dessa situação são resumidos de modo exemplar. Dessas características, como já se anunciou, nos interessam especialmente os aspectos estéticos, os quais se encontram em diversos capítulos do mencionado livro e que serão, aqui, brevemente apresentados.

---

8. É interessante observar que o termo "historiografia corrigida" diz respeito ao subtítulo da edição alemã, da obra principal sobre pós-história de Flusser, *Nachgeschichte. Eine korrigierte Geschichtsschreibung* (1993).

No capítulo "Nosso programa", Flusser introduz a consideração filosófica de uma noção que, atualmente é muito frequente no seu significado comum, de *software*: o próprio programa computacional. Flusser assevera que cada período histórico possui sua imagem característica, sua cosmologia, sua antropologia e sua etologia. Se considerarmos a civilização ocidental, poder-se-ia dizer que tais elementos na Antiguidade, juntamente com o Medievo, são da ordem da *finalidade*, ou seja, de uma noção de *destino* com a qual a humanidade tinha que se ver, em termos objetivos, se quisesse se emancipar. No tocante à Idade Moderna, os elementos se resumem na noção de *causalidade*, através da qual a humanidade corre o risco de ser mecanicamente determinada e a possibilidade de sua redenção se dá principalmente por meio de uma liberdade de tipo subjetivo.

No que tange à contemporaneidade, que é caracterizada por Flusser exatamente como "pós-história", ressalta a noção de *programa*, de acordo com a qual se torna até mesmo dificilmente formulável o problema clássico da liberdade humana, uma vez que o *acaso* que preside os processos que engendram essa situação não admite a previsão exata do que resultará das virtualidades contidas no programa:

> Estruturas tão absurdamente improváveis como o é o cérebro humano surgem necessariamente ao longo do desenvolvimento do programa contido na informação genética, embora tenham sido inteiramente imprevisíveis na ameba, e surgem ao acaso em determinado momento. (Flusser, 1983, p. 28)

Uma consequência interessante do predomínio dos *programas* é a necessidade da existência de *aparelhos*, isto é, de equipamentos que façam os programas funcionar, e isso ocorre pela ação dos *funcionários* – pessoas incumbidas de operar os aparelhos. Por outro lado, se há programas, também deve haver *programadores*, ou seja, aqueles que estabelecem o conjunto de virtualidades contidas nos programas que funcionam nos aparelhos, que, por sua vez, são operados pelos funcionários. Para Flusser, essa situação exemplifica bem porque os modos de compreensão finalístico e causal não se aplicam ao mundo dominado pela noção de programa: o programador, embora tenha mais poder do que o funcionário que apenas opera o aparelho, está longe de ser onipotente, pois ele próprio é também funcionário de um meta-aparelho, programado por um meta-programa e assim por diante. Essa situação encerra um enorme perigo de desumanização, pois como antevira o filósofo já num artigo dos anos 1960, o funcionário não é exatamente uma pessoa humana, mas "um novo tipo de ser que está surgindo" (Flusser, 2002, p. 84). No entanto, para Flusser, nem tudo está perdido se, a partir de uma exata compreensão da situação, aprendermos a lidar com o absurdo dos jogos propostos pelos programas:

> Em suma: o que devemos aprender é assumir o absurdo, se quisermos emancipar-nos do funcionamento. A liberdade é concebível apenas enquanto jogo absurdo com os aparelhos. Enquanto jogo com programas. É concebível apenas depois de termos assumido a política, e a existência humana em geral, enquanto jogo absurdo. Depende de se aprenderemos em tempo de sermos tais jogadores, se continuarmos a sermos "homens", ou se passaremos a ser robôs: se seremos jogadores ou peças de jogo. (Flusser, 1983, p. 81)

Noutro capítulo, intitulado "Nossa comunicação", Flusser introduz uma das distinções mais importantes de sua filosofia dos *media*: aquela entre "discursos" e "diálogos", sendo que os primeiros se originam numa concepção de conhecimento que almeja a *objetividade* e têm a função de difundir conhecimento, enquanto esses últimos tem como meta a *intersubjetividade* e funcionam como produtores de conhecimento novo. Para Flusser, os diálogos podem ser circulares (mesas redondas, parlamentos) ou em rede (sistema telefônico, opinião pública), ao passo que os discursos podem ser teatrais (aulas, concertos), piramidais (exércitos, igrejas), em árvore (ciência, artes) ou anfiteatrais (rádio, imprensa).

O lado perverso do que Flusser entende por "pós-história" é que, mesmo diante das amplas possibilidades de desenvolvimento dos diálogos, em virtude do enorme progresso nos meios eletrônicos de comunicação, nela predominam absolutamente os discursos sobre os diálogos, o que, para Flusser, configura uma crise profunda na sociedade contemporânea: "Sob o domínio dos discursos o tecido social do Ocidente vai se decompondo" (Flusser, 1983, p. 59). Nessa situação, o filósofo salienta que a única chance de saída dessa crise se daria mediante uma retomada radical da possibilidade dos diálogos:

> Todo o espaço está ocupado pelas irradiações anfiteatrais e pelo diálogo em rede. (...) A crise atual da ciência deve ser pois vista no contexto da situação comunicológica da atualidade. Enquanto não houver espaço para a política, para diálogos circulares não elitários, a crise da ciência se apresenta insolúvel. (Flusser, 1983, p. 63)

No capítulo denominado "Nosso ritmo" as implicações eminentemente estéticas da concepção de pós-história de Flusser tornam-se cada vez mais evidentes. Nesse capítulo, o filósofo esclarece a dimensão sócio-política do supramencionado predomínio dos discursos sobre os diálogos, descrevendo o percurso cíclico que as massas submetidas aos desígnios pós-históricos realizam como resultado de sua programação pelos aparelhos. Flusser lembra que, assim como na Idade Média, o espaço que servia de mercado foi coberto com uma cúpula, originando a basílica, na atualidade as duas funções da basílica – inicialmente de mercado, depois de templo – foram "recodificadas", ainda que sua estrutura, composta de espaço coberto de cúpula, tenha se conservado. Flusser se refere aos modernos *Shopping Centers*, nos quais a função do mercado foi transposta para a do *supermercado*, e a função que o templo tinha originalmente transpôs-se para o *cinema*. É exatamente isso que determina o "nosso ritmo":

> O supermercado e o cinema formam as duas asas de um ventilador que insufla na massa o movimento do progresso. No cinema a massa é programada para comportamento consumidor no supermercado, e do supermercado a massa é solta para reprogramar-se no cinema. (Flusser, 1983, p. 70)

Para o filósofo, essa transformação do mundo num mega-aparelho, do qual todas as pessoas são tendencialmente funcionários, consiste numa crise sem precedentes na humanidade, cuja solução passaria por um agudo processo de tomada de consciência dessa circunstância e da sua gravidade:

> A única esperança em tal situação é a conscientização da estupidez absurda da rotação automática que nos propele. A conscientização do fato que, por detrás da rotação, não se 'esconde' literalmente nada. Que é a rotação absurda que é a realidade do mundo dos aparelhos. (Flusser, 1983, p. 71)

A menção ao cinema como tendencialmente tomando a função de reciclagem espiritual que o templo desempenhara no passado remete ao capítulo "Nossas imagens", o qual demonstra com clareza ainda em que medida essa concepção de pós-história é perpassada por um elemento estético. Flusser inicia o capítulo chamando a atenção exatamente para o fato de que nosso cotidiano é dominado por imagens resplandecentes que *irradiam mensagens*. Salta à vista que são superfícies, isto é, objetos bidimensionais, que, em grande medida determinam nossas vidas:

> Planos como fotografias, telas de cinema e da TV, vidros das vitrines, tornaram-se os portadores das informações que nos programam. São as imagens, e não mais os textos, que são os *media* dominantes. (Flusser, 1983, p. 97)

Essa colocação se liga a uma conhecida posição do filósofo, segundo a qual, a *escrita*, enquanto código *linear* (por exemplo, o alfabeto latino ou as cifras árabes), surgiu como revolta contra as imagens tradicionais – primeiro código fundante inventado pela humanidade –, na medida em que se constatou que essas não apenas orientavam, mas também iludiam e alienavam. Nesse momento, o texto dissolveu a *bidimensionalidade* do código plano numa *unidimensionalidade*, na medida em que passou a *explicar* as imagens. Para Flusser, a passagem do predomínio das imagens para a situação de dominância dos textos coincide mesmo com a superação da pré-história e o advento da história propriamente dita:

> Para a consciência estruturada por imagens a realidade é *situação*: impõe a questão da relação entre os seus elementos. Tal consciência é *mágica*. Para a consciência estruturada por textos a realidade é *devir*: impõe a questão do evento. Tal consciência é *histórica*. Com a invenção da escrita a história se inicia. (Flusser, 1983, p. 99)

Mas se, por um lado, a revolução iconoclasta objetivava um esclarecimento tão completo quanto possível do mundo, por outro, ela não escapou da mesma "dialética interna" a que obedeciam também as imagens tradicionais:

> Os textos, como as demais mediações (...) representam o mundo e encobrem o mundo, são instrumentos de orientação e formam paredes opacas de bibliotecas. Des-alienam e alienam o homem. (Flusser, 1983, p. 100)

Tal característica dos textos ocasiona, segundo Flusser, o surgimento de um novo tipo de imagem, que, diferentemente das tradicionais, não é produzida diretamente pela mão do homem, mas por aparelhos. Em outras palavras, a produção desse novo tipo de imagem – não tradicional – é mediatizada pelo emprego de códigos lineares (especialmente os expressos em linguagem matemática ou computacional). Assim como a noção de pré-história se liga ao surgimento das imagens tradicionais e a de história à invenção da escrita, esse novo tipo de código, que é uma espécie de síntese dos precedentes e é composto de *imagens técnicas* ou *tecnoimagens*, justifica a expressão "pós-história":

> Os textos se dirigiam, originalmente, contra-imagens, a fim de torná-las transparentes para a vivência concreta, a fim de libertar a humanidade da loucura alucinatória. Função comparável é a das tecnoimagens: dirigem-se contra os textos, a fim de torná-los transparentes para a vivência concreta, a fim de libertar a humanidade da loucura conceptual. O gesto de codificar e decifrar tecnoimagens se passa em nível afastado de *um passo* do nível da escrita, e de *dois passos* do nível das imagens tradicionais. É o nível da consciência *pós-histórica*. (Flusser, 1983, p. 100)

Naturalmente, a mesma ambiguidade das imagens tradicionais e da escrita ocorre também nas tecnoimagens, uma vez que elas *pretendem* não ser simbólicas – como o são as imagens tradicionais –, mas sintomáticas, isto é, "objetivas". A postulação de verdade das tecnoimagens não se sustenta, segundo o filósofo, porque os aparelhos, na realidade, *transcodam sintomas em símbolos*, na medida em que o progressivo "realismo" dos registros que fornecem do mundo exterior (num vídeo digital de alta definição, por exemplo) não impede que esses se submetam a um novo processo de simbolização. É por isso que, de acordo com Flusser, "A mensagem das tecnoimagens deve ser decifrada e tal decodagem é ainda mais penosa que a das imagens tradicionais: é ainda mais 'mascarada'" (Flusser, 1983, p. 102).

Nessa característica dos modernos meios de comunicação reside o maior potencial de programação das pessoas – dos funcionários – do mega-aparelho em que está se transformando o mundo e todos os setores da realidade vão se amoldando ao seu modo de ser: "A história toda, política, arte, ciência, técnica, vai destarte sendo incentivada pelo aparelho, a fim de ser transcodada no seu oposto: em programa televisionado" (Flusser, 1983, p. 102).

Outro forte indício do sobrepeso do elemento estético na concepção de pós-história de Flusser é o fato de que nessa ambiência, a programação dos funcionários está diretamente ligada ao entretenimento e a ele o filósofo dirige pesada crítica no capítulo "Nosso divertimento". Essa crítica, à qual não falta um referência explícita à *Fenomenologia do espírito*[9], consiste no fato de que, na diversão, a oposição dialética entre eu e mundo é desviada para um "terreno intermediário", o das *sensações imediatas*:

> As sensações não são ainda nem eu nem mundo. 'Eu' e 'mundo' não passam de extrapolações abstratas da sensação concreta. A experiência da sensação faz esquecer 'eu' e 'mundo'. O filme, a TV, a notícia sensacional, o jogo de futebol divertem a consciência da tensão dialética 'eu-mundo', porque são anteriores a esses dois polos. (Flusser, 1983, p. 114)

Isso porque na constituição desses é fundamental a existência de um *eu*, de uma interioridade, e nada há de semelhante onde falta totalmente a memória (no sentido humano, não maquinal): é ela que ajuda a "digerir" o que é engolido pelas massas. É exatamente por isso que a definição crítica de divertimento proposta por Flusser é a de vivência sensorial em que nada é conservado, sendo secretado por nosso organismo espiritual do mesmo modo que entrou nele:

---

9. Cf. a referência à relação eu-mundo como resultando na "consciência infeliz" (Flusser, 1983, p. 114), tal como ocorre na seção B, "Liberdade da autoconsciência", do quarto capítulo da *Fenomenologia do espírito* (cf. Hegel, 2006, p. 136).

> Divertimento é acúmulo de sensações a serem eliminadas indigeridas. Uma vez posto entre parênteses mundo e Eu, a sensação passa sem obstáculo. Não há nem o que deve ser digerido, nem interioridade que possa digeri-lo. Não há intestino nem necessidade de intestino. O que resta são *bocas* para engolir a sensação, e ânus para eliminá-la. A sociedade de massa é sociedade de canais que são mais primitivos que os vermes: nos vermes há funções digestivas. (Flusser, 1983, p. 115)

Na continuidade da discussão sobre o divertimento, e diretamente relacionado à preponderância do elemento estético na concepção de pós-história de Flusser, se encontra o capítulo intitulado "Nossa embriaguez". Segundo o filósofo, motivações semelhantes às que nos levam à compulsão para o divertimento nos conduzem também à tendência ao uso de entorpecentes, os quais, aliás, não são exclusividade do Ocidente, nem da situação pós-histórica, sendo encontráveis em todas as culturas, sem exceções históricas ou geográficas. Numa posição que recorda *O mal-estar na cultura*, de Freud, Flusser afirma que a própria ambiguidade do termo "droga", que significa veneno e remédio, exprime a situação de que o fardo da cultura é pesado demais para que o indivíduo consiga suportar sem um auxílio externo, de modo que os entorpecentes, "do ponto de vista da cultura são 'venenos', do ponto de vista de quem os usa são 'salva-vidas'" (Flusser, 1983, p. 137).

É de especial interesse, no tocante à dimensão estética da pós-história, a ideia de Flusser, segundo a qual a própria arte poderia ser considerada uma poderosíssima droga, já que possibilita certo tipo de experiência imediata através de sua mediação e, certamente, mais do que as drogas convencionais introduz um desafio que pode ser quase insuperável para os aparelhos, na medida em que atinge em sua própria raiz a típica inconsciência do seu funcionamento, recorrendo, por outro lado, a meios que concorrem diretamente com a imediatez sensorial de suas ofertas de entretenimento:

> A arte é o órgão sensorial da cultura, por intermédio do qual ela sorve o concreto imediato. A viscosidade ambivalente da arte está na raiz da viscosidade ambivalente da cultura toda. (...) Ao publicar o privado, ao "tornar consciente o inconsciente", é ela mediação do imediato, feito de

> *magia*. Pois tal viscosidade ontológica não é vivenciada, pelo observador do gesto, como espetáculo repugnante, como o é nas demais drogas, mas como "beleza". E a cultura não pode dispensar de tal magia: porque sem tal fonte de informação nova, embora ontologicamente suspeita, a cultura cairia em entropia. (Flusser, 1983, p. 142)

É igualmente digno de nota, tendo em vista o aspecto estético da concepção flusseriana de pós-história, que o "gesto mágico" operado pela arte pode se dar em todos os campos da experiência humana: na ciência, na técnica, na economia, na filosofia: "Em todos tais terrenos há os inebriados pela 'arte', isto é: os que publicam experiência privada e criam informação nova" (Flusser, 1983, p. 143). O potencial libertador da arte reside no fato de que, mesmo que ela possua os seus momentos apolíticos, a sua resultante é essencialmente política. Segundo o filósofo, "a rigor trata-se de único gesto político eficiente", isso porque os aparelhos necessitam da informação nova produzida pela arte, sob pena de perecerem sob o efeito da entropia. Por outro lado, tal informação nova contém, potencialmente, os elementos que poderiam nos ajudar a subverter a ação dos aparelhos e nisso reside nossa chance de emancipação, mesmo num cenário aparentemente tão desfavorável:

> Publicar o privado é o único engajamento na república que efetivamente implica transformação da república, porque é o único que a informa. Na medida em que, pois, os aparelhos permitem tal gesto, põem eles em perigo sua função des-politizadora. (...) E nessa indecisão da situação atual reside a tênue esperança de podermos, em futuro imprevisível, e por catástrofe imprevisível, retomar em mãos os aparelhos. (Flusser, 1983, p. 143)

Conclusão

Uma primeira conclusão a que se pode chegar a partir da exposição do ponto de vista de Flusser é que o conceito de pós-história pode ser – até mesmo extremamente – crítico em relação ao estado atual do mundo, como se depreende das posições assumidas pelo filósofo, especialmente nos capítulos "Nosso Ritmo" e "Nosso divertimento".

Também as concepções flusserianas de aparelho, de programa e de funcionário podem-se ser entendidas como críticas, na medida em que denunciam a situação presente como perigosamente desumanizadora.

É importante lembrar que, como se viu, a presença do elemento estético no conceito flusseriano de pós-história tem uma enorme importância, a qual se desenvolve duplamente: em primeiro lugar a característica mais visível da situação pós-histórica, segundo Flusser, é o acentuado predomínio das imagens técnicas sobre a escrita e sobre as imagens tradicionais. Esse predomínio coincide com uma estetização completa do cotidiano, especialmente naqueles lugares onde a tendência pós-histórica se encontra mais desenvolvida (ou seja, nas sociedades que já tiveram uma experiência histórica mais prolongada). Em segundo lugar, tal como apresentado no capítulo "Nossa embriaguez", a arte se apresenta como praticamente único caminho através do qual o lado sombrio da pós-história pode se transmutar em promessa de um desenvolvimento livre e criativo das potencialidades humanas, depois de milênios de labuta, opressão e menoridade: nesse caso, a pós-história coincidiria com o que Adorno chama de "estado reconciliado"[10] (Adorno, 1996a).

É importante ressaltar ainda que a mencionada centralidade do estético no conceito de pós-história de Flusser é um elemento fundamental na delimitação da sua validade, implicando, antes, em tendências empiricamente (isto é, também *esteticamente*) comprováveis na realidade atual, sem afirmar nem que esse estado já seja um fato consumado, nem mesmo que ele seja inexorável em virtude de qualquer tipo de determinismo, mesmo porque, qualquer que fosse ele, já estaria invalidado pelos próprios pressupostos do ponto de vista flusseriano. Tudo fala a favor de um aprofundamento nesse ponto de vista, principalmente no que tange à noção de pós-história e, especialmente, às relações dessa

10. Expressões semelhantes estão espalhadas por toda a obra de Adorno, sendo que uma das mais lapidares (e em flagrante conexão com a dimensão estética) encontra-se na *Dialética negativa*: "O estado reconciliado não anexa o que é estranho (*das Fremde*) com imperialismo filosófico, mas teria sua felicidade no fato de que ele, na proximidade admitida, permanece o longínquo e o diverso, para além tanto do heterogêneo quanto do próprio" (Adorno, 1996a, p. 192).

com o pensamento crítico. Infelizmente isso não pode ser feito aqui, mas a questão será certamente abordada em outras oportunidades.

Referências bibliográficas

ADORNO, T. W. "Jargon der Eigentlichkeit". In *Gesammelte Schriften 6: Negative Dialektik/Jargon der Eigentlichkeit*, Frankfurt am Main: Suhrkamp Verlag, 1996a.

ADORNO, T. W. "Ästhetische Theorie". In *Gesammelte Schriften 7*. Frankfurt am Main: Suhrkamp Verlag, 1996b.

BEHRENS, R. *Postmoderne*. Hamburg: Europäische Verlagsanstalt, 2008.

DANTO, A. "O mundo da arte". *Artefilosofia*. n. 1, 2006. Traduzido por Rodrigo Duarte.

DANTO, A. "The End of Art". In *The Philosophical Disenfranchisement of Art*. New York: Columbia University Press, 1986.

DANTO, A. *After the End of Art: contemporary Art and the Pale of History*. Princenton/New Jersey: Princenton University Press, 1997.

FLUSSER, V. *Pós-história: vinte instantâneos e um modo de usar*. São Paulo: Duas cidades, 1983.

FLUSSER, V. *Nachgeschichte. Eine korrigierte Geschichtsschreibung*. Bollmann Verlag: Bosheim/Düsseldorf, 1993.

FLUSSER, V. *Da religiosidade*. São Paulo: Escrituras, 2002.

FUKUYAMA, F. "The end of history". *The National Interest*, Summer 1989. Disponível : <http://www.wesjones.com/eoh.htm> Acesso em fev. 2011.

GREENBERG, C. "Modernist Painting". In *The Collected Essays and Criticism, vol. 4: Modernism with a Vengeance, 1957-1969*. Chicago/London: The University of Chicago Press, 1995.

HEGEL, G.W. F. *Phänomenologie des Geistes*. Hamburg: Felix Meiner Verlag, 2006.

KOJÈVE, A. *Introdução à leitura de Hegel. Aulas sobre a Fenomenologia do espírito ministradas de 1933 a 1939 na École des Hautes Études reunidas e publicadas por Raymond Queneau*. Eduerj/Contraponto, 2002. Traduzido por Estela dos Santos Abreu.

KOJÈVE, A. *La Notion de l'Autorité*. Paris: Editions Gallimard, 2004.

KOJÈVE, A. *Esquisse d'une Phénomenologie du Droit*. Paris: Editions Gallimard, 1981.

MARX, K. "Zur Kritik der politischen Ökonomie". In *Marx Engels Werke 42*. Berlim: Dietz Verlag, 1983.

NICHOLS, J. *Alexandre Kojève: wisdom at the End of History*. Lanham, Boulder, New York, Toronto e Plymouth: Rowman & Littlefield Publishers, 2007.

SCHMIED-KOWARZIK, W. "Vom Sinn und Ende der Geschichte. Fragen an Hegel und an Marx angesichts des Exterminismus". In *Denken aus geschichtlicher Verantwortung: Wegbahnungen zur praktischen Philosophie*. Würzburg: Königshausen und Neumann, 1999.

15

INDÚSTRIA CULTURAL 2.0

A indústria cultural "clássica" e os seus operadores

Se for cabível a mesma terminologia usada para designar a versão dos *softwares* de nossos computadores para indicar que o sistema de cultura massiva de hoje tem características muito específicas, então a designação "indústria cultural 2.0" parece bastante adequada, na medida em que o que ocorre agora parece se tratar de um salto tecnológico – digital –, ainda que não deixe de merecer o título consagrado por Horkheimer e Adorno na década de 1940. Como estratégia para sinalizar o fato de que a versão hodierna da indústria cultural preserva, ainda que modificados, quase todos os elementos de sua modalidade "clássica", é oportuno, primeiramente, definir essa por meio de "operadores" extraídos da própria crítica presente na *Dialética do esclarecimento*. De acordo com o exposto alhures (Duarte 2010), tais operadores são: 1) a "manipulação retroativa", 2) a "usurpação do esquematismo", 3) a "domesticação do estilo", 4) a "despotencialização do trágico" e 5) o "fetichismo da mercadoria cultural". Tendo passado em revista o significado de cada um desses operadores, torna-se possível elucidar algumas características peculiares da indústria cultural de hoje mediante sua comparação com a modalidade convencional, tendo por parâmetros exatamente os mencionados operadores.

No que concerne à "manipulação retroativa", seria interessante, antes de tudo, lembrar que a cultura de massas surgiu, no início do século XX, também para suprir a crescente demanda das populações

– principalmente proletárias – por entretenimento, tendo como base tecnológica invenções recentes, como o cinema, o rádio e as gravações sonoras em disco. Sob esse aspecto, é inegável que a justificativa de todo o investimento feito pelos empresários da indústria do lazer para modernizá-la e constituir definitivamente a cultura de massas foi a enorme procura por esse tipo de serviço.

No entanto, há um aspecto, levantado por Horkheimer e Adorno no capítulo sobre a indústria cultural na *Dialética do esclarecimento*, condizente não à quantidade das mercadorias culturais – garantida pela produção em massa –, mas à sua qualidade. Sob seu aspecto qualitativo, os produtos da indústria cultural apresentam um baixíssimo nível formal e de conteúdo, o qual as agências da cultura de massa atribuem à própria demanda: eles proporcionariam à massa apenas o que ela deseja, não sendo, portanto, responsáveis pela baixa qualidade de seu conteúdo. Uma vez que essas agências não são entidades filantrópicas ou educacionais, representando pura e simplesmente interesses privados no lucro, não se poderia reprová-las por oferecerem produtos inacreditavelmente ruins. Segundo Horkheimer e Adorno,

> os padrões resultariam originariamente das necessidades dos consumidores: eis por que são aceitos sem resistência. Na verdade, isso é o círculo de manipulação e necessidade retroativa, no qual a unidade do sistema concentra-se cada vez mais densamente. Cala-se, aqui, sobre o fato de que o solo, sobre o qual a técnica adquire poder sobre a sociedade é o poder daqueles economicamente mais fortes sobre a sociedade. (Adorno & Horkheimer, 1984, p. 114)

Exatamente na ideia da "manipulação retroativa" encerra-se o segredo de a indústria cultural, simultaneamente, atender à demanda das massas por entretenimento e impor determinados padrões, tanto de consumo como de comportamento moral e político. Sobre esse ajuste da oferta à demanda, Lary May relata que Samuel Goldwin, fundador da Metro-Goldwin-Mayer, tinha o costume de se colocar, durante uma projeção comercial de filmes, de costas para a tela e de frente para a platéia, com o propósito de perceber o mais precisamente possível as reações do público a cada cena e, com isso, acumular conhecimentos sobre o gosto popular que poderiam ser úteis nas produções posteriores (May, 1995).

Com o desenvolvimento da indústria cinematográfica, esse método artesanal de "pesquisa de satisfação" foi substituído por enquetes de opinião pública, estatísticamente tratadas, as quais proporcionam resultados muito mais precisos. Esse fato demonstra, de qualquer modo, que, desde sempre, houve a preocupação dos magnatas dos grandes estúdios em agradar ao máximo sua clientela. Entretanto, Horkheimer e Adorno asseveram que, nessa satisfação de demandas latentes do público, encontram-se embutidos atos de violência, resultantes do comprometimento tanto econômico quanto ideológico da indústria cultural com o *status quo*: por um lado, ela sempre teve que lucrar, para consolidar sua posição de próspero ramo de negócios; por outro, ela teve (e tem) que auxiliar na adesão (ou, pelo menos, na concordância apática) das massas diante da situação precária em que elas se encontram, desde o advento do capitalismo tardio.

No que diz respeito à "usurpação do esquematismo", vale lembrar que o direcionamento das atitudes dos consumidores da cultura de massa é um de seus principais objetivos sistêmicos, sob a aparência da mera satisfação da demanda por entretenimento e diversão e esse procedimento é, segundo Horkheimer e Adorno, um dos mais eficazes para realizar esse objetivo. O termo "usurpação do esquematismo" remete ao capítulo da *Crítica da razão pura*, de Immanuel Kant, relativo ao "esquematismo dos conceitos puros do entendimento". Para compreender esse mecanismo exposto na epistemologia de Kant, é importante lembrar que, para o filósofo, nossa sensibilidade – nossa faculdade de intuições – é inteiramente separada de nosso entendimento, isto é, nossa faculdade de conceitos e, uma vez que a obtenção de conhecimento válido sobre o mundo exterior depende de uma confluência de ambas as faculdades, surge o problema de determinar como elas podem trabalhar conjuntamente sem se descaracterizar como âmbitos independentes de nosso aparelho cognoscente.

Para Kant, tendo em vista a supramencionada separação entre a sensibilidade e o entendimento, a subsunção de intuições empíricas sob as categorias é problemática porque nas últimas nada há de propriamente empírico, enquanto as primeiras dependem de impressões sensíveis ocasionadas por objetos exteriores ao sujeito. Já que não há possibilidade de um relacionamento direto entre essas parcelas – a conceitual e a sensível –, em virtude de sua total heterogeneidade, e considerando que, sem essa confluência, não poderia, segundo Kant, haver conhecimento objetivo do mundo externo, torna-se necessária uma mediação:

> Então é claro que deveria haver um terceiro elemento que deve estar em igualdade, por um lado, com a categoria e, por outro, com o fenômeno e torna possível a aplicação daquela e esse. Essa representação mediadora deve ser pura (sem qualquer elemento empírico): por um lado, entretanto, intelectual; por outro lado, deve ser sensível. Uma representação desse tipo é um esquema transcendental. (Kant, 1976, p. 197)

Desse modo, o esquema pode ser entendido, segundo Kant, como um método de tornar comensurável uma imagem a um conceito puro do entendimento, isto é, a uma categoria, o que é possível porque para cada esquema há uma categoria correspondente. Isso nos interessa diretamente para a compreensão do modo como percebemos os fenômenos exteriores a nós, pois "os esquemas dos conceitos puros do entendimento são, portanto, as únicas e verdadeiras condições de proporcionar a esses uma relação a objetos e, com isso, significado" (Kant, 1976, p. 203).

De acordo com Kant, essa "relação a objetos" é produzida por um processo que tem como centro a autoconsciência de um sujeito que se percebe a si mesmo como estando de posse de suas percepções. Por isso, quando Horkheimer e Adorno se apropriam do conceito kantiano de esquematismo, o fazem para mostrar em que medida a indústria cultural, uma instância exterior ao sujeito – industrialmente organizada no sentido de proporcionar rentabilidade ao capital investido –, usurpa dele a capacidade de interpretar os dados fornecidos pelos sentidos segundo padrões que, originariamente, lhe eram internos:

> A função que o esquematismo kantiano ainda atribuía ao sujeito, a saber, referir de antemão a multiplicidade sensível aos conceitos fundamentais, é tomada ao sujeito pela indústria. Ela executa o esquematismo como

primeiro serviço a seus clientes. Na alma deveria funcionar um mecanismo secreto, o qual já prepara os dados imediatos de modo que eles se adaptem ao sistema da razão pura. O segredo foi hoje decifrado. Se também o planejamento do mecanismo por parte daqueles que agrupam os dados é a indústria cultural e ela própria é coagida pela força gravitacional da sociedade irracional – apesar de toda racionalização –, então a maléfica tendência é transformada por sua disseminação pelas agências do negócio em sua própria intencionalidade tênue. Para os consumidores nada há mais para classificar, que não tenha sido antecipado no esquematismo da produção. A arte para o povo desprovida de sonhos preenche aquele onírico idealismo, que para o criticismo ia longe demais. Tudo vem da consciência, em Malebranche e Berkeley da consciência de Deus; na arte para as massas, da consciência terrena das equipes de produção. (Adorno & Horkheimer, 1984, p. 117)

Com isso, Horkheimer e Adorno querem dizer também que a usurpação do esquematismo deve gerar uma previsibilidade quase absoluta na recepção dos seus produtos, a qual é o correlato subjetivo de sua padronização, que, por sua vez, é oriunda do supramencionado mecanismo de manipulação retroativa. Esse processo de assimilação imediata da mercadoria cultural em função de sua previsibilidade contrasta imensamente com a experiência da arte autônoma, não dominada pelos imperativos da lucratividade e da geração de conformidade ao *status quo*. Um dos primeiros tópicos do capítulo sobre a cultura de massas da *Dialética do esclarecimento* que caracterizam essa arte autônoma é a discussão sobre o estilo, a qual aponta também para o modo como a indústria cultural dele se apropria.

É exatamente nessa apropriação que ocorre o que considero como o terceiro operador da indústria cultural, a "domesticação do estilo". De acordo com Horkheimer e Adorno, à assimilação das mercadorias culturais, automatizada pelo esquematismo usurpado ao sujeito, corresponde um procedimento na confecção, em que não se realiza mais a dialética todo-partes existentes nas obras de arte propriamente ditas. Nessas, a totalidade da obra não precondiciona a ocorrência dos momentos particulares, o que, na prática, significa que os detalhes adquirem um valor posicional que, posteriormente, não foi mais respeitado pela fabricação em série de mercadorias culturais: "emancipando-se, o detalhe tornara-se rebelde e, do romantismo ao expressionismo, afirmara-se como expressão indômita, como veículo do protesto contra a organização. A tudo isso deu fim a indústria cultural mediante a totalidade" (Adorno & Horkheimer, 1984, p. 118).

Tendo em vista essa diferença no tratamento do elemento particular no âmbito da obra de arte e da mercadoria cultural, a discussão da noção de "estilo" é introduzida por Horkheimer e Adorno. Para eles, a totalização que se transfere ao produto como consequência de sua completa funcionalidade, tendo em vista a valorização econômica e a manutenção ideológica do capital, supera em muito a coerção exercida no passado, na esfera da grande arte burguesa, pelo estilo enquanto momento universalizador, o qual podia mesmo chegar aos limites da coerção. Eles observam que a indústria cultural vai muito além desse desejo de universalidade que caracterizara o apogeu da arte autônoma, primando pelo fornecimento de clichês prontos para a aplicação em seus produtos: "A tradução estereotipada de tudo, até mesmo do que ainda não foi pensado, no esquema da reprodutibilidade mecânica supera em rigor e valor todo verdadeiro estilo" (Adorno & Horkheimer, 1984, p. 120).

Na indústria cultural, portanto, mais do que propriamente uma "superação" do estilo, ocorreria uma espécie de "revelação" do seu conceito. Isso, segundo os autores, acontece porque aquele elemento coercitivo, que desde sempre fora inerente ao estilo (apesar de sua manifestação propriamente artística procurar escapar disso), revela-se, no âmbito da indústria cultural, em toda sua plenitude enquanto falsa identidade do universal e do particular:

> A reconciliação do universal e do particular, da regra e da pretensão específica do objeto, que é a única coisa que pode dar substância ao estilo, é vazia, porque não chega mais a haver uma tensão entre os polos: os extremos que se tocam passaram a uma turva identidade, o universal pode substituir o particular e vice-versa. (Adorno & Horkheimer, 1984, p. 122)

Cumpre assinalar que esse intercâmbio entre universal e particular, que, segundo os autores, confere significado ao estilo, só seria verdadeiro, tanto no cerne do objeto estético quanto fora dele, se não houvesse a coerção da totalidade no âmbito social, isto é, se o processo de dominação não estivesse tão flagrantemente instalado na sociedade. É exatamente essa desproporção entre o universal (a totalidade do "mundo administrado") e o particular (indivíduo), com o consequente esmagamento desse por aquele, que leva à discussão, feita pelos autores da *Dialética do esclarecimento* sobre o trágico e sua despotencialização na indústria cultural – o quarto operador extraído da crítica.

Antes de abordar especificamente o tema da despotencialização do trágico no capítulo sobre a indústria cultural da obra conjunta de Horkheimer e Adorno, seria interessante enfocar dois motivos a ele relacionados: o primeiro diz respeito à "catarse", conexa àquele traço da mercadoria cultural que intensifica o seu "valor de uso", isto é, sua capacidade de, mediante estímulos cada vez mais feéricos, produzir uma espécie de purgação, semelhante ao efeito que Aristóteles atribuíra à tragédia grega (Cf. Aristóteles, 1982, 1449b 27). Na *Dialética do esclarecimento*, os autores associam o significado da *catarse* ao modo como a indústria cultural enfoca a sexualidade, já que a palavra grega *kátharsis* possuía também o significado médico de "limpeza", "purificação", inclusive no sentido de que o ato sexual realiza um tipo de descarga das tensões nervosas represadas (Rey Puente, 2002). Se a catarse, tal como ocorria na tragédia grega, dependia de suscitar, no espectador, "temor e compaixão", no plano da indústria cultural ela ocorre apenas enquanto pura e simples higiene mental:

> A fusão atual da cultura e do entretenimento não se realiza apenas como depravação da cultura, mas igualmente como espiritualização forçada da diversão. Nesse sentido, a diversão realiza a purificação das paixões que Aristóteles já atribuía à tragédia (...). Assim como ocorreu com o estilo, a indústria cultural desvenda a verdade sobre a catarse. (Adorno & Horkheimer, 1984, p. 134)

O outro motivo relacionado com o trágico, igualmente abordado no capítulo sobre a indústria cultural, é o do "ser genérico". Esse termo era empregado pelo jovem Marx para designar o indivíduo que representa de modo privilegiado o gênero ao qual pertence. Desse modo, na constituição de uma situação verdadeiramente trágica, o "ser genérico" é um elemento importante, já que é exatamente o valor exemplar das atitudes assumidas pelo herói o que reconcilia o indivíduo com a totalidade. Essa reconciliação, como se sabe, passa pelo sacrifício de sua integridade física ou até de sua própria vida, fato mediante o qual o aparecimento do "temor e da compaixão" no espectador efetua a aludida purgação no seu espírito, predispondo-o também para uma atitude que deveria favorecer a sociabilidade a ser praticada na Grécia Clássica.

Segundo Adorno e Horkheimer, a impossibilidade de uma *catarse* no sentido estrito, no âmbito da indústria cultural, liga-se à impossibilidade do autêntico trágico, na medida em que a cultura de massas não apenas desqualifica o sujeito, como também mina as condições para o seu aparecimento e desenvolvimento. Quando os autores afirmam que a "Indústria cultural realizou maldosamente o homem como ser genérico" (Adorno & Horkheimer, 1984, p. 136), eles tem em vista que o ser genérico, em vez de se realizar a partir da constituição do indivíduo, resulta de um processo de massificação, no qual não pode haver a aludida representação do gênero por parte do indivíduo porque mesmo a sua ideia perde totalmente o sentido:

> A *starlet* deve simbolizar a empregada de escritório, mas de tal sorte que, diferentemente da verdadeira, o grande vestido de noite já parece talhado para ela. Assim, ela fixa para a espectadora, não apenas a possibilidade de também vir a se mostrar na tela, mas ainda mais enfaticamente a distância entre elas. (...) A semelhança perfeita é a diferença absoluta. A identidade do gênero proíbe a dos casos. (Adorno & Horkheimer, 1984, p. 136)

Levando em consideração sua possível apropriação para fins ideológicos nas Cidades-Estado gregas, Horkheimer e Adorno não deixam de ver certa continuidade entre a tragédia ática e os produtos da indústria cultural, ressalvando, no entanto, que o que naquela liga-se a uma função social explícita, mediada por um processo de sublimação, nesses faz parte de uma estratégia de dominação e de aprisionamento das consciências com objetivos de manutenção do *status quo* e de valorização do capital, sem qualquer avanço de natureza ética ou estética.

Outra dificuldade para a realização do autêntico trágico no âmbito da indústria cultural, além da supramencionada perda de substancialidade do sujeito, é o seu claro propósito de anestesiar seus consumidores, objetivando a erradicação da *experiência* do sofrimento e, consequentemente, sua expressão. Vale recordar que essa experiência, desde a Antiguidade clássica, era considerada um ato de purificação, no sentido que se atribuiu à *kátharsis* acima. Na indústria cultural, entretanto, uma espécie de entorpecimento que tem como objetivo imediato auxiliar na superação das dificuldades da vida cotidiana substitui a referida experiência: "Muito longe de simplesmente encobrir o sofrimento sob o véu de uma camaradagem improvisada, a indústria cultural põe toda a honra da firma em encará-lo virilmente nos olhos e admiti-lo com um fleuma difícil de manter" (Adorno & Horkheimer, 1984, p. 141)

Tendo em vista essa atitude de banalização do sofrimento e da supressão da possibilidade de sua expressão estética, Adorno e Horkheimer indicam a completa deturpação do trágico pela indústria cultural, a qual ocorre mediante uma relação parasitária para com a arte autêntica, na qual poderia ainda haver uma sobrevida da substância verdadeiramente trágica. Segundo eles, apesar da supramencionada despotencialização do sofrimento, faz-se necessária uma espécie de "caricatura da tragédia" no sentido de suprir a carência de conteúdo que, por definição, constitui as mercadorias culturais:

> A mentira não recua diante do trágico. Assim como a sociedade total não dá cabo do sofrimento de seus integrantes, apenas o registra e planeja, do mesmo modo a cultura de massa procede com o trágico. Daí vêm os insistentes empréstimos à arte. Ela fornece a substância trágica que a pura diversão não pode por si só trazer, mas da qual ela precisa, se quiser se manter fiel de uma ou de outra maneira ao princípio da reprodução exata do fenômeno. (Adorno & Horkheimer, 1984, p. 174)

O que restou dos sujeitos no capitalismo tardio é designado por Horkheimer e Adorno como "pseudo-individualidade" e nela fica eliminada a possibilidade de os (pseudo) indivíduos recuperarem sua condição de sujeitos plenos, superando a de serem "meras encruzilhadas das tendências do universal" (Adorno & Horkheimer, 1984, p. 145). Exatamente por isso a representação do trágico no âmbito da indústria cultural se esgota na imagem de um indivíduo atomizado que passa por dificuldades e as supera, saindo da situação do mesmo modo que entrou, segundo a fórmula do "getting into trouble and out again" (Adorno & Horkheimer, 1984, p. 142), a qual, segundo Hokheimer e Adorno, se originou nas operetas centro-europeias oitocentistas e teve sua banalidade totalmente transferida para os esquemas das mercadorias culturais.

Essa banalidade se consuma inteiramente no fetichismo específico para esse tipo de mercadorias, o qual perfaz o quinto e último operador para a caracterização da indústria cultural "clássica". Antes de enfocar a versão do fetichismo aplicável aos produtos culturais, estabelecida por Horkheimer e Adorno na *Dialética do esclarecimento*, é interessante recordar alguns tópicos sua versão original, marxiana – condizente com as mercadorias em geral –, tal como se encontra no primeiro capítulo do tomo I de *O capital*.

Ao estabelecer o conceito de *valor* como determinado pelo tempo médio, socialmente necessário, para a fabricação dos produtos demandados por uma sociedade específica, levando em conta obrigatoriamente seu estágio de desenvolvimento das forças produtivas, Marx pensa na mercadoria como um objeto que ostenta, dialeticamente ligados a esse valor *tout court*, um valor de uso – também um índice da sua utilidade social – e um valor de troca, isto é, uma equivalência com outras mercadorias, de modo que se torna possível o intercâmbio entre elas. Naturalmente, no sistema capitalista plenamente desenvolvido o valor *tout court* se realiza, por um lado, do modo mais perfeito em função da existência da maquinaria; por outro lado, a trocabilidade, típica do valor de troca, é pensada preferencialmente em função do que Marx chama de "forma equivalente do valor", que é a de uma mercadoria-curinga que pode ser posta no lugar de qualquer outra, a saber, o dinheiro.

Depois de exaustivamente analisadas as relações entre valor, valor de troca e valor de uso numa mercadoria, Marx se propõe a analisar o que ele chama de seu "caráter de fetiche". Segundo ele, esse caráter de fetiche da mercadoria se origina no fato de sua natureza de coisa esconder relações sociais, de exploração do trabalho pelo capital. Essa é a razão pela qual a mercadoria se torna algo misterioso, místico e "metafísico": apesar de ser um objeto inanimado, parece ter vida própria, fora do controle tanto daqueles que o produzem quanto daqueles que o consomem. Para Marx, isso ocorre porque

> Não está escrito na testa do valor o que ele é. O valor transforma, antes, qualquer produto de trabalho num hieróglifo social. Mais tarde as pessoas tentam decifrar o sentido do hieróglifo, ir atrás do segredo de seu próprio produto social, pois a determinação dos valores de uso enquanto valores é tanto um produto social quanto a linguagem. (Marx, 1981, p. 88)

É oportuno lembrar que, antes da formulação da *Dialética do esclarecimento*, Theodor Adorno já propora no seu texto "O fetichismo na música e a regressão da audição", de 1938, um modelo para se entender o fetichismo que adere à mercadoria cultural. Segundo ele, enquanto na mercadoria comum o caráter de fetiche tem como objetivo a ocultação da qualidade de valor-trabalho que ela possui, mediante a idolatria que o seu aspecto de coisa desperta, no qual as relações de exploração ficam como que submersas, no bem cultural a suposta ausência de valor de uso se transforma, ela própria, em valor de uso.

Quando Adorno pensa num valor de uso apenas suposto no bem cultural, ele o faz tendo em vista o Kant da *Crítica da faculdade do juízo*, para quem o objeto que pode ser considerado belo não possui qualquer utilidade prática imediata, o que implica que o juízo que fazemos sobre ele é desprovido de qualquer interesse, embora seja universal e necessário. Segundo Kant, esse ajuizamento não obedece à forma habitual – lógica –, de atribuição de um predicado a um sujeito, mas se realiza por um sentimento de prazer desinteressado, que pode ser comungado por todos quantos se puserem na presença desse mesmo objeto. Tais características fazem com que o juízo estético, para Kant, seja *sem conceito*, oriundo apenas do que ele denomina "livre jogo da imaginação e do entendimento" (Kant, 1986, p. 132). O correlato objetivo desse "livre jogo" é o que Kant considera uma *finalidade apenas formal*, o que, na prática significa que a coisa bela – que pode ser uma obra da bela arte ou um objeto da bela natureza – não tem uma utilidade imediatamente explicitada naquela apreensão, que, não obstante, sinaliza sua "beleza" (Kant, 1986, p. 135).

Tendo em vista tais considerações de Kant sobre o juízo de gosto, Adorno assevera, no texto sobre o fetichismo na música, que, sob o predomínio da cultura massificada, a presumida inutilidade do bem cultural, em vez de subverter o caráter mercantil do produto acaba por reforçar o caráter de valor de troca que ele, numa sociedade capitalista, necessariamente possui:

> Certamente o valor de troca se impõe no âmbito dos bens culturais de um modo peculiar. Pois esse âmbito aparece no mundo das mercadorias exatamente como subtraído do poder da troca e essa aparência é novamente aquilo somente a que os bens culturais devem seu valor de troca. Ao mesmo tempo eles estão completamente integrados no mundo das mercadorias, são confeccionados para o mercado e se guiam pelo mercado. Tão densa é a aparência de imediatidade quanto a coerção do valor de troca inabalável. O endosso da sociedade harmoniza a contradição. A aparência de imediatidade apodera-se do mediato, do próprio valor de troca. (Adorno, 1982, p. 20)

Na retomada da argumentação análoga, do texto "O fetichismo na música e a regressão da audição", Horkheimer e Adorno enfatizam, no capítulo sobre a indústria cultural da *Dialética do esclarecimento*, a extensão do caráter de fetiche da mercadoria a todo o âmbito da cultura, explicitando de modo ainda mais claro algo que ficara apenas implícito no texto de 1938, a saber, a relação da concepção kantiana da "finalidade sem fim" com a noção marxiana de fetichismo. Esse relacionamento se dá pela inversão, operada pela indústria cultural, da ausência de vínculo dos objetos considerados belos a desígnios imediatos da vida prática, tal como a pensara Kant, de modo que a possível ausência do valor de uso num bem cultural torna-se, potencialmente, um incremento no seu valor de troca: "O princípio da estética idealista, a finalidade sem fim, é a inversão do esquema a que obedece socialmente a arte burguesa: a falta de finalidade para os fins determinados pelo mercado" (Adorno & Horkheimer, 1984, p. 148). Em outras palavras, a autonomia da arte permite que a indústria cultural efetue uma espécie de sobrevalorização de suas mercadorias, não – como na mercadoria convencional – em função de sua utilidade, mas de sua virtual "inutilidade", de sua exclusão da lista dos gêneros de primeira necessidade, fazendo, desse modo, com que elas adquiram certa "nobreza". Isso significa que a ausência de valor de uso, que nas mercadorias comuns significa a pura e simples exclusão do mercado, na mercadoria cultural gera o estabelecimento de um valor de troca quantitativamente superior. O que fica, segundo Horkheimer e Adorno, é apenas a moeda da ostentação:

> O que se poderia chamar de valor de uso na recepção dos bens culturais é substituído pelo valor de troca; ao invés do prazer, o que se busca é assistir e estar informado, o que se quer é conquistar prestígio e não se tornar um conhecedor. (...) O valor de uso da arte, seu ser, é considerado como um fetiche, e o fetiche, a avaliação social que é erroneamente entendida como hierarquia das obras de arte – torna-se seu único valor de uso, a única qualidade da qual elas desfrutam. (Adorno & Horkheimer, 1984, p. 148)

Para finalizar essas considerações sobre a versão "clássica" da indústria cultural, é interessante observar que todos os seus operadores, na visão crítica de Horkheimer e Adorno, têm como pressuposto uma comparação das mercadorias culturais, enquanto produto típico da cultura de massas, com as obras de arte propriamente ditas, as quais tiveram o seu apogeu na fase consolidada do capitalismo liberal. Para os autores, embora tais obras sejam de origem burguesa, o requinte de sua elaboração (o que eles chamam de sua "lei formal") é um modo de encapsulamento – de cifragem – de anseios de liberdade e de emancipação que condizem à humanidade toda e não apenas à burguesia, característica que contrasta com a mercadoria cultural, cujo horizonte se limita à satisfação da demanda das massas por entretenimento, proporcionando grande lucratividade aos seus investidores, ao mesmo tempo em que se coloca à disposição do capitalismo tardio para ajudar a garantir a manutenção de sua ordem injusta e excludente.

A Indústria cultural de hoje

Considerando-se que, após a morte de Adorno, em 1969, e de Horkheimer, em 1973, muita coisa aconteceu no que concerne à geopolítica mundial, à revolução nos costumes e também à própria matriz tecnológica da cultura de massas, os continuadores da crítica à indústria cultural tem diante de si a tarefa de interpretar esses novos fenômenos com as ferramentas conceituais legadas por Horkheimer e Adorno, assim como outros autores a ele associados.

No que diz respeito às grandes transformações na geopolítica mundial nas últimas décadas, destaca-se o advento da chamada "globalização", por meio da qual a situação de conflito entre dois blocos super-poderosos, o norte-americano e o soviético, conhecida como "guerra fria", deu lugar a um cenário unificado sob predomínio quase absoluto dos Estados Unidos da América. Para uma sucinta caracterização da globalização, recorro às posições de Ulrich Beck e de Scott Lash sobre esse tema, as quais tem em comum a tese do declínio da classe operária organizada, que até finais do sec. XIX era um contrapeso com relação à tendência internacionalizante do capitalismo. Segundo esses autores, ela se tornou uma espécie de "subclasse" que não possui mais a relativa influência política que chegou a ter nas democracias liberais e foi desbancada por uma nova e próspera classe média, composta por detentores de conhecimento tecnologicamente mais estratégico (especialmente as tecnologias de informação e comunicação). Nessa situação ocorre que,

> Se a classe média pós-industrial (em maioria) e a classe trabalhadora qualificada (marginalmente) são os 'vencedores da reflexividade' da ordem capitalista informatizada atual, então esta terceira classe desqualificada, comparável ao proletariado simples da modernidade clássica, apresenta os 'perdedores da reflexividade', o terço inferior e em grande parte excluído das 'sociedades de dois terços' da nossa virada do século XXI. (Lash, 1997, p. 158)

Diferentemente do início do século XX, quando os capitalistas "clássicos" encontraram no operariado socialista, também em processo de internacionalização do seu movimento, um limite à expansão mundial, "os empreendedores globais agem hoje *sem* qualquer contra-poder (transnacional)" (Beck, 1998, p. 14), uma vez que sua progressiva robustez significa também um proporcional enfraquecimento dos Estados nacionais que, no período do capitalismo liberal e do monopolista "convencional" (isto é, ainda não-globalizado), foram um importante fator de mediação e de organização das sociedades, de sua política e de sua economia. Na situação atual, esses Estados estão cada vez mais privados de meios de mediação e pacificação dos conflitos oriundos das desigualdades sociais, cujo crescimento no mundo globalizado é evidente. A concentração econômica, por exemplo, chegou a tal ponto que, no início do processo de globalização, 358 bilionários possuíam mais da metade de tudo que a humanidade percebe (Beck, 1998). Apesar de esses números, que não se modificaram sensivelmente nas últimas décadas, apontarem para uma evidente piora nas condições de vida da maioria da população, há quem acredite que a globalização possa ser caracterizada também pela possibilidade de maior intercâmbio entre pessoas de todas as partes do mundo, engendrando inclusive experimentos culturais totalmente novos. Para Beck, por exemplo, a globalização é um processo objetivo que ocasiona liames e espaços sociais transnacionais, valoriza culturas locais e incentiva o aparecimento de "terceiras culturas", isto é, culturas essencialmente mistas:

> A peculiaridade do processo de globalização hoje (e, provavelmente, também no futuro) reside na extensão, densidade e estabilidade, passíveis de comprovação empírica, de redes de interrelação mútua regionais-globais e de sua definição através de sua auto-definição através dos meios de comunicação de massa, assim como espaços sociais e aqueles fluxos imagéticos nos planos culturais, políticos, militares, micro e macroeconômicos. (Beck, 1998, p. 31)

É oportuno observar que, ao tratar da globalização, Beck menciona automaticamente a cultura de massas, o que sugere que essa seja mesmo congenial àquele tema. Em que pese certo teor apologético[1] na sua

1. Um exemplo de apologia moderada da globalização, feito por Beck, é a sua avalição positiva do fato de que a difusão mundializada, via satélite, de imagens

posição, também ele reconhece o perigo de manipulação ideológica, de pura e simples massificação em escala planetária, tendo em vista a concentração de poder econômico dos *media* globais sem paralelo na história:

> Os conglomerados, que objetivam um domínio de mercado na fabricação de símbolos culturais universais, usam a seu modo o mundo ilimitado das tecnologias de informação (...). Os satélites permitem ultrapassar todas as fronteiras nacionais e de classe e plantar o brilhante mundo – cuidadosamente inventado – da América branca nos corações das pessoas em todos os cantos do mundo. (Beck, 1998, p. 82)

Uma posição mais homogeneamente crítica que a de Beck, pode ser encontrada em escritos do seu interlocutor no tema da "modernização reflexiva", Scott Lash. Esse chama a atenção para a possibilidade concreta do fenômeno da exclusão crônica que ameaça não apenas os países do terceiro e quarto mundos, como também aquelas parcelas menos favorecidas dos países capitalistas mais desenvolvidos, em virtude da política neo-liberal que predominou em toda a década de 1990 e boa parte da década de 2000 e desmontou o *welfare state*, construído naqueles países a partir de finais do século XIX. Para Lash, essa exclusão é consequência do fato de essas camadas mais pobres terem um papel mais passivo enquanto consumidores das mercadorias culturais:

> Por outro lado, em virtude da televisão (a cabo e via satélite), do rádio, dos aparelhos de vídeo etc., a nova classe baixa certamente não está entre

---

de opulência, condizentes com a vida dos (relativamente poucos) centros de poder global, ocasione, mesmo nos bolsões da maior miséria possível, o conhecimento de que existem outras realidades e a perspectiva de que a própria situação de indigência dessas pessoas possa mudar para melhor: "Mais pessoas, em mais partes do mundo devaneiam, divagam sobre um leque maior de vidas 'possíveis' do que elas sempre o fizeram. Uma fonte central dessa modificação são os meios de comunicação de massa, que põem à disposição uma rica e continuamente modificada oferta para uma dessas 'vidas possíveis'. Desse modo, fabrica-se também uma proximidade imaginária para com as figuras simbólicas dos meios de massa. Os óculos, com os quais as pessoas veem, valorizam ou desvalorizam sua vida, suas esperanças, suas derrotas e circunstâncias são feitos a partir dos prismas de vidas possíveis, os quais a 'tele-visão' apresenta e celebra ininterruptamente" (Beck, 1998, p. 99).

> os manipuladores da informação, mas muito certamente está entre os receptores de símbolos e imagens no seio das estruturas de informação e comunicação. Essa disparidade entre a apropriação de capacidades de processamento de símbolos e o acesso ao fluxo de símbolos nas estruturas de informação e comunicação, entre o acesso ao envio de símbolos e a sua recepção encerra um potencial crescentemente perigoso para uma crítica cultural fundante e permanecerá sendo uma crítica da situação dos negros, das mulheres e de outras minorias étnicas das próprias 'zonas selvagens'. (Lash, 1997, p. 163)

Apesar de as posições assumidas pelos supramencionados estudiosos da globalização no tocante à cultura de massas não serem totalmente concordantes entre si, e contenham elementos questionáveis, elas tornam inegável o fato de que esse importante acontecimento geopolítico recolocou espontaneamente em discussão o tema da indústria cultural, que, fora dos círculos de especialistas, parecia relegado a um segundo plano nas abordagens das ciências sociais e humanas.

Dieter Prokop, por exemplo, apontou para a referida congenialidade da discussão sobre a indústria cultural com a da globalização, afirmando que, apenas a partir de seu surgimento, consumou-se a "aldeia global" antevista por McLuhan, enquanto mercado mundializado da comunicação:

> A situação mundial dos meios de comunicação, que se gosta de imaginar desde Marshall McLuhan como uma 'aldeia global', porque os mesmos filmes e programas são vistos ao redor do mundo, é agora, antes de tudo a de um mercado global. Nele se lançam poucos grandes conglomerados numa concorrência capital-intensiva pelos mercados de público e de publicidade. (Prokop, 1995, p. 337)

A partir do estudo realizado por Prokop, constata-se que, na formação dos enormes oligopólios atuais dos *media*, há uma evidente tendência ao predomínio de conglomerados transnacionais que anteriormente atuavam em outros ramos e que migraram para a indústria do entretenimento ou simplesmente diversificaram seus negócios investindo maciçamente nela. Exemplo desse processo, comum na "indústria cultural global", é a compra, por grandes corporações de "hardware" eletrônico, de empresas de entretenimento, uma vez que o produto dessas é agora considerado como o seu respectivo "software"[2].

No que concerne à matriz tecnológica da indústria cultural global, é evidente que ela é marcada pelo surgimento e pelos desenvolvimentos no campo do registro, da geração e da transmissão de som e imagem por meios digitais já que esse sistema é muito mais flexível, permitindo a compressão das informações – tratadas como dados computacionais – e economizando tanta capacidade de transmissão, que se pode transmitir som e imagem de alta qualidade até mesmo por meio de cabos telefônicos. Além disso, através de satélites com transmissão digital, podem-se oferecer centenas de canais de televisão ao redor de todo o mundo.

A TV digital (também de sinal aberto), que hoje já é uma realidade em todo o mundo, teve como antecessor o desenvolvimento de interfaces gráficas como as das plataformas Apple e Windows nos computadores pessoais, desde os finais dos anos oitenta e início dos noventa. A possibilidade – hoje realizada – de os computadores virem a concorrer com *media* como o rádio e a televisão era, há trinta anos,

2. Os exemplos mais típicos são o da Sony, que em 1989 comprou da Coca Cola Company a antiga firma cinematográfica Columbia Pictures, o da Matsushita (proprietária das marcas Panasonic, JVC e Technics), que comprou em 1990 o conglomerado MCA/Universal. Ao lado desses casos de compra de empresas de entretenimento por conglomerados da indústria eletrônica, houve também exemplos de empresas que desde o princípio atuavam no ramo de comunicações, como foi o caso do australiano Rupert Murdoch, que constituiu um conglomerado que inclui atualmente, além de cadeia de jornais, estúdio cinematográfico (Twentieth Century-Fox), rede de televisão (Fox-TV), sistema de transmissão via satélite (Sky), atuantes em vários países e transmitindo sua programação para praticamente todo o mundo. Outro exemplo semelhante é o da Time Warner, produto da fusão, já em 1989, de duas gigantescas empresas norte-americanas de *media*. Seu gigantismo aumentou ainda em virtude da fusão, em 2001, com o maior provedor de Internet do mundo, a AOL. Além disso, há também o caso da Viacom, que era originariamente o maior negociante de direitos autorais em televisão dos EUA e adquiriu, em 1994, outro tradicional estúdio cinematográfico – a Paramount –, com o objetivo de formar uma poderosa rede de televisão (o que, atualmente, melhor caracteriza a Viacom atualmente são os seus vários canais a cabo, franqueados e com programação exibida nos quatro cantos do mundo: os mais conhecidos são o canal infantil Nickelodeon e, principalmente, o canal de televisão global MTV, adquirido da Warner em 1985) (Cf. Prokop, 1995, p. 337).

praticamente nula, pois mesmo que já existissem as redes de computadores, elas eram restritas primeiramente ao uso estratégico-militar[3], depois científico e só mais recentemente (a partir início da década de 1990), comercial e empresarial.

O papel mediador da computação gráfica – empregada nos computadores individuais a partir da década de 1980 – no processo de progressiva digitalização nos meios da indústria cultural consistiu no fato de que ela, por um lado, eliminou a necessidade do conhecimento da linguagem de programação, o qual restringia o uso da *Internet*, mesmo depois que ela não tinha mais apenas o caráter estratégico-militar. Desse modo, a rede mundial de computadores experimentou (e continua experimentando) enorme expansão desde o início dos anos 1990, processo pelo qual os micro-computadores foram se transformando em concorrentes diretos dos veículos tradicionais de telecomunicações da indústria cultural: o rádio e a televisão.

Por outro lado, mesmo antes da possibilidade técnica (pelo menos em termos de mercado) de veiculação de sons e imagens "realistas" pela Internet, as animações de computação gráfica usadas nos *websites* já ensaiavam certa emulação dos conteúdos dos *media* tradicionais. Atualmente, técnicas de compressão de áudio e vídeo, assim como a transmissão de dados em banda larga permitem o envio ao micro-computador conectado à Internet, de programações típicas da cultura de massa, tais como filmes, eventos esportivos, shows, etc., numa tendência à fusão completa desses meios com os tradicionais. As chamadas *Smart TVs*, que recebem tanto a programação via antena ou cabo (analógica e digital) quanto diretamente da Internet, representam a consolidação dessa tendência no mercado de eletrodomésticos.

Para compreender criticamente a situação atual da cultura de massas, seria interessante passar em revista os cinco operadores da indústria cultural "clássica" mencionados acima, tendo em vista as características do que chegou a ser chamado "indústria cultural global" e denomino, aqui, "indústria cultural 2.0".

---

3. A *Internet*, por exemplo, teve sua origem na corrida espacial dos norte-americanos com os soviéticos, no período da "guerra fria", nos anos 1960 (Cf. Segaller, 1999).

No que diz respeito à "manipulação retroativa", é interessante ressaltar que o *medium* caracterizador por excelência da nova indústria cultural – a Internet – é estruturado de modo a permitir respostas imediatas e descomplicadas, por parte do receptor da mensagem, que, a todo momento, tem a condição de se tornar ele próprio emissor de conteúdos. Para compreender o significado dessa mão dupla no fluxo de informações, deve-se lembrar de que os meios principais da indústria cultural "clássica" eram unidirecionais, sendo que, para enfatizar o caráter autoritário da estrutura material da cultura mercantilizada, Horkheimer e Adorno chegaram a comparar o principal meio de telecomunicações de massa de sua época – o rádio – com o aparelho que revolucionara pouco tempo antes as telecomunicações, mas parecia não estar atualizado quanto à estrutura da sociedade que estava se gestando naquela época, isto é, o telefone:

> O passo do telefone ao rádio separou claramente os papéis. Liberal, aquele ainda deixava o interlocutor desempenhar o papel de sujeito. Democrático, esse torna todos igualmente em ouvintes, para fornecer-lhes autoritariamente os programas, iguais entre si, das estações. (Adorno & Horkheimer, 1984, p. 114)

No modelo atual de cultura de massas predomina o que chamei alhures (Duarte, 2010) de "capilarização", a saber, a possibilidade de penetração das mensagens audiovisuais e textuais em todo o mundo, com uma característica não existente nos meios tradicionais: a capacidade de resposta imediata aos estímulos utilizando-se o mesmo veículo de recebimento da mensagem, à qual se dá também o nome mágico de "interatividade". Isso difere muito, naturalmente, do que ocorre nos *media* como o rádio e a televisão, que sempre se valeram do telefone como um instrumento de *feedback* da recepção de suas mensagens. Esse sistema dependia, entretanto, da existência de dois canais – outrora – separados e independentes de comunicação, o que dificultava uma resposta precisa ao emissor principal da mensagem (a estação de rádio ou televisão, por exemplo), já que o seu sinal poderia atingir também localidades não contempladas com redes de telefonia.

Esse problema tende a não existir no âmbito da indústria cultural hodierna, pois, por um lado, a flexibilidade dos meios digitais facilita sobremaneira a expansão das redes físicas de telecomunicação, inclusive com o uso de satélites, redes de fibra ótica e sinais terrestres de rádio, instituindo também uma convergência dos *media*, como, por exemplo, simultaneidade de transmissão digital de sinais de telefonia, audiovisuais etc. Desse modo, a capilarização é também consequência da característica tecnológica dos novos meios, de acordo com a qual não há um abismo, tão grande quanto havia nos dispositivos analógicos, entre transmissores e receptores de mensagens. Uma consequência direta dessa característica dos *media* atuais é que, hoje, é muito mais fácil emitir mensagens, tanto textuais quanto audiovisuais, o que significa não apenas que a rede de emissores "oficiais" aumentou drasticamente em função do barateamento dos equipamentos de geração e transmissão digital, mas também que passou a existir algo impensável há vinte anos: uma rede de emissores privados de informações audiovisuais. Exemplos disso são as centenas de milhares de vídeos privados exibidos em sites como o *YouTube* ou as chamadas de vídeo feitas de computador a computador (por sistemas como *Live Messenger* ou *Skype*), ou até mesmo aquelas feitas por smartphones ou tablets.

O supramencionado caráter "interativo" dos meios predominantes na indústria cultural de hoje ("global", "digital", ou como se queira denominar) poderia sugerir que ela, já do ponto de vista de sua materialidade tecnológica, tem possibilidades libertadoras inexistentes na versão "clássica". No entanto, e sem querer subestimar o papel que dispositivos como as redes sociais tiveram – e podem ter – em movimentos democratizantes, da primavera árabe aos *outrageous* norte-americanos contrários à ditadura de Wall Street, não é difícil constatar que a componente "liberal" do telefone, ao ser incorporada nos meios de massa (e não apenas nos computadores conectados à Internet, mas, atualmente, também nas TVs digitais, por exemplo), não garantiu maior sintonia das agências difusoras com os anseios legítimos das massas, mas apenas fez com que o processo de "manipulação retroativa" fosse aperfeiçoado pelo caráter bidirecional dos novos meios digitais, em benefício daquelas e em detrimento dessas.

Esse aperfeiçoamento é garantido por novas formas de coerção, dentre as quais a mais evidente é a que Christoph Türcke denominou "coerção à emissão". Esse termo foi cunhado certeiramente para descrever uma atitude generalizada das massas dos países onde há uma indústria cultural desenvolvida, de acordo com a qual a pessoa é coagida a emitir dados permanentemente, sob pena de cair até mesmo num estado depressivo. É marcante o fato de que, na indústria cultural "clássica", em virtude da própria matriz tecnológica de sua época assim o determinar, uma coerção difusa dizia respeito apenas à recepção de mensagens: as massas eram, tanto quanto possível, levadas a ocupar o seu tempo, até mesmo o de trabalho (quando isso era possível), com o consumo das mercadorias culturais oferecidas pelos meios tradicionais da cultura de massa. Na indústria cultural digitalizada, como consequência das características tecnológicas apontadas acima, a coerção não se limita à recepção, mas se estende obrigatoriamente à emissão. Pouco importa o conteúdo do que é emitido, mas é forçoso que se transmita algo ininterruptamente: torpedos pelo celular, atualização do blog pessoal ou da página em redes sociais (levada ao paroxismo pelo *Twitter*), mensagens aos amigos e/ou familiares. Não é ocioso lembrar que o advento da coerção à emissão, na medida em que institui o imperativo das "respostas" aos estímulos das agências centrais de produção, duplica para o sistema de dominação os dois aspectos principais da indústria cultural: o econômico, já que as emissões rendem milhões aos provedores de serviços de telecomunicações (como se viu, hoje, também produtores de "conteúdos" da cultura de massa), e o ideológico, pois a simples emissão, que obedece à coerção difusa, funciona já como uma adesão ao sistema como um todo.

E isso ocorre de dois modos principais: em tempos de transmissão fácil e barata de dados digitalizados, não apenas os textos, mas também – e talvez principalmente – imagens, estáticas ou móveis, inclusive sonorizadas perfazem o formato das mensagens emitidas. Esse conceito é amplo o suficiente para abrigar essas emissões de caráter privado, permitidas pela difusão dos aparatos digitais, nas quais a pessoa pode com um pequeno aparelho (um *smartphone*, por exemplo) enviar mensagens mono ou multimediais, inclusive através de produções audiovisuais caseiras, elaboradas por meio de softwares de edição do próprio dispositivo de bolso.

Por outro lado, há também, no âmbito da supramencionada coerção, as emissões que implicam na submissão de quem emite ao esquema das transmissões profissionais das estações de TV: os *reality shows* e todos os programas em que intrigas familiares e conjugais são transmitidas via satélite para todo o país (ou o mundo) podem ser compreendidos como espécie de *feedback* – o supramencionado aperfeiçoamento da "manipulação retroativa" –, por meio do qual a coerção à emissão da indústria cultural de hoje converge com a coerção à recepção, típica da sua versão clássica.

Para Christoph Türcke, o poder da coerção à emissão pode ser explicado por motivações de forte caráter existencial, no quadro de fragilização psíquica dos consumidores mais típicos da indústria cultural:

> Ele [o computador] tende a ser não apenas o instrumento universal de trabalho, mas o ponto nodal técnico, centro nervoso social e individual, no qual o processamento e a transmissão de dados, a televisão e a telecomunicação, a ocupação de trabalho e a de lazer, a de concentração e a de distração, a de *in* e a de *out*, o ser notado e ignorado, passam um no outro até a indistinção. Carregar, emitir e receber dados tornam-se a atividade em geral. A coerção à ocupação se especifica em coerção à emissão (*Sendezwang*). Essa se torna, porém, uma manifestação existencial de vida. Emitir significa ser percebido: ser. Não emitir significa não ser – não apenas pressentir o *horror vacui* do deitar ocioso, mas ser tomado por um sentimento: de fato, não há eu de modo algum. (Türcke, 2002, p. 43)

Nesse quadro, em que a mutação tecnológica da indústria cultural permitiu uma aproximação maior das agências produtoras e difusoras ao seu público massivo e, portanto, um aperfeiçoamento na "manipulação retroativa", também o segundo operador que extraí da crítica de Horkheimer e Adorno à cultura de massas clássica, a "usurpação do esquematismo", passa por alterações importantes, sem – naturalmente – deixar de existir, já que é uma pedra de toque da dominação no capitalismo monopolista. Considerando que, na indústria cultural "clássica" já ocorria o procedimento de tentar guiar a percepção dos seus consumidores mediante a internalização de procedimentos cognitivos de fato alheios a eles, na versão atual, a emulação do processo de esquematismo descrito por Kant parece ter se tornado mais perfeita em virtude das características técnicas que lhes são peculiares.

A mais evidente delas é o realismo dos seus produtos: estar diante de um conteúdo audiovisual de alta definição e em 3D é quase como estar diante de objetos do mundo de nossa experiência mais imediata, com a diferença que, nessa última, há espaço para acontecimentos imprevistos, os quais podem estimular nossa imaginação e nosso intelecto numa direção desinteressante para os poderes constituídos, enquanto numa realidade totalmente virtual, composta de perceptos sintéticos, tudo (ou quase) pode ser controlado por instâncias representantes daqueles. Se se leva em consideração a supramencionada fragilidade psíquico-afetiva de muitos consumidores típicos da indústria cultural, fica faltando pouco para que eles acreditem que a verdadeira realidade é a artificialmente construída pelos *media*, enquanto aquela que – até agora – normalmente se acredita como verdadeira é fruto da narrativa sem graça de uns poucos mal-humorados.

Outro evidente aperfeiçoamento na "usurpação do esquematismo" em virtude da mutação tecnológica na indústria da cultura de hoje é que a possibilidade de maior agilidade nas respostas do receptor das mensagens, a qual, como se viu, otimizou a manipulação retroativa, também tornou a estrutura da percepção das mercadorias culturais potencialmente muito mais próxima da de nosso aparelho cognoscitivo em geral. Isso significa que, não apenas materialmente (caso em que o caráter HD-3D dos conteúdos se confunde com nossa percepção normal da "realidade"), mas, também em termos formais: a evolução tecnológica emula nosso *sensorium*, orientado todo o tempo a um tipo de recepção de estímulos sensoriais que não é de modo algum passivo, já que implica numa constante correção retroativa do que se percebe (como se houvesse emissão de estímulos simultânea à percepção do que vem de fora). Desse modo, pode-se dizer que, também em virtude dos mecanismos de *feedback* na indústria cultural digital, a usurpação do esquematismo tornou-se hoje muito menos metafórica e mais literal do que era na indústria cultural "clássica".

A realização mais completa da "usurpação do esquematismo" tem repercussões evidentes no terceiro operador presente na indústria cultural "clássica", a saber, "a domesticação do estilo". É interessante observar que, de um ponto de vista de recursos técnicos para a criação, a evolução dos meios digitais trouxe consigo um universo enorme de novas potencialidades, sonhadas desde sempre por artistas plásticos, compositores, escritores, encenadores etc. E não se nega de modo algum que, eventualmente, surjam obras visuais, musicais, textuais ou multimediais oriundas de um uso absolutamente criativo desses novos recursos.

Mas a distinção entre obras de arte e mercadorias culturais, que é um dos pilares críticos da abordagem de Horkheimer e Adorno da indústria cultural "clássica" continua valendo quase ilimitadamente para a modalidade atual e, nesse sentido, nela ocorre a mesma padronização dos produtos, atuante como contraparte objetiva do que é a usurpação do esquematismo, em termos subjetivos. Isso, a princípio, faz com que o estilo da cultura de massas digitalizada seja um prolongamento quase idêntico da sua versão original: a impressão que se tem é que o mesmo idioma padronizado e *kitsch* foi transposto na linguagem mais flexível e plena de recursos que os meios computacionais oferecem.

Uma questão que merece investigação mais detida e que aqui será apenas mencionada, diz respeito às possibilidades criativas que a enorme difusão de aparelhos que permitem a produção e emissão de mensagens por parte dos indivíduos possui. Parece evidente que a supramencionada "coerção à emissão" (*Sendezwang*), em virtude do seu caráter compulsivo e irrefletido, gera imediatamente a pura e simples reprodução, por parte das massas, dos padrões fornecidos pela própria indústria cultural nas suas emissões (apenas com meios bem mais modestos que a produção profissional). A precariedade dos conteúdos (textuais e/ou audiovisuais) emitidos pela maioria das pessoas salta aos olhos e deveria ser vista como uma consequência direta da ininterrupta colonização dos intelectos das massas pela indústria cultural, que em breve completará um século de existência.

Mas a acessibilidade e difusão de recursos produtivos multimediais, relacionada com o que chamei acima de "capilarização" da indústria cultural digital tem dois aspectos dignos de nota. O primeiro é que, no intuito de se aproximar do seu público, que entrementes já domina rudimentos do manuseio de recursos audiovisuais, as agências produtoras de mercadorias culturais procuram se apropriar da linguagem multimedial truncada das pessoas comuns com seus *smartphones*, canibalizando uma estética que, no fundo, é fruto do entrecruzamento de um idioma estabelecido hiper-convencional com a precariedade típica das ferramentas amadoras de produção que se encontram nas mãos das massas.

No entanto, mais do que insistir nas potencialidades dessa apropriação, pela indústria cultural, de uma linguagem audiovisual e textual popular precária, deve ser mais interessante pensar que um aprendizado bem sucedido no manuseio dos dispositivos receptores e emissores de mensagens multimediais poderia gerar um (ou mais) estilo(s) que se consolidasse(m) em virtude das interações de pessoa a pessoa, à revelia do monstruoso aparato de produção de mercadorias culturais (mesmo que, nesse caso, ainda haja a dependência da infraestrutura física do próprio sistema). Se viesse a acontecer essa transformação de pessoas "comuns" em artistas coletivos, isso seria uma reconciliação da expressão das massas com a criatividade – coisa que parou de ocorrer desde que a indústria cultural já nos seus primórdios começou a se apropriar dos conteúdos das culturas populares tradicionais (assim como o fez com fenômenos mais acessíveis da cultura erudita). Essa reconciliação significaria o ressurgimento da cultura popular enquanto legítima expressão das massas, a qual não existe desde sua mencionada absorção pela cultura mercantilizada – apenas em bases tecnológicas que ainda não tinham existido em toda a história.

Quanto ao quarto operador da indústria cultural, "a despotencialização do trágico", não haveria muito a acrescentar a tendências observadas no desenvolvimento da cultura de massas, mesmo antes do advento da globalização e da concomitante digitalização. Tais tendências dizem respeito à espetacularização, que, desde o estabelecimento do idioma típico da indústria cultural clássica tem sido o principal elemento gerador da catarse nas massas e, com isso, obtido um pretexto para justificar sua existência – sua pretensa função social de oferecer relaxamento da tensão nervosa das pessoas submetidas à exploração de sua força de trabalho durante todo dia (além do trânsito absurdo e da precariedade dos transportes coletivos no trajeto da casa ao emprego, da generalizada incompreensão interpessoal ocasionada pelo implante de psicopatologias que visam comportamentos consumidores dirigidos pelo sistema econômico etc.).

Nesse caso, o que se observa é que a matriz digital de produção e difusão de conteúdos audiovisuais permite uma flexibilidade inusitada na produção da espetacularização, que, por sua vez, é o principal agente da despotencialização do trágico na indústria cultural contemporânea. O supramencionado "getting into trouble and out again" pode agora ganhar contornos antes impensados em virtude dos efeitos especiais mais "realistas" do que nunca. Possibilidades quase ilimitadas de criação de animações que emulam a realidade exterior, não "reproduzindo-a" (como na cultura de massas tradicional), mas simulando-a, mesclam a linguagem dos antigos desenhos animados com a das filmagens tradicionais, produzindo um ambiente em que a figuração da condição humana pode ser manipulada *ad libitum*.

Com isso, a inexistência de uma dialética entre universal e particular, a qual já ocorria na indústria cultural clássica, fica até mais evidente em sua versão digital, já que, por um lado, um contingente considerável do particular – os próprios indivíduos que não conseguem adquirir a condição de sujeitos – encontra-se mais enfraquecido do que em épocas anteriores. Por outro lado, o universal – o capitalismo em sua versão monopolista globalizada – apresenta-se mais forte do que nunca. A estética digitalizada da atual cultura mercantilizada parece enfatizar esse enorme desequilíbrio de forças, cobrando das massas, no entanto, adesão total ao sistema que, muitas vezes sem que percebam isso, as oprime.

O quinto e último operador da cultura de massas clássica, o "fetichismo da mercadoria cultural", encontra-se também claramente representado na sua última versão, digitalizada. Para compreender melhor o tema do fetichismo da mercadoria na indústria cultural global, é interessante levar em conta que seu conteúdo é altamente condicionado pela tecnologia digital. Do ponto de vista da mudança estrutural do sistema de comunicações em escala mundial salta à vista a enorme concentração econômica, como já foi acima mencionado, o que pode ser atribuído à formação de monopólios (ou oligopólios) de conteúdos tanto de televisão e cinema, quanto de software e até mesmo de informações científicas e tecnológicas. A relação disso com a "capilarização" é que, na outra ponta, isto é, a do consumo, existe uma tendência à indistinção entre os conteúdos e a tecnologia que os produz e/ou os veicula, de modo que o consumidor das mercadorias culturais é, simultaneamente, um usuário dos dispositivos que tanto as recebe em forma de dados digitalizados, quanto pode emitir mensagens da mesma natureza, precisando, para isso, dominar certos rudimentos da tecnologia digital. Tendo em vista essa diferença fundamental da indústria cultural "clássica" e da atual, Scott Lash observa que,

> Na era clássica dos *media*, a cultura consistia essencialmente de apresentações. Um filme, um programa de televisão, um romance, uma canção *pop* – de certo modo tudo apresentava alguma coisa. Na nova era dos *media*, a cultura se torna menos apresentação e mais tecnologia. Ela se torna algo que não apenas se vê, lê ou ouve, mas algo que se faz. Na cultura clássica dos *media*, o público era ativo ou passivo. Nas indústrias culturais globais, ele é interativo. As indústrias culturais clássicas trabalhavam segundo o princípio da superfície, as indústrias culturais globais o fazem segundo a lógica do painel traseiro (*Logik der Schnittstelle*). Nos multimeios consumimos simultaneamente conteúdo e tecnologia. (Lash, 1998)

Levando em conta que a mencionada "lógica do painel traseiro", que pode ser entendida como um modo de imbricação do aspecto imaterial das mensagens transmitidas pela cultura de massas – seu conteúdo propriamente dito – com o material, isto é, a tecnologia manifesta em dispositivos, cujo funcionamento deve ser dominado pelos usuários, pode-se perguntar até que ponto o fetichismo das mercadorias culturais, no cenário atual, não reedita a versão clássica, investigada por Marx, na medida em que a indústria cultural de hoje pode ser definida também como o império dos *gadgets*, que, em última análise são o bastião da materialidade num cenário tendencialmente dominado pela presumida imaterialidade dos conteúdos e pela proto-materialidade dos fluxos de bytes que os veiculam.

Por outro lado, mesmo se se insiste nesse último aspecto – da imaterialidade e da proto-materialidade dos conteúdos digitalizados – há um lado da indústria cultural hodierna que subscreve totalmente o que Horkheimer e Adorno declararam sobre sua versão clássica, a saber, a tendencial aniquilação do valor de uso das mercadorias culturais em detrimento de seu valor de troca, isto é, do fugaz prestígio concedido a quem está por dentro da última novidade veiculada na Internet (e, sob esse aspecto, é evidente a tendência à superação da televisão por essa última).

Aliás, o "estar presente" (*dabei sein*), assinalado por Horkheimer e Adorno no texto do início da década de 1940, adquiriu agora um significado totalmente insuspeitado àquela época, na medida em que, hoje, tendo em vista a absurda velocidade dos meios de telecomunicação, a presença física de alguém num determinado evento é relativamente dispensável, se ela estiver virtualmente conectada com outrem presente em termos físicos. A presença "virtual" é tida como efetiva, o que gera uma espécie de ubiquidade, fato que multiplica as possibilidades do fetichismo da indústria cultural "clássica". Parece ocioso mencionar que a supra-aludida "coerção à emissão" – imperativo característico da indústria cultural hodierna – tende a funcionar como um elemento pontecializador do fetichismo das mercadorias espirituais na indústria cultural de hoje.

Por fim, parece evidente que o que se chama normalmente de "customização" é uma característica da cultura de massas hodierna que se relaciona diretamente com o fetichismo das mercadorias culturais. Nesse caso, a customização é a tendência da indústria cultural atual de, em vez de produzir necessariamente em grande escala com vistas a atingir um público massivo – como o fazia a versão "clássica" –, oferecer mercadorias que supram uma demanda mais qualificada, visando um público numericamente mais restrito, porém com um poder de compra acima da média, portanto, com a capacidade de pagar mais por produto recebido, o que compensa – às vezes regiamente – a perda de competitividade pelo não aproveitamento da economia de escala. Exemplos típicos dessa tendência são as TVs por assinatura e as séries especiais de discos de áudio ou de vídeo (há vinte anos, eram os CDs, depois vieram os DVDs e agora os Blue-Rays – inclusive em 3D) que ofertam produtos mais requintados, cujo consumo se insere perfeitamente na mecânica do fetichismo dos bens culturais analisado acima.

A relação desse procedimento mercadológico com a globalização é que, não havendo mais barreiras de blocos de influência, como ocorria na época da "guerra fria", e com as fronteiras físicas entre países enfraquecidas pela circulação mundial de informações virtuais, o investimento nessa produção em menor escala, mas com alto rendimento, torna-se atraente. Do ponto de vista tecnológico, é evidente que a digitalização generalizada dos meios de geração, reprodução e transmissão de mensagens audiovisuais, com sua flexibilidade infinitamente maior do que a dos meios analógicos, tornou mercadologicamente possível a existência e a circulação de tais produtos mais adaptados a um consumo não massivo, sem que a lucratividade seja diminuída (pelo contrário, em muitos casos, ela aumenta).

Para encerrar este texto que já se alonga, pode-se concluir que a denominação "indústria cultural 2.0", atribuída ao sistema de cultura de massas atual, é pertinente não apenas porque o número usado para designar a versão de um programa, indica que se trata do desenvolvimento (da digitalização, frente ao pano de fundo da globalização) de algo que, na sua essência manipuladora e opressora, permaneceu idêntico a si mesmo desde o seu advento no início do século XX.

Referências bibliográficas

ADORNO, T. W. *Dissonanzen. Musik in der verwaltete Welt.* Göttingen: Vandenhoeck & Ruprecht, 1982.

ADORNO, T. W. & HORKHEIMER, M. *Dialética do esclarecimento.* Rio de Janeiro: Jorge Zahar Editor, 1984. Traduzido por Guido Almeida.

ARISTÓTELES. *Poética.* Madrid: Aguilar, 1982. Traduzido por Francisco de P. Saramach.

BECK, U. *Was ist Globalisierung?* Frankurt am Main: Suhrkamp Verlag, 1998.

DUARTE, R. *Indústria cultural: uma introdução*. Rio de Janeiro: Editora FGV, 2010.

KANT, I. *Kritik der reinen Vernunft*. Hamburg: Felix Meiner, 1976.

KANT, I. *Kritik der Urteilskraft*. Frankfurt am Main: Suhrkamp Verlag, 1986.

LASH, S. "A reflexividade e seus duplos: estrutura, estéttica, comunidade". In Beck, Ulrich et al. *Modernização Reflexiva: política, tradição e estética na ordem social moderna*. São Paulo: Editora Unesp, 1997.

LASH, S. "Wenn alles eins wird. Wir leben im Zeitalter der globalen Kulturindustrie. Darin liegen auch Chancen". *Die Zeit*, 5 de março 1998.

MAY, L. *Screening out the past: the birth of mass culture and the motion picture industry*. Chicago/Londres: The University of Chicago Press, 1995.

MARX, K. *Das Kapital*. v.1. Berlim: Dietz Verlag, 1981.

PROKOP, D. *Medien-Macht und Massen-Wirkung: ein geschichtlicher Überblick*. Freiburg im Breisgau: Rombach, 1995.

REY PUENTE, F. "A *kátharsis* em Platão e Aristóteles". In Duarte, Rodrigo et al. *Kátharsis: reflexos de um conceito estético*. Belo Horizonte: C/Arte, 2002.

SEGALLER, S. *Nerds 2.0.1: a Brief History of the Internet*. New York: TV Books, 1999.

TÜRCKE, C. *Erregte Gesellschaft: philosophie der Sensation*. Munique: C.H. Beck, 2002.

16

A ESTÉTICA E A DISCUSSÃO SOBRE INDÚSTRIA CULTURAL NO BRASIL

Assim como, a partir do início do século XX, houve na filosofia da arte europeia uma tendência à superação das discussões mais abstratas que tinham como objeto a arte "autônoma", no sentido tradicional do termo, em direção às tentativas de compreensão dos novos fenômenos estéticos oriundos da recém-surgida cultura de massas, pode-se observar – com uma defasagem maior ou menor, conforme o caso – um movimento análogo nas considerações congêneres realizadas no Brasil, desde as primeiras décadas do século passado até hoje. Para abordar, ainda que de modo muito incipiente e incompleto, esse interessante desenvolvimento na história cultural do país, adota-se aqui como estratégia, primeiramente, relembrar alguns pontos de inflexão do processo ocorrido na estética europeia, para depois introduzir alguns elementos imprescindíveis na discussão da indústria cultural no Brasil, tendo como pano de fundo os aportes da estética filosófica tradicional, os quais revelam-se indispensáveis para a manutenção do ponto de vista crítico.

Da autonomia da arte à heteronomia do produto cultural

Embora as indagações filosóficas sobre a arte remontem à Antiguidade clássica, a Modernidade europeia, especialmente a partir do seculo XVIII foi responsável por um novo e importante impulso nesse campo, legando à posteridade, inclusive, o termo "estética" – cunhado por Baumgarten em 1750 (Baumgarten, 1993) –, que é hoje correntemente utilizado.

É interessante observar que, a partir do início do *settecento* iniciaram-se na França e na Inglaterra (posteriormente também na Alemanha) discussões sobre o tema da imitação, tanto no sentido de a arte – inclusive a poesia – ser ou não *mímesis* da natureza, quanto no de as artes da época terem ou não que obrigatoriamente imitar as da Antiguidade, consideradas por muitos insuperáveis (isso constituiu parte da famosa "querela dos antigos e modernos").

Toda essa discussão, na qual temas já surgidos na Antiguidade (como o da supramencionada *mímesis*, do sublime e do estilo) se enriqueciam com outros mais tipicamente modernos (como o da autonomia da arte, por exemplo), desembocou numa obra, que, mesmo não abordando exclusivamente essa temática, acabou se constituindo no fundamento da estética moderna. Trata-se da *Crítica da faculdade do juízo*, de Immanuel Kant, que teve sua primeira edição publicada em 1790.

Nessa obra, Kant parte da especificidade do que ele chama de "juízo de gosto" – o juízo sobre o belo –, o qual se distingue do juízo de conhecimento (ou "lógico") pelo fato de que, nele, não se atribui um predicado a um sujeito, resumindo-se o ajuizamento ao "prazer desinteressado" que o sujeito constata no seu ânimo, na presença de um objeto com características peculiares:

> O juízo do gosto não é, pois, nenhum juízo de conhecimento, por conseguinte não é lógico e sim estético, pelo qual se entende aquilo cujo fundamento de determinação *não* pode ser *senão subjetivo*. Toda referência das representações, mesmo a das sensações, pode, porém, ser objetiva (e ela significa então o real de uma representação empírica); somente não pode sê-lo a referência ao sentimento de prazer e desprazer, pelo qual não é designado absolutamente nada no objeto, mas no qual o sujeito sente-se a si próprio do modo como ele é afetado pela sensação. (Kant, 1995, p. 48)

O fato de o prazer que ele sente não ser acompanhado de qualquer interesse, isto é, de desejo de possuir o objeto, implica numa segunda qualidade específica (e desconcertante) do juízo de gosto, que é o fato de ele dever ser considerado "universal", apesar de ocorrer tão somente na consciência de quem contempla aquela coisa a ser possivelmente considerada bela. A explicação que Kant dá para isso é o fato de esse juízo ser universal apenas no sentido "estético" e não no sentido "lógico" (no de um juízo de conhecimento). Essa universalidade estética implica em que seja lícito esperar que, potencialmente, qualquer pessoa possa assentir no juízo sobre a beleza de um objeto, desde que ele cumpra os requisitos supramencionados.

O fato de o juízo de gosto não ser lógico, implica, dentre outras coisas, que ele seja desprovido de conceito, o que, por sua vez, faz com que o seu objeto seja percebido como uma finalidade apenas formal. Isso significa que há, tendo em vista a harmonia de sua forma, a insinuação de uma finalidade nesse objeto, a qual não permite, entretanto, a explicitação de qualquer fim – propósito – específico para ele.

Na prática, as características que Kant atribui ao juízo de gosto – e, por extensão, ao seu objeto – significam que, para ser considerada bela, uma coisa deve despertar no seu contemplador um prazer desvinculado da posse, sendo que isso é uma decorrência do fato de sua forma sugerir finalidade sem explicitar fins (isto é, a coisa não tem uma utilidade imediata). Por outro lado, esse prazer é tido por Kant como "universal" e "necessário", o que aponta para o fato de virtualmente toda a humanidade secundar o prazer desinteressado sentido por seu contemplador ao perceber o objeto candidato ao título de "belo":

> Todo fim, se é considerado como fundamento da complacência, comporta sempre um interesse como fundamento de determinação do juízo sobre o objeto do prazer. Logo, não pode haver nenhum fim subjetivo como fundamento do juízo de gosto. Mas também nenhuma representação de um fim objetivo, isto é, da possibilidade do próprio objeto segundo princípios da ligação a fins, por conseguinte nenhum conceito de bom pode determinar o juízo de gosto; porque ele é um juízo estético e não um juízo de conhecimento, o qual, pois, não concerne a nenhum *conceito* da natureza e da possibilidade interna ou externa do objeto através desta ou daquela causa, mas simplesmente à relação das faculdades de representação entre si, na medida em que elas são determinadas por uma representação. (Kant, 1995, p. 66)

Kant procede de modo aproximadamente análogo em relação ao sublime – outro conceito fundamental da estética moderna –, no sentido de desvinculá-lo de sentimentos estéticos "empíricos", isto é, dependentes de um agrado imediato dos sentidos, que possam implicar no imediato desejo de posse e de consumo do objeto que ocasiona o prazer (fazendo com que ele seja, nesse caso, interessado). Mas, por motivo de economia da exposição, não tratarei, aqui, do sublime, já que *mutatis mutandis*, o que se disse sobre o juízo de gosto, no tocante ao tema da "autonomia da arte", vale também para o juízo sobre o sublime.

Muita coisa aconteceu na estética europeia depois de Kant: Hegel releu – e, de certo modo, relativizou – a ideia de "autonomia da arte", enquadrando-a numa dialética histórica das formas artísticas. Essa dialética foi recolocada por Marx em termos de dependência da superestrutura ideológica (na qual se encontraria a arte) com relação à infraestrutura econômica da sociedade, mesmo que essa vinculação não possa ser considerada mecânica. Nietzsche, por sua vez, estendeu o modelo da arte autônoma para o âmbito de toda a vida humana, procurando erigir a dimensão estética em referencial inclusive para as suas atividades morais e gnosiológicas:

> Pois entre duas esferas absolutamente diferentes como sujeito e objeto, não há qualquer causalidade, qualquer correção, qualquer expressão, porém no máximo um procedimento *estético*, quero dizer, uma transposição alusiva, uma tradução balbuciante numa linguagem totalmente estranha, para a qual precisa-se de qualquer modo de uma esfera e de uma força intermediárias livremente poetantes e inventivas. (Nietzsche, 1979, p. 317)

Heidegger prosseguiu *cum grano salis* nesse caminho, na medida em que procurou traduzir a proximidade existencial da arte com relação à vida, refletida por Nietzsche, em termos verdadeiramente ontológicos, isto é, tornando as obras de arte propriamente ditas como verdadeiras aberturas de clareiras nas florestas dos entes, na quais há a possibilidade de manifestacão do próprio ser.

É claro que os movimentos feitos pela filosofia do final do século XIX e início do XX foram no sentido de relativizar a concepção mais radical de autonomia da arte que se desenvolveu a partir do Renascimento e teve sua resposta filosófica mais completa, como se sugeriu acima, com a *Crítica da faculdade do juízo* de Kant. Mas, de qualquer modo, dificilmente alguma virada nesse sentido se compara àquela inaugurada por Max Horkheimer e Theodor Adorno, na sua obra, publicada em 1947, *Dialética do esclarecimento*. Nela, os autores, apesar de continuarem acreditando que ainda haveria espaço para a existência de "arte autônoma", procuram dar conta filosófica do surgimento de algo totalmente novo no cenário da produção de construtos estéticos, a saber, aquilo que ficou conhecido como "cultura de massas".

Nela, os padrões aceitos durante quase dois séculos, da "arte autônoma" caem por terra, na medida em que, desde o início, esses construtos eram fruto de produção realizada sob medida para o consumo das multidões – principalmente operárias – que superlotavam as metrópoles europeias e norte-americanas, nas primeiras décadas do século XX. Com isso, certo tipo de espontaneidade que caracterizara a arte propriamente dita não existia mais, embora esses construtos devessem parecer o mais espontâneos possível para satisfazer a demanda por entretenimento das massas urbanas dos países mais industrializados da época.

Uma importante novidade nessa primeira abordagem filosófica da "cultura de massas" é que Adorno e Horkheimer rejeitaram esse termo, sob a alegação de que ele poderia sugerir uma cultura feita pelas massas para consumo próprio, quando o que estava em questão era o advento de um poderoso setor fabril, no qual a produção de construtos estéticos deveria conciliar demandas explícitas do público por entretenimento com necessidades imediatas de lucratividade e – *last but not least* – com a possibilidade de controle ideológico das massas que se mostravam propensas à adesão a pontos de vista antagônicos ao capitalismo (sindicalismo socialista, anarquismo etc.) recém entrado na sua fase monopolista.

Um dos expedientes utilizados pelo então incipiente ramo da economia para atingir essa conciliação foi tentar perscrutar os anseios latentes das massas e oferecer produtos que atendessem a essa demanda não explícita de modo a garantir tanto o seu lucro daquele dia quanto o dos dias vindouros, isto é, na medida em que a ideologia do capitalismo tardio não fosse tocada. Pelo contrário, ela deveria ser reforçada no nível das necessidades libidinais dos indivíduos componentes dessas massas (não foi à toa que a chamada "Escola de Frankfurt" foi uma das primeiras vertentes filosóficas a aproximar Marx de Freud) sem que isso lhes fosse evidente: elas "escolhiam" o que interessava antes de tudo ao sistema econômico e ideológico, achando que a escolha era espontaneamente sua.

Para designar esse importante fenômeno do início do século XX nos países capitalistas mais desenvolvidos, Adorno e Horkheimer cunharam o termo "Indústria cultural", que, na época, deve ter soado muito estranho. De acordo com os padrões vigentes até um pouco antes, esse termo seria um oxímoro, pois, na concepção anterior sobre os fenômenos estéticos (influenciadas pelo ponto de vista de Kant e de seus pósteros mais imediatos), se algo era industrial, não podia ser cultural; se era cultural, não podia ser industrial. Numa referência direta à *Crítica da faculdade do juízo*, Horkheimer e Adorno declaram que,

> O princípio da estética idealista, a finalidade sem fim, é a inversão do esquema a que obedece socialmente a arte burguesa: a falta de finalidade para os fins determinados pelo mercado. (...) O que se poderia chamar de valor de uso na recepção dos bens culturais é substituído pelo valor de troca; ao invés do prazer, o que se busca é assistir e estar informado, o que se quer é conquistar prestígio e não se tornar um conhecedor (...). O valor de uso da arte, seu ser, é considerado como um fetiche, e o fetiche, a avaliação social que é erroneamente entendida como hierarquia das obras de arte - torna-se seu único valor de uso, a única qualidade que elas desfrutam. (Adorno & Horkheimer, 1985, p. 148)

É interessante observar que, mesmo antes da redação e da publicação da *Dialética do esclarecimento*, um dos primeiros debates propriamente filosóficos sobre temas afeitos à cultura de massas ocorreu entre Theodor Adorno e seu amigo Walter Benjamin, a saber, sobre o papel da chamada "reprodutibilidade técnica" da obra de arte. Como é amplamente sabido, Benjamin defendeu no seu ensaio *A obra de arte na era de sua reprodutibilidade técnica* a ideia de que a arte tradicional estaria com os dias contados, já que os novos meios reprodutíveis como a fotografia e o cinema tomariam o seu lugar inclusive quanto à possibilidade de emancipação das massas da tutela das classes dominantes. Adorno, sem negar a realidade e a grande influência dos meios de massa, insistia no ponto de vista de que a arte convencional, "burguesa", apesar de ter sua própria existência ameaçada pela indústria cultural, seria insubstituível como balizamento crítico, tanto da produção daquela época quanto da que estaria por vir. Hoje, a uma distância histórica considerável, é possível afirmar que o potencial emancipador que Benjamin vira na "arte reprodutível" não se desenvolveu na medida necessária, firmando-se a cultura de massas muito mais como entretenimento e – lucrativa – manipulação ideológica do que como trampolim para a libertação do gênero humano. E Benjamin, que em outros textos da mesma época do ensaio sobre a reprodutibilidade técnica defendera um ponto de vista bem próximo do de Adorno, é hoje – de modo não totalmente justo – tomado como apologeta da indústria cultural e inclusive reverenciado por muitos exatamente por isso.

De qualquer modo, é oportuno observar que, já na época em que o conceito de "indústria cultural" foi desenvolvido, os *media* predominantes eram o complexo rádio/indústria fonográfica e o cinema, complementados pelas revistas ilustradas. E esse tripé, plenamente funcional nos Estados Unidos, já na década de 1920, garantiu a adesão das massas ao projeto expansionista norte-americano no entre guerras, à própria participação desse país na 2ª Grande Guerra (se bem que, nesse caso, justificadamente, já que se tratava de derrotar o nazismo) e à difusão do *american way of life* no pós-guerra como padrão de comportamento por todo o mundo ocidental e adjacências. Isso não impediu, entretanto, que tais *media* fossem passando por transformações, tanto no sentido de se adequar melhor às suas funções quanto no de acompanhar desenvolvimentos tecnológicos que resultaram, por exemplo, na adoção da TV como principal *medium* da indústria cultural e na incorporação de meios mais "interativos" – primeiramente analógicos como cassetes de áudio e de vídeo (a partir da década de 1970) e depois digitais (a partir da década de 1990), como todos os recursos audiovisuais e gráficos postos à disposição do público atualmente.

É interessante considerar que essa "interatividade", que atingiu o seu ápice com os atuais *media* digitais, em que pese sua maior flexibilidade e até mesmo o seu potencial emancipatório e crítico – porque criativo –, nada mudou quanto à estrutura econômica e o comportamento político-ideológico das instâncias de produção da indústria cultural, de modo que o seu poder de coerção permanece praticamente o mesmo do que era no início da década de 1920, tendo apenas se adaptado às transformações tecnológicas e às novas situações geopolíticas, como, por exemplo, a chamada "globalização", que nada mais foi (e é) a universalização do capitalismo na sua modalidade não concorrencial ou monopolista (talvez oligopolista, para ser mais exato).

Essas posições se ligam a um debate mais recente sobre a cultura de massas, iniciado no final dos anos 1990, que teve como fulcro temático o que se chamou de "indústria cultural global". Já que esse debate teve reflexos interessantes em discussões realizadas também no Brasil, parece-me oportuno passar à abordagem da flexão que o tema teve entre nós, não sem antes enfocar brevemente o cenário dos enfoques mais gerais sobre estética que emolduraram aquelas discussões.

Brasil: da estética acadêmica aos debates sobre a cultura de massas

Para fazer um caminho paralelo, na discussão da situação brasileira, ao realizado na abordagem sobre a filosofia da arte em geral, na Europa do *settecento*, para chegar ao tema da indústria cultural (especialmente nos Estados Unidos do *novecento*), seria interessante relembrar os primórdios da estética no Brasil. Ao que consta, a primeira vez que o termo apareceu no conteúdo de uma obra foi nas *Preleções Philosophicas sobre a theorica do discurso e da linguagem, a esthetica, a diceosyna e a cosmologia*, de Silvestre Pinheiro Ferreira (Rio de Janeiro: Na impressão Regia, 1813). Ainda no século XIX, foi publicado também o livro *Questões de arte, de* Carlo Parlagreco (Rio de Janeiro, Companhia Tipográfica do Brasil, 1895). Já no início do século XX, o sergipano João Ribeiro (1860-1934) publicou, em Portugal, suas *Páginas de esthetica* (Lisboa, Clássica, 1905). Poucos anos depois, Vicente Licinio (1890-1931) publicou sua *Philosophia da arte (Synthese positiva e notas à margem): Arquitetura Americana. A margem das architecturas grega e romana* (1a. edicao: 1918 – 2ª edição - Rio de Janeiro: J. Olympio, 1935) (Machado, 1976).

Esses dados bibliográficos demonstram que, não muito tempo depois que as indagações sobre estética haviam se consolidado na Europa, já havia no Brasil algum interesse por esse campo filosófico. A partir desse período, pode-se falar de dois desenvolvimentos paralelos, que desembocaram numa situação propícia para a discussão sobre a cultura de massas na atualidade. Foram eles: 1) um aumento gradativo, porém constante, no interesse pela discussão de temas estéticos, no sentido tradicional e 2) o início, a partir da década de 1920, de atividades ligadas ao que ficaria depois conhecido como "cultura de massas" (ou, para falar com Adorno e Horkheimer, "indústria cultural").

No que concerne ao primeiro desenvolvimento, depois dos supramencionados livros de estética publicados nas primeiras décadas do século XX, as reflexões sobre esse campo foram se beneficiando tanto de discussões sobre os rumos da arte em geral, como, por exemplo, aquela que se iniciou a partir da Semana de Arte Moderna de 1922[1], quanto – posteriormente – da consolidação paulatina dos departamentos de filosofia em universidades públicas de várias capitais brasileiras.

É claro que o desmantelamento dessas unidades acadêmicas pela ditadura militar depois do golpe de 1964 prejudicou muito não apenas o desenvolvimento da estética, como da filosofia em geral, no Brasil. Assim mesmo, nesse período despontaram no país estetas de primeira linha, como Benedito Nunes e Gerd Bornheim, assim como alguns passos importantes foram dados em termos institucionais, como, por exemplo, a criação, em 1971, do Laboratório de Estética da UFMG, pelo Professor Moacyr Laterza.

Já no que diz respeito ao desenvolvimento da cultura de massas no Brasil, o mesmo ano da Semana de Arte Moderna – 1922 –, marcou a primeira transmissão de rádio no país, ainda em caráter experimental, nas comemorações do centenário da independência do Brasil. Ao longo de toda a década de 1920 foram se formando rádio-clubes por todo o país e o advento do Estado Novo, depois da revolução de 1930, trouxe um enorme desenvolvimento nesse setor, depois que, em virtude de

1. Sobre as reflexões estéticas de Mário de Andrade, ver o excelente livro de Eduardo Jardim de Moraes: *Limites do moderno. O pensamento estético de Mario de Andrade.*

interesses ideológicos, Getúlio Vargas estatizou a Rádio Nacional, conferindo-lhe, por outro lado, autonomia para investir as receitas de publicidade no funcionamento da própria estação. Isso gerou uma situação de profissionalismo sem par no Brasil e talvez raramente encontrável em outras partes do mundo: em pouco tempo, a Rádio Nacional tinha excelentes equipamentos, cuja transmissão em ondas curtas atingia todo o país; tinha também os mais populares apresentadores, os melhores atores (e atrizes), os mais talentosos cantores (e cantoras), as melhores orquestras, os melhores grupos "regionais" etc.

Sua excelência funcionou como elemento indutor, tanto no mercado de radiodifusão quanto na indústria fonográfica, que desde o início do século XX também havia se desenvolvido continuamente. No início da década de 1950, quando as primeiras transmissões de televisão foram realizadas pela TV Tupi de São Paulo (seguidas pela criação de canais nas principais capitais brasileiras), o sistema de rádio, que estaria prestes a perder seu lugar de principal meio de comunicação de massa do Brasil, se encontrava totalmente estabelecido e difundido por todo o país.

Há que se mencionar uma peculiaridade da cultura de massas no Brasil, desde os seus primórdios: considerando-se que o cinema – diferentemente do rádio – não havia sido priorizado pelo poder público (talvez por ter repercussões ideológicas menos imediatas), ele se tornou, desde sua maior profissionalização na década de 1930, um *medium* complementar – para não dizer parasitário – com relação ao rádio. Sua função era mostrar, tanto nas cidades maiores quanto nos rincões mais distantes do país, como era a aparência das pessoas, cujas vozes eram já bastante familiares aos ouvintes: o cinema mostrava como os artistas do rádio eram "de verdade". Naturalmente, a televisão eliminou a necessidade dessa sinergia entre o rádio e o cinema e a transmissão em rede, via satélite, para todo país, iniciada pela TV Globo na década de 1970, lançou tanto o rádio quanto o cinema comerciais numa crise ainda mais profunda do que aquela em que eles já se encontravam desde o advento da televisão no Brasil, em 1950.

Essas informações, introduzidas quase aleatoriamente, já são suficientes para mostrar que a defasagem entre a consolidação da cultura de massas no Brasil, ainda que com um modelo bem próprio, foi de aproximadamente uma década e que, desde então, ela nunca parou de evoluir e de se adequar aos momentos político e tecnológico de suas congêneres nos países mais desenvolvidos. Um exemplo disso é o fato de que já há, desde alguns anos, transmissão de TV digital de alta definição nas capitais e grandes cidades do interior do país. Outro exemplo: considerando que também a Internet se tornou um *medium* importante da indústria cultural, é oportuno relembrar que o Brasil se encontra entre os países do mundo com maior número de conexões à *web* e perde para poucos outros em número de horas semanais de uso desse recurso. Por tudo isso, podemos dizer, sem medo de errar: *yes, we do have culture industry*.

Esse fato sugere que, assim como ocorreu na Europa e nos Estados Unidos no início do século XX certo giro da estética filosófica no sentido de tentar compreender criticamente os fenômenos da cultura de massa, não deixou de haver algo semelhante no Brasil, se bem que, talvez com um lapso de tempo maior do que o ocorrido na implantação da indústria cultural nesse país. Não que faltassem vozes isoladas que, desde o início dos anos 1960, destinassem pesadas críticas à cultura de massas no Brasil: há, por exemplo, os precoces impropérios de Vilém Flusser contra esse setor, em obras da primeira fase do seu pensamento[2], isto é, antes de ele se tornar um mundialmente reconhecido *guru* dos novos *media*.

De qualquer modo, talvez não seja errado dizer que as críticas mais pesadas e contundentes à indústria cultural no Brasil começaram a ocorrer exatamente no momento em que a Teoria Crítica da Sociedade – vertente fundada pelos supramencionados autores da *Dialética do esclarecimento*, Adorno & Horkheimer – se consolidou no país. E essa consolidação é um dos fenômenos mais interessantes da vida intelectual do país nas últimas décadas, já que, até o início da década de 1990, tinha havido apenas um "surto" de interesse – principalmente fora da academia – pela obra de Herbert Marcuse (outro representante da Teoria Crítica), nos anos 1960; na década seguinte, houve apropriações

2. Por exemplo, em *Língua e realidade* (primeiramente publicado em 1963) e *A história do diabo* (primeiramente publicado em 1965).

mais acadêmicas (principalmente na área de Letras) da obra de Walter Benjamin. Mas em nenhum dos dois casos houve ênfase na abordagem crítica da cultura de massas, ainda que as obras de ambos os filósofos comportasse tal enfoque.

A partir de 1990, o interesse foi se concentrando cada vez mais nos textos de Theodor Adorno, especialmente na sua estética, na qual se destaca exatamente a crítica à indústria cultural a partir de sua comparação com a "arte autônoma" do passado e com a arte de vanguarda do século XX. É oportuno observar que essas abordagens da estética de Adorno tiveram desde o início um caráter acadêmico, já que se manifestaram principalmente em forma de dissertações de mestrado, teses de doutorado, artigos de periódicos e livros (muitas vezes como adaptação do conteúdo de dissertações e teses).

A partir de um levantamento realizado há alguns anos, pode-se constatar que quase uma centena de trabalhos acadêmicos sobre Theodor Adorno (aproximadamente 1/3 de teses de doutorado e 2/3 de dissertações de mestrado) havia sido defendida no Brasil desde o início da década de 1990. Desse montante, algumas dezenas tinham sido publicados em forma de livro, adquirindo, assim maior capacidade de circulação e, portanto, de divulgação das ideias desse autor. Outro número expressivo: quase duas centenas de artigos havia sido publicada em periódicos desde então, sendo que, a exemplo dos outros trabalhos acadêmicos realizados, uma parte expressiva deles ou abordava a estética de Adorno, num sentido mais amplo, ou se destinava diretamente à discussão do tema da indústria cultural, sob os pontos de vista mais diversos: filosófico, sociológico, pedagógico etc.

É interessante observar que, embora não tenha havido debates em que posições específicas tenham sido defendidas, desde meados da década de 1990 têm ocorrido eventos em que o tema da indústria cultural assume papel de destaque nas discussões, tais como os de Belo Horizonte (agora realizados também em Ouro Preto) e os realizados pelo Grupo de Pesquisa Teoria Crítica e Educação, sediado na UNIMEP (mas com eventos ocorridos não apenas em Piracicaba, mas também em outras cidades do interior paulista). Uma provável causa da peculiaridade desse tipo de discussão é que parece não haver a possibilidade de um autêntico debate entre os adeptos da concepção de indústria cultural e os seus críticos mais ferrenhos[3], uma vez que já os pontos de partida são totalmente heterogêneos e não geram a oportunidade de um debate construtivo. Desse modo, os ganhos de conhecimento que têm sido obtidos sobre a indústria cultural, seja no seu modelo mais "globalizado" ou na sua versão brasileira, dizem respeito à elucidação de aspectos menos evidentes de seu funcionamento, de seus efeitos nas consciências, de suas estratégias sempre renovadas etc. Uma vez que os resultados desse debate têm sido publicados em artigos, livros e volumes de anais relativos aos eventos em que eles ocorrem (ver seleção bibliográfica abaixo), pode-se dizer que ele não está de modo algum fechado e deve ser continuado, tendo em vista a recepção, presente e futura, do material já publicado e que ainda está por ser publicado.

Bibliografia selecionada
(títulos brasileiros sobre indústria cultural e temas afins)

ALBINO, Beatriz Staimbach; VAZ, Alexandre Fernandez. "Corpo, vida, diagnóstico do presente: aproximações exploratórias entre Theodor W. Adorno e Michel Foucault". *Lecturas de Educación Física y Deportes*, v. 13, p. 1-9, 2008.

ALMEIDA, Jorge M. B. *Theodor W. Adorno: indústria cultural e sociedade*. 1. ed. São Paulo: Paz e Terra, 2002.

ALVES JÚNIOR, Douglas Garcia . "Adorno e a questão da indústria cultural: o que está em jogo?". *Caderno de Educação*. Belo Horizonte, v. 1, n. 1, 2001.

ARGUELHES, Delmo de Oliveira; DOMINGOS, Marcelo José. "Jazz, rock'n'roll, música pop, regressão da audição e fetichismo na música: alguns apontamentos sobre um velho texto de Theodor W. Adorno". *Universitas. História* (UNICEUB), v. 1, p., 2001.

3. Um exemplo dessa posição ferrenhamente contrária até mesmo à concepção de indústria cultural pode ser encontrado no livro *Indústria cultural: a agonia de um conceito*, de Paulo Puterman.

BAHIA, Ricardo José Barbosa. *Das luzes à desilusão: o conceito de indústria cultural em Adorno e Horkheimer*. Belo Horizonte: Autêntica/FHC-FUMEC, 2004.

BASSANI, J. J.; VAZ, Alexandre Fernandez. "Técnica, corpo e coisificação: notas de trabalho sobre o tema da técnica em Theodor W. Adorno". *Educação e Sociedade*. v. 29, 2008.

BUENO, Sinésio Ferraz. "Educação, paranoia e semiformação". *Educação em Revistav*. v. 26, n.2, 2010. Disponível em: <http://www.scielo.br/scielo.php?pid=S0102-46982010000200014&script=sci_arttext> Acesso em: 21 abril 2014.

BURNETT, Henry. "Adorno (e sempre) o jazz". *Letras: periódico cultural*. Belo Horizonte, 01 jul. 2008.

BURNETT, Henry. "Mário de Andrade visita Adorno". *Trópico: ideias de norte a sul*, 15 out. 2007.

CARONE, I. "Adorno e a educação musical pelo rádio". *Educação e Sociedade*. Universidade de Campinas, v. 24, n. 83, 2003.

COHN, G. "Difícil reconciliação: Adorno e a dialética da cultura". *Lua Nova. Revista de Cultura e Política*. São Paulo, n. 20, 1990.

DUARTE, Rodrigo. *Adorno/Horkheimer & a Dialética do esclarecimento*. Rio de Janeiro: Jorge Zahar Editor, 2002. v. 1.

DUARTE, Rodrigo; Figueiredo, Virginia de Araújo; Kangussu, Imaculada. *Theoria Aesthetica: em comemoração ao centenário de Theodor W. Adorno*. v. 1, 1. ed. Porto Alegre: Escritos Editora, 2005.

DUARTE, Rodrigo et al (Orgs.) *Kátharsis. Reflexões sobre um conceito estético*. Belo Horizonte: Editora C/Arte, 2002.

DUARTE, Rodrigo. *Teoria crítica da indústria cultural*. Belo Horizonte: Editora UFMG, 2003.

DUARTE, Rodrigo. *Indústria cultural: uma introdução*. Rio de Janeiro: Editora FGV, 2010.

DURÃO, Fábio. A. (Org.). *Culture Industry today*. Cambridge Scholars Publishing, 2010.

DURÃO, Fábio A; Antônio Zuin; Alexandre Fernandez Vaz. (Org.). *A indústria cultural hoje*. São Paulo: Boitempo Editorial, 2008.

FABIANO, L. H. "Adorno, Arte e Educação: Negócio da arte como negação". *Educação e Sociedade*. Campinas-SP, v. 24, n. 83, 2003.

FREITAS, Verlaine. *Adorno e a arte contemporânea*. Rio de Janeiro: Jorge Zahar, 2003.

FREITAS, Verlaine. "Theoria Aesthetica de Theodor Adorno". *Revista Portuguesa de Filosofia*, Braga, v. 60, n. 1, 2004.

GATTI, L. F. *Constelações: crítica e verdade em Benjamin e Adorno*. São Paulo: Edições Loyola, 2009.

LOUREIRO, R. "Considerações sobre o cinema na teoria crítica - Theodor Adorno e Alexander Kluge: um diálogo possível". *Impulso*. Piracicaba (SP), n. 39, 2005.

LOUREIRO, R. "Considerações sobre a filosofia de Theodor Adorno e o pós-moderno". *Educação e Realidade*, v. 34, 2009.

MAAR, W. L. . "Adorno, Semiformação e Educação". *Educação e Sociedade*, Campinas, v. 24, n. 83, 2003.

MAAR, W. L. "Política e Sujeição Social pela Forma em Adorno". *Textos-Instituto de Pesquisas Sociais - Escola de Frankfurt*. São Paulo, 2006.

MARCONDES FILHO, C. J. R.. "Theodor Adorno: a crise da crítica da comunicação". *Hypnos* (São Paulo), v. 19, 2007.

NASCIMENTO, Bruno Ribeiro. "A mistificação das massas: os operadores da indústria cultural na obra de Adorno e Horkheimer". *Revista Temática*. Ano VII, n.9. set. 2011.

NOBRE, M. "Objeções marxistas? Adorno e Benjamin na 'encruzilhada de magia e positivismo' dos anos 30". *Cadernos de Filosofia Alemã*. São Paulo, v. 3, 1997.

PAGNI, P. A. "O problema do corpo na educação contemporânea: paralelos entre Foucault e Adorno". *Itinerários de Filosofia da Educação*, v. 4, 2006.

PAGNI, P. A. "Dimensão Estética, linguagem e comunicação na experiência educativa: divergências entre Dewey e Adorno". *Educação e Filosofia* (UFU. Impresso), v. 23, 2009.

PAGNI, P. A. "O filosofar na arte de educar entre o corpo e a infância: considerações a partir de Adorno e Lyotard". *Childhood & Philosophy*, Montclair(USA)/ Rio de Janeiro, v. 1, n. 1, 2005.

PUCCI, B. *Anais do Colóquio Nacional "O Ético, o Estético, Adorno"*. São Paulo: Gráfica da UNIMEP, 1998.

PUCCI, B. "Filosofia negativa e Educação: Adorno". *Filosofia, Sociedade e Educação*, UNESP - MARILIA, v. 1, n. 1, 1997.

RAMOS, C. "Consumismo e gozo: uma compreensão de ideologia entre T.W. Adorno e J. Lacan". *Psicologia* USP, v. 19, 2008.

RAMOS, C. "O ressentimento do guerreiro: reflexões sobre corpo e educação a partir do pensamento de Theodor Adorno e da Psicanálise". *Interações* (Universidade São Marcos), v. XI, 2006.

OLIVEIRA, Newton Ramos de.; ZUIN, A. A.; PUCCI, B. *T.W. Adorno: O Poder Formativo do Pensamento Crítico*. Petropolis: VOZES, 2001.

ROSA, R. Alberti da. *Catarse e Resistência: Adorno e os limites da obra de arte crítica na Pós-modernidade*. Canoas: Editora da ULBRA, 2008.

ROSA, R. Alberti da. *Música e Mitologia do Cinema: as trilhas de Adorno e Eisler*. Ijuí: Editora Unijuí, 2003.

RÜDIGER, F. *Theodor Adorno e a crítica à indústria cultural*. Porto Alegre: Edipucrs, 2004.

RÜDIGER, F. "Revolvendo a dialética negativa: arte e indústria cultural em Adorno". *Comunicarte*, v. 22, 1998.

RÜDIGER, F. . "Técnica, arte e indústria cultural segundo Adorno". *Veritas* (Porto Alegre), v. 43, 1998.

SILVA, P. L. "Sobre educação, cultura e humanidade em Adorno". *Trilhas Filosóficas*, v. 1, 2009.

SILVA, R. C. "A atualidade da crítica de Adorno à indústria cultural". *Educação e Filosofia*, Uberlândia, v. 13, n. 25, 1999.

SOARES, Jorge Coelho ; Ewald, A. P. . "Reflexões à sombra; Tiburi, M. A. . "Notas e esboços da dialética do esclarecimento de Theodor Adorno e Max Horkheimer". *Cadernos IHU Ideias* (UNISINOS), São Leopoldo, v. 4, n. 1, 2003.

VASCONCELLOS, J. L. R. "Adorno, a música e o cinema". *Trama* (UERJ). Rio de Janeiro, n. 4, 1994.

VAZ, A. F. "Corporalidade e Formação na Obra de Theodor W. Adorno: questões para a reflexão crítica e para as práticas corporais". *Perspectiva*. Florianópolis, v. 22, 2004.

VAZ, A. F. "Dominar a natureza, educar o corpo: notas a partir do tema da mímesis em Theodor W. Adorno e Max Horkheimer".

Lecturas Educación Física y Deportes. Buenos Aires, Argentina, v. 5, n. 27, 2000.

VAZ, A. F. "Esporte e indústria cultural em Theodor W. Adorno: reflexões sobre a educação do corpo". *Nuances*. Presidente Prudente, v. VIII, n. 8, 2002.

VAZ, A. F. "Na constelação da destrutividade: o tema do esporte em Theodor W. Adorno e Max Horkheimer". *Motus Corporis*. (UGF), Rio de Janiero, v. 7, n. 1, 2000.

VAZ, A. F. "Razão e corporeidade: elementos para a compreensão do corpo na modernidade". *Revista Brasileira de Ciências do Esporte*. Florianópollis, v. 17, n. 2, 1996.

ZUIN, Antonio A. S. "Educação e emancipação: Adorno, crítico da semicultura". *Pro-Posições*. Unicamp, Campinas/SP, v. 8, n. 2, 2000.

Referências bibliográficas

ADORNO, T. W. & HORKHEIMER, M. *Dialética do esclarecimento*. Rio de Janeiro: Jorge Zahar Editor, 1985. Traduzido por Guido Almeida.

BAUMGARTEN, A. *Estética: a lógica da arte e do poema*. Petrópolis: Editora Vozes, 1993.

DUARTE, R. "Brasilien". In Richard Klein et al. *Adorno Handbuch: Leben-Werk-Wirkung*. Stuttgart: J.B. Metzler, 2011.

KANT, I. *Crítica da faculdade do juízo*. Rio de Janeiro: Editora Forense, 1995. Traduzido por Valério Rohden e Antonio Marques.

MORAIS, E. J. *Limites do moderno: o pensamento estético de Mario de Andrade*. Rio de Janeiro: Relume Dumará, 1999.

MACHADO, G. P. *A filosofia no Brasil*. 3. ed. São Paulo: Cortez e Moraes, 1976.

NIETZSCHE, F. "Genealogie der Moral". In *Werke III*. Frankfurt am Main/Berlim/Viena: Ulstein, 1979.

PUTERMAN, P. *Indústria cultural: a agonia de um conceito*. São Paulo: Perspectiva, 1994.

17

DESARTIFICAÇÃO DA ARTE E CONSTRUTOS ESTÉTICO-SOCIAIS

Quando falam de obras de arte propriamente ditas em geral, Horkheimer e Adorno as compreendem como construtos estéticos oriundos da classe burguesa, isto é, da classe dominante no período concorrencial – liberal – do capitalismo. Se se fosse lhes aplicar o mesmo modelo das relações entre o universal e o particular usado para descrever, de modo genérico, o funcionamento da indústria cultural, as obras de arte seriam marcadas pelo signo da particularidade, já que se originam no seio de uma classe particular, que se consolidou como classe dominante no auge do capitalismo liberal. No entanto, tendo em vista a dialética entre universal e particular que se desenvolve no interior das obras de arte, segundo a qual os elementos particulares se afirmam perante a totalidade do construto, elas adquirem a propriedade de, mesmo sendo originadas num âmbito social particular – a burguesia – anunciarem a possibilidade de uma universalidade não opressiva, na qual todos os momentos particulares poderiam ser contemplados. Essa dialética interna à obra de arte tem como contrapartida externa o fato de que, em sua concepção burguesa, ela é liberta dos ditames da reprodução da vida material, o que, para Horkheimer e Adorno, reforça o seu caráter de universalização do particular:

> A pureza da arte burguesa, que se hipostasiou como reino da liberdade em oposição à praxis material, foi, desde o início, comprada com a exclusão da classe mais baixa, a cujo objetivo, a universalidade verdadeira, a arte se mantém fiel exatamente por meio da liberdade com relação aos propósitos da falsa universalidade. A arte séria se negou àqueles a

> quem a precariedade e a pressão da existência torna a seriedade ridícula e que devem ficar felizes, se podem usar o tempo em que não estão nas engrenagens para se deixar conduzir. (Adorno & Horkheimer, 1981, p. 157)

A "universalidade verdadeira" encapsulada nessa arte representa a possibilidade da emancipação de toda a humanidade, da sua pré-história de dominação e opressão e poderia dar início à história propriamente dita, ainda que, factualmente, a "pressão da existência" dificulte o acesso das camadas miseráveis a esse tipo de cultura. Desse modo, para Horkheimer e Adorno, a arte culta, identificada pelos seus críticos como discricionária e elitista, é, antes, um baluarte da *possibilidade* de uma práxis radicalmente diferente e libertadora, contemplando, de fato, toda a humanidade.

No entanto, se se leva em consideração não apenas a arte burguesa "clássica", mas a arte "culta" em toda sua diversidade e – para usar uma expressão cara a Adorno – "não identidade", percebe-se que a situação exposta acima esteve sujeita a drásticas limitações. Especialmente sob o aspecto da não-identidade, deve-se levar em conta que, assim como o capitalismo mudou, deixando de ser concorrencial e passando a ser monopolista, a arte burguesa tradicional também entrou em colapso em finais do século XIX e inícios do XX, dando lugar a modelos de criação, que, se por um lado, levavam adiante a herança "utópica" das expressões convencionais – sua *promesse du bonheur* –, por outro, se distanciavam de seus aspectos mais estáticos e formalísticos.

É na obra de Theodor Adorno que essa consideração começou a tomar forma, sobretudo a partir da *Filosofia da nova música*, cuja finalização é imediatamente posterior à publicação, em 1947, da *Dialética do esclarecimento*. Nela o filósofo distingue três tipos principais de obra de arte, sendo que o primeiro é a "obra fechada": a obra tradicional, especialmente da arte burguesa; o segundo tipo é o que ele chama de obra "mecânica", que poderia ser identificado às mercadorias culturais; ao terceiro tipo, denominado por ele "obra fragmentária", Adorno credita a possibilidade ativa de conhecimento da realidade:

> Enquanto cognoscente, porém, a obra de arte se torna crítica e fragmentária. Em relação ao que, hoje, as obras de arte têm chance de sobreviver,

> estão de acordo Schönberg e Picasso, Joyce e Kafka, também Proust. E isso permite talvez novamente uma especulação histórico-filosófica. A obra de arte fechada é a burguesa, a mecânica faz parte do fascismo, a fragmentária significa, no seio da perfeita negatividade, a utopia. (Adorno & Horkheimer, 1981, p. 118-120)

É muito provável que essa noção de obra fragmentária seja antecessora do conceito de "arte desartificada", desenvolvido por Adorno sobretudo na *Teoria estética*, o qual caracterizará a arte contemporânea mais radical. Mas as consequências mais relevantes desse conceito são discutidas num ensaio do mesmo período, denominado "A arte e as artes". Nele, Adorno descreve, com naturalidade e até mesmo aprovação, um cenário em que os diversos *métiers* artísticos não apenas fazem empréstimos a seus congêneres mais ou menos afastados no "panteão das artes", mas às vezes invadem campos expressivos antes totalmente estranhos aos seus próprios, tendendo a produzir novos modos de expressão a partir da "imbricação" (*Verfransung)* de elementos oriundos de artes diferentes:

> Mas a tendência à imbricação constitui-se em algo mais do que uma insinuação ou aquela síntese suspeita, cujos rastros assustam pela referência à obra de arte total; os *happenings* gostariam de ser obras de arte total apenas no sentido de serem obras totais de anti-arte. (...) Quase nunca seria muito difícil reconhecer na maioria dos fenômenos de imbricação motivações imanentes como essas. Se eu não estou enganado, aqueles que espacializam a pintura, procuram por um equivalente para o princípio organizador da forma, que foi perdido juntamente com a perspectiva espacial. Novidades musicais que desprezaram seletivamente nas provisões tradicionais o que é antevisto como sendo música, foram causadas, de modo análogo, pela perda da dimensão harmônica de profundidade e os tipos formais que dela fazem parte. Aquilo que derruba os marcos fronteiriços dos gêneros é movido por forças históricas que vigiavam dentro das fronteiras e finalmente as ultrapassaram.[1] (Adorno, 1996, p. 433)

---

1. É interessante observer que esse ponto de vista sobre a imbricação das artes contrasta muito evidentemente com a posição assumida na *Filosofia da nova música* (e em outros textos posteriores), de crítica severa ao que Adorno chamou

Procurei demonstrar alhures[2] que o conceito de desartificação e a discussão sobre a imbricação das artes possuem uma relação inequívoca com o conceito de arte pós-histórica de Arthur Danto. Sua elaboração se inicia com o espanto que a *pop art* lhe causou no início da década de 1960, ocasionando a convicção de que algo de muito sério ocorrera no mundo da arte: as artes plásticas, que haviam partido, em tempos ancestrais, de uma concepção mimética, de imitação da realidade exterior, atingiram nessa época o ponto em que – como o fez Andy Wahrol – era possível ao artista expor como obras objetos diretamente extraídos do cotidiano, tais como latas de sopas *Campbell* ou caixas de esponja de aço *Brillo*. Na década de 1980, Danto conectou a reflexão que iniciara vinte anos antes com a tese hegeliana sobre o fim da arte (Danto, 1986), procurando mostrar que essa arte em que objetos ordinários poderiam ser "transfigurados" em obras de arte, deveria ser chamada de "pós-histórica", na medida em que se encontrava para além do desenvolvimento propriamente histórico, que, nas artes visuais, consistia no progresso da "equivalência ótica" das obras, isto é, na semelhança cada vez maior da representação para com o objeto representado, tal como percebido pela experiência visual direta.

Já que Danto veio a se tornar crítico de arte, ele teve que se ver com a obra de Clement Greenberg e, nesse processo, sobretudo no seu livro *Após o fim da arte*, criticou sua concepção de modernismo, principalmente no que tange à continuidade, assumida por ele, do aspecto "progressivo" do desenvolvimento de suas manifestações artísticas individuais. Mas essa crítica se acirra, na medida em que Danto associa o ponto de vista de Greenberg sobre a "pureza" do meio artístico a ideologias discricionárias e racistas:

> A história do modernismo é a história da purgação, ou limpeza genérica, do afastamento da arte de qualquer coisa que lhe fosse inessencial. É

de "pseudomorfose", isto é, empréstimos tomados por uma arte a outro *métier* completamente diferente. Para uma explanação completa sobre esse conceito, ver neste livro, o artigo "Sobre o conceito de pseudomorfose em Theodor Adorno" (p. 237).

2. Ver, neste livro, o artigo "A desartificação da arte segundo Adorno: antecedentes e ressonâncias" (p. 151).

difícil não ouvir os ecos políticos dessas noções de pureza e de purgação, qualquer que fosse realmente a própria posição política de Greenberg. Esses ecos ainda esbarram retrospectiva e prospectivamente através dos campos atormentados do combate nacionalista e a noção de limpeza étnica tornou-se um imperativo trêmulo dos movimentos separatistas mundo afora. Não é surpreendente, mas simplesmente chocante reconhecer que o análogo político do modernismo em arte foi o totalitarismo, com suas ideias de pureza racial e seu programa de expulsar qualquer contaminante percebido[3]. (Danto, 1997, p. 70)

Se, por um lado, parece claro que, aqui, Danto comete uma generalização indébita, por outro lado, é evidente que essa pesada crítica dirigida a Greenberg é totalmente coerente com a ideia do "fim da arte", tal como a entende Danto, e com o cenário artístico "pós-histórico" dela advindo. Danto tinha vislumbrado uma das principais características desse cenário ainda na década de 1980, a saber, o seu "pluralismo", descrito com uma bem humorada referência ao trecho da *Ideologia alemã*, em que é abordada a situação humana após o fim da divisão do trabalho:

> Bem, como Marx poderia dizer, você pode ser um abstracionista de manhã, um foto-realista à tarde, um minimalista mínimo à noitinha. Ou você pode cortar bonecas de papel ou fazer ou que mais lhe aprouver. A idade do pluralismo está sobre nós. Já não é mais importante tanto o que você faz, o que é o significado do pluralismo. (Danto, 1986, p. 114-115)

Quando chamei a atenção para a possível coincidência do cenário "pós-histórico" das artes, descrito por Danto, com o conceito de desartificação proposto por Adorno (e sua abordagem do fenômeno da imbricação das artes, justificável a partir de suas tendências históricas), eu tinha em mente sobretudo a ideia do pluralismo naquele cenário. Isso pode, de fato, resgatar a estética adorniana para a consideração de fenômenos artísticos atuais da arte culta, mas não para a abordagem daqueles relacionados aos fenômenos considerados "populares".

---

3. A posição de Greenberg sobre a "pureza do meio" certamente mantém correspondência com o aporte crítico de Adorno sobre a "pseudomorfose" mencionada na nota 3 (Ver "Sobre o conceito de pseudomorfose em Theodor Adorno" (p. 237).

A consideração sobre a desartificação da arte os atingiria, segundo Adorno, apenas negativamente – eles encarnariam o aspecto perverso da desartificação, aquele que pura e simplesmente destrói a arte mais elaborada, e não a sua dimensão de estratégia de sobrevivência dessa última.

Por outro lado, a transição de um tipo de arte que Adorno chamaria de "desartificada" para fenômenos típicos dessas culturas parece não ser problema para a filosofia da arte de Danto; tanto é que, ao analisar a obra "Fountain" de Marcel Duchamp, ele compara a inscrição "R. Mutt 1917", no seu famoso urinol invertido, com as assinaturas de notórios grafiteiros norte-americanos:

> A diferença entre nome e assinatura pode ter chocado o mundo da arte de seu tempo como mais estranha do que o faria hoje, quando um dos principais *loci* de graffiti, além dos trens de metrô, são os banheiros masculinos, e é uma convenção dessa forma de arte que seus executantes ocultem sua identidade sob *noms de crayon* especiais, emplastados em maneiras – não menos em formas – que distinguem muito pouco "R. Mutt 1917" de "Taki 191" ou "Zorbo 219", a não ser pelo dígito a mais. (Danto, 1986, p. 32)

Mas, em se tratando da estética de Adorno propriamente dita, a passagem da arte desartificada aos fenômenos da cultura "popular" não é possível apenas se nos prendermos à letra do seu ponto de vista. O que não nos impede de, fieis ao seu espírito, procurar estender os limites de sua filosofia da cultura. Foi o que pretendi fazer, ao criar o conceito de construto estético-social[4], cujos traços principais serão recapitulados aqui.

O primeiro deles diz respeito ao fato de que, para Adorno, a cultura popular autêntica nada tem de condenável, tendo inclusive, juntamente com a cultura erudita, sido vitimada pela exploração econômica e ideológica da indústria cultural. Sua maior simplicidade formal se constituiu, no entanto, como um fator de fragilidade da cultura popular diante da indústria cultural, sendo que aquela parece estar com os dias contados,

4. Ver, neste livro, o artigo "Sobre o construto estético-social" (p. 189).

onde ela ainda não desapareceu completamente. Essa poderia ser a razão pela qual, para Adorno, a cultura popular "de raiz", para usar uma expressão corrente, não ocupa um lugar equivalente ao da erudita, no que tange à supramencionada capacidade de indicar a possibilidade da emancipação humana. Que a cultura erudita tenha, a duras penas, sobrevivido até hoje à descaracterização imposta pela indústria cultural vem a ser um motivo de esperança na possibilidade de uma práxis reconciliada. Considerando-se, por outro lado, a incapacidade de a arte popular legítima sobreviver aos ataques da indústria cultural, a pergunta que se coloca é, então, se haveria algum modelo de cultura livre da inacessibilidade da arte erudita, conservando a negatividade que lhe permite consistir, simbolicamente numa alternativa ao "mundo administrado". Um candidato a esse papel são os fenômenos culturais oriundos de classes subalternas, existindo à margem do fluxo principal da cultura de massa e, em muitos casos, com um forte conteúdo de oposição explícita a essa e a outras instâncias do capitalismo tardio.

Tal candidatura talvez não fosse sufragada por Adorno, pois o privilégio conferido por ele às obras de arte tem como fundamento o fato de nelas se encontrar encapsulado um núcleo de profunda oposição ao *status quo*, o qual, ao não ser facilmente atingido pela linguagem da cultura de massas, é preservado e torna esses construtos estéticos, a partir de seu próprio interior, mais resistentes aos ataques da – e à cooptação pela – indústria cultural. Desse modo, torna-se evidente que, para Adorno, as produções estéticas de um movimento como o *Hip Hop*, por exemplo, apesar de seus aportes críticos tanto ao capitalismo quanto à discriminação racial e social, provavelmente não atingiriam o patamar formal mínimo para alcançar a negatividade interna requerida para a resistência às investidas da indústria cultural.

Não é menos evidente, por outro lado, o aspecto de negatividade do *Hip Hop* mais ideológico, que vive à margem da – e até mesmo opondo-se à – cultura de massas, apresentando-se não apenas com um discurso de profunda oposição ao existente, mas também com uma postura estética abrangente (com os chamados "quatro elementos" englobando os âmbitos sonoro – os DJs –, textual – o rap –, plástico – o grafitti – e corpóreo-expressivo – o break dance). Além disso, o *Hip*

Hop é um movimento que, apesar de ter surgido nos guetos negros de Nova York, é hoje a cultura estético-crítica de muitos milhões de jovens discriminados em todo o mundo (negros e latinos nos EUA, árabes na Europa ou simplesmente os socialmente excluídos das grandes cidades brasileiras). Esse fato é importante se se considera que o atual estágio da indústria cultural é tributário da fase globalizada, pós-queda-do-muro-de-Berlim, do capitalismo monopolista: o *Hip Hop* talvez seja o único movimento social com apelo estético verdadeiramente globalizado.

Uma vez que considero arriscado simplesmente abrir mão do critério adorniano da negatividade de origem estética, presente apenas nos fenômenos culturais mais complexos, proponho que se considere a presença, no *Hip Hop*, de uma negatividade de caráter misto, isto é, não apenas estética, já que os critérios formais estariam aqui dificilmente observados, mas *também* ético-política. Uma vez que a adesão dos jovens a esse movimento pressupõe o cultivo de certo tipo de linguagem expressiva – sonora, visual, cênica, discursiva ou corpórea –, a negatividade, em vez de se traduzir exclusivamente num imperativo ético-político, de transformação radical do existente, oscila continuamente entre esse e um posicionamento propriamente estético.

É importante enfatizar que, assumir uma posição como essa não significa abrir mão do esquema proposto na *Dialética do esclarecimento*, e desenvolvido posteriormente por Adorno, dos dois modelos de cultura autêntica – a erudita e a popular – explorados pela indústria cultural, mas apenas acrescentar-lhe a ideia de um modelo de cultura semi-autônoma, isto é, esteticamente dependente de fórmulas já conhecidas – sem o imperativo do novo associado à complexidade formal –, mas política e ideologicamente independente do discurso predominante do capitalismo tardio. Exatamente por isso, considerando-se o advento de situações novas, não previsíveis à época de redação da *Dialética do esclarecimento*, propus a complementação da crítica de Horkheimer e Adorno com o conceito de "construto estético-social", que pode, aliás, ser aplicado não apenas ao *Hip Hop*, mas a outros movimentos ético-políticos, críticos ao *status quo*, também calcados em expressão fortemente estética. Cumpre lembrar também que o conceito de "construto estético-social" deve ser reservado apenas a fenômenos muito peculiares do cenário cultural contemporâneo, sob pena de ele se banalizar, tornando-se assim mais uma vítima da indústria cultural, como o foi, no passado, a arte popular autêntica.

Referências bibliográficas

ADORNO, T. W. "Philosophie der neuen Musik". In: *Gesammelte Schriften 12*. Frankfurt am Main: Suhrkamp Verlag, 1985.

ADORNO, T. W. "Die Kunst und die Künste". In *Gesammelte Schriten 10.1. Kulturkritik und gesellschaft I, Prismen, Ohne Leitbild*. Frankurt am Main: Suhrkamp Verlag, 1996.

ADORNO, T. W. & HORKHEIMER, M. "Dialektik der Aufklärung". In *Gesammelte Schriften 3*. Frankfurt am Main: Suhrkamp Verlag, 1981.

DANTO, A. *The Philosophical Disenfranchisement of Art*. New York: Columbia: University Press, 1986.

DANTO, A. *After the End of Art: contemporary Art and the Pale of History*. Princenton/New Jersey: Princenton University Press, 1997.

DANTO, A. "The Appreciation and Interpretation of Works of Art". In *The philosophical disenfranchisement of art*. New York: Columbia University Press, 1986.

REFERÊNCIAS BIBLIOGRÁFICAS DAS PUBLICAÇÕES ORIGINAIS

1. Dionísio Alegórico - Nietzsche e o barroco. *Filosofia Unisinos*, v.2, p.27 - 53, 2001.

2. Figuras de Chladni: sobre o problema filosófico das relações entre som e imagem. *O Que nos Faz Pensar*, v.18, p.45 - 63, 2004.

3. Imagem e escrita no confronto entre Ideologia e emancipação. *Barroco*, v.19, p.13 - 28, 2005.

4. Esquema e forma. Percepção e experiência na *Teoria Estética* de Theodor Adorno. In: *Theoria Aesthetica. Em comemoração ao centenário de Theodor W. Adorno*. Porto Alegre, Escritos Editora, 2005, p. 15-32.

5. A autonomia da arte revisitada. In: Francisco Verardi Bocca (org.), *Natureza e liberdade*, vol. 2, Curitiba, Champagnat, 2006.

6. O tema do fim da arte na estética contemporânea. In: *Arte no Pensamento*. Vitória, Museu Vale do Rio Doce, 2006, p. 376-414.

7. A desartificação da arte segundo Adorno: antecedentes e ressonâncias. *Artefilosofia* (Ouro Preto), v.2, p.19 - 35, 2007.

8. A liquidação do trágico como aspecto do fim da arte. In: *Destinos do trágico - Arte, Vida, Pensamento*. Belo Horizonte: Editora Autêntica, 2007, p. 13-22.

9. Sobre o construto estético-social. *Sofia* (Vitória), v. XII, p.239 - 263, 2007.

10. Sentimentos Deslocados. Sobre otimismo e pessimismo estéticos. In: *Estéticas do deslocamento*. Belo Horizonte: ABRE - Associação Brasileira de Estética, 2008, p.1 - 18.

11. Sobre o conceito de "pseudomorfose" em Theodor Adorno. *Artefilosofia* (Ouro Preto), v.7, p.31 - 40, 2009.

12. Anatomia da catástrofe: um comentário à Arquitetura da destruição, de Peter Cohen. In: *A teoria crítica vai ao cinema*. Vitória, Edufes, 2010, p. 85-96.

13. A discussão sobre a reprodutibilidade da obra de arte e o "Novo Laocoonte", de Arnheim. Limiares da estética. In: *Limiares e passagens em Walter Benjamin*. Belo Horizonte, Editora UFMG, 2010, p. 205-222.

14. A plausibilidade da pós-história no sentido estético. *Trans/Form/Ação* (UNESP. Marília. Impresso), v.34, p.155 - 173, 2011.

15. Indústria cultural 2.0. *Constelaciones*: Revista de Teoria Crítica, v.3, p.90 - 117, 2011.

16. A estética e a discussão sobre indústria cultural no Brasil. *Ideias* (Campinas), v.4, p.73 - 93, 2012.

17. Desartificação da arte e construtos estético-sociais. *Viso: Cadernos de Estética Aplicada*, v.11, 2013.

1ª EDIÇÃO [2014]

Esta obra foi composta em Minion Pro e Din sobre papel
Pólen soft 80 g/m² para a Relicário Edições.